高等院校经济学·管理学"十二五"规划教材

新编经济学基础

主　编　　杜富军　李瑞娥

副主编　　惠春丽　高小敏

陕西出版传媒集团

陕西人民出版社

图书在版编目(CIP)数据

新编经济学基础/杜富军主编. —西安:陕西人民出版社,2013
"十二五"高等院校经济学、管理学规划教材
ISBN 978 – 7 – 224 – 10076 – 1

Ⅰ.①新… Ⅱ.①杜… Ⅲ.①经济学 – 高等学校 – 教材 Ⅳ.①F0

中国版本图书馆 CIP 数据核字(2013)第 158203 号

新编经济学基础

主　　编	杜富军　李瑞娥	
出版发行	陕西出版传媒集团　　陕西人民出版社	
	(西安北大街 147 号　邮编:710003)	
印　　刷	蓝田立新印务有限责任公司	
开　　本	787 mm×1092 mm　16 开　28 印张　2 插页	
字　　数	507 千字	
版　　次	2013 年 7 月第 1 版　2013 年 7 月第 1 次印刷	
印　　数	1 – 5000	
书　　号	ISBN 978 – 7 – 224 – 10076 – 1	
定　　价	48.00 元	

前　言

本科层次的独立学院是我国高等教育的重要组织部分,它作为高等学校教育教学改革的新生事物,实行新的办学机制和办学模式,需要相应的教学资源支撑,应用型本科教材建设就是其中之一。为了适应独立学院本科层次应用型人才培养教学的需要,我们根据独立学院的培养目标和应用型特色的需要,在总结20多年经济学教学经验的基础上,编写了这本《新编经济学基础》教材。

与国内外同类的教材相比,本教材主要有以下几个特色:第一,内容体系创新。本教材首次创立了以商品经济理论为前提,以市场经济理论为中心,以企业经济、产业经济、区域经济、国民经济、对外经济为支点,以科学的可持续发展为终极目标的全新的经济学内容体系结构,以便为学生后续的《微观经济学》、《宏观经济学》、其他经济管理类课程学习和工作奠定良好的经济学基础。第二,坚持东西方经济学理论融合统一的观点。本教材力求从经济学的自然属性(生产力属性、普遍性)视角出发,坚持东西方经济学理论融合统一的观点,运用马克思主义经济学、西方经济学和社会主义市场经济理论对现实经济问题进行理论阐述,从而使学生树立正确的经济观和提高经济学的素养。第三,强化理论与实践的结合。本教材力求使经济学理论与我国经济的实际相结合,穿插了大量的相关链接和资料专栏,章后附有经典的案例和复习思考题,以强化经济学理论的应用性和实践性,增强学生的实战感,培养提高学生的实践能力。第四,坚持科学性和前瞻性的统一。本教材在保证基本理论、基本知识和基本技能全面系统教育的同时,注意吸收经济学理论发展的前沿和最新的研究成果。

本教材是陕西人民出版社自主开发的高等院校经济学、管理学"十二五"规划教材之一,由西安交通大学经济与金融学院杜富军教授、李瑞娥教授担任主编,西安交通大学城市学院应用经济系惠春丽讲师、高小敏讲师担任副主编,提出编写大纲。参加本教材编写的人员为西安交通大学经济与金融学院和西安交通大学城市学院的部分教师,具体分工为:杜富军教授(第1章)、李瑞娥教授(第6、13章)、杨昭讲师(第2章)、李春米副教授(第3、11章)、谢伟彤老师(第4章)、闫增强副教授(第5、7章)、惠春丽讲师(第8章)、高小敏讲师(第9章)、杨健全教授(第10、12章)。全书由杜富军教授和李瑞娥教授统一审核、修改、总纂和最后定稿。

在编写的过程中,我们参阅了近几年出版的相关专著、译著和教材,同时得到了西安交通大学城市学院教学服务中心和应用经济系的大力支持,在此谨表示衷心的感谢!

众所周知,要编写一本系统性强、理论与实际相结合的教科书并非一件容易的事,我们编写这种形式的教材也是初步尝试,尽管几易其稿,花费了大量的精力,但由于水平有限,时间仓促,书中肯定存在许多不尽如人意甚至错误之处,敬请读者提出宝贵的意见,以便我们在今后的教学实践中加以修改和完善。

编者

2013 年 3 月 16 日

目 录

第一章 导 论

经济学与人们的日常生活息息相关,渗透于生活的方方面面。学好经济学,能够更好地指导自己的日常经济行为,提高投资理财技巧,花更少的钱,办更多的事!无论你相信不相信,不管你承认不承认,我们所生活的这个世界,已经彻底被"经济"所"挟持"了。我们日常生活中的所见所闻与所做,全都与经济活动有关。经济学大师萨缪尔森这样评价经济学:学习经济学的"一条最重要的理由应该是:在人的一生(从摇篮到坟墓)中,你都永远无法回避无情的经济学真理!"

那么,什么是经济学?它是一门什么样的科学?如何从经济的角度看待我们的婚姻、恋爱、面子、交际、教育?价格大战背后隐藏着怎样的秘密?价格背后的真相是什么?怎样才能理性消费,不做冤大头?如何利用信息指导经济行为?做事要考虑哪些成本?诚信、制度对我们有着怎样的经济学意义?围绕这个问题,本章阐述经济学的产生和发展、经济学的研究对象和任务、经济学的研究方法和研究工具、学习经济学的意义。其中重点阐述经济学的研究对象和研究方法。

第一节 经济学的产生和发展

一、人类的经济活动

人类的经济活动是和人类的物质资料生产紧密联系在一起的。要了解人类的经济活动,首先需要说明人类的物质资料生产。

人类社会要能够存在,就必须有用于吃、穿、住、行等方面的物质资料。这些物质资料,就其绝大多数来说,不是自然界里现成就有的,而是必须通过人们的生产活动才能创造出来。人类社会正是通过不间断且日益扩大的生产活动,才创造了越来越多的物质资料,使人类社会得以存在和发展。因此,物质资料生产是人类社会存在和发展的基础,是人类最基本的实践活动。

物质资料生产需要三个简单的要素:人的劳动、劳动对象和劳动资料。人的劳动是人在生产中的有目的有意识的活动,它是生产的动力、核心和最基本的要素。随着生产的发展,人的劳动意识在不断增强,劳动技能在不断提高。劳动对象是人的劳动直接加工的对象,是人把自己的劳动加于其上的东西。劳动对象有两类:一类是自然界里现成就有的没有经过劳动加工过的自然物质,如地下的矿藏、原始森林的树木、海洋鱼类等等;一类是经过人的劳动加工过的物质,即原材料,如棉花、钢材、建筑材料等等。劳动对象的质量直接影响着产品的质量和生产的质量。因此,随着人类社会的发展和科技的进步,劳动对象的范围在不断扩大,数量在不断增多,质量在不断提高。劳动资料是人们对劳动对象进行加工的一切物质资料,是连接人的劳动和劳动对象的媒介物。劳动资料包括生产工具和生产正常进行的一切物质条件,如土地、河流、道路、建筑物、管、桶、瓶和度量衡等等,其中最重要的是生产工具。劳动资料特别是其中的生产工具在生产中起着传导和增强人的劳动能力的作用。它的状况如何,既影响着人的劳动能力和生产的效率,又影响着产品的数量和质量。因此,在生产过程中,人们总是想方设法不断地改进和更新劳动资料。我们今天广泛应用于各个方面的现代化机器设备,就是劳动资料特别是生产工具长期发展变化的结果。从现代社会来看,物质资料生产的进行,除上述三个要素外,还需要有科学技术、经营管理、经济信息等新的要素。但从整个人类社会的发展来看,人的劳动、劳动对象、劳动资料则是无论哪个社会、无论哪种生产都缺一不可的最简单、最基本的硬件要素。物质资料的生产过程,就是人的劳动、劳动对象、劳动资料三个硬件要素的结合过程,就是人们按照预期目的,运用劳动资料,加工劳动对象,改变劳动对象的形状、性质或地理位置,使它适合于人们需要的过程。例如,农民种田、工人做工、科学家搞研究,经营人员搞管理,交通部门搞运输,等等,这些都是物质资料生产活动。在物质资料生产中,劳动对象和劳动资料合称生产资料,它是人们进行生产的物质条件或客观条件,人的劳动则是人们进行生产的主观条件。

物质资料生产是很多人在一起共同进行的社会生产。社会生产包括生产力和生产关系两个方面。生产力是生产中人们同生产资料相结合所形成的征服自然和改造自然的能力。就其实体性要素来看,主要由劳动者、劳动对象、劳动资料构成。科学技术是第一生产力。生产关系是人们在生产中相互间结成的社会关系。它是在一定的生产资料所有制基础上形成的,存在于社会生产的各个方面,对生产力的发展有巨大的反作用。

物质资料生产过程不是孤立的简单的一次性生产过程,而是在整个社会范围内不断重复、不断更新的社会再生产过程。社会再生产过程包括生产、分配、交换、消费四个相互联系的环节。其中生产是劳动者和生产资料相结合、直接生产产品的直接生产过程或狭义生产过程，它是社会再生产的起点，对整个社会再生产起决定作用；分配是生产的产品的分配，从全社会来看，它包括生产资料分配和消费资料分配两个方面，是连接生产和消费的媒介；交换是不同生产单位或个人之间进行的产品的交换，生产资料的交换是为新的生产准备物质条件，消费资料的交换是产品进入消费的前提；消费是生产的产品用来满足人们需要的过程，它是社会再生产的终结或归宿，其中生产消费属于新的生产本身，生活消费则为新的生产准备主观条件。消费过程完成以后，人类的生产便在新的基础上重新进行。

人类为不断满足自身需要而直接或间接进行的包括生产、分配、交换、消费四个环节的社会再生产活动，就是人类的经济活动。经济活动是人类须臾不能离开的最基本的活动。

二、经济资源的稀缺和选择

人类的经济活动是需要消耗资源的。物质资料生产活动所需要的各种要素，从社会存在的角度来看，就是资源。资源按其丰裕程度和使用形式可分为自由资源和经济资源。自由资源如空气，因其数量丰富，广泛存在，取之不尽，用之不竭而在使用时无须付出经济代价；经济资源因其数量有限，必须通过生产才能产生，因而在使用时必须付出代价。在现实生活中，相对于人的需要来说，绝大多数资源都是经济资源。

经济资源是一切直接或间接地为人类所需要并构成生产要素，用来生产满足人类需求的产品所需要的物质资料和劳务及服务。经济资源按经济活动部门的性质来分，可分为工业资源、农业资源、建筑资源、交通运输资源、旅游资源以及能源、科技资源等等；按经济资源本身的属性来分，大体可分为自然资源、人力资源、物力资源、信息资源。自然资源是指自然界赋予的各种生产要素，如土地、矿藏、水、动物、植物等，它作为一种生产要素，开发利用时要付出一定的代价。人力资源是以具有一定生产经验和劳动技能的劳动者形式存在的资源，它是在一定的物质消耗和精神作用下成长而成的，其劳动潜力具有很大的伸缩性。物力资源是以生产资料等物质形式存在的资源，它作为生产的物质要素是人们的生产劳动创造的。在商品经济和市场经济条件下，物力资源、人力资源又衍生和表现为财力资源、资本资源。信息资源是反映客观事物性质及运动状态的各种信息的总和，是可以用某种方式显示、存贮和传输的人类关于自然、经济和社会的知识，是生产过程必不可少的投入要素，它包括数量信息和质量信息。

经济资源具有稀缺性。这种稀缺性,不是指经济资源绝对量存在的多寡,也不是指经济资源是不可再生的或可以耗尽的,而是指在既定的时间内,相对于人类的无限的需要而言,经济资源的供给总是相对不足。前面说过,经济资源的开发、产生和使用要花费人的劳动或付出一定的代价,因此受人的劳动能力和开发能力的影响,经济资源的数量总是有限的。但与此同时,人们为满足衣食住行及其精神生活对物质产品、各种服务及生产它们需要的各种经济资源的需要却是无限的。一方面,人们的需要是多种多样的。从需要层次看,可分为生存需要、享受需要、发展需要;从需要对象看,可分为必需品、舒适品、奢侈品。这些需要对象往往因人而异、因地而异,要想完全满足很难做到。另一方面,人们的需要又是不断发展变化的。当温饱问题解决以后,人们便会追求吃的营养和口味、穿的讲究、住的舒适、行的方便,以及精神生活的丰富多彩,便会产生新的、更高层次的需要。当有限的经济资源面对着这种不断变化、不断更替、无限发展的人类对资源的需要时,就必然会出现资源的短缺和不足,这就是资源的稀缺。资源的稀缺存在于一切时代和一切社会,是人类社会发展的一种客观必然现象。

【相关链接】   欲望的层次

人的欲望是无限的,但有不同的层次之分。美国著名的心理学家马斯洛(Maslow,1908—1970)在《动机与人格》一书中把人的欲望分为五个层次。

(1) 基本生理需要。人类对衣食住行等基本生活条件的需要。

(2) 安全需要。生命和财产得到保护的需要。这种欲望是生理需要的延伸。

(3) 归属和爱的需要。人趋向于在群体中的位置,希望与别人建立友情。

(4) 尊重的需要。这是人更高层次的社会需要。包括自尊和来自别人的尊重。自尊包括对获得信心、能力、本领、成就、独立和自由等的愿望。来自他人的尊重包括威望、承认、接受、关系、地位、名誉和赏识。

(5) 自我实现的需要。成长、发展、利用自己潜在能力的需要。这种需要包括对真、善、美的追求以及实现自己理想与抱负的欲望。这是人类最高层次的欲望。

资料来源:戈布尔. 第三思潮:马斯洛心理志. 吕明等译. 上海译文出版社,1987:149.

经济资源的稀缺决定了人们使用经济资源时必须进行选择。我们知道,人们为了生存和发展对物质产品及各种服务的需要是无限的,但这些需要却有轻重缓急之分。有些需要,例如生活必需品,必须尽快满足,有些需要,例如奢侈品,可以以后逐步满足;有些需要必须全部满足,有些需要可以部分满足甚至可以暂时不满足。同时,人类的需要是一个逐渐演进的过程,温饱需要解决以后才会产生舒适需要,物质需要满足以后才会产生精神需要,需要受生产条件和生产能力的影响和制约。另外，从经济资源本身来说，在一般情况下，每一种资源都有两种以上的多种用途。例如一定数量的土地，既可以用于种植业，也可以用于房地产开发，还可以用于建造公共设施、举办公益事业。而且随着生产的发展和科技的进步，人们还会发现经济资源新的用途，经济资源的用途会不断增加。这就要求安排生产时，必须对有限且稀缺的资源在使用上进行有效的选择。一方面，根据现有资源品种、数量和人们需要的轻重缓急，对有限的资源进行合理有效的分配，以最大限度地发挥各种资源的作用；另一方面，根据经济资源多种用途的相互替代性和尽可能降低产品的消耗的原则，合理有效地分配资源，以便生产出质量最好、消耗最少、人们满意的最优产品和最佳产品。可见，资源的选择是由资源的稀缺引起的，如果没有资源的稀缺性和人的需要的无限性，也就不存在经济资源的选择问题。

经济资源的选择问题实际上就是资源的配置问题。从一般意义上说，配置是人类一种自觉的选择行为。人类正是在如何配置资源问题上的不断探索和努力，才形成了以探索资源有效利用问题为主线或主题的经济学。

三、经济学的产生和发展

经济学作为探索资源配置问题的独立、完整的理论体系，是在资本主义制度产生和发展的一定历史阶段逐步形成的。它的产生经历了一个漫长的历史时期。要了解它的产生，需要从人类最早出现的经济思想谈起。

有关文献资料表明，人类最早的经济思想出现于奴隶社会，古希腊思想家色诺芬（公元前430年—公元前354年）的《经济论》一书，是西方最早使用"经济"一词，并最早论述经济问题的著作。但色诺芬论述的经济问题是奴隶主的家庭经济管理问题，因为古希腊奴隶制的生产是以家庭为单位由奴隶来进行的，奴隶主把组织和管理奴隶制的各种经济问题都列入家庭管理的范围之内。色诺芬认为，奴隶主应该亲自从事领地的经营和管理；家庭管理的研究对象是优秀的主人如何管理好自己的财产；一个奴隶主是否能管理好自己的财产，主要标志是他是否使自己的财产得到增加。为此，在《经济论》中，他根据奴隶制自然经济的要求确定了奴隶主的经济任务，并讨论了怎样经营奴隶制经济。在古希腊，除了色诺芬以外，亚里士多德、柏拉图等也对奴隶制经济问题进行了论述。他们的见解和论述，与色诺芬一样，对经济学的产生和发展有一定的价值和意义，有些见解甚至成为后来经济学的理论出发点。在中国，自有文字记载的奴隶制社会商朝开始，也已经形成了重视"食""货"的经济思想。到春秋战国时代，这种经济思想已发展到了一个群星灿烂的阶段，关于经济问题的广泛探讨和议论，成了当时思想界"百家争鸣"的一个重要内容，儒、墨、法、农等各家学派初步建立了自己的经济学说体系，在财富、分工、交换、价格、分配、货币、土地、赋税等经济问题上,提出了与当时社会历史条件相适应的卓越观点。在秦汉,还出现了很多有价值的经济学著作,如研究商业疏通的《管子·轻重》,司马迁的《史记·货殖列传》《史记·平准书》及之后历代书中的《食货志》、记录公元前81年汉昭帝时盐铁会议的《盐铁论》等。这些经济学著作和思想,同样对中国经济发展起到了积极的推动作用。

经济学虽然最早出现于奴隶社会,但在漫长的奴隶社会和封建社会并未形成一门独立的学科。经济学作为一门独立的社会科学并取得政治经济学这一学科名称,是随着资本主义生产方式的产生与发展而逐步形成的。资本主义生产方式产生于15世纪至17世纪中叶,重商主义是适应这个时期商业和海外贸易的发展而产生的经济学说。重商主义,顾名思义,是着重研究商业和流通的经济理论。重商主义认为,货币(金银)是财富的唯一形式,贵金属(金银)的积累是增加财富的唯一方法;利润是在流通中产生的,是商品"贱买贵卖"的结果;国内商业不能增加一国的财富,只有对外贸易才能增加一国的财富。政府应该采取干预经济生活的政策,以便在对外贸易中保持顺差,增加货币积累。重商主义有早期和晚期之分,早期重商主义主张采取行政手段禁止金银出口,坚持"少买多卖"的原则;晚期重商主义虽然也坚持"少买多卖"原则,但不反对金银出口,认为只有输出货币,扩大购买,才能使货币增殖,增加财富。从一定的意义上说,晚期重商主义体现了商业资本的要求,因而是真正的重商主义。值得一提的是,法国重商主义代表人物安·德·孟克列钦(1575—1622)在1615年出版了一部著作,名为《献给国王和王太后的政治经济学》。他的这部著作,不仅论述了商业、航海业、工场手工业、国家经济政策等问题,而且在经济发展史上第一次以"政治经济学"这一概念作为书名,以表明他所研究的经济问题,已超出了经济学即家庭管理的范围,是研究整个国家或社会的经济问题。在经济思想史上,重商主义虽然最早提出了政治经济学的概念,并使这一概念广泛使用到1890年,但重商主义还不能算作真正的现代经济科学,因为其研究范围仅限于流通领域。真正的现代经济科学,只是当理论研究从流通过程转向生产过程的时候才开始的。完成这一转变的是资产阶级古典经济学。

古典经济学产生于17世纪中叶至19世纪初,是适应社会化大生产和商品经济发展的需要而产生的经济学说。17世纪中叶,工场手工业先后在英国、法国发展起来,并逐步成为资本主义生产的主要形式。但封建制度以及所占比重很大且受商人资本控制的小生产,却严重阻碍着大工业的发展和产业资本统治地位的建立。为了促进业已形成的社会化生产和商品经济的发展,资产阶级迫切需要冲破封建制度和小生产的束缚,"自由放任"地发展资本主义经济。为适应这种需要,代表产业资本家利益的资产阶级古典经济学便应运而生。古典经济学是着重研究社会生产并提倡经济自由的经济学。古典经济学的代表人物,在英国是威廉·配第、亚当·斯密、大卫·李嘉图,以及马尔萨斯、西尼尔、约翰·穆勒等,在法国是布阿吉尔贝尔、魁奈、杜尔哥、西斯蒙弟、萨伊等,其中亚当·斯密和大卫·李嘉图是最杰出的代表。亚当·斯密(1723—1790)是英国18世纪中后期著名的经济学家,是古典经济学的集大成者和奠基人,他于1776年发表的《国民财富的性质和原因的研究》(简称《国富论》)是古典经济学理论体系建立的标志。《国富论》的主题是研究财富的性质和增长的原因,核心是论证经济增长的动力和规律,内容涉及财富的生产、分配、交换和消费以及货币、商业、财政、经济思想史等。在这部著作里,斯密的基本观点是,财富是使用价值,财富的源泉是生产劳动,要增加财富,就要发展生产和提高劳动生产率;劳动生产率的提高有赖于分工,分工是由人类的交换引起的,交换需要媒介,交换需要探讨交换比率如何决定。为此,他分析了货币并从劳动入手,说明了什么是使用价值、交换价值和价值,论证价值如何由劳动决定和生产费用决定,并对价值的转化形式工资、利润和地租进行了探讨。他还分析了国际分工和对外贸易,分析了财政问题。斯密的基本思想是经济自由,他反对政府干预经济,主张自由竞争,主张让市场机制调节经济,提出了著名的"看不见的手"的原理。大卫·李嘉图(1722—1823)是18世纪末、19世纪初英国著名的经济学家,是古典经济学的完成者。由于斯密的经济增长理论中包含了财富分配影响财富形成的原理,其后继者大卫·李嘉图很自然将分配问题作为经济学研究的主题,他始终坚持并深入探讨斯密的劳动决定价值的原理,以此为出发点,说明了工资的决定及其同利润、劳动生产率的相互关系,得出了工资和利润此消彼长的结论;他认为商品的价值不是由个别劳动决定,而是由最不利生产条件下耗费的劳动决定,由此说明了地租的产生和增长,揭示了土地收益递减规律,主张抑制地租;他发展了斯密的国际分工学说,提出了比较成本理论,竭力说明自由贸易的优越性;他同斯密一样,坚持经济自由,反对政府干预经济,认为只有充分竞争,供给和需求才能内在地保持一致。但李嘉图的经济理论,特别是劳动价值理论却与资本主义的社会现实发生了矛盾,并在论敌的攻击下陷于瓦解。与李嘉图同期的法国古典经济学家让·巴蒂斯特·萨伊(1767—1832)在生产三要素,即劳动、资本、土地的基础上提出了效用价值论、三位一体的分配论和无危机实现论(萨伊定律);英国古典经济学家托马斯·罗伯特·马尔萨斯(1766—1834)提出了有效需求不足理论和著名的"人口论",对古典经济理论进行反思、补充和修正。通过萨伊和马尔萨斯对劳动价值论的逆向反思,边际效用价值论发起了对古典经济学从立场到方法的革命,在此基础上便孕育形成了新古典经济学。

以19世纪末、20世纪初英国剑桥学派的代表人物阿尔弗雷德·马歇尔为首的新古典经济学肇始于19世纪70年代的边际革命,结束于20世纪30年代的凯恩斯革命,是对古典经济学和边际效用价值论的结合。所谓"边际革命",是指从19世纪70年代开始,奥地利学者门格尔、英国学者杰文斯、法国学者瓦尔拉斯,差不多同时又各自独立地提出边际效用论、边际效用价值论及在此基础上提出的一般均衡理论和美国学者克拉克提出的边际生产力论的总称,由于是对古典经济学的革命,故称"边际革命"。但边际革命并未否定古典经济学关于经济人的理论前提假定和关于自由放任市场机制的经济政策主张,它所强调的人的主观意识对商品物的因素和人的欲望满足程度的评价,其客观性不足。所以,马歇尔于1890年出版了《经济学原理》一书。在这本书里,他运用边际学派的最大化分析方法,结合古典经济学的基本原理,把供求论、边际效用论、生产费用论综合在一起,分析均衡价格,考察单个市场和单个商品的需求和供给问题。在需求方面,研究了消费者行为和需求规律,包括边际效用和个人选择、消费者剩余、需求曲线、需求弹性。在供给方面,他研究了供给表、供给曲线、供给弹性;生产成本和供给规律,包括成本、收益、短期和长期成本、报酬递减规律、替代原理等。他还分析了各种资源的配置怎样通过工资机制、价格机制和利率机制来实现。由于马歇尔的经济理论是用新的理论、新的方法分析经济问题,坚持的是古典经济学的基本理论,所以被称为新古典经济学。新古典经济学建立了微观经济学的基本框架,并使微观经济学经过20世纪30年代垄断竞争理论、不完全竞争理论、成本定价理论、经济性厂商理论以及福利经济学的补充、修改和完善,成为独立完整的现代经济理论科学体系并获得进一步的发展。新古典经济学产生以后,经济学的主题就成为如何利用有限资源满足人们无限的需要,经济学就成为追求利益最大化的人们面对稀缺但有多种用途资源的选择科学。

1936年英国著名经济学家约翰·梅纳德·凯恩斯(1883—1946)发表了《就业、利息和货币通论》(简称《通论》)一书。这本著作的问世,既标志着凯恩斯经济学的产生,也标志着现代宏观经济学的产生。凯恩斯经济学是凯恩斯根据古典经济学、新古典经济学的宏观经济理论以及当时存在的经济波动和经济周期理论,在20世纪30年代资本主义社会出现了一场空前严重、旷日持久的经济危机,传统的自由放任的经济理论面临破产的情况下,为适应资产阶级需要一套反危机、消灭失业、摆脱经济困境的经济理论和政策而形成的。在《通论》中,凯恩斯抨击了供给会创造需求的"萨伊定律",摒弃了市场机制可自动调节经济、实现充分就业和资源有效配置的传统理论,提出了有名的有效需求理论。凯恩斯认为,资本主义市场经济经常会造成有效需求不足,是低于充分就业的均衡。有效需求不足是由于边际消费倾向、资本边际效率、流动偏好这三个基本心理因素的作用,市场机制本身没有力量使总需求与总供给在充分就业水平上达到均衡,这样就不可避免地要出现危机、萧条和失业。为此,必须实行国家干预经济的政策。国家干预经济的政策,主要不能靠扩大信贷、降低利率等货币政策,而应运用扩大投资、增加公共开支以及赤字的财政政策。财政政策是最有力最重要的调节手段。由于凯恩斯用有效需求理论代替了传统的均衡就业理论,用国家干预经济的政策代替了自由放任的经济政策,所以凯恩斯经济学实际上是对传统经济理论的一场"革命"。这场革命发展凯恩斯的消费函数理论实行开放经济模型,引来了凯恩斯的一大批追随者,他们不仅大力宣传,而且积极补充、发展凯恩斯的经济理论,如提出 IS—LM 模型、提出加速原理,将凯恩斯理论长期化、动态化,从而使宏观经济理论成为完整的理论体系,使凯恩斯经济学成为此后居于统治地位的正统的经济学。在发展起来的各种经济理论中,主要有两派:一派是以美国当代知名经济学家保罗·萨缪尔森为代表的新古典综合派,另一派是以英国当代经济学家琼·罗宾逊为代表的新剑桥学派。

　　新古典综合派是第二次世界大战后,为适应经济发展中出现的通货、污染、能源短缺等新情况和新需要,以萨缪尔森为代表的经济学家,把马歇尔为代表的新古典学派的微观经济理论与凯恩斯的宏观经济理论综合起来而形成的新的经济学学派。由于在战后西方世界长期处于主流或正统的地位,故又称主流经济学派。该学派的代表作是 1948 年萨缪尔森出版的名为《经济学》的教科书。综合的根据是:现代经济是国家管理的公共经济部门和市场机制发挥作用的私有经济相结合的"混合经济"。这种经济一方面应由政府实行需求管理,以实现充分就业,这就需要凯恩斯的理论和政策;另一方面必须充分发挥市场的作用,追求好的效率,这就需要新古典学派的微观经济理论。只有把这两种理论结合起来,形成一个体系,才能解决混合经济中的种种问题。该学派的特点是:第一,在总需求方面采用凯恩斯主义观点;第二,在总供给方面采用传统经济学的工资理论和假设条件;第三,运用菲利普斯曲线说明通货膨胀和失业的关系;第四,建立新古典增长模型,说明市场经济有可能长期稳定增长。在政策方面,强调国家采用补偿性财政政策和货币政策对总需求进行调节,以保持经济稳定增长。

　　新剑桥学派是作为新古典综合派的对立面出现,并且是在和新古典综合派的论战中逐步形成的。该学派强调凯恩斯经济理论和新古典经济理论之间的对立,反对把二者结合起来。认为凯恩斯经济理论的要点是论证资本主义社会财富和收入分配的不均,并把收入理论和经济增长理论融为一体,看重研究经济增长过程中工资和利润在国民收入中相对份额如何变化。他们否定边际生产力的收入分配理论,认为工资和利润之间的分配取决于工人和资本家之间的力量对比,其份额是互为消长的。

20 世纪 60 年代末和 70 年代初,由于新古典综合派的以需求管理为主的政策的失灵和经济发展停滞、失业严重、通货膨胀局面的出现,一些反对凯恩斯主义的经济学流派,如货币学派、供应学派、理性预期学派等纷纷崛起。这些流派都倾向于市场调节,主张国家在较少程度上干预经济生活,因而被称为新古典主义者或新自由主义者,其理论和主张被称为新古典宏观经济学。面对新古典主义者的挑战,20 世纪 80 年代,又出现了新的强调国家干预经济的新凯恩斯主义。此外,还出现了以科斯、威廉姆森、阿尔奇安等人为主要代表的新制度经济学。当前,新古典综合派,与其他学派正在出现一种相互融合的趋势,并且形成了新的现代主流经济学。正是各学派之间的争论和融合,推动了经济学的不断发展。

19 世纪中叶,马克思和恩格斯为适应无产阶级反对资产阶级革命斗争的需要,在批判地继承古典经济学科学因素的基础上,通过搜集和研究资本主义发展历史的大量材料,详细分析了资本主义社会的经济结构,揭示了资本主义经济关系的本质、矛盾及其运动规律,以劳动价值理论为基础,以剩余价值学说为基石,创立了独具特色的马克思主义经济学。马克思主义经济学是与西方资产阶级经济学有着根本区别的理论经济学。它研究的对象不是物,而是物的掩盖下的经济关系;它揭示的不是事物的现象,而是事物的本质和根源;它研究的方法是唯物辩证法;它研究的目的是揭示人类社会经济运行的规律。因而,马克思主义经济学对市场经济运行机制、资源配置的具体体制、方法以及经济管理的模式等研究相对较少。

党的十一届三中全会以后,邓小平坚持实事求是的马克思主义的原则,科学地总结了我国经济建设和世界各国经济发展的经验教训,创造性地提出了社会主义市场经济的理论。他的计划和市场都是经济手段,社会主义也可以搞市场经济,社会主义的根本任务是发展生产力,科学技术是第一生产力,社会主义初级阶段的所有制结构、分配结构、经济发展战略以及经济体制改革,加强企业管理等思想或论断都是对马克思主义经济学和经济学的重大发展。

综上所述,经济学的产生和发展,大体可分为四个阶段:19 世纪 70 年代以前,为经济学的早期准备阶段;19 世纪 70 年代到 20 世纪初,即从边际革命到马歇尔经济理论的建立,是经济学的奠基时期;20 世纪 30 年代到中叶,是经济学形成独立体系并得到初步发展的时期;20 世纪 60 年代至今,是现代经济学进一步发展、扩大和演变的时期。

第二节 经济学的研究对象和基本任务

一、经济及经济学的含义

我国古代"经济"的含义。我国有文献记载的历史已有三四千年,反映社会经济活动的概念先后有"食货"、"货殖"、"富国"、"理财"等,直到公元4世纪初的西晋时期,才开始使用"经济"一词。如晋明帝在褒奖纪瞻的诏书中称"瞻忠亮雅正,识局经济"。唐朝以后,"经济"一词使用渐多,如名臣魏征"郑公达节,才周经济"(《旧唐书·魏征传》),宰相裴度"不复有经济意,乃治第东都集贤里"(《新唐书·裴度传》)等。但中国古代"经济"一词,是"经邦济世"、"经国济民",即治理国家、拯救庶民的意思,其含义与西方语言中的"经济"一词并不相同。

前面说过,在西方,最先使用"经济"一词的,是古希腊思想家色诺芬。他在《经济论》一书中,把奴隶主组织、管理奴隶制经济,首次用"经济"一词来概括,意指家庭管理。现代社会使用的"经济"一词,就是从希腊文"家庭管理"这个词演变而来。

近现代社会使用的"经济"一词,大致有如下几种含义:一指经济关系或经济制度;二指社会生产和再生产活动;三指一个国家国民经济部分或总体的简称;四指勤俭节约,精打细算。经济一词多种含义因其使用范围、场合不同而有区别,但在一定场合使用,其含义却是确定的,人们也是能够理解和把握的。

经济学,从最一般的意义上说,是研究人类社会经济活动的学问或理论体系。人类社会最早出现的经济学,是古希腊思想家色诺芬、亚里士多德、柏拉图等人研究奴隶制家庭管理的经济学。色诺芬的《经济论》是这种经济学产生的标志。1615年法国重商主义者孟克列钦《献给国王和王太后的政治经济学》的问世,表明人类社会出现了研究整个国家或社会财富管理的经济学——政治经济学。1890年英国学者马歇尔发表了《经济学原理》一书,有意把"政治经济学"头两个字取掉,称作"经济学",目的是突出政治经济学的实证性,从此"经济学"便逐渐成为这一学科的统称。与此相适应,经济学的含义也逐步演变为是研究人类社会怎样有效率地分配和使用其稀缺的经济资源于各种用途,以达到既定目标的社会科学。

近代西方的经济学,是19世纪中后期逐步传入我国的。在开始传入我国的时候,曾先后被译为"富国学"、"理财学"、"计学"等等。1912年,孙中山指出:中国原"无经济学之名词",后来"或以富国学名,或以理财学名,皆不足以赅其义。惟经济二字,似稍近之"。此后,西方的经济科学,才被译为"经济学",并以"经济学"的称呼在我国广泛传播和使用。

二、经济学的研究对象

经济学的研究对象,简而言之,是人类的社会经济活动。但在不同历史时期,由于经济学面临的经济、历史条件及对事物认识的不同,经济学研究对象的侧重点也不同。与经济学的产生相适应,经济学的研究对象同样经历了一个不断发展演变的过程。简略地回顾这个演变过程,有助于我们全面深刻地理解经济学的研究对象。

如前所述,人类社会最早的经济学产生于奴隶社会,古希腊思想家色诺芬的《经济论》是该经济学产生的标志。由于当时的古希腊是奴隶制社会,生产是以家庭为单位由奴隶主组织的奴隶生产,所以以色诺芬为代表的早期经济学研究的是家庭管理,并把奴隶主是否使自己的财富得到增加作为经济学的研究对象。

重商主义认为财富的本质是金银,增加财富的办法是开展对外贸易,所以他们把贸易特别是对外贸易——流通作为自己的研究对象。

亚当·斯密批判了重商主义的错误,把财富的性质定义为使用价值,把经济学的研究重点放在物质资料的生产上,认为促进生产从而增加财富的办法有两个:一是增加劳动投入量,二是提高劳动生产率,即通过分工促进生产率的提高,增加财富的产出。可见斯密主要是把生产作为经济学的研究对象的。

李嘉图从保护商品生产者利益从而调动其积极性出发,认为经济学研究的重点不在一般意义上的国民财富增长,而在财富的分配。他说:"土地产品——将劳动、机器和资本联合运用在地面上所取得的一切产品——要在土地所有者、耕种所需的资本所有者以及进行耕种工作的劳动者这三个社会阶级之间进行分配……确立支配这种分配的法则,乃是政治经济学的主要问题。"换句话说,李嘉图主张以"合理"的分配,即抑制地租、压低工资、增加利润来保护资本家的利益,促进资本主义经济的发展。可见,李嘉图是把分配作为经济学的研究对象的。

李嘉图以后,其他古典经济学家则把社会再生产过程作为经济学的研究对象。如萨伊提出的经济学对象论的三分法,把生产、分配和消费的一般原理,作为经济学的研究对象;詹姆斯·穆勒提出的四分法对象论,将经济学的研究对象归结为生产、分配、交换和消费的一般原理;西尼尔认为经济学只研究有关财富的生产和分配的最一般的原理,不涉及经济伦理和经济政策;约翰·穆勒认为经济学的研究对象是财富的生产和分配,但应以分配问题为主,生产问题为辅。因为前者主要取决于社会因素,而后者主要取决于自然因素。

边际效用学派注重研究消费,认为财富的基础是效用,充分竞争条件下的市场交换能使交换双方都得到最大的效用。

以马歇尔为首的新古典学派综合了边际学派注重研究消费和古典学派注重研究生产的观点,把生产和消费并重作为经济学的研究对象,认为在充分竞争的市场机制下,交换双方通过调整资源配置实现最佳配合比例,就可以实现最大效用——消费者均衡和生产者均衡。边际学派关于人的主观意识对商品物的因素与人的欲望满足关系的评价和新古典学派关于调整资源配置实现最佳配合比例的观点,为现代经济学把资源配置作为研究对象奠定了基础。

现代经济学泛指20世纪30年代以后的经济学。现代经济学所研究的,虽然没有超出生产、分配、交换和消费的范围,但其重点却是生产和消费的关系。现代经济学从生产的有限性和人的消费的无限性出发,通过研究资源的稀缺性和人的需要的无限性的相互关系,说明现代经济学的研究对象是资源的配置和选择。现代经济学把资源的配置和选择作为研究对象,一方面是经济理论发展的必然结果。古典经济学的资源配置理论,边际学派的边际效用理论、新古典经济学的实现最佳配合比例,都为其提供了理论来源;另一方面是当时经济条件的要求,生产过剩、市场问题突出、失业严重、危机频繁爆发都要求研究消费,合理配置经济资源;再一方面是经济发展的需要,克服资源短缺、扩大市场需求、发展科学技术、增强经济实力同样都要求有效选择、配置、利用资源。现代经济学把资源的配置和选择作为研究对象,有一个不断深化和完善的过程,先是研究目的与具有各种可供选择的用途的手段之间的相互关系,后是研究资源配置,再后是从宏观上研究资源的有效利用。现代经济学通过长期的完善和发展,便成为研究有效配置和利用资源,以促进经济稳定协调发展的科学。

三、经济学的基本任务

经济学的基本任务,是通过资源的选择、配置和有效利用,解决人类社会、特别是现代社会共同面临的五大基本经济问题。

第一,生产什么和生产多少的问题。这个问题实际就是如何配置经济资源的问题。首先,社会必须了解该社会可供使用的资源的品种,数量和结构;其次,社会必须了解该社会需要的产品和劳务的品种、数量和结构;再次,把可供使用的资源,按照轻重缓急的原则和有效需要,分配到相应的产品和劳务的生产上;最后确定分配的数量及其在社会总需求中所占的比重。在经济活动中生产什么和生产多少,其决定因素实际上取决于资源供应条件和社会需求状况,但最终的因素是可供使用的资源的数量和结构,因为需求的品种和数量由生产状况决定。

第二,怎样生产、如何生产的问题。这个问题是生产的方式方法问题。解决这个问题,首先要利用经济资源用途上的替代性,确定资源有效地生产出最优产品和最佳产品;其次,确定生产的设备、生产需要的原材料、生产的人员构成和数量、生产的地点;再次,根据耗费和生产成果的比较,确定产品的种类、性能和特征以及经济效益;最后,要面对市场竞争,考虑生产方式方法的特点及其以后的不断更新和调整。

第三,为谁生产的问题。这个问题实际是社会所生产的产品、提供的劳务如何在社会成员之间进行分配的问题。资源的有限决定了产品的有限。产品生产出来以后,如何进行分配? 所有者得多少? 经营者得多少? 工人得多少? 整个社会的生产目的是什么? 消费者如何将他的收入在拟购买的不同商品之间进行分配? 等等,这些都是影响生产和经济发展的大问题,处理得好,会促进发展,处理不好,会阻碍、破坏发展。因此,社会必须不断地研究、总结经验教训,正确地解决产品的分配问题。

第四,经济增长和经济发展问题。经济学研究资源配置,从最终的意义上说,是解决经济增长和经济发展问题。如果不能解决这个问题,经济学的存在就失去了意义。经济增长的含义是一国生产的产品和劳务总量的增长,即国民生产总值的增加。如果考虑人口增长和价格变动等因素,经济增长的标准应该是实际人均国民生产总值的增加。经济发展的含义是一个国家如何由不发达状态过渡到发达或更发达状态的过程,它的范围比经济增长大、质量比经济增长高、程度比经济增长深。如果说经济增长侧重量的增长的话,经济发展则侧重质的增长和经济全面的增长。为了保证经济的可持续发展,经济学还要考虑资源的将来开发和利用问题。

第五,保证和促进资源的充分利用问题。在社会经济生活中,往往存在着这样一对矛盾:一方面是资源的稀缺,另一方面是资源的闲置和浪费,所以经济学要研究资源的充分利用问题。资源的充分利用既包括人力资源的充分利用,又包括非人力资源即物力、财力资源的充分利用。资源的充分利用包括三个相关的问题:一是如何使现有的资源不闲置、不浪费,即实现充分就业问题;二是如何保证商品经济社会中货币购买力不变的问题;三是如何利用现有资源生产出更多的产品,即实现经济的增长问题。

经济学研究资源配置解决的上述五个问题,实际是揭示资源配置的内在规律,寻求资源优化配置的目的、方式和过程,以指导人们选择,提高人们社会经济活动的效率和效益的问题。可以说,揭示经济运动的规律,是经济学的根本任务。

经济规律是经济现象和经济过程内在的、本质的、必然的联系,它体现着经济过程的必然趋势。由于人们在生产、分配、交换、消费过程中形成的社会关系是一个复杂的体系以及经济活动各个方面、各个过程的相互联系,一个社会的经济规律不是一种,而是很多种;各种经济规律不是孤立地存在和发生作用,而是在相互联系、相互影响下所构成的一个经济规律体系。经济规律具有客观性,因为一定的经济规律都是在一定的经济条件的基础上存在和发生作用,不以人的主观意志为转移;人们既不能消灭、废除、改造它,也不能制定或创造它。但人们可以发现和认识它,利用它来为社会经济发展服务。利用经济规律有两种形式:一种是利用它自发表现出来的形式,一种是在发现和认识的基础上在全社会自觉利用的形式。经济学的任务,就是在揭示客观经济规律的同时,进一步研究其借以实现的形式和机制,为优化资源配置,促进人类社会经济发展服务。

四、经济资源配置的基本方式

经济资源的配置是通过一定的方式和机制来实现的,没有一定的方式和机制,经济资源便无法配置,社会生产也无法正常进行。

在社会化大生产条件下,计划和市场是按比例分配社会劳动的基本形式,也是社会进行资源配置的两种基本方式和手段。同时任何一种资源配置方式都离不开决策、信息和动力三大要素,都有与自己的特征相适应的资源配置机制。

什么是计划? 计划是社会预先确定的经济发展目标和资源配置方案。在论述经济运行体制时,计划经常是人们用来表述计划机制、计划调节、计划经济的简称。认真对它们进行区别,有助于对计划的正确理解。计划机制是计划机构实施计划的形式和运用的力量,它既包括行政力量,也包括经济杠杆的力量。计划调节是计划机制对经济的调节作用或对资源的配置作用。计划经济则是一种与市场经济相对立的社会经济运行和资源配置的组织调节方式,是一种经济体制。计划经济当然以计划为调节手段或调节机制,但有计划不等于就是计划经济。只有当一个社会的经济运行和资源配置全部或主要由计划来调节时,这个社会经济才能称为计划经济。因此,计划和计划调节的存在,不等于计划经济的存在;对计划经济体制的否定,并不意味着对计划和计划调节的否定。在以社会化大生产为基础的市场经济中,由于社会化大生产客观要求的按比例分配社会劳动及按比例配置资源,单纯依靠市场机制的自发调节作用往往不能顺利实现,所以,实行市场经济,仍然需要发挥计划和计划调节的作用。

市场的本来含义是商品交换的场所或商品交换关系的总和。如商品市场是商品交换的场所,资本市场是资本借贷的场所,等等。市场机制是价格、供求关系、竞争相互作用而形成的对经济运行和资源配置的调节机制,也就是价值规律的作用机制。市场调节是市场机制的调节。市场经济则是经济运行和资源配置主要由市场来调节的经济组织方式,它也属于经济体制的范畴。

市场配置资源方式的实际运动过程是:首先,各个商品生产者在市场中收集横向信息,即供给和需求、生产要素需求的数量和价格以及据此推断的成本和盈利的情况,独立地做出生产什么、生产多少、为谁生产的目标决策。然后,生产者依据信息,特别是市场信号——价格,按照利润最大化的原则,对未来进行预测,从而决定生产的产品种类和产量。由于预测是自己做出的,并且是以利润的多少来判断的,因而其执行是自觉的,并具有较高的积极性。最后,生产者依据横向传递的日益变化的信息,不断调整自己的决策,使自己的生产、经营与市场需求相吻合,实现资源的优化配置和充分利用。

与计划经济相比,市场经济的运行在决策、信息、动力以及调动生产者积极性方面有明显的优势,但也存在自发性、盲目性、滞后性的缺点,因而必须加强包括计划在内的宏观经济调控。现在就全世界范围来看,市场在总体上是起基础性作用的资源配置方式。但是,计划这种资源配置方式又是同时存在的,并且是和市场结合起来配置资源。在现实社会经济生活中,很难找到要么是完全的计划配置、没有市场,要么是完全的市场配置、没有计划的典型。对于我国的社会主义市场经济来说,更需要发挥计划和宏观经济调控的作用。

第三节   经济学的研究方法和研究工具

一、经济学的研究方法

任何科学都有自己特定的研究方法,经济学也不例外。认真学习、理解、掌握经济学的研究方法,有助于人们创造性地研究、发现、解决现实经济问题。经济学的研究方法很多,而且不同时期的方法又不尽相同。这里主要介绍几种影响较大的基本方法。

第一,唯物辩证法。唯物辩证法就是建立在唯物论基础上的辩证法,就是在经济研究中,把经济现象或经济过程看成是一种不以人的意志为转移的发展变化着的客观存在,坚持事物客观性、运动性、规律性的研究方法。我们知道,经济学的研究对象是资源配置的全过程及决定和影响资源配置的全部因素。但资源如何配置,用什么方式配置,配置得是否合理等,却是由客观物质条件决定的,并且会随着客观物质条件的变化而变化,有着自身变化的规律性。经济学在用唯物辩证法研究资源配置及其取决的因素等纷繁复杂的经济现象时,首先要承认经济现象是一种客观存在,是社会发展到一定阶段的必然产物,要充分地详细地了解、认识、分析经济现象的存在及其取决的客观物质条件,要一切从实际出发,不能想当然地肯定或否定。其次,要研究、分析经济现象和经济过程所包含的矛盾,从正反两个方面观察矛盾,揭示矛盾双方所处的状态,寻求解决矛盾的方法和途径,只有这样,才能揭示经济过程发展的状况、动力和进一步发展的趋势,才能掌握经济现象的本质及其变化。再次,要分析在社会经济发展过程中,局部的量变要发展到何种程度,才能达到以及如何达到质的变化,并对经济过程的发展产生什么样的影响,只有这样,才能真正了解社会经济发展的趋势。最后,要分析社会经济从低级阶段向高级阶段发展变化的过程和趋势,揭示社会经济运动的规律。唯物辩证法是马克思创立的、马克思主义经济学常用的贯穿始终的根本方法,是指导人们观察世界和认识世界的世界观和方法论。西方经济学特别是其中的现代经济学,由于阶级的局限性,虽然不承认这个方法,不提这个方法的名称,但他们在研究经济问题时,或多或少甚至不自觉地使用着这个方法。

第二,抽象方法。抽象方法是指研究经济现象或经济过程时,运用人的抽象思维能力,抽出影响经济活动的主要的、本质的因素,舍弃次要的、非本质的因素,揭示经济活动的本质及其运行规律的方法。马克思指出:"分析经济形式,既不能用显微镜,也不能用化学试剂。二者都必须用抽象力来代替。"这就是说,研究分析事物必须用主要的本质的因素。物理学可以在实验室用显微镜观察事物的本质的因素,化学可以用化学试剂显示事物的本质的因素,而经济学的研究对象虽然是一种客观存在,但因其不是看得见、摸得着的实体,所以不能用显微镜和化学试剂,只能通过人的抽象能力,用抽象法抽出影响经济运行的主要因素和本质因素。抽象方法包括从具体到抽象即从现象到本质的研究方法和从抽象到具体即从本质到现象的叙述方法两个方面,是两个方面的统一。经济学在用抽象方法研究经济问题时,首先要充分占有材料,要全面了解,认识经济现象或经济过程的基本状况;其次,要运用人的抽象思维能力,从具体到抽象,一层一层地剥去假象,即抽去次要的、非本质的因素,揭示出影响经济活动的主要的、本质的因素,揭示出经济现象的本质及其运动规律,这叫透过现象揭示本质。再次,要把抽象的结果,即经济活动的本质及其运动规律,按照从简单到复杂、从抽象到具体的逻辑次序,用一系列的概念、原理、理论表述出来,这叫用本质说明现象。抽象方法也是马克思主义经济学的主要方法,西方经济学虽然也不明确承认,但他们在经济研究的实践中,却常常多少不一地使用着这个方法。

第三,均衡分析法。均衡分析法是指对研究的经济问题所涉及的诸多经济变量或因素中,假定自变量是已知的或固定不变的,然后考察因变量达到均衡或相等时的状况和所需的条件。均衡分析法是新古典学派以后经济学常用的数量分析法。它有局部均衡分析和一般均衡分析两种形式,前者是马歇尔创立的,后者是数理学派的瓦尔拉斯创立的。局部均衡分析假定其他条件不变,一种商品的价格只取决于它本身的供给状况,也就是说,它撇开了影响商品价格的其他因素,只就商品本身的供求关系来分析商品价格的确定。因而,它只适用于分析单个市场和单个商品价格的确定和供求关系对价格的影响。一般均衡分析假定各个市场、各种商品的价格与供求是相互联系的,一种商品价格的变动,既受本身供求的影响,又受其他商品价格供求的影响。因此,某种商品的均衡价格只能在其他所有商品的价格和供给同时达到均衡时才能决定。一般均衡分析适用于分析市场体系中多个市场,多个商品的价格和供求关系发生变化条件下商品均衡价格的确定。马歇尔、瓦尔拉斯以后,均衡分析方法有了广泛的应用和发展,它一方面表现在对均衡条件的理解上,认为均衡条件不是固定不变的,而是处在不断的变化当中,因而均衡本身也处在从一种均衡状态到另一种均衡状态的变化之中;另一方面表现在对时间因素的认识上,认为在时间因素的作用下,均衡可能是短暂的现象,因此应当引入时间变量,从动态观念出发使用均衡分析方法,从而产生了过程分析。过程分析通常把经济运动过程从时间上划分为几个连续的期间,以便考察有关经济变量在相应的各个期间的变化情况及一种均衡到另一种均衡的变化过程,因而又称为期间分析。例如在分析某个社会的周期时,过程分析强调该社会的经济如何经过繁荣、危机、萧条、复苏等阶段,从而使社会经济出现周期性波动。

第四,静态、比较静态和动态分析法。静态、比较静态和动态分析法是和均衡分析法密切联系的。静态分析法是分析经济事物的均衡状态以及有关经济变量达到均衡状态所需具备的条件的方法。它以经济事物的均衡位置为中心,在假定分析对象自变量既定的条件下,分析因变量如何达到均衡状态。例如假定某种商品的需求状况和供给状况为既定条件,就可以根据这些条件,确定该商品供求均衡时应有的价格和产量。只要既定条件不变,由此达到的均衡产量就将处于静止不变状态。静态分析法的特点是,既不考虑既定条件的变化,又不涉及均衡状态的形成变化过程,而是专门注意均衡的位置。这种方法适合于静止状态下经济现象和经济变量的分析。比较静态分析法是指在原有的既知条件变化的情况下,分析和比较新的均衡状态及相应发生了哪些变化的方法。这种方法研究某些已知的自变量发生变化的情况下,相应的因变量的均衡值会发生什么样的变化。因此,它要求对两套或者两套以上均衡的位置进行比较。例如,假定由于人们收入的增加,导致对某种商品的需求有所提高,则在供给不变的条件下,可以推断出该商品在供求达到均衡状态时,其价格和产量都将比以前提高。比较动态法的特点是,主要考察经济现象和有关经济变量,发生一次变化后形成的前后两期均衡状态的比较,适合于短期经济现象和经济数量变化的研究,或者说,适合于比较前后两个时期经济现象和经济数量的研究。动态分析法是在考虑时间因素并把经济现象和经济数量的变化当作一个连续不断的过程时,分析从原有均衡状态到新的均衡状态的实际发展变化的过程的方法。它主要考察经济现象和经济变量在一定时间的变动情况、各个经济变量在变动过程中相互影响相互制约的关系以及它们在每个时间上的变动速率等等。动态分析法的特点是,把时间作为一个连续变量,把变化过程作为几个连续不断的分析期间,以分析经济现象和经济变量在继起的各个期间的变动情况,如怎样变化、变化的数值、变化的过程等等。这种方法适合于长期的、变动频繁的、需要考察其变动过程的经济现象和经济数量变化的研究。

第五,实证分析法和规范分析法。经济学在分析经济活动时,经常采用实证分析法和规范分析法。实证分析和规范分析是经济学最普通、最经常、最主要的研究方法。实证分析法是对经济现象和经济过程进行客观如实的描述和分析,以做出判断的方法。它不涉及经济运行的好坏评价,也不涉及经济运行过程应该如何运行,而是指考察经济运行的实际过程,分析经济实际运行过程中各种经济事物之间的相互关系及其运行规律。它所要解决的"是什么"的问题,其内容具有客观性,其结论可以通过实验、数据进行检验。例如,政府采取什么样的政策可以减少失业?采取什么样的政策可以防止通货膨胀?这些都属于实证分析的范围。再如,投资对经济增长的作用,扩大内需对经济增长的作用,都可以通过实证分析,利用有关的数据来证明。规范分析法是依据一定的价值推断标准,运用有关的理论和知识,研究经济行为和经济活动如何才能符合这些标准的方法。它回答的是经济行为和经济活动"应该是什么"和"应该如何做"的问题。由于人们判断事物的价值标准不同,因而通过研究和分析得出来的结论也就不同。例如,政府采取扩张的财政政策和货币政策刺激经济,用减少失业的政策目标或价值标准衡量可以说是合理的政策;用防止通货膨胀的政策目标和价值标准衡量又会认为是不合理的政策。到底合理不合理,完全取决于人们的价值判断标准,可见,规范分析和实证分析实际上就是我们经常所说的理论分析和实际分析。鉴于经济学是一门指导实践、推动经济发展的应用之学,经济学应当把规范分析和实证分析结合起来分析经济过程和经济现象。

经济学研究经济问题,除采用上述方法外,还经常运用历史法、制度法、演绎法、归纳法、统计法、计量法、个量法、总量法等研究方法。对于这些方法,我们这里不再赘述。

二、经济模型

19 世纪中期以后,经济学逐渐侧重于用实证分析法研究经济问题。经济模型是实证分析经常采用的形式之一。

经济模型是指用来描述所研究的经济现象之间有关经济变量相互依存、相互影响关系的理论结构,通常一个经济模型就是用来说明一个经济问题的经济理论。一般说来,一个经济模型由设立假设前提、建立有关经济变量的联系图、得出适用于现实的结论三个要素构成。与采用的具体方法相适应,经济模型分为逻辑模型和统计模型两种类型。逻辑模型对社会现实经济问题的研究,一般先通过抽象的方法,把复杂的社会经济现象概括简化为反映所研究问题基本性质的逻辑模型,然后采用逻辑证明的方法得出抽象的理论模型,再根据理论模型进行理论解释,并用之于现实经济生活,得出结论,这种方法称之为模型分析法。统计模型先要对研究的经济问题进行数量归纳,采用科学的简化后设计一个统计模型,然后利用调查统计获得的有关数据进行适当的统计解释,得出适用于现实的结论,这种分析方法称之为统计分析法。对于同一社会经济现象,模型分析法和统计分析法由于循着不同的路径去探求解释现实社会的具体结论,因而它们是互相补充的。但同时它们又是两种不同的方法,存在着不可替代的关系,因此必须结合起来,综合研究现实经济问题,以便尽可能得到较为准确的结论。

判断经济模型是否正确,是否具有科学性,通常有三个标准:一是模型内部的逻辑演绎是否正确无误,二是模型是否具有解释功能,三是模型是否具有预测功能,即模型的结论是否被后来的事实所证实。一个模型,既有解释功能,又有预测功能,表明科学性高。一个模型,只有预测功能,表明科学性次之。如果只有解释功能,则科学性再次之。

此外,利用经济模型分析经济问题,还要区分流量、存量、变量、内在变量、外生变量等数量范畴。

三、经济理性主义

经济理性主义是实证分析方法经常采用的假定条件之一。经济理性主义作为一种假定条件,是指在经济生活中,假定人在进行经济活动或经济决策时,在个人利益驱动下,总是最有理性地考虑自己行为的利弊得失,以便找到一个最佳方案,实现利益的最大化。

经济理性主义假定由来已久,1776 年亚当·斯密发表的《国富论》就是建立在这一假定之上的。马克思在《资本论》中就曾假定资本家是理性化的资本。但是,真正将这一假定概念化的却是帕累托,他提出"经济人"这一概念并将它引入了经济学。自此以后,经济理性主义就成为经济学家进行实证分析的基本假定和基本前提。

经济理性主义的行为并非完全是自私自利的,因为投资、经营、正常劳动的行为是有利于社会的,通过它们获得的收益会增进社会的利益。同时,以经济理性主义为前提有助于研究的深入和结论的正确。

四、经济学的研究工具

经济学家在研究、表述经济理论时,常借助于不同的研究、分析工具。经济学的研究分析工具是随着经济学本身和其他学科的发展而不断发展变化的。从西方经济学的发展过程看,主要有三种分析工具。

第一,文字分析工具。这是经济学最初普遍采用的基本形式,即主要用文字对经济现象进行分析、推理、表述,虽然偶尔也用点简单的数字来说明,但总体来看,是以文字作为分析工具的。随着经济活动的日益扩大和研究的不断深入,逐渐出现了难以用文字对各种纷繁复杂的经济现象进行清楚的说明或推理的情况,特别是经济学中所要总结的经济理论或经济预测,往往要求得出现实经济运行过程或经济现象中各种变量的因果关系,因而这种分析工具便显得不足。

第二,数理分析工具。19世纪中期以后,数理分析工具开始出现并被逐渐普遍使用。特别是数学的发展,为经济学家们提供了方便,大量的数学符号和算式推导进入经济学,使经济过程和经济现象的表述更为简洁、清晰。数理经济模型一般是由一组变量所构成的方程式或方程组来表示的,变量是数理经济模型的基本要素。变量可以被区分为内生变量、外生变量和参数。内生变量指该模型所要决定的变量。外生变量指由模型以外的因素所决定的已知变量,它是模型据以建立的外部条件。内生变量可以在模型体系内得到说明,外生变量决定内生变量,外生变量本身不能在模型体系内得到说明。参数指数值通常是不变的变量,也可以理解为可变的常数。参数通常是由模型以外的因素决定的,因而从一定的意义上说,参数也是外生变量。不可否认,数理分析要比单纯文字说明更直观、更方便、更精确,甚至更能说服人,尤其是数学分析一般可以获得定量的研究成果,这为经济学在实际应用中掌握分寸和力度提供了很大方便。但是,数理分析不能代替文字分析,数理分析必须以文字分析为基础,与文字分析相结合,为文字分析补充和服务。

第三,图形分析工具。这种分析工具实际上是数理分析工具的简单、形象的形式。经济学家在经济学的宣传、普及过程中,在阐述经济学的一些基本原理时,常常用图形、图表、图式作为辅助手段,以使深奥难懂的经济学原理形象化、通俗化、简单化,以便更多的人接受和掌握。实践证明,图形分析是现代经济学必不可少的分析工具。

第四节　学习经济学的意义

一、有利于经济的发展

经济发展是社会发展、国家富强、人民生活幸福的物质保证。发展经济是人类各个社会的共同要求和任务。发展经济离不开经济学,经济学是经济发展的理论基础和推动力量。人类进入近代以来,经济之所以能比以前得到巨大发展,与经济学的产生和发展是密不可分的。

同样,改革开放30多年来,中国经济之所以能以惊人的速度高速增长,除制度创新和发展战略的调整以外,经济学和经济学家的贡献也功不可没。回顾我国改革开放和经济发展的历程,市场经济体制的确立、现代企业制度的建立、股市的开放、市场体系的完善、所有权和分配形式的多样化、宏观调控政策的实施与演变无不是应用经济学理论的结果。因此,要不断加强经济学的学习、宣传、教育和研究,促进改革开放和经济建设的不断深化和发展。

二、有利于政府的管理决策

市场经济条件下的政府职能转换,特别需要经济学。政府为了加强经济管理职能,制定和实施一项经济政策,比如是控制信贷和投资,平抑物价,治理通货膨胀,用偏紧的货币政策、财政政策紧缩需求还是放松信贷,刺激投资和生产,提高就业水平,用宽松的财政政策、货币政策,增加供给,这是两个方向完全不同的经济政策。

在什么时候做出什么样的政策选择和决策,取决于政府官员的经济学知识水平、对经济发展状况的了解程度和未来经济形势预测的正确与否。知识多、情况明,决策便正确,否则便会做出错误的政策选择或决策。

三、有利于企业的经营决策

随着市场竞争的形成和发展,我国的企业特别是一些大中型企业对经济学越来越重视,他们不仅请来经济学家做顾问、做参谋,而且成立自己的经济研究部门进行经济理论研究。因为一个企业的经理,无论是对市场走势的把握还是对客观经济政策的变化,都需要听取专家的意见,都需要用经济学理论进行分析和研究,这样才能减少决策的失误,保证企业经营成果的增加。

四、有利于个人的消费决策

就个人而言,每个人都会考虑自己有限的收入用在什么地方最有效,应该选择哪种消费品进行消费最合算。消费后的余钱是存入银行好还是投到股市好,你必须在预期利润上做出判断和选择。个人的日常消费行为可能不自觉地使用经济学,但是如果掌握了经济学的一般知识,你就可以根据市场变化做出更有利的选择。

由于个人、家庭、企业和政府都需要经济学,所以经济学便成为愈益时髦的热门科学,"它在社会科学中居首要地位"。另外,对学生来说,经济学还是经济管理类专业的专业基础课,必须学深、学透、学好。

【案例与实践】　　关于看一场电影的经济学评估

人常道,世人就怕"认真"二字,花钱这件事,要是你不认真,钱也就糊里糊涂地花出去了。不过,要是你认真对待花钱这件事,就会发现里面的学问非常大,真可谓是"门道多多"。比如,当你决定今天晚上带朋友一起出去玩时,有两种选择,一是去看电影,二是去吃饭。一张电影票是 50 元,与朋友一起吃晚饭大约需要 300元。从经济学角度看,当你选择时,你已把自己或许得到的收益与付出的成本进行了比较。

如果是看电影,两个人只需要支付 100 元作为自己的成本,得到的收益将是看电影所带来的精神享受;而与朋友一起吃晚饭就要支付 300 元,其成本支出就是看电影的 3 倍,所以你必须期望与朋友一起吃晚饭所能够得到的收益将超过看电影的收益,只有这样,你才会理智地选择去吃晚饭。

在生活中,我们时时刻刻都在进行成本和收益的比较,不管是读书还是工作,都决定于行为者对成本收益的评估。

经济学中的机会成本就是指既要善于选择,又要学会放弃。经济学中将做出一个选择或者决策时放弃的东西叫作该决策的机会成本。

在 K. E. 凯斯与 R. C. 费尔合著的《经济学原理》中,对机会成本做出了以下描述:"产生机会成本的原因就在于资源是稀缺的(有限的)。例如,时间问题,一天只有 24 小时,我们必须在这个约束下生活。看电影的机会成本是你用同样多的钱与时间能做的别的事情的价值;大学教育的一部分成本就是你从事全日制工作能够获得的收入。如果你的邻居今天要修剪自己的草坪,他就没有时间带孩子去动物园,而这就是修剪草坪的机会成本。"

我们假定一件事情是非此即彼(二选一)的选择,而这两种选择差不多具有同样的吸引力,这样就很难做出选择。按以上原则,对两种选择对象进行分析,倘若其中一个有51%的选择理由,就该果断地选择它,这就是51%原则。

也就是说,选择了一个,就表示放弃了另外一个,即表示失去了49%。俗话说:有得必有失,鱼与熊掌不可兼得。此时,你就不得不承认这个现实,49%已成了零,没有必要再为它花费心思,而应该全力以赴地去筹划怎样将51%尽快转化为100%。

在做出任何一项选择的时候,我们都必须花费机会成本,利用51%原则或许可以让你得到的价值超过机会成本。

资料来源:唐华山. 好好学点经济学. 北京:人民邮电出版社,2009.

案例思考:如何理解经济学中的机会成本?

【复习思考题】

1. 什么是人类的经济活动?
2. 如何理解经济资源的稀缺性?
3. 经济学是怎样产生的?
4. 经济学的研究对象和基本任务是什么?
5. 经济学的研究方法有哪些?

第二章　商品经济

商品经济是人类社会发展到一定阶段的产物,是现代市场经济存在的前提和基础。本章讲解商品经济的产生和发展,分析商品经济的基本范畴——商品、货币和价格,阐述商品经济最一般的原理,为考察市场经济做理论上的准备。

第一节　商品经济的产生和发展

一、自然经济和商品经济

自然经济是生产的产品直接用于满足生产者个人、家庭或单位(如原始氏族、封建庄园)自身需要、不交换或很少交换的经济形式,是以自给自足为特征的经济形式。人类社会自产生起,直到资本主义制度以前,一直是自然经济。自然经济是与当时没有社会分工或社会分工不发达的社会生产力相适应的,是生产方式落后的产物。在长达二三百万年的原始社会的初期和中期,由于人们使用的是石头工具,生产的产品很少,根本没有剩余,所以为了生存,人们只能把生产的少得可怜的产品用于满足自身的需要,整个社会理所当然是自然经济。到了原始社会末期和奴隶社会,由于生产力的发展特别是手工的金属工具的出现,社会出现了三次大分工,人们生产的产品有了剩余。但因当时的分工太简单,剩余产品很少,而且属于奴隶主,因此社会仍然是自然经济。在封建社会,生产力有了进一步的发展,人们生产的产品有了更多的剩余,但由于生产力发展得比较缓慢,剩余产品增加比较少,尤其是人们经常要把剩余产品的相当一部分向地主交纳地租,整个社会生产的产品仍然只能满足自身的需要,社会在整体上仍然保持自然经济的状态。到了资本主义社会以及我们今天的社会主义社会,虽然自然经济早已被商品经济所替代,但在落后的老、少、边、穷地区,由于生产力的落后,仍然分散地程度不同地存在着自然经济形式。可见,自然经济是一种十分古老的经济形式,是在我国统治时间最长、涉及范围最广、对人们的影响最深、至今还程度不同地存在的经济形式。自然经济的特征是:①以落后的生产力、简单的生产方式以及由此引起的不发达的社会分工和没有或者很少的剩余产品为存在的物质基础;②利用自身的生产条件,生产自己所需要的一切产品;③生产的产品几乎全部用来满足自身(包括个人、家庭、生产单位)的需要;④生产的耗费用自己生产的产品补偿。

　　商品经济是生产的产品主要用于交换,以满足他人和社会需要的经济形式,是商品生产和商品流通的统称。商品经济是人类社会发展到一定历史阶段从自然经济内部产生的。原始社会末期,由于生产工具的改进和生产力的发展,社会先后出现了三次大分工,人们生产的产品逐渐有了剩余,当人们偶然地把自己闲置不用的剩余产品拿到市场上相互交换的时候,便出现了偶然的商品交换。偶然的商品交换,给交换双方带来了好处,使交换双方得到了以前自己需要,但自己却不生产的产品,从而使交换日益频繁、日益扩大,当现有的剩余产品不能满足交换的需要时,便出现了专门为交换而生产的商品生产。商品生产和商品交换发展到一定程度,必然产生货币。有了货币,就有了以货币为媒介的商品流通,也就有了真正意义上的商品经济。但应看到,此时的商品经济还存在于自然经济内部,是从属于占社会统治地位的自然经济的商品经济。

　　由上可见,自然经济和商品经济是迄今为止人类社会出现的两种既联系又对立的基本的经济形式。从联系来看,首先自然经济是商品经济产生的前提和基础,没有自然经济的发展使社会出现分工和多余产品,就没有商品经济的出现;其次,商品经济是自然经济发展到一定阶段的产物,没有商品经济的出现,也就没有人类社会经济的发展。从制约性、对立性看,自然经济在孕育商品经济的同时又制约着商品经济的发展,自然经济在社会占的比重越大,商品经济占的比重就越小,自然经济存在的时间越长,商品经济存在的时间就相应较短。同样,商品经济作为自然经济的对立形式产生以后,也制约自然经济的发展,特别是在商品经济高度发达的今天,自然经济不可避免地处于萎缩消亡中。当然,也应看到,先有自然经济,后有商品经济,是由社会发展的规律和生产力的发展水平决定的,是社会发展的必然,谁也不能人为地随意改变。

二、商品经济产生的条件

　　从商品经济的产生过程可以看出,商品经济的产生和存在,需要同时具备两个条件,一是社会分工,二是生产资料和劳动产品属于不同的所有者。

　　所谓社会分工,是指人们为满足自身需要而从事的各种劳动,如生产农产品的劳动、生产工业品的劳动、生产建筑材料的劳动等,经过分工,逐步独立化为不同的行业和部门,如农业部门、工业部门、建筑部门等等。社会分工能使生产专业化,能在不增加人力、财力、物力的情况下提高劳动生产率,因而随着生产的发展必然会出现社会分工,社会分工必然会越来越细、越来越发达。社会分工是商品经济产生、存在的前提条件和物质条件,因为只有在社会分工存在的情况下,人们才彼此生产不同的产品,并为了满足自己的需要而相互交换产品,从而使交换成为必要,同种产品是不会交换的。从交换的历史看,商品交换之所以产生于原始社会末期,就在于当时出现了农业和畜牧业、农业和手工业、农业和商业的三次社会大分工。如果没有这三次社会大分工,商品交换及其后的商品生产便不会出现。同时,社会分工还是商品经济不断发展的条件。社会分工越发展,人们生产的产品种类和数量就越多,从而需要交换的产品种类和数量就越多,商品经济就越发达。

社会分工虽然是商品经济产生和存在的必要条件,但它不是商品经济产生和存在的决定性条件。商品经济产生和存在的决定性条件或者说经济条件是生产资料和劳动产品属于不同的所有者。商品经济的实质不是交换而是等价交换。社会分工虽然决定劳动产品必然进行交换但不决定要等价交换。只有在生产资料和劳动产品属于不同所有者的情况下,人们为了补偿生产中的消耗,维护自己应得的利益,才需要通过计账、算账、对等交换的原则交换产品,从而使产品成为商品,使交换成为商品交换,并在交换的基础上产生商品经济。因而生产资料和劳动产品是商品经济产生和存在的最根本性的条件。

三、商品经济的发展

商品经济自原始社会末期产生以后,便随着社会生产力的发展而发展。商品经济在它的发展中,先后经历了原始社会末期,奴隶社会、封建社会、资本主义社会和社会主义社会五种社会形态,采取了简单商品经济、资本主义商品经济和社会主义商品经济三种形式,其中资本主义商品经济和社会主义商品经济属于发达商品经济,也称为社会化商品经济或市场经济。

简单商品经济是以分散的个体私人劳动为基础的商品经济。它产生于原始社会末期,是最早出现的商品经济。简单商品经济存在于各个社会形态,由于本身的分化性和不稳定性,特别是由于同个体小生产紧密联系在一起,所以在各个社会形态中,它都没有成为占统治地位的经济形式,始终处于从属的地位。简单商品经济的特点是:(1)以生产资料个体私有制和个体生产为基础;(2)生产的目的是为了交换其他产品来满足自身的需要,用公式表示为:商品—货币—商品;(3)商品生产者之间互为对方生产商品,互相依赖,互相联系,是纯粹的互相协作关系;(4)商品生产者完全受价值规律自发作用的调节,依市场商品的价格和供求关系进行生产决策。随着社会生产力的发展和简单商品经济的不断分化,到了封建社会末期,出现了少数人积累起大量货币财富,大批农民和小手工业者因失去土地和破产而成为一无所有的"自由劳动者"的情况。在这种条件下,便产生了资本主义商品经济。

资本主义商品经济是建立在雇佣劳动基础上的商品经济。它是在简单商品经济两极分化的基础上产生的,是通过资本的原始积累确立的,是通过资产阶级革命而成为在社会中占统治地位的商品经济。资本主义商品经济的特征是:(1)以生产资料的资本主义私有制和雇佣劳动为基础;(2)生产的目的是为了获得更多的货币,即赚钱,用公式表示为:货币—商品—更多的货币;(3)生产经营者和劳动者之间形成劳资关系,生产经营者和生产经营者之间形成利益对立的竞争关系;(4)生产的调节和资源的配置主要由市场自发进行。资本主义商品经济也是伴随着生产的发展而发展的。最早的是以简单协作为基础的资本主义商品经济,随着生产规模的扩大和社会化程度的提高,依次又演变为以工场手工业为基础的资本主义商品经济和以社会化大生产为基础的资本主义商品经济。目前,资本主义商品经济随着生产社会化程度的不断提高而继续发展变化。

社会主义商品经济是以生产资料公有制为基础的商品经济。它是在社会主义制度建立的基础上产生的商品经济。社会主义制度刚建立的时候以及其后的相当长一段时间,由于认识上的失误,人们不承认社会主义存在商品经济,把社会主义存在的商品经济看作是旧制度遗留下来的,因而经常自觉不自觉地限制商品经济的发展。20世纪70年代末期,随着经济理论研究的不断深化和经济建设实践的不断发展,人们才承认了社会主义商品经济,并自觉地大力发展社会主义商品经济,使社会主义商品经济成为在社会中占统治地位的经济形式。社会主义商品经济的特点是:①以生产资料公有制和联合进行的自主劳动为基础;②生产的目的从个体上说是增进生产单位的经济利益,但从总体上说,是满足全社会劳动人民物质和文化生活的需要;③生产单位内部形成了经营者和劳动者及其相互之间的平等关系,生产单位之间形成了根本利益一致基础上的既竞争又协作的关系;④生产的调节和资源的配置主要由市场自觉地进行,同时加强宏观调控,重视发挥计划调节的作用。社会主义商品经济促进了生产力的发展和社会的进步,生产力的发展又反过来促进了社会主义商品经济的发展和壮大。目前,社会主义商品经济正在从初级的生产社会化程度不高的商品经济向生产社会化程度较高以及高度社会化大生产为基础的商品经济演变。

四、商品经济条件下经济活动的价值化

以物质资料生产为核心的经济活动,是人类社会各个历史时期都不能离开的最基本的实践活动。在商品经济社会,由于交换和核算的需要,这种经济活动采取了全面的价值化形式。

第一,生产要素的价值化。生产要素是生产得以正常进行的各种物质条件和人的条件。生产过程从一定的意义上说是各种生产要素的消耗过程。在商品经济条件下,由于生产要素是用商品交换来的或者说是由货币购买来的,同时产品成本的计算需要计算生产要素的消耗,所以,生产要素必须采取价值形式。所谓生产要素的价值化,就是购买、记录生产要素的种类和数量,计算控制生产要素的消耗量,核算产品的生产成本,都要用价值形式来进行。

第二,生产过程的价值化。生产过程是劳动者和生产资料相结合生产产品的过程。生产过程的进行需要消耗各种生产要素,需要以经营者为代表的各个层次的经营和管理。为了计算、控制、调节生产中的各种消耗,提高产品的质量和数量,需要生产过程的价值化。即用价值形式计算、控制、调节生产要素的储备、生产条件的准备、生产要素的消耗和各种生产经营管理费用。

第三,劳动产品的价值化。劳动产品是生产的最终结果。在商品经济条件下,劳动产品是要用等价形式交换给别人和社会使用的。为此,劳动产品必须价值化,即用价值计算产品的成本,以价值作为商品交换的基础。只有这样,以等价形式进行的产品交换才能顺利完成。

第四,社会再生产过程的价值化。社会再生产过程包括生产、分配、交换、消费四个环节。社会再生产过程的价值化,就是要用价值形式实施、控制、调节产品的生产、分配、交换和消费,以节约消耗,提高效益,保证社会资本再生产的顺利进行。

第五,经济关系的价值化。在社会化大生产中,很多人在一个企业共同生产,其间必须结成诸如领导和被领导、管理人员和具体劳动者等等协作关系,只有结成一定的关系,社会生产才能正常进行;同时,从整个社会来看,很多企业、行业、部门和地区在一起共同生产,其间也要按分工协作原则结成相应的分工协作关系。在商品经济条件下,这些关系往往不能直接表现出来,而只能以一定的价值形式表现出来。所谓以价值形式表现出来,就是指发生经济关系时,要计价、要算账,要能增进双方的利益,不能使其中的一方吃亏。因为只有这样,才能使人们自觉履行相互之间的关系,才能使人们之间、企业之间、地区部门之间的关系持续长久,从而保证企业和社会生产的正常进行。

第六,资源配置的价值化。任何社会的生产都要求合理配置资源。在自然经

济条件下,由于生产的目的是直接用于满足生产者个人或家庭的需要,资源的配置主要由每个生产者个人或单位按照自身的需要独立、自主、分散进行。在商品经济条件下,生产的目的主要用于满足别人和社会的需要,而别人和社会需要什么、需要多少,生产者个人并不清楚,这就需要通过市场来了解情况和配置资源。由于市场配置资源的信号是价格,机制主要是价格机制,而价格又是价值的货币表现,所以市场配置资源实际就是资源配置价值化,即按价值信号,用价值形式,依价值指标数量配置、检验、调整资源。

经济活动采取全面的价值化形式,是商品经济的客观要求和必然表现,能促进社会生产力的快速发展。首先,它第一次把价值及其表现形式货币等经济利益作为生产发展的动力,而货币又有质的无限性和量的有限性的特征,从而能充分、持久地调动生产者的生产积极性;其次,它第一次把错综复杂的社会生产的各个环节和各个方面变成质相同、量可以比较的过程,有利于生产者或生产单位有效地调节和控制生产,提高劳动生产率和经济效益,并能使各个生产单位正确估价、提高自己的竞争能力,积极开展竞争;再次,价值的质的相同性克服了不同商品难以直接交换的困难,使交换可以在更大的范围顺利进行,从而能促进交换的不断扩大和生产的不断发展;最后,它可以通过市场快速、便捷、合理、有效地配置资源,提高资源配置效率,并能使社会难以直接进行的资源配置,通过各个商品生产者的自我决策得以实现。

第二节　商品

在商品经济社会,一切劳动产品和服务都采取商品形式。商品是商品经济的细胞和最普遍、最直接的表现形式。要分析商品经济,首先需要分析商品。

一、商品的概念

什么是商品?简单地说,商品就是通过市场进行交换的劳动产品。这就是说,凡是商品必须具备两个因素:一是对别人、对社会必须有用,因为只有对别人有用,别人才会交换。商品的有用性,即商品能满足人的需要的属性,就是商品的使用价值。二是必须是耗费了一定量劳动的劳动产品,因为只有是耗费了一定量劳动的劳动产品,生产者才不会把商品白给人,而要通过市场进行交换。商品中凝结的耗费了的一般人类劳动,就是商品的价值。可见,商品的两个因素就是商品的使用价值和价值。商品的两个因素是对立统一的关系。从统一性来说,它们是紧密相连、不可分割的,谁也离不开谁。一个物品,如果没有使用价值,如垃圾、废品等,不是商品。一个物品,如果有使用价值,但不是劳动产品,如空气、雨水、土地等,从而没有价值,也不是商品。一个物品,如果有使用价值,也是劳动产品,但不通过市场进行交换,如农民自产自用的粮食、企业无偿送给人的礼品、赠品等等,从而没有价值,也不是商品。一个物品,只有既有使用价值,又有价值才是商品。因此,商品是使用价值和价值的统一体。从对立性来说,它们又是互相分离、互相排斥的。表现在:在商品交换中,对购买者而言,他看重并需要的是商品的使用价值而不是价值;对出卖者(亦即生产者)而言,他看重并需要实现的是商品的价值而不是使用价值。对购买者来说,他要获得商品的使用价值,必须支付商品的价值;对出卖者来说,他要获得或实现商品的价值,就必须让渡商品的使用价值,如果他不让渡使用价值,或者说他不交换,自己消费了商品的使用价值,他就得不到商品的价值。商品使用价值和价值的这种对立性矛盾,只有通过商品交换才能解决,即商品交换出去了,购买者就得到了商品的使用价值,出卖者就实现了商品的价值。因此,一切商品都必须进行交换。

商品,从存在形式来说,分为两类:一类是物质商品,如机器、厂房、衣服、食物等等,这是通过物质消耗而形成的有形商品;另一类是精神商品,如科学发明、技术专利等,这是通过脑力劳动而形成的无形商品。遍布各行各业的各类服务活动,因其产品是无形的享受服务的过程,而这一过程又是同劳动过程结合在一起进行的,因此,它是一种特殊的精神商品。

商品,从其用途来看,还可以分为消费品和资本品。能给家庭和个人生活带来直接满足的物品,如食物、衣服、柜子及各种家用的非生产性财产等,叫作消费品。只能给家庭和个人生活带来间接满足的物品,如办公楼、机器设备、生产工具及政府机关、企事业单位的生产性财产等,叫作资本品。有一类物品,如道路、路灯、通信等,对交通、邮电部门来说,属于资本品;而对于司机、行人、消费者而言,又属于消费品。我们把这种具有非排他性和非竞争性的属性,并且所有人都可消费的物品,叫作公共物品,公共物品会随着经济的发展而不断扩大。

二、商品的使用价值及其创造

前面说过,使用价值作为商品的两个因素之一,是商品的有用性,即商品只能以某种方式满足人的某种需要的属性。例如,粮食可以充饥,衣服可以御寒,容器可以盛物,汽车可以运货,等等,这些可以满足人的充饥、御寒、盛物、运货的属性,就是粮食、衣服、容器、汽车等商品的使用价值。一种没有任何用处的产品或服务,是不会成为商品的。

商品的使用价值有质的规定性和量的规定性。从质的规定性看,不同的商品有不同的使用价值,同一商品可以有多方面的使用价值。这种多方面的使用价值,比如煤可以燃烧取暖,也可以提取很多化学成分等,是随着生产的发展和科技的进步逐步发现的,也将随着生产的发展和科技的进步而不断增加和扩大。从量的规定性看,就是如何计量使用价值的数量,其计量单位,如衣服的件、粮食的斤、汽车的辆等,是由使用价值的性质和特点决定的,同时受社会习惯的影响。

商品的使用价值是由商品的物的物理、化学、几何等性能决定的,例如粮食可以充饥,是因为它含有人的生存需要的化学成分;衣服可以御寒,是因为棉花有保温的功能等。这说明使用价值不能离开商品体,是商品的自然属性。从这个意义上说,使用价值构成社会财富的物质内容,是人类永久性的存在条件。但从商品经济的角度看,使用价值除了这些作用以外,更重要的,它是交换价值的物质承担者,是交换手段。

商品的使用价值,从需要的角度讲,便表现为效用。所谓效用,是需求者对商品使用价值的认可和评价,是商品能满足人的需要的能力或程度。商品的效用可以分为客观效用和主观效用。客观效用是商品的使用价值客观具有的满足人的需要的性能,它是由商品的物的性能决定的,能进行客观的比较。主观效用是人们消费之后对商品使用价值的主观评价。由于这是一种不同人们各自主观的判断,因而自我可以进行比较,但相互之间不能比较。尽管主观效用是消费者的主观感觉,没有一个客观标准,很难进行测定,但如果对千千万万人的主观感觉进行统计分析,又可以找出其中规律性的东西,也可以得出一个比较客观的结论。比如,一种白酒,人们喝了以后都感觉良好,都对他评价很高,那就说明这种酒的效用很大,确实是好酒。

商品的使用价值是由具体劳动创造的。生产商品的劳动具有二重性,从一个方面看,它是具体劳动。具体劳动也叫有用劳动,是指在一定的具体形式下进行的劳动,其具体形式通常表现为劳动目的、劳动对象、劳动工具、操作手段、劳动结果等等。具体劳动反映劳动的性质、表现劳动的内容,回答的是从事什么劳动的问题。它是劳动的自然属性。不同的劳动,因其具体形式不同,创造的使用价值也不同。如农民的劳动,是用各种农具在田里耕作,生产的则是粮食;纺织女工是用弹花机、纺纱机、织布机等在车间里纺纱、织布,生产的则是布匹,等等。可见,是具体劳动创造了商品的使用价值。为了生产各种各样的使用价值,人们就要从事各种各样的具体劳动。不同的具体劳动构成复杂的社会分工体系,是人类社会永久性的存在条件。但应看到,具体劳动不是使用价值的唯一源泉。使用价值的源泉,除劳动以外,还应包括生产资料。因此,当我们说具体劳动创造使用价值的时候,既包括人的劳动,又包括生产资料。人的劳动和生产资料共同创造了商品的使用价值。

三、商品的价值及其创造

商品的价值作为商品的另一个因素,是凝结在商品中的一般人类劳动。所谓一般人类劳动,是指人在劳动中体力和脑力的耗费或支出。所谓凝结,是指人的体力和脑力的耗费生产出了符合社会需要的合格的产品。如果人在生产中生产的是没人要的产品或者废品,那么人的体力和脑力的耗费就没有凝结,从而产品就没有价值,不是商品。

商品的价值是商品的社会属性,具有历史性、同一性、社会性三个特点。历史性是指商品的价值是在商品经济条件下存在,离开了商品经济,它就不存在。同一性是指各种不同的商品的价值,在质上都是相同的、没有差别的,只有数量多少的差别。社会性是指商品的价值要由社会来认定,要通过交换由社会来实现。

在商品交换中,商品的价值是由交换价值表现出来的。交换价值,顾名思义,是由交换表现出来的价值,或者说是表现在与其交换的商品上的价值。它首先表现为一种商品与另一种商品相交换的数量关系或者比例。例如1只羊与10把斧相交换,用公式表示:1只羊=10把斧,在这里,羊把它的价值表现在10把斧上,10把斧就是羊的交换价值。在商品经济条件下,商品是各个商品生产者在自己的家里或企业里生产的,他生产商品耗费了多少劳动,他的商品的价值是多少,别人和社会并不清楚,即使清楚,也不会承认,因为社会上可能还有人与他生产的商品一样,但劳动耗费却比较少。所以商品自己不能表现自己的价值,只能通过商品交换,用别的商品,用交换价值表现自己的价值。价值是交换价值的基础,交换价值是价值的表现形式。

【相关链接】　　　　　钻石和水的价值悖论

亚当·斯密在《国富论》第一卷第四章中提出了著名的价值悖论:"没有什么东西比水更有用,但它几乎不能购买任何东西。……相反,一块钻石只有很小的使用价值,但是通过交换可以得到大量其他商品。"

西方经济学家都认为,亚当·斯密在他写作经典的《国富论》的十年前发表的一篇讲演中就解决了钻石和水的悖论:钻石和水的价格不同是因为稀缺性不同。斯密说:"仅仅想一下,水是如此充足便宜以至于提一下就能得到;再想一想钻石的稀有……它是那么珍贵。"斯密注意到一个迷失在阿拉伯沙漠里的富裕商人会以很高的价格来评价水。而如果工业能成倍地生产出大量的钻石,钻石的价格将大幅度下降。

　　然而十年后写作《国富论》时,斯密突然从价格中分离出效用,将使用价值和交换价值区分开。水很有用途,但只有很小的"价值";一颗钻石几乎没有用途(这指钻石被用于工业之前),但有巨大的"交换价值"。

　　斯密的使用价值和交换价值的二分法对整个经济学理论的影响远远比他意识到的要强,因为这一区分的本质是揭示了资本主义生产是"为赚钱而生产"而非"为使用而生产"。为此,两百多年来,西方主流经济学家对斯密的这一观点持批判态度。19世纪70年代,三个经济学家——门格尔、杰文斯和瓦尔拉斯分别提出价格由商品的边际效用来决定,而不是由他们的全部效用决定。水是丰富的,增加一单位水很便宜,而钻石是极端稀缺的,增加一单位钻石是昂贵的。这已经"科学地"解决了钻石和水的价值悖论。他们追溯到学院派甚至亚里士多德的边际传统的恢复。

　　西方经济学在向经济学的边际革命发展的同时,卡尔·马克思却继承并发展了亚当·斯密价值理论,发展了劳动价值论。马克思区分了"价格"和"价值"两个不同的概念,并进一步提出,"供求"只是影响价格的因素,而"价值"才是价格的决定因素。马克思继承和完善了亚当·斯密的"交换价值"理论,指出交换价值的基础是价值,交换价值只是价值的表现形式。

　　资料来源:http://wenda.so.com/q/1365648811060644?

　　商品的价值是由抽象劳动创造的。生产商品的劳动,从另一方面看,是抽象劳动。所谓抽象劳动,就是把劳动的具体形式抽掉以后的无差别的一般人类劳动。不同的商品,如羊和斧,在交换的时候,因其使用价值,即存在形式、性质、计量单位等的不同,不能比较大小,无法进行交换。为了解决交换的困难,人们找出了它们都是人的劳动生产的这个共同点。但因生产羊的劳动和生产斧的劳动的具体形式不一样,仍然没法比较大小,所以人们就把生产羊和生产斧的劳动的具体形式,包括一切能看到、感觉到的不同点都抽掉,结果只剩下一点;它们都是人类劳动力在生理学意义上的支出,即人的脑、肌肉、神经、手等等的耗费,一句话,它们都是人的体力和脑力的耗费。这种耗费,就是无差别的一般人类劳动即抽象劳动。抽象劳动是劳动的社会属性,它反映生产不同商品的劳动的共性,反映劳动的数量,回答的是劳动了多长时间,耗费了多少劳动的问题。抽象劳动是价值实体,它凝结在商品中就成为价值,所以说商品价值是由人的生产商品的劳动创造的,也就是由人的抽象劳动创造的。劳动创造价值。创造商品价值的劳动,不仅仅是指直接生产商品时耗费的体力劳动和脑力劳动,它还包括经营管理人员的管理劳动、科技人员的科学技术劳动、信息劳动以及各种服务性劳动等等,是一个相互联系、相互影响的错综复杂的劳动体系。

商品的价值由人的劳动创造,不包括生产资料。生产资料是创造使用价值的源泉而不是创造价值的源泉,这是因为,使用价值即物质财富的生产过程和价值财富的生产过程虽是同一过程,但却是考察角度不同的两个方面。我们考察使用价值,即物质财富生产的时候,主要考察的是生产资料的物质变换过程及创造的使用价值的物质特征。在这种考察中,只有详细分析生产资料的性能、特点及其重要功能,才能说明使用价值的创造及其特征。否则,就说明不了不同的生产资料和具体劳动为什么会创造出不同的使用价值。但考察价值财富的生产就不同了。我们考察价值财富的生产,主要考察的是生产过程中的价值数量的变化,即原有价值如何成为增大了的新价值。在这种考察中,不管生产资料的性能、作用如何,它和劳动力一样,都是作为已有的价值或者原价值而存在和发生作用。由于生产资料的价值是原封不动地转移,劳动力的价值是由劳动者的劳动重新创造而增大,所以我们才说商品的价值是由人的劳动创造的,与生产资料没有关系。但这并不是说,生产资料不发挥任何作用。生产资料的作用,一是使价值创造得以正常进行的物质条件,二是提高了劳动者的生产效率。

四、商品的价值量

商品的价值不仅有质的规定性,而且有量的规定性。从质的规定性来看,商品的价值是凝结在商品中的一般人类劳动,它回答的是什么是价值的问题。从量的规定性来说,商品的价值量由社会必要劳动时间决定,它回答的是价值量的大小如何决定的问题。

既然商品的价值是凝结状态的一般人类劳动,那么商品的价值量就是凝结在商品中的一般人类劳动的数量。由于一般人类劳动的数量通常是用劳动的自然尺度——劳动时间来计量的,所以商品的价值量就由生产商品时耗费的劳动时间来决定。但在商品经济条件下,社会上生产同一商品的生产者有很多人,他们因为生产技术装备水平的不同、劳动熟练程度的不同等原因,生产同一商品耗费的个别劳动时间是不同的,那么商品的价值量由谁的劳动时间来决定呢? 我们说商品的价值量不能由商品生产者个人生产商品耗费的劳动时间——个别劳动时间来决定,否则就会出现两个不合理的现象:一是同一商品会有很多大小不同的价值;二是一个商品生产者的生产条件越差,劳动技能越低,生产同一商品耗费的劳动时间越多,他的商品的价值量就越大。因此,商品的价值量只能由社会必要劳动时间来决定。所谓社会必要劳动时间,用马克思的话说,就是"在现有的社会正常的生产条件下,在社会平均的劳动熟练程度和劳动强度下制造某种使用价值所需要的劳动时间"。这里所说的生产条件,是指某一生产部门的众多生产者使用的劳动对象和劳动工具等客观条件,其中主要是劳动工具,这里所说的平均劳动熟练程度和劳动强度,是指中等水平或者某一生产部门平均的劳动熟练程度和强度。商品的价值量由社会必要劳动时间决定对商品生产者具有极其重要的意义。因为他们生产商品所耗费的个别劳动时间,能否符合社会必要劳动时间,直接关系到他们在竞争中的成败得失。如果他的个别劳动时间等于社会必要劳动时间,他在生产中的消耗就能全部得到补偿;如果他的个别劳动时间大于社会必要劳动时间,他的劳动耗费就会有一部分得不到补偿,他在竞争中就会处于不利地位;如果他的个别劳动时间小于社会必要劳动时间,他的劳动耗费不但能全部得到补偿,而且还会有余额,这样他在竞争中就会处于有利地位。

商品的价值量由社会必要劳动时间决定,意味着社会必要劳动时间不变,商品的价值量就不变,社会必要劳动时间变了,商品的价值量也就变了。那么,社会必要劳动时间会不会变化? 它是怎样变化的? 从长期的经济活动实践看,社会必要劳动时间是随着劳动生产率的变化而变化的。劳动生产率是商品生产者生产商品的效率或者能力。劳动生产率通常用两种方式表示:一是单位时间内生产的产品的数量,二是生产单位产品耗费的劳动时间。单位时间生产的产品数量越多或单位产品耗费的劳动时间越少,表示劳动生产率越高;反之,则表示劳动生产率越低。劳动生产率的高低,取决于劳动者的平均熟练程度、生产过程的社会结合、生产资料的规模和效能、自然条件,等等,其中最主要的是科学技术的发展水平和在生产中的应用程度。劳动生产率与商品的价值量有密切的关系。在同一时间创造的价值总量不变,例如一天创造的价值总量为 8 小时的条件下,劳动生产率越高,同一时间生产的商品数量就越多,平均在每件商品上的社会必要劳动时间就越少,单位商品的价值量就越小;相反,劳动生产率越低,同一时间生产的商品数量就越少,平均在每件商品上的社会必要劳动时间就越多,单位商品的价值量就越大。因此,商品的价值量同体现在商品中的劳动量(社会必要劳动量)成正比,同劳动生产率成反比。从社会发展看,由于劳动生产率呈现着不断提高的趋势,商品的价值量则呈现不断下降趋势。

商品的价值量由社会必要劳动时间决定,是以简单劳动为基础的。所谓简单劳动,是指那些事先不需要经过任何专门的学习和训练,每一个具有劳动能力的人都能从事的劳动。例如挑水、砍柴、搬运、纺纱、织布等,都属简单劳动。但从全社会看,人们从事的不都是简单劳动,很多人从事的是复杂劳动,而且随着科学技术的发展,复杂劳动所占的比重还将越来越大。什么是复杂劳动呢? 所谓复杂劳动,是指那些需要经过专门的学习和训练才能从事的劳动。例如修钟表的劳动、制造机器的劳动、科学技术的劳动等等,都属于复杂劳动。简单劳动在不同国家和不同的历史发展时代具有不同的标准,它和复杂劳动是相比较而存在的,因而它们的区分也是相对的。发达国家的简单劳动,在落后国家很可能就是复杂劳动;今天的复杂劳动,在以后很可能就成为简单劳动。但在一定国家的一定时期内,简单劳动和复杂劳动的区别还是很明显的。在同一时间内,简单劳动和复杂劳动创造的价值量是不一样的。一般来说,简单劳动创造的价值量少,复杂劳动创造的价值量多,是倍加的简单劳动。因此,在交换中,一小时或一天复杂劳动生产的商品,能和很多小时或很多天简单劳动生产的商品相交换,其交换比例,例如一件复杂劳动的产品到底能换多少件简单劳动的产品,是在生产者背后由社会过程决定的。它反映了不同种商品生产者之间互相交换劳动的经济关系。

第三节　货币

商品和货币是紧密联系在一起的。没有货币,商品和商品交换就难以为继。所以,分析了商品以后,我们还要分析货币。

一、货币的起源

货币起源于商品生产和商品交换,是商品生产和商品交换发展到一定阶段的产物。

最初阶段的商品交换,是直接的物物交换,即人们用自己手中的商品直接换取他人手中的商品。例如,1 只羊 = 10 把斧,就是直接的物物交换。物物交换是商品交换在它的初期必然采取的形式。物物交换的最大优点是买就是卖,卖就是买,买卖同时发生,不容易产生买卖脱节以及由此发生的经济危机等现象。例如羊和斧的交换,对羊的所有者来说,既是卖羊的过程,同时又是买斧的过程;对斧的所有者来说,既是卖斧的过程,又是买羊的过程,买卖是统一的。直接的物物交换的最大缺点,是容易造成交换的困难。造成交换困难的原因很多,主要有三条:一是商品使用价值的限制。直接物物交换需要具备的前提是交换双方必须彼此需要对方的商品,但因商品特殊使用价值或效用的限制,乞求交换的一方并不能很顺利地遇到需要他的商品的另一方,这样就使交换不能进行,遇到困难。例如羊和斧的交换,如果羊的所有者需要斧,斧的所有者需要羊,交换就能正常进行。如果羊的所有者需要斧,斧的所有者不需要羊,或者斧的所有者需要羊,羊的所有者不需要斧,交换就不能正常进行。二是交换时间的限制。直接物物交换的买卖时间是一致的,但在物物交换的条件下人们同时需要对方的产品却是很少见的。当交换的一方需要卖而另一方不同时需要买的时候,交换就不能如期进行,遇到困难。三是交换地点的限制。直接物物交换的买卖地点是相同的,但在同一市场或同一市场的同一个地点要同时遇到卖者和买者却是很难的。当想卖商品的人在这个地方卖而无人买,想买商品的人在那个地方买而无人卖的时候,交换双方就不能交换,交换遇到困难。直接物物交换所引起的上述困难,在交换的初期,由于商品数量少、市场范围小、表现得并不明显;随着商品生产和商品交换的发展,当市场范围不断扩大,商品种类、数量越来越多的时候,商品交换的困难就越来越明显,越来越严重。

为了解决日趋严重的商品交换的困难,商品生产者在商品生产和商品交换的发展中,经过长期的观察、思考和探索,终于发现了一种解决办法,那就是:先用自己的商品在市场上交换回一种容易交换且为大家都喜爱的商品,然后再用这种商品交换自己所需要的其他商品。当商品生产者不约而同地都用自己的商品和这种商品相交换的时候,这种容易交换且为大家所喜爱的商品就成了一般等价物,即能和一切商品相交换、能表现与其交换的一切商品的价值的物品。一般等价物开始并不固定,经过一个较长时间后,才逐步固定在一种商品,如金银上面。于是,就产生了货币。

可见,货币是商品生产和商品交换长期发展的产物,是固定充当一般等价物的特殊商品。货币之所以能充当一般等价物,是因为货币本身也是一种商品,有价值和使用价值。例如金银货币,它的使用价值是点缀、装饰,它的价值是开采、冶炼时花费的人的劳动。另外,作为金银的货币,还有体积小、价值大、质地均匀、易于切割、便于携带等充当一般等价物的最好的自然属性。

货币产生以后,一方面,商品的交换由过去的物物交换变成了以货币为媒介的商品交换,即商品流通,如 1 只羊 = 10 把斧变成 1 只羊——货币——10 把斧,这就解决了物物交换的困难。另一方面,商品交换时,都先和货币相交换,都把它们的价值表现在货币上,或者说都由货币来表现它们的价值,这样,商品的价值就有了独立的、统一的、共同的表现形式——货币,从而可以促进商品交换和商品生产进一步的扩大和发展。

二、货币的职能

要进一步了解货币的本质及其在商品经济中的重大作用,需要分析货币的职能。货币的职能是随着商品经济的发展而逐渐完备起来的。在社会化的商品经济

中,货币具有以下五种职能:

第一,价值尺度。我们在商店买商品时,首先会问商品值多少钱,我们问价的过程,就是货币执行价值尺度职能的过程。所谓价值尺度,就是以货币为尺度来计算和衡量商品的价值。货币之所以能发挥这个作用,是因为它是商品,有价值,没有价值的东西是不能表现商品的价值的。货币执行价值尺度的职能,是观念上的货币,不需要真实的货币。货币执行价值尺度职能的结果,是把商品的价值表现成大小不同的价格。商品作为劳动的产物是有价值的,但它自己不能表现自己的价值,必须通过商品交换,用别的商品表现自己的价值,在货币产生以后就要用货币表现自己的价值。用货币表现出来的商品的价值,或者说商品价值的货币表现就是价格,价格是商品价值和货币价值的比率。货币执行价值尺度职能,它本身必须有一个计量单位。包含一定金属重量的货币单位及其等分,如我国货币的元、角、分等,叫价格标准。价格标准是对货币自身做的一种技术性的规定,以便为货币执行价值尺度职能服务。它和价值尺度虽有联系但却是不一样的。

第二,流通手段。当我们在商店问完商品的价格,用钱买商品时,货币执行的则是流通手段职能。所谓流通手段,就是货币在商品流通中的媒介作用。货币之所以能发挥这个作用,是因为它是一般等价物。发挥作用的结果,完成商品的购买行为。货币执行流通手段职能,不能是观念的货币,必须是真实的货币,但可以用纸币来代替。最初的真实货币是金银条块,因其形状不一、重量不等、成色不同,给交换带来很多不便,于是便出现了铸币。铸币是国家铸造的有一定形状、重量、成色和面值的金属货币。铸币刚流通的时候是足值的,但因长期磨损,逐渐成为不足值的。不足值的铸币仍然可以和足值铸币一样进行流通,因为对商品生产者来说,货币是交换的媒介,是他手中转瞬即逝的媒介物,他所关心的是出卖商品获得的货币能否购买到等值的商品,而不是货币是否足值。商品生产者不关心货币是否足值的现象,或者说不足值的货币仍然可以流通的现象,使纸币的产生有了可能。于是,经过不足值和贱金属铸币后,便产生了纸币。纸币是国家发行并强制流通的价值符号,它容易产生发行量过大的现象,必须以金属货币为基础。

第三,贮藏手段。如果我们暂时不买东西,把准备买东西的货币贮藏起来,货币便执行贮藏手段的职能。所谓贮藏手段,就是货币退出流通,被作为社会财富的代表保存起来。货币之所以能承担这个职能,是因为它是一般等价物,能和一切商品相交换。货币执行贮藏手段职能,必须是足值的金属货币,不能是纸币。贮藏手段的作用,是像蓄水池一样,能自发调节流通中的货币量。

第四,支付手段。如果我们买了商店的商品,当时没给钱,这叫商品的赊销,而当过了一段时间以后才付钱的时候,这时的货币便执行支付手段职能。可见,所谓支付手段,就是在商品赊销的情况下,货币被用来清理债务,偿还欠款以及后来被用于发放工资、交纳税金、支付利息、收取租金等等。总之,凡是货币被单方面用来支付时,都叫支付手段。支付手段能使商品生产者在没钱的情况下购买商品,从而有利于商品经济的发展;支付手段能使有些交换互相抵消,不需要货币作媒介,可以节省流通中需要的货币量。但支付手段也会产生问题,那就是当商品生产者之间的债权债务锁链因某些原因不能偿还时,容易造成信用关系的破坏和三角债的蔓延。

第五,世界货币。货币超出国界,在国际市场上充当一般等价物,就是世界货币。世界货币必须是足值的金银货币。但那些经济实力强、影响比较大的国家的纸币,如美元等也可以充当世界货币。世界货币的主要作用:一是用于结算国际贸易差额;二是充当国际购买手段;三是用于经济援助、战争赔款等财富转移。

货币的上述五个职能是紧密相连、依次出现的。它们共同表现着货币一般等价物的本质。其中价值尺度和流通手段是货币最早产生的最基本的职能。

三、货币流通量规律

货币在不断媒介商品流通的过程中,形成了自身独立的运动。货币不断从购买者手中向出卖者手中的运动,就是货币流通。

从现象上看,商品流通好像是由货币流通决定的,是货币流通的结果,其实不然。货币流通是由商品流通引起的。正是因为商品要买卖、要流通,所以才出现媒介商品买卖的工具——货币。可见,没有商品流通,也就没有货币流通。商品流通是货币流通的基础。既然如此,为什么还会出现货币流通决定商品流通的假象呢?这是因为商品是不断由生产领域进入流通领域,商品出卖后就退出流通领域而进入消费领域;但货币却不然,它总是停留在流通领域,媒介商品的交换,这就容易使人感到货币流通是主动的,商品流通反而是被动的。

既然货币作为流通手段,在流通领域中发挥它的职能,那么在一定时期内,流通领域究竟需要多少货币呢?

流通中的货币需要量取决于以下几个因素:①待售商品的总量;②商品的价格水平;③货币的流通速度。前两项相乘就是商品价格总额。流通中的货币需要量与商品价格总额成正比,而与货币流通速度成反比。假定,一年内待售商品的价格总额为 100 亿元,如货币的流通速度一年是 2 次,则流通中的货币需要量就是 50 亿元,如货币流通速度一年是 4 次,则流通中的货币需要量就是 25 亿元。上述数量关系,用公式表示为:

$$一定时期内流通中需要的货币量 = \frac{商品价格总额}{同一单位货币的平均流通速度(次数)}$$

一定时期内商品流通所需要的货币量,等于全部待售商品的价格总额除以同一单位货币的平均流通速度,这就是货币流通量规律。不过考虑到货币支付手段的作用,货币流通量规律还需要做更完善的表述。

在货币作为支付手段的情况下,一方面,需要动用货币的地方,不仅有商品买卖,而且还有清偿债务、支付工资以及交纳税款等;另一方面,在有商品买卖的地方,也不一定都需要动用货币,因为随着商业信用关系的发展,在很多情况下,商品买卖采取赊购和各当事人债权债务相抵消的办法。考虑到以上两方面的情况,货币流通量公式应为:

$$\frac{待售商品的价格总额 - 赊售商品的价格总额 + 到期支付总额 - 互相抵消的支付总额}{同一单位货币的平均流通速度(次数)}$$

以上所说的货币流通规律,是指贵金属货币的流通规律。当纸币出现以后,由于它只是金属货币的符号,因此纸币流通规律仍以贵金属货币流通规律为基础。根据这一前提,纸币的发行限于它象征地代表的金(或银)的实际流通的数量。如果纸币的发行量相当于商品流通中所需的金属货币量,则纸币与金属货币具有同等购买力;如果纸币的发行量超过了商品流通中所需的金属货币量,则单位纸币所代表的贵金属货币量就会减少,纸币就会贬值,物价就会上涨。这种由于纸币发行量超过商品流通所需金属货币量所引起的货币贬值现象,叫作通货膨胀。通货膨胀是纸币流通社会,特别是以私有制为基础的纸币流通社会最容易出现的经济现象。

四、货币的形式

随着商品经济的发展,货币的具体形式也在不断地发展和变化。认真学习和了解这些变化,对于认识货币变化的规律性及其同经济发展的关系,有重要的作用。

在不同的国家、不同的民族和不同的地区,由于受经济条件和文化状况的影响,曾出现过各种不同形式的货币。这些货币,概括起来,有以下几种:

（一）实物货币

实物货币是人类历史上最古老的一种货币。在人类经济史上,有很多商品都曾经当过货币,如粮食、布帛、木材、贝壳、玛瑙等等。据史书记载,我国最早的货币是贝壳。在古代俄罗斯,毛皮和牲畜都曾充当过货币。这些作为货币的商品,除了用来充当交换媒介以外,还可以直接用于消费,因而既是货币商品又是普通商品。在商品交换中,实物货币有不少缺陷,如体积大、价值小,不便分割,不便携带,容易腐烂等,有碍于商品生产和商品交换,所以,逐渐被金属货币所代替。

（二）金属货币

金属货币的出现，是生产力进步和社会发展的结果。随着生产力的发展，人类逐渐掌握了金属的开采冶炼技术，于是出现了铜、铁等金属。金属的自然属性比一般商品更适宜充当货币材料。金属特别是贵金属具有同性质、易于分割、容易保存、便于携带、体小值大等特点，因此，它能最后排除其他商品而独占货币商品位置。

（三）代用货币

所谓代用货币，是指货币的代表物，这种代表物是本身不足值或者没有内在价值而代替金属货币执行货币职能的货币。纸币和不足值的铸币等都属于代用货币。代用货币之所以能够执行货币的职能，是因为货币作为流通手段只是商品交换媒介，商品的买卖者关心的只是货币能否作为购买手段买回和它等价的商品，至于货币是否有价值或无价值，是价值实体或价值符号，似乎不太重要。代用货币的发行量取决于金属货币量。代用货币特别是纸币与金属货币相比较具有不少优点，如印刷纸币的成本比铸造金属货币的成本低，可以减少日常损耗，比金属货币容易保管与运送等。

（四）信用货币

信用货币是作为金属货币符号在市场上充当流通手段和支付手段的信用证券。信用货币的形式有银行券、支票、期票、汇票等，其中银行券是主要形式。信用货币本身没有价值，它的流通是以信用为基础的，其流通范围和程度取决于发行人的信用。信用货币通过背书后可以相互转让，因而是体现债权、债务关系的信用证券。在现代市场经济发达国家，信用卡在人们购买消费品时也大量被使用。

作为信用货币主要形式的银行券，是由发行银行发行的用于代替商业票据的银行票据。银行券主要是通过银行贴现商业票据而发行到流通中去的，它是为了解决商业票据流通的局限性和银行现金不能满足商业票据持有人贴现需求的矛盾，而由银行发行银行票据来代替私人票据。它以贴现的票据做抵押，以银行信用做担保，通过贴现的方式进入流通。银行券的特点是没有固定的支付日期，持票人可以随时到发行银行兑换；以黄金和票据做担保，信用基础稳固，并可随时兑换黄金；面额是固定的整数，便于流通。银行券的发行节约了金属货币，也方便了交易。第一次世界大战后，市场经济发达国家相继放弃金本位制，银行券也就停止兑换黄金白银，成为不兑现的信用货币。

银行券和纸币虽然都是本身无内在价值的货币符号，但它们是有区别的。其主要区别在于：①纸币产生于货币流通手段的职能，是价值符号的完成形式；银行券则产生于信用关系，是在货币作为支付手段职能的基础上产生的。②纸币是由政府发行并依靠国家权力强制流通的;银行券则是由银行通过商业票据贴现而发行的。③纸币不能兑现,而银行券则可以随时兑现,它具有黄金和商业票据的双重保证。④纸币如果发行过多就会贬值,银行券则不会贬值。但是,当银行券停止兑现时,就变成了纸币,并受纸币流通规律的支配。

银行券停止兑现并成为 20 世纪以来发达市场经济国家的主要货币形式,因而称为现代纸币。现代纸币制度的主要特点是:①通过信用程序,由国家的中央银行垄断发行,而不是由政府直接发行。②它是一国中的合法货币,其发行量和黄金准备没有联系。③国家对货币流通的管理和调节日益加强,各国都把货币政策作为实现宏观调控目标的主要手段。

现代纸币的主要形式有钞票和支票存款两种。钞票就是纸币,又称现金;支票存款又叫存款货币,是指存在银行使用支票可以随时提取的活期存款。由于发达市场经济国家的银行支票可以流通,具有通货的作用,因而银行活期存款余额应视为通货,称之为存款通货。

随着信用制度的发展和电子技术的广泛应用,货币形式的发展从有形到无形,现代纸币将逐渐发展到电子货币,即贮存于电子计算机中的存款货币。这样,一切交易都不需要现金,可以通过银行电脑转账。当前西方一些发达国家,在广泛使用支票和信用卡的基础上,已有 90% 以上的交易由记账形式的银行存款货币取代了有形的纸币,现在由于银行电子计算机网络化的形成,存款货币逐渐为电子货币所代替。

电子货币是一种纯粹观念性货币,它不需要任何物质性的货币材料。这种无形的货币,既迅速又简便,可以节省银行处理大量票据的费用,电子货币汇总系统最终可能导致现金和支票的消失。当然,货币的主要功能仍然存在,变化的只是货币的形式而已。

【相关链接】　电子货币——中外银行卡的产生及作用

信用卡作为电子货币的主要形式,20 世纪初起源于美国。它最早是由商家发行的。商家们为了推销商品的需要,刺激购买,有选择地向一些讲信誉的客户发放了一种信用筹码,客户可以凭借这种筹码,先赊购商品,然后再用现金或是银行存款转账等来支付款项。后来,这种筹码被演变成了小小的塑料卡片,也就有了现代信用卡的雏形。由此看来,信用卡不过是一种赊购商品的许可证,最后完成交易,还是需要用支付现金或是银行存款转账等实质付款形式。

1950 年,美国商人弗兰·麦克纳马拉与他的好友施奈德合作投资 1 万美元,在纽约创立了"大莱俱乐部",这家俱乐部后来成为著名的大莱信用卡公司。俱乐部向会员们发放了一种能够证明身份的特殊卡片,会员可以凭卡片记账,一定时期后再统一结账。这时的信用卡就已经有了清楚的现代形式了。由于信用卡使用方便,它一经创新出来,就广受社会关注。1952年,美国加州的富兰克林国民银行进入发行行列,率先发行了银行信用卡。随后,许多银行都跟之而来,信用卡迅速在美国乃至在世界流行开来。1985年,中国银行珠江分行发行了第一张"中行卡",开创了中国信用卡发行的先河。

由于受我国商业信用发展的限制,同时受社会信用体系还不健全的影响,除了几家银行发行的国际卡之外,在国内使用的完全赊账性质的信用卡直到20世纪90年代末才开始发行,大量的信用卡是不具有"信用特色的"。我国最先发行的信用卡称为"借记卡"。它的特点是在银行发卡给你之前,你必须先存足一笔钱,记录在卡中,你消费支付时,不得超过这笔钱的数额。这种卡相当于"存款卡"或者是"储蓄卡",目前,我国这种卡的数量还不少,有的就直接取名"储蓄卡"。随后发行的有"准贷记卡"。它的特点是,在银行发卡给你之前,你同样必须存一笔钱,但在消费时,你可以有限制地透支一些额度。如果你存入3000元,而你消费时,可以达到4500元,这样你就可以有1500元的透支。不过,你透支通常必须支付相当高的利息,许多持卡者在透支之后,一般是尽快到银行将透支的钱补上,免得负担太多。

现在我们有了真正能够赊账用的,而且是以人民币记账,在国内使用的信用卡,它被称为"贷记卡"。你不需要存入任何钱,银行凭据你的信誉而发给你卡。当然,你的卡是有级别的,在一定时间内,并不是你花多少钱,就可以透支多少钱,你有一个花钱的限制线。而且,在一定时期内,你花了钱是不用支付利息的,只有超过了期限之后,你才负担正常的利息。

商家实际上收到钱,并不是从信用卡里收到的,而是从银行收到的。这就告诉我们,你使用信用卡消费,在没有最后结算之前,你其实没有真正地花钱,但却真正地享受了商品。你完全可以享受而最后不付钱。那么,银行为什么会发卡给你呢?这就是你的信用了。信用卡的最根本之处,也就在这里。银行根据你的信用向你发卡,信用越好,你就能够得到级别越高的信用卡,如所谓的"金卡"等,你可以在没有付钱之前,消费到很大数额的钱。如果你有一次赖账不付,以后你就会有不良记录,就再也别想得到信用卡了。在现代经济社会中,银行尤其是大银行的信誉通常是很高的,它所发行的信用卡是商家们所放心来"刷"的,因为银行不会赖账。这样,持有那种信誉很好的大银行发行的信用卡,你就可以走遍天下。

资料来源:程恩富.政治经济学案例与习题集.北京:高等教育出版社,2007年8月.

随着国际贸易和国际金融的发展,货币作为世界货币职能的形式也发生了很大的变化,出现了一些新型的国际货币形式。如国际货币基金组织在1970年建立的集体结算单位——特别提款权,这是国际货币基金组织成员国之间标准信贷基金,并没有黄金做物质基础,却可以代替黄金起世界货币作用,故称作"纸币黄金"。

目前,在西方国家,货币的概念和货币的供应量的内涵发生了变化。当代西方经济学认为,货币应包括那些在商品和劳务买卖及债务支付中被作为交换媒介和支付手段而被普遍接受之物。因而把货币定义为通货(即流通中的现金)和活期存款(或支票存款)。这是狭义的货币供应量,以 M_1 表示。

M_1 = 通货 + 所有金融机构的活期存款

有的经济学家认为,各种金融机构的定期存款、储蓄存款以及其他一些短期流动资产,是潜在的购买力,很容易变成现金,具有不同程度的流动性,因而主要以流动性为标准,确定广义的货币层次,从而提出了广义的货币供应量指标 M_2,M_3,M_4 等。

M_2 = M_1 + 商业银行定期存款和储蓄存款

M_3 = M_2 + 其他金融机构的定期存款和储蓄存款

M_4 = M_3 + 其他短期流动资产(如国库券、商业票据、短期公司债券、人寿保单等)

第四节　价格

前面我们分析了商品和货币,说明了商品的价值必须由货币来表现。由货币表现出来的商品的价值就是价格。价格是商品经济、市场经济最常见、最核心的范畴。一切经济活动,如生产、分配、交换、消费、投资、收益、记账、算账、配置资源等,无一不和价格紧密联系在一起。所以,分析了商品和货币以后,我们还要分析价格。

一、价格的种类

商品的价格,从不同的角度划分,可以分为很多种类和形式。

从形成的状态看,商品的价格可以分为均衡价格和市场价格。均衡价格是影响价格的两种相反的力量供给和需求相等时的商品的价格。市场价格是供给和需求不相等时商品的价格。从严格的意义上说,由于它们都是在市场上形成的,所以都是市场价格,所不同的是前者是均衡状态下的市场价格,后者是非均衡状态下的市场价格。

从形成的机制看,商品价格可分为统一价格、浮动价格和市场调节价格。统一价格是完全由计划机制形成的全国统一的价格。浮动价格是由计划机制和市场机制相结合而形成的有一定浮动区间,即上限和下限的价格。市场调节价格是完全由市场机制形成的价格,即市场价格。

从变动状态或核算需要看,商品价格可分为不变价格和可变价格。不变价格是把某一时段商品的价格作为不变量来统计、分析、核算的价格。可变价格是用不同时期、不同时段商品变动着的价格来统计、分析、核算的价格。

从商品的种类看,商品的价格可分为工业品价格、农产品价格、建筑业价格、能源价格、交通运输价格、服务业价格等很多种。

此外,商品的价格还分为固定价格、临时价格;成本价格、出厂价格、销售价格;批发价格、零售价格;质量价格、比较价格、差别价格以及国内价格、国际价格等等,这里不再赘述。

二、价格的形成

价格的形成包括价格形成的基础和形成的因素两个方面,这里着重分析形成的基础,而在分析之前,要先弄清价格和价值的关系。

在日常生活中,我们经常遇到这样的情况:一问到某种商品的价值,例如一件衣服的价值是多少时,人们往往回答是 100 元钱或 200 元钱。在这里,100 元钱或 200 元钱实际上是衣服的价格而不是衣服的价值。人们之所以把价格当成价值,一方面是习惯,另一方面在于不懂得它们之间的区别。其实,价格和价值不是同一概念,而是既有联系又有区别的两个概念。从联系说:第一,价值是价格的基础,没有价值,就谈不上有价格;第二,价格是价值的表现形式,没有价格,商品交换难以进行,商品价值难以实现。从区别看:第一,价值是凝结在商品中的一般人类劳动,价格是商品价值的货币表现;第二,价值量是生产中耗费的劳动量,其量的多少是绝对的;价格量是商品价值量和货币量的比率,其量的多少是相对的;第三,价值量的多少,由社会必要劳动时间和劳动生产率决定;价格量的高低则由商品的价值、货币的价值决定,并受供求关系等因素的影响。商品价格和价值的相互关系表明,价值是价格形成的客观依据,价格的形成必须以价值为基础。

价格的形成以价值为基础,就是指价格的形成必须依据价值,价格的数量必须接近价值、反映价值,尽可能地和价值相一致,而不能过大地背离价值。否则,就会造成社会生产的混乱,价格的存在就失去了意义。例如,生产一辆汽车由于耗费的劳动比生产一辆自行车多,因而汽车的价值比自行车大。但如果价格过分背离价值,譬如说,自行车价格高于汽车,那就必然会造成自行车无人买而汽车供不应求的混乱状况。价格以价值为基础反映在价格构成上，就是价格首先要反映商品的生产成本，生产成本是生产商品耗费的费用，它是构成商品价格的最低界限，如果价格不能反映成本，生产者就会亏本破产。同时，在价格的构成中，价格还要反映企业的盈利状况，即交纳的税金和企业的利润。

商品价格的形成除以价值为基础外，还必须以使用价值为物质基础。使用价值或效用是商品交换，从而是商品价格形成的物质前提。一种商品只有对别人、对社会有用，别人才会购买，价格才能形成。如果物美价廉，适销对路，不仅价格形成的效率高，而且形成的水平也可能高。相反，如果一种商品是没有用的产品，或者是不合格的产品，或者是社会不需要的产品，那么，生产这种产品耗费的劳动不管是多是少，都凝结不成价值，当然也就形成不了价格。因此，商品是否有用对价格的形成影响很大。

商品价格形成的机制是市场机制，即商品的价格在市场上通过供求关系的波动自发形成。供求关系是影响价格的一个非常重要的因素。当商品供不应求，即出卖商品的人少，购买商品的人多时，商品的购买就比较困难，为了能够买到商品，购买者便愿意多付一些钱，于是形成的价格便是高于价值的价格。当商品供过于求，即出卖商品的人多，购买商品的人少时，商品的出卖则比较困难，为了顺利出卖，出卖者愿意以低一些的价钱出卖，于是形成的价格便是低于价值的价格。当商品的供求关系一致，即出卖商品的人与购买商品的人相等时，商品就能按价值出卖，于是形成的价格便等于价值的价格，即均衡价格。由于形成的价格反过来对供求关系也产生影响，并使供求关系尽可能地接近和保持一致，因而由市场自发形成的商品的价格，是均衡价格或者与均衡价格相接近、围绕均衡价格上下波动的价格。

三、决定和影响价格高低的因素

商品价格的形成，不仅要求在质上要以价值为基础，而且要求在量上尽可能与价值的量相一致。由于商品的价格除价值以外还受多种因素的影响，所以在现实的经济生活中，商品的价格与价值往往不一致。为了说明这种不一致，现连同价值量在内来分析决定和影响商品价格的因素。

第一，商品的价值量。商品的价值作为价格形成的基础，是决定商品价格的最重要、最本质的因素，是商品价格的最基本的组成部分，是商品价格的主体。它和商品的价格成正比：在其他条件不变时，商品的价值量大，商品的价格就高；商品的价值量小，商品的价格就低。火车的价格所以比汽车高，汽车的价格所以比电动车高，就在于火车的价值比汽车大，汽车的价值比电动车大。

第二,货币的价值量。价格作为价值的货币表现,除取决于商品的价值量以外,还取决于货币的价值量,即生产金银货币所耗费的社会必要劳动量。货币的价值量同商品的价格成反比:在商品价值量不变的条件下,货币的价值量越大,商品价格就越低;货币的价值量越小,商品价格就越高。纸币流通以后,货币的价值量就成为纸币所代表的金属货币量。如果纸币发行量过大,纸币代表的价值量就降低,纸币便发生贬值,商品的价格就升高;相反,如果纸币代表的价值量升高,商品的价格就降低。例如,一件价值100劳动小时的衣服,在货币的价值量为1元钱代表1劳动小时时,这件衣服的价格便是100元,因为1×100正好等于衣服价值;在货币的价值量为1元钱代表2劳动小时时,这件衣服的价格则为50元,因为2×50正好等于衣服的价值;在货币价值量为1元钱代表1/2劳动小时时,商品的价格则为200元,因为1/2×200正好等于衣服的价值。不过,应当看到,由货币价值量的变化引起的价格变动,只是形式上的变动,不是实质上的变动。因为币值的变化引起的价格变动是全社会所有商品价格的变动,它不影响每个商品生产经营者的利益得失。

第三,商品的供给量。商品的供给是影响商品价格的一个重要因素。所谓供给,是指一定时期内,商品生产者提供给市场的商品量和服务量。供给的变动与商品价格成反比,即供给增加,价格下跌,供给减少,价格上升。这是因为,供给的增加能改变商品供不应求的状况并有可能使商品供过于求,从而引起价格下跌;供给的减少能改变商品供过于求的状况并有可能出现供不应求,从而引起价格上升。

第四,商品的需求量。商品的需求量是影响价格的另一个因素。所谓需求,是指一定时期内,消费者拟从市场购买的商品量和劳务量。需求的变动同商品的价格成正比,即需求增加,价格上升,需求减少,价格下跌。这是因为,需求增加会改变商品供过于求的状况并使商品可能出现供不应求,从而会使价格上升;需求减少会改变商品供不应求的状况并使商品有可能出现供过于求,从而引起价格下跌。

第五,商品的使用价值或效用。商品有好的使用价值或者效用,人们就愿意在价值以上购买商品,从而使价格上升。特别是对那些主观感觉非常好,需要非常强烈的人来说,更愿意以比价值高得多的价格甚至没有价值的高价购买商品,从而引起低值或没有价值的商品反而有很高价格的现象,如土地、开矿权、名誉、良心等都属此类。相反,如果商品没有好的使用价值或者效用,商品虽然耗费了很多劳动,但有可能卖不出去,从而没有价格,或者勉强卖出去了,只能获得低的价格。我们常见的残次产品、淘汰产品、过时产品、处理产品都属此类。

第六,政府的经济政策。政府从经济发展的实际需要出发,对国家急需的生产,重点生产,涉及国家安全、国际竞争、全局利益的生产,往往要制定相应的经济政策,以鼓励促进它们的发展。由于在实施的过程中,国家往往会从资金上、价格上、信贷上以及扩大政府的购买力上给予优惠,从而会引起价格上升。相反,对不准发展,限制发展或以后发展的生产,由于在各个方面往往给予限制,从而会引起这些行业商品价格的下跌。如当前我国的房价,就是在政府一系列的政策和调节手段下,由过去的疯狂上涨逐步走向回落的。

四、价格对经济的调节作用

价格作为商品经济的核心范畴和商品价值的表现形式,由于直接涉及商品生产者的利益得失和竞争成败,因而对经济的发展有重要的调节作用。

第一,调节生产,促进资源的合理配置。社会化大生产要求把经济资源,特别是生产资料和劳动力按社会需要的数量和结构,合理分配到国民经济各部门、各行业、各企业中去,以保证社会化大生产的正常进行和资源的有效利用。但在商品经济条件下,这种分配不能直接进行,只能通过市场由价格的调节来间接进行。价格的调节实际上是商品经济的基本规律——价值规律的调节,它主要是通过价格、供求及竞争的相互作用而形成的市场机制来实现的。当某个部门的生产资料和劳动力等资源配置不足时,其生产的商品便供不应求,其商品的价格便高于价值,从而生产这种商品有利可图,于是,其他部门的商品生产者便会把自己的生产资料和劳动投入到这个部门中来,使这个部门的资源配置量增加;当这个部门的生产资料和劳动力等资源因为不断增加而配置过多时,生产的商品便会供过于求,商品的价格便会低于价值,从而生产这种商品便会无利可图甚至亏本,于是,这个部门的商品生产者便会把自己的生产资料和劳动力从这个部门撤出,投入到其他部门,使这个部门的资源配置量减少;直到生产资料和劳动力的分配,即资源的配置大体合理为止。

第二,调节流通,促进商品供求关系的平衡。商品在流通中,经常遇到不是过多就是过少、供求不平衡的问题,但在一般情况下,这个问题并未引起流通的中断或混乱,原因就在于价值规律通过价格对商品的供求关系进行着调节。这个调节过程就是,商品供不应求,价格高于价值,从而引起供给增加,需求减少、供求趋于平衡;商品供过于求,价格低于价值,从而引起需求增加,供给减少,供求趋于平衡。

第三,调节分配,调动劳动者的生产积极性。这里的分配,主要指劳动者的收入分配。这里的调节,主要是政府对国民收入再分配的调节。商品价格的高低直接影响着劳动者的收入分配,影响着劳动者的生产积极性。农产品价格上升或农业生产要素降低会增加农业经营者和劳动者的收入,调动他们的生产积极性;工业品价格上升或工业生产要素价格降低,会增加工业经营者和劳动者的收入,调动他们的生产积极性;消费品,特别是生活必需消费品价格降低,会增加各个方面劳动者和城镇居民的实际收入,调动他们的生产积极性。

第四,调节消费,促进消费结构的合理化。这里所讲的调节,也是政府利用价格对消费的调节。根据价格升高,消费减少的原理,提高某消费品的价格,可以抑制超前消费、不合理的消费和生产能力弱又难以克服的消费;降低某些消费品的价格,可以鼓励正常消费和大众消费,使消费结构适合生产结构,适合劳动者的收入水平,并趋于合理化。

第五,促使生产者改进技术,加强经营管理,不断提高劳动生产率和经济效益。商品的价值量是由社会必要劳动时间决定的,并且是由这个时间决定的商品价格出卖的。对于生产这种商品的生产者来说,谁的个别劳动时间越低,谁就与社会必要劳动时间及其决定的价值的差额就越大,从而盈利就越多,竞争能力就越强。为了降低个别劳动时间,每个商品生产者都会努力改进生产技术,加强经营管理,提高劳动生产率,节约劳动耗费,增强劳动者的劳动技能和劳动能力,从而就加快了企业的技术进步和经营管理能力的提高,促进了社会生产力的发展。

综上所述,价格对经济的调节作用实质上就是价值规律对资源配置的调节作用。正是这种调节作用,保证了商品经济、市场经济的正常运行和发展。但因这种调节作用有一定的局限性,因而需要国家的宏观经济调控予以弥补。

【典型案例】　　　　市场价格的重要性

第二次世界大战后,联邦德国的生产和消费下降到极低的水平。造成这种情况的原因既非战时轰炸的破坏,也非战后的战争赔款,而是政府把价格管得过多过死。价格管制和无所不在的政府规章制度使市场陷于困境:钱不值钱了;工厂由于缺乏原料而关闭;火车由于缺煤而无法运行;煤不能开采出来,是因为矿工饿着肚子;矿工饿着肚子,是因为农民不愿意用粮食来换取货币,而又没有工业品来偿付他们。市场的作用没有得到正常发挥。人们不能按自由市场的价格来购买他们所需要的东西或销售他们所生产的东西。接着,在1948年,一次彻底的货币改革使得市场价格重新发生作用。人们把它称作"经济奇迹",但是事实上,经济的恢复是由市场机制的顺利运行所引起的。

资料来源:http://www.docin.com/p-556522446.html

【复习思考题】

1. 怎样理解商品经济条件下经济活动的价值化?
2. 怎样理解商品价值所具有的三个特征? 为什么说价值由人的劳动创造?

3. 商品的价值量由什么决定？它和劳动生产率是什么关系？

4. 什么是货币流通量规律和纸币流通规律？

5. 决定和影响价格的因素是什么？

6. 价格对经济的发展有哪些调节作用？

第三章　市场经济

市场经济是商品经济发展到一定阶段的产物,是商品经济的高级阶段。市场经济具有自身特有的调节经济运行的一系列功能与特征。

本章将在商品经济的基础上阐述下列问题:市场经济的资源配置方式与定位;市场经济与商品经济的关系;市场经济的一般特征与功能;市场机制与市场体系。其中重点阐述市场经济中的价格机制及其作用。

第一节　市场经济是一种资源配置方式

一、商品经济与市场经济

商品经济与市场经济是两个既有区别又有联系的经济范畴。市场经济是商品经济的发达阶段,从这个意义上讲,商品经济与市场经济是密不可分的。但两者又从不同的角度表述了同一经济运行方式的区别。

（一）商品经济与市场经济的内涵

商品经济,是指以商品生产和商品交换为主的经济形式。市场经济是市场在资源配置过程中起基础作用的经济运行形式。讲商品经济,是着眼于这种经济形态的外部特征,强调人们之间经济联系的方式。商品经济是与自然经济和产品经济相对应的经济范畴,商品经济没有涉及资源的配置方式。但市场经济的内涵更为丰富,它不仅包含生产者为交换而生产,而且更注重这种经济形态的内在特征,表明社会资源主要通过市场机制来进行配置。

市场经济属于商品经济,是商品经济发展的高级阶段,而商品经济却不一定是市场经济。商品经济发展到市场经济是以资本和产权的商品化为特征的。社会经济的发展历史表明,在劳动力还没有成为商品的时代,生产社会化程度是比较低的,商品生产在很大程度上依赖于自然经济,商品经济的发展是缓慢的。只有劳动力也成为商品,使集中、有效使用这种资源成为可能和现实,才极大地促进了商品经济的发展,并使其成为占社会统治地位的生产方式。可是,生产社会化和劳动力商品化的发展,又出现了它和产权封闭性的矛盾。解决这一矛盾的一种方法是使产权也商品化,即通过各种产权的有偿转让,使任何所有者的财产都能获得社会化的使用;而那些经营有方的商品生产经营者可以通过向所有者提供较高的收益,吸收更多的资本,使社会资源得到更有效的配置与利用。产权商品化标志着商品经济进入到更高的阶段,即市场经济阶段,各种生产要素、资源都通过市场机制进行配置。因此,市场经济是商品经济发展到一定阶段的产物。

(二)商品经济与市场经济的联系

1.商品经济是市场经济存在的前提与基础

没有商品经济的一定高度发展就不会有市场经济。这是因为商品经济的基本运行规律——价值规律是市场经济运行机制的内存依据,也是市场机制发挥作用的基础。

2.两者都有共同的存在前提

商品经济与市场经济都是以社会分工和产品属于不同所有者为存在前提的,离开了这个前提,两者都无法存在。

(三)商品经济与市场经济的区别

1.内涵不同

商品经济是指劳动产品采取商品交换形式的一种经济形态。强调劳动者之间的劳动交换必须通过商品交换才能实现;市场经济强调以市场作为资源配置的中心。

2.市场经济与商品经济属于不同的经济概念序列

商品经济从历史发展角度看是对自然经济的否定,因此它是相对于自然经济而言的;市场经济从历史角度看是对自然调节、配置社会资源的否定,因此它是相对自然调节和高度计划经济而言的。

3.商品经济与市场经济不是同时产生的

商品经济在原始社会末期就已产生,而市场经济只是到了资本主义条件下商品经济占统治地位,市场成为社会资源的配置中心时才发展成市场经济。

二、市场与市场经济

(一) 市场的含义

市场是社会生产与社会分工发展的产物,它与商品交换是同时出现的。随着商品生产和商品交换的发展,市场也在不断扩大,市场概念的内容也在不断丰富。市场作为一个经济范畴,其内涵可从以下几个方面来理解和把握:

(1)市场是商品交换的场所和领域。作为商品交换的场所和领域,市场有狭义与广义之分。狭义的市场仅指有形市场,即商品交换的场所。在这种市场上,买卖双方在固定的场所进行交易,如百货商场、城乡集市、城镇商业街、自由市场等。广义的市场既包括有形市场,也包括无形市场,是市场最普通的含义。所谓无形市场,是指没有固定交易场所的市场,如中间商品交易、网上交易等交易方式,这种市场尽管没有固定的交易场所,但买卖双方可以通过各种无形的联络方式来进行沟通和联系,并能寻找到货源与卖(买)主,最终进行商品交易。

(2)市场是商品生产者之间交换关系的总和。商品生产是以交换为目的,是为了满足他人的需要来进行生产的,也是只有依赖他人才能进行的生产。这就决定了商品生产者之间有着密切的经济关系,而这种关系只有通过市场上的商品交换才能实现。因此,从这个角度上来说,市场是联络各个经济主体之间经济活动的集合点,是商品生产者之间全部经济关系的总和。

(二) 市场要素

市场要素是市场形成与存在的必要条件,主要有:市场主体、市场客体、市场规则和市场秩序。

1. 市场主体

市场主体,是指市场交易的当事人,亦即拥有商品和货币所有权、独立自主地从事商品生产或交易,实现自己经济利益的自然人或法人。

市场上的商品交换关系,从物质内容上看,是商品和货币的换位,但在商品和货币背后是有意识行为的人在主宰着商品交换过程。所以,商品交换关系是人与人之间的经济关系。

市场主体可以分为:①商品生产者,从事商品生产的个人和企业,在市场上他们是卖方,是商品的供给者、货币的需求者,他们通过让渡自己的商品或劳务换回货币以实现商品和劳务的价值。②商品经营者,专门从事商品买卖活动的个人和企业。他们代理、批发、零售商品,通过商品买卖获得收益,他们是连接商品生产者和商品消费者的纽带。③消费者,消费商品和劳务的一切个人、团体和企业。这里的消费者既包括对生产资料消费的消费者,也包括对消费资料消费的消费者。

在现代市场经济中,市场主体还包括有财务分配权的政府管理机关,现代国家政府少不了以一定的方式在一定程度上干预经济生活、参与经济活动,从而也成为市场主体。

2.市场客体

市场客体,是指作为交换的各种商品及劳务。

3.市场规则

市场规则,主要包括市场的进入规则、交易规则和退出规则。

进入规则,是指能为市场提供合格的商品和劳务,又有一定购买能力而设置的规则,包括资金规模、经济品德、行为规范等。目的是为了保证市场主体有一定资质和实力。

交易规则,是指保证商品交换双方进行公平交易的各种规则,如交换双方的地位平等、不允许欺行霸市、信息公开等。

退出规则,是指交易双方在商品交易完成后允许离开市场的一些限制性规定,例如,如果有违背进入规则和交换规则的违规行为,将不能退出市场,必须予以追究责任的规定等。最典型的退出规则就是对"三无"商品进入市场和进行交易做出各种处罚的规则。

4.市场秩序

市场秩序,指通过法律手段、经济手段和行政手段建立起来的市场运行和管理规则。它由市场信号秩序、市场行为秩序和市场维持秩序构成。

市场信号秩序指市场信号形成及变动的规范。市场信号包括价格、工资、利率、汇率等。市场信号的灵敏与准确程度能反映市场各种客体的供求状况。

市场行为秩序,即市场主体从进入市场、加入竞争到退出市场,都应遵循的秩序,主要包括进出行为的规范化、竞争行为的规范化、盈利行为的规范化和风险行为的规范化。

市场维持秩序,即政府维系市场活动的规范性。政府必须依据市场规律,通过法律、法规等制度来确立和维系市场运行的正常秩序。

(三)市场与市场经济

市场与市场经济的关系往往被人们误解,以为有市场就有市场经济,有市场经济必有市场。从市场与市场经济的产生与发展历史来看,两者的关系是:有市场不一定就有市场经济,有市场经济却一定有市场。

市场是商品生产与商品交换的伴随品,是和商品生产与商品交换同时出现的,贯穿于以商品生产与商品交换为纽带的商品经济的始终。

而市场经济是商品经济的发达阶段,市场经济中的市场与商品交换中偶然存在的市场及一般商品经济中的市场有很大的区别,主要表现在:市场主体的自主性、市场过程的趋利性、市场关系的平等性、市场环境的开放性、市场行为的规范性、市场活动的竞争性和市场结果的分化性等方面。

三、市场经济的一般特征与功能

(一)市场经济的一般特征

与计划经济相比,市场经济的一般特征主要有以下几个方面:

1.市场性

在市场经济条件下,社会经济活动都直接或间接地与市场相联系,市场机制成为生产要素流动和社会资源优化配置的基本运行机制。市场上供求关系与价格的变化直接反映产品和资源的稀缺程度,引导资源和产品的流向,实现资源的优化配置。在传统的计划经济体制下,生产要素和资源不能全部作为商品进入市场,其配置方式完全按照指令性计划统一执行,这可能导致市场信号的失灵,从而影响资源的配置效率,造成资源浪费。

2.自主性

在市场经济条件下,生产者和消费者是市场的主体,具有独立的经济利益和完全的自主权,作为生产者的企业应具有自主经营、自负盈亏、自我发展、自我约束的独立法人地位,应具有以实现利润最大化为动力,自主制定发展战略和经营方式,约束自身的经济行为的权利,政府和社会其他组织不能随意加以干涉。消费者有权决定自己的消费行为、消费结构与消费方式,享有自己的消费权利,他人不能横加干涉。在传统的计划经济体制下,国有企业没有自主权,由国家直接经营,企业无权确定自己的经营方式,更无权决定自己的投资结构和投资方向及规模,这是导致国有企业缺乏活力和效率低下的主要原因之一,同时,消费者也没有完全的消费自主权,不少消费品是定量供应的。

3.平等性

在市场经济条件下,任何进入市场的交易主体都具有平等的地位和权利,不可能有任何特权。这是因为,由社会必要劳动时间决定的商品价值量是共同的,对所有市场主体都一样,同时市场主体的平等地位也决定了他们面对的其他市场准入、退出、交易等条件也是相同的。在传统的计划经济体制下,政府通过指令性计划干预企业的经营活动,在企业之间难免造成不平等。

4.竞争性

市场经济条件下,竞争是市场主体的外部压力,所有的市场主体一旦进入市场就面临竞争,要么击败对手发展壮大,要么被对手击败淘汰出局,要想永远和对手和平相处则非常困难。市场主体只有在竞争中不断调整自己的生产经营方向或消费行为,社会经济才能因此发展。市场经济可以说就是竞争经济。在传统计划经济条件下,国有企业一切听命于政府,在经营结果上企业不承担责任,而是由国家统一承担,这就使得企业失去了发展的动力和活力。这也是国企亏损的主要原因之一。

5. 分化性

市场竞争条件下,竞争是残酷无情的,而竞争必然导致优胜劣汰,形成两极分化。那些在市场上善于发现商机并抓住商机者,那些在生产经营中善于改进生产技术提高劳动生产率者,必能缩短个别劳动时间,在竞争中处于有利地位,获得超常发展,成为市场经济的成功者。反之,则会被市场淘汰出局。同时企业在资金获得、技术研发与利用、人才的选拔和获得等方面,由于"马太效应"也必然使社会财富的分配出现两极分化。在传统计划经济体制下,各企业之间、个人之间的平均主义、"大锅饭"普遍存在,由于没有竞争,企业干好干坏一个样,既得不到健康发展,也不会有生存危机,这种环境下的企业是不会有分化性的,有的只是普遍滋生的惰性。

6. 开放性

以市场为基础来配置资源,实现资源的优化配置,其市场必须是开放的,此外,所有的生产者之间应是相互开放的,不同地区之间的经济以市场为纽带也应是开放的,否则就无法实现资源的优化配置。除了国内的企业与地区之间的开放外,一国的对外开放应是有针对性、全方位的开放,因为积极参加国际分工,充分利用好国内与国外这两个市场、两种资源,是达到资源优化配置必不可少的条件。计划经济条件下,国内市场的条块分割、地区分割因计划主导而普遍存在,对外的闭关锁国也在所难免,这必定难以实现资源的优化配置与信息畅通。

7. 趋利性

追求尽可能多的价值增值,获得最大化利润,是市场经济产生、发展的内在动力。市场经济运行过程的所有活动都围绕这一目的而展开。生产是为了获利,为此就要不断提高劳动生产率,降低成本,生产出既符合市场需求又有竞争力的商品和劳务;交换是为了实现利润,为此企业必须不断地开拓市场,争取现实的和潜在的顾客,扩大市场份额,与其他市场主体展开激烈的竞争;分配则是利益的分割;消费是利益的享受。因此,市场经济中利益的大小,决定了生产要素和社会资源的流向和投入量的大小,追求利润、实现价值增值是市场经济的全部活动内容。计划经济体制下,企业生产的目的是完成计划任务,人们的消费在计划工资和商品的限制性下进行,经济活动的核心是计划。

当然,第二次世界大战以后的现代市场经济,除具有以上特征外,还出现了一些新的特征,如强有力的宏观调控、比较健全的社会保障制度、经济管理法制化等特点。

(二) 市场经济的功能

通过对市场经济基本特征的分析,可以揭示出市场经济的一般功能:

1. 市场经济是优化资源配置的有效方式

资源配置是指把有限的人力、物力、财力等各种社会资源分配到各种物品和劳务的生产活动中去,并达到有效的合理利用。

市场经济通过市场机制引导资源所有者进行决策:生产什么、如何生产、生产多少最有利,资源就投向哪里。一旦资源投入无法获利或达不到利润最大化,投资者就会及时撤出资源投向他处。这种资源在不同部门、不同地区、不同企业,甚至不同国家之间的自由流动,使社会生产适应不断变化的社会需要,从而实现资源的优化配置。

2. 市场经济具有客观评价经济价值的功能

要评价一种商品或劳务的价值,评价一个企业的业绩,只有通过市场才能得到公正的评估。

一种商品质优价廉就能得到消费者的青睐和购买,从而实现其价值;一个企业经营业绩显著就能得到市场主体的新投资,从而发展壮大。反之,就会被市场所否定。

【资料专栏】 在制度上更好地发挥市场在资源配置中的基础性作用

党的十七大报告对深化经济体制改革做出了重要部署,提出要在完善社会主义市场经济体制方面取得重大进展,"要深化对社会主义市场经济规律的认识,从制度上更好地发挥市场在资源配置中的基础性作用"。认真学习并贯彻落实这一部署,对与加快形成市场配置资源的各项制度,提高资源配置效率,优化资源配置结构,促进国民经济又好又快发展,具有十分重要的意义。

党的十七大报告对发挥市场作用的要求标志着市场配置资源已进入制度化的新阶段。

党的十四大把建立社会主义市场经济体制确立为经济体制改革的目标,提出要使市场在社会主义国家宏观调控下对资源配置起基础性作用,通过经济杠杆和竞争机制的功能,把资源投入到效益较好的环节中去;运用市场对各种经济信号反应比较灵敏的优点,促进生产和需求的及时协调。党的十四大以来的15年,我们沿着这个方向不断把改革推向深入,在资源配置方式上实现了由国家计划配置为主向市场配置为主的转变,市场配置资源的基础性作用得到日益充分的发挥,对增强经济活力、促进经济持续快速健康发展发挥了重要作用。

资源配置方式的变化,集中表现在计划体制、投资体制、全要素市场和价格形成机制的改革发展上。

在计划体制上,摒弃了以高度集权为特征的传统计划体制模式,把生产什么、生产多少的经营决策权下放给企业、农户等生产经营主体,由他们根据市场的需求独立做出决定,并承担相应的盈亏责任。纳入国家计划管理的产品,由最高时的100多种减少到只对少量关系国计民生和国家安全的产品实行一定的战略储备,取消了对产品的计划分配。这一根本变化极大地调动了微观经济主体的积极性,一举解决了困扰我国多年的商品匮乏、供求脱节问题,证明通过市场价格信号引导实现生产要素在各个部门间的分配,比起由计划部门分配生产要素,能够更好地在各个部门间按照社会需求分配社会劳动,实现供需协调,有利于经济发展。

在投资体制上,实现了投资主体由政府向企业的转变。政府直接掌握的投资由最高时的控制全部扩大再生产投资降低到只占全社会固定资产投资的5%左右。对占全社会固定资产投资95%左右的建设项目,中央政府只对一定规模以上项目的环境影响和是否符合国家产业布局规划做出评价,并决定是否允许其建设,做到了谁投资、谁决策、谁承担风险,减少了投资决策失误,缩短了建设周期,提高了投资效益。

在发展全要素市场上,重点推进了劳动力、技术、土地和矿产资源市场化进程。

在价格形成机制上,由国家定价的商品种类逐步减少,以致最终取消了国家定价,只对少数关系国计民生的重要产品实行指导价,对主要粮食品种的国家收购实行保护价,通过吞吐调节平抑市场价格。这就使市场价格成为反映供求关系的信号,生产经营者依据价格信号自主决策,从而既满足了市场供应,又增加了花色品种,形成了各类商品丰富多彩、琳琅满目的局面。

党的十七大报告提出的完善社会主义市场经济体制还包括以下方面的制度建设和完善。

(1)加快形成统一开放竞争有序的现代市场体系是实现市场配置资源制度化的前提条件。

(2)健全金融市场是实现市场配置资源制度化的关键所在。

(3)国家政策导向是避免市场配置资源盲目性的必要手段。

资料来源:郑新立.人民日报,2007年11月9日第9版.

第二节 市场机制

一、经济机制与市场机制

(一)经济机制及其特点

"机制"一词,源于希腊文,指机器的构造和动作原理,其本义是指机器运转过程中的各种零部件之间的相互联系及运作方式。后来,生物学、医学通过类比方式使用了生物机制、病理机制等概念。经济机制是一定经济机体内各构成要素之间的有机联系及功能。由于经济机制是在经济运行过程中发挥功能的,所以它又可称为经济运行机制。

经济运行机制主要有以下特点:

(1)关联性。经济运行机制是经济有机体各构成要素之间的相互联系或关系,一个孤立的经济要素对经济运行是不会起作用的。

(2)客观性。一定的经济运行机制的产生和运行过程是不以人的意志为转移的,因为任何经济运行机制都是一定经济条件的产物。

(3)功能性。经济运行机制是协调经济有机体运行的各构成要素之间的相互作用所产生的调节机能或推动力,对整个经济运行过程具有调节作用。

(4)利益驱动性。经济运行机制之所以能推动经济运行,促进社会经济发展,是因为经济机制无时无刻不在调整人们的经济利益关系。通过利益的驱动来支配人们的经济行为。

(二)市场机制及其功能

市场机制即市场经济运行机制,是市场经济体系内的价格机制、竞争机制、供求机制、风险机制等之间的有机联系。市场机制的主要功能有:

1. 经济运行的自组织与协调功能

在市场经济中,每个商品生产者作为市场活动的主体和细胞,既是商品的供给者,又是商品的购买者,通过市场这个桥梁和纽带,一方面实现商品价值,另一方面又实现商品使用价值的让渡。整个商品交换的过程,就具体表现为商品供给与商品需求之间的矛盾运动。供给不仅要适应需求,而且要创造出新的需求。同时,供需之间又存在着时间和空间上、数量和构成上的各种复杂关系和矛盾。上述各个经济主体之间的经济联系与协调,社会经济矛盾的运动,均是通过市场机制系统自动解决的,这就是市场机制内在的自组织与协调功能。

2. 调节资源配置功能

任何社会的资源相对于人的需求都存在稀缺问题。如何把稀缺的资源利用得当,是任何社会都需要解决的问题。要使资源得到优化配置必须做到:①使各种资源得到最有效的利用,减少或避免各种浪费和损失。②使各种资源的供给与需求从数量和结构上相适应,以避免这种不适应造成的浪费与损失。市场机制的功能在于,通过市场上商品、劳务要素的供给与需求的变化,变动他们的价格,从而使价格反映他们的稀缺性,进而由价格的变动引导资源在各产业、各部门、各地区之间流动,这种流动是由效益低的部门流向效益高的部门,从供给过剩的部门流向供给不足的部门,从而达到资源利用的节约及其在各部门之间的配置以适应社会需求的变化。③信息传达和反馈功能。市场是商品交换的集散地,同时也是各种经济信息的产生源和集散地。经济信息是社会经济活动运行的综合反映。市场经济信息包括经济情报、数据、报表、文件、资料等在生产经营和科学研究中连续的输入和输出,不断地在市场经济活动主体中的传达和反馈,引导市场主体不断地调整自己的经济行为以适应变化了的市场供求关系,从而掌握市场生产经营和市场竞争的主动权。随着科技的迅猛发展,导致市场经济信息总量猛增和信息传导手段的现代化,市场信息的传导和反馈功能对于市场的正常运行、经济效益的提高起着越来越重要的作用。

3. 利益分配功能

任何社会分配关系的性质都是由生产资料所有制的性质决定的。但在一定的分配关系下,各经济行为主体能在多大程度上实现其经济利益,则与市场有着密切关系。因为市场上的供求关系经常处于不均衡状态而导致价格与价值背离,而每个商品生产者生产的商品又只能通过市场来实现它的价值,因此市场的交易状况,包括价格与价值的背离程度直接关系到生产者和消费者的经济利益。所以市场上供求关系及价格波动,会使按所有制关系赢得的分配关系受到修正,引起经济主体之间经济利益的再分配。市场机制的这种利益分配功能,是引导和约束经济行为主体的主要动因。

二、市场机制的内容

(一)价格机制

价格机制是市场价格变动与供求关系变动的有机联系和运动方式。市场供求关系的变化引起价格变动,而价格的变动又引起新的供求关系的变动。正是在这种相互联系与波动中,供求逐渐趋于均衡,价格与价值大体一致,价值规律的要求才得以实现,因此,价格机制是价值规律作用实现的基本形式,是市场机制的核心机制。它具有多方向的功能:

1. 配置资源的功能

价格机制对生产不同商品的生产者来说,主要是调整生产方向与生产规模的信号,从而调节社会经济资源在各部门之间的分配,这种调节作用主要是通过市场来实现的。在市场上,市场机制决定着价格的涨落。可以向生产者表明往哪个部门投资最为有利,往哪个部门投资最为不利,从而引导生产和流通规模的扩大或缩小,这样就不自觉地调整了社会生产的比例关系,促进了社会资源的优化配置。

2. 推动社会科技进步和经济发展的功能

价格机制对生产同种商品的生产者来说,具有很强的激励作用。价格机制的激励作用来源于价值规律的要求,即商品的价值量是由生产商品的社会必要劳动时间决定的而不是由个别劳动时间决定的。这就意味着即使在供求关系平衡的条件下,当商品的个别劳动时间等于社会必要劳动时间时,其劳动耗费就能得到如数补偿;当商品的个别劳动时间超过社会必要劳动时间时,其超出部分就得不到承认和补偿,会陷入亏损甚至破产;当个别劳动时间低于社会必要劳动时间时,会获得一部分超额利润。可见价格机制对于商品生产者来说,既是获取超额利润的源泉,也是避免在竞争中被淘汰的动力。它激励商品生产者不断改进技术,加强管理,降低成本消耗,这样客观上就推动了整个社会的技术进步和经济发展。

3. 调节供求关系的功能

价格机制对于消费者来说,是调节需求方向和控制需求规模的信号。价格水平的降低,在其他条件不变的情况下,可以增加消费者的购买,调节消费者的需求规模;随着各种商品价格的变化,消费者可以在同类商品的替代中进行选择,从而调节需求方向和需求结构。对生产者来说,价格机制的信号传导作用,使他们可以根据价格的变动来判断市场供求趋势,从而进行生产决策,使决策更加科学,更加符合实际。由于价格机制的作用,使供给方向和供给规模与需求方向和需求规模在变动中接近并实现均衡。

(二)供求机制

1. 供求机制及其影响因素

供求机制,是指市场供给和市场需求之间的变动关系以及与市场价格变动关系的联系。

需求,是指人们有支付能力的购买。影响需求的因素主要有:

(1)商品的效用。这包括商品本身的使用价值和不同人群对该商品的偏好。

（2）商品价格。一般来说,人们对商品的需求量与商品的价格水平成反方向变化。

（3）消费者收入。一般情况下,人们的税后收入与消费成正比。

（4）相关商品的价格。有些商品的使用价值之间具有替代性或互补性。替代或互补商品价格的变化会影响人们对相关商品的需求;例如大肉价格的上涨会引起牛肉需求量的相对增加;汽车需求量的增加会引起汽油需求量的增加。

（5）人们对商品价格变动的预期。预期要涨价的商品,需求量会增加;相反,预期价格会下跌的,商品需求量会减少。因此,人们的需求是有伸缩性的。

供给,是指在一定时期内,根据一定的价格,企业愿意并能够提供的商品数量。影响供给的因素主要包括:

（1）商品的成本。成本低,商品的相对供给量就大,相反,商品的相对供给量就小。因为企业以最小成本获取最大利润为目标。

（2）商品价格。在成本不变情况下,商品价格越高,意味着企业的获利空间越大,企业愿意供给的商品量就越大。相反则越小。

（3）生产要素价格。生产要素价格的变化直接影响商品的成本,从而影响商品的供给量。

（4）相关商品的价格。由于替代或互补商品价格的变化,引起这些商品的供给量变化,本商品的供给也会变化。

（5）政府的赋税政策。政府对哪种商品课以高税,就会抬高该商品的价格,减少需求;同时,税收加大会减少企业的利润,这样也会导致供给减少。

2. 供求机制与供求均衡

从影响供给与需求的因素看,供给与需求很难达到完全平衡,供求平衡只是偶尔的,不平衡才是经常的。供求机制正是通过价格变动使供求趋于平衡。当供大于求时,则价格下跌,供给减少,需求增加;需求增加到一定程度时会使需求大于供给,则引起价格上涨,需求减少,供给增大,……如此往复变化,使得供给与需求趋于基本一致。可见,供求与价格的变化表现在两个方面,一是供求影响价格,供求不平衡引起价格涨落;二是价格反过来影响供求,价格的变化使供求趋于一致。

供求机制在均衡与非均衡这两种不同市场类型的市场上发挥的功能与作用是不相同的。在均衡市场上,由于供求相对平衡,价格成为均衡价格,供求机制处于相对稳定状态。在非均衡市场上,如果需求总是大于供给,生产者和消费者始终处于非对等地位,生产者在市场上处于优势,消费者在市场上处于劣势,生产者往往感觉不到市场的约束,会通过提高价格的手段来获取利润,容易使生产者忽视技术进步、降低成本和产品的更新换代,为劣质产品提供了市场。如果供给总是大于需求,消费者在市场上占有优势,生产者在市场上处于劣势,这使得竞争主要在生产者之间进行,从而促使生产者改进技术、降低成本、改善管理、更新产品。

（三）竞争机制

1. 竞争机制及内容

竞争机制是指市场竞争与供求关系、价格变动以及生产要素流动之间的联系和作用。竞争机制是市场机制的重要组成部分,是市场的天然机制和活力机制。竞争是指市场主体之间为取得经济利益而进行的各种各样的争夺。竞争是社会分工的产物。前面讲过商品市场价值不是由个别劳动时间形成的,而是由社会必要劳动时间形成的,但社会必要劳动时间只有通过竞争才能形成,价值规律也只有通过竞争才能贯彻执行。因此,竞争是由分工造成的对商品生产者的一种强制性权威,是他们相互之间的利益压力。

竞争是在市场主体部分——人之间进行的,包括商品生产者之间、商品需求者之间、商品供给者与商品需求者之间等。

竞争的内容主要有:争占销售市场、争夺资金来源、争用先进技术、争购所需产品和争取有用人才等。

竞争的手段首要是价格。在竞争性市场上,一般通过降价来争夺市场;在垄断市场上,一般通过提价来获取利润。其次,是非价格手段,包括提高产品质量、改进包装、加强管理等。

在现代市场经济中,完全竞争市场是不存在的,所以,我们应当追求有效竞争。有效竞争是指既有利于规模经济又保持活力的竞争格局,它既不存在垄断千万的弊病,也不会因为过度竞争而形成社会绩效损失。当然,要形成这种最佳的竞争状态,需要法律和行政的干预。

2. 竞争机制的作用

竞争的规则是优胜劣汰。正是按照这种规则进行竞争,才使经济不断发展,社会不断进步。因此,竞争机制在市场机制中有如下作用:

（1）促进科技进步。市场经济为每个商品生产者之间提供了平等的竞争机会,同时每个生产者都是被市场选择的对象,通过优胜劣汰的筛选,使一些适应市场竞争的经济主体保存下来,不适应的则被淘汰。各个企业为了不被淘汰,必须采用先进技术,改善经营管理,提高劳动生产率,才有可能在竞争中获胜,发展壮大。因此,市场经济决定了企业对新技术的追求是永无止境的。

（2）提高市场经济效率。在市场经济中,市场主体在利益的激励与约束下,必须参与竞争并主动竞争,按照市场变化做出灵敏反应,及时调整自己的生产经营活动。因此,竞争推动企业走向高效率运转,企业的有效竞争推动着社会经济高效率地发展。

（3）调节供求平衡。竞争机制的存在是价格机制和供求机制发挥作用的前提。没有竞争,价格就不会涨落,供求的变化也就失去依据。竞争机制使得不能满足社会需要的产品及生产者被淘汰,同样,竞争也使超过供给的需求得不到满足。竞争使供给方与需求方在相对平衡的状态下进行交换,竞争还会激励生产者开发新的产品、引致新的更大的需求,使供求不断在更高的水平上达到新的平衡。

（4）优化资源配置。在竞争中,只有那些竞争力强的企业才能获得更多、更优质的资源。竞争力弱的企业不但得不到优质资源,还有可能在竞争中被挤垮,使原本在这些企业的资源流向其他企业。因此,竞争导致社会经济资源从经济效益低的部门流向经济效益高的部门,从市场供过于求的生产转向供不应求的生产。市场竞争越充分,资源的流动性越强,资源配置越趋于合理。

（四）风险机制

市场经济条件下,风险是指企业在市场信号的刺激下需要在不同的可能性中进行选择投资方向、经营方式等而承担可能带来的亏损,甚至破产。

风险机制是指企业为追求经济利益,利用市场机制进行抉择的行为。实际上企业的每一次重大决策都有成功和失败的可能,都存在风险。这是因为市场情况是经常变化的,具有不确定性。除了正常的经营风险外,更重要的风险是对新技术的开发、投资、运用等方面的风险,还有经营创新的风险,等等。但社会经济的进步又往往是这些敢于冒一定风险进行创新的市场主体所带来的。因此,那些在风险投资和经营中的成功者理所当然地应获取比一般投资者和经营者更高的报酬,这就是风险报酬。风险机制就是通过企业对风险报酬的追求来实现的,能够起到促使企业锐意进取、开拓创新的激励功能。

需要指出的是,面对市场风险,企业除建立风险基金外,还应学会规避风险和分散风险,这样才能使企业在风险重重的市场中得以保全。

三、市场机制的失灵

市场机制在积极发挥提供有效的竞争、调节供求平衡、优化资源配置、提高资源配置效率、促进技术进步和社会经济发展等作用的同时,也存在失灵。市场机制的失灵主要表现在:

由于完全竞争市场的假设条件不具备而出现市场配置资源的低效或无效;市场的不确定性导致经济发展的波动以及分配不公等。

市场失灵的主要原因有以下几种：

1. 垄断

垄断是生产的高度集中而形成的少数大企业或企业家集团对市场的操纵和控制。优胜劣汰是市场竞争的必然结果，因而市场竞争在促进经济效率提高的同时，也必然导致生产的集中和垄断。当个别市场主体获得支配市场、控制价格的垄断能力后，往往转向依靠自己操纵控制的垄断价格而不是像以往那样依靠提高经济效率实现自己的利润目标。同时他们还通过规模经济、初始资本需求量、重要资源的控制以及政府的准入条件等设置准入壁垒，排斥其他企业进入该行业和市场，从而使社会资源配置处于低效率状态，造成社会福利的损失。

2. 信息不完全或不对称

与完全市场竞争的假设不同，现实的市场经济本身并没有提供完全信息和有效的信息配置机制。无论是生产者还是消费者，都不可能拥有完全的市场信息，而且生产者和消费者所拥有的市场信息往往是不对称的，这样就不可避免地会导致决策失误、不公平交易以及结构失衡和经济波动等，这一切都增大了市场风险。

3. 公共产品

公共产品是指那些在消费中不具有排他性、竞争性或两者同时不具备的产品。例如，别人家收看电视并不影响你家收看电视，电视信号就是公共产品。国防安全所带来的和平环境人人均可享有，国防安全就是公共产品。公共产品还包括一些公共设施、教育等。由于公共产品的非排他性和非竞争性，使人们在使用公共产品时存在搭便车的行为，这使得人们意识到不付钱或少付钱也能消费公共产品，使公共产品的供给小于需求，于是市场机制就失灵了。

4. 外部性

外部性可以分为正的外部性和负的外部性。正的外部性是指某一经济活动主体的经济活动给其他主体带来收益却无法收回的经济现象；负的外部性是指经济活动主体给其他主体带来损失也不用补偿的经济现象。外部性的存在意味着市场价格不能反映产品的社会边际成本，具有负外部性的经济活动主体将其部分成本强加给其他经济主体或社会；反之，从事正外部性经济活动的经济主体却无法从自己的生产经营活动中收回全部成本支出。在这种情况下，价格信号不能传达正确信息，资源难以实现合理配置，市场调节是低效或无效的。

市场机制失灵的克服无法依靠市场本身，而只能通过政府干预来实现。

第三节 市场体系

一、市场体系及其特征

市场体系是指消费品市场、生产要素市场、信息市场、产权市场等在相互联系和相互作用的过程中形成的市场有机统一体。市场体系中的各种专门市场是相对独立的子系统,各个子系统又有各自特殊的功能,它们之间相互依存、相互制约,共同作用于社会经济,构成市场的有机统一体。

市场体系主要有如下特征:

(1)市场体系具备完整性与统一性特征。在市场经济体制下,社会经济资源的配置主要依靠市场来完成。社会经济资源是生产过程中必不可少的生产要素,如劳动力、生产资料、资金、房产、技术、信息等。围绕这些生产要素形成许多独特的市场。这些生产要素也就在相应的市场上通过不同形式的交换进行合理配置,形成生产条件,推动社会经济发展。资源是多方面的,因而资源配置的过程又将各种要素市场联结起来。所以,市场经济一方面要求将各种要素细分成各种不尽相同的市场,以利于交换;另一方面又要求各种专门市场相互联系,成为完整无缺的统一整体,提高资源配置效率。市场体系的完整性并不意味着市场体系是一成不变的。实际上,在任何社会的不同阶段,市场体系的构成及特征都是不完全一样的。

(2)市场体系具有开放性特征。任何部门、地区甚或国家都不可能拥有进行经济建设所要求的全部优质资源和先进技术,为了更有效地利用社会资源,就必须使社会资源充分、合理地流动起来,这就要求市场体系是开放的。这种开放性不仅体现在部门之间、区域之间,甚至体现在国家之间。从这个角度讲,市场体系具有世界性。

(3)市场体系具有竞争性。市场的开放必然导致竞争,在竞争中,通过市场机制的作用,使资源配置更趋向合理。竞争是提高资源配置效率的手段。竞争的程度取决于市场的开放度。只有在完全竞争的市场类型中才能达到完全开放。在市场经济中,由于社会的、历史的和自然资源天然禀赋的差异等种种原因,在区域之间、国家之间客观上存在着经济发展的差距,资源配置方式和效率的差异。如果无条件地开放,必定会使有些市场主体处于不利的市场地位,蒙受经济损失。因此竞争中总会或多或少地出现一些开放的限制,以保护这些市场主体的经济利益。

二、一般消费品市场

(一)一般消费品市场的特点

一般消费品市场也叫生活资料市场,是指为个人提供最终、直接消费品的市场。进入消费品市场的产品都是最终产品,它体现最终供给和最终需求的关系。

消费品市场的主要特点为:

(1)市场需求复杂。消费品市场覆盖所有社会成员,购买人数多,同时社会成员的收入情况、需求偏好、文化背景、生活习惯等差异较大,从而决定了消费品市场的需求多样化。另外,一般消费品的花色、品种、品牌包罗万象,被购买频率也很高,随着社会经济的不断进步与发展其更新变化很快,具有多变性。

(2)营销宣传对消费者的影响作用很大。消费品的购买者一般多为非专业人士,他们一般对所购买的商品缺乏专门知识,多是从生活经验、广告宣传、厂家介绍、亲戚朋友介绍等路径来进行选择,所以厂商的营销宣传对人们的引导性很强。

(3)受需求结构的影响很大。一般消费品的市场结构,包括消费品的品种结构、价位结构、区域分布、集中与分散程度等方面的结构,取决于消费品的需求结构。而影响消费品需求的因素有很多,如经济发展水平、气候、收入情况、生活习惯、宗教信仰、性格爱好、人文环境,等等,诸如此类影响消费者需求的所有因素都会对其产生影响,所以消费品的市场结构不仅复杂而且由消费品的需求结构决定。

(二)一般消费品市场的分类

一般消费品市场按照消费品的销售方式可以分为批发、零售和对外贸易。

(1)批发市场是大批量商品的中转交易场所。一般消费品的批发市场具有如下特点:主体为生产者和商人;交易的商品量大或为大宗商品;具有专门性,批发商人一般只经营某一类商品。

(2)零售市场。消费品零售市场是指消费品直接、最终和消费者见面的市场。由于消费者的消费需求具有多样性,零售市场的商品品种多、交易量小、交易频率高。

在现代市场经济中,零售市场的形式发展得非常快,主要有百货商场、超级连锁商店、综合商店、超级市场、专卖商店等。销售方式也有很大变化,出现了代销、赊销、直销、邮购、网上购物等形式。

三、生产要素市场

生产要素市场主要包括生产资料市场、劳动力市场、资本市场、技术市场等。生产要素市场的客体一般经交易后进入生产领域。生产要素市场的特征取决于生产要素的需求状况与结构。

（一）生产资料市场

生产资料市场，是指为满足生产者的生产需要而提供各种生产资料的交易场所。它是生产要素市场之一，具有配置资源的功能。

生产资料市场又可分为工业生产资料市场和农业生产资料市场，也可按生产资料的不同种类分为各种专业市场。

生产资料市场的主要特点有：①一般商品价值大，经营的专用性、技术性强；②产品的可替代性差，需求主要取决于生产发展速度和产业结构状况；③市场主体几乎都是企业，属于专家购买，营销宣传的影响居于次要地位；④品种规格相对固定，交易量相对较大；⑤交易双方的供求关系相对稳定。

（二）资本市场

资本市场，是指提供长期运营资金的市场。它融通的资金主要用于扩大再生产所需投入的资本使用。资本市场的核心部分是证券市场。

在资本市场上流动的长期信用工具是有价证券，主要包括股票和债券两大类。

股票是股份公司为了筹集资金而发行的一种权益证书。它是投资者投资入股并借以获取股息收入的凭证，它表明所有者是股份公司的股东，并享有相应的权利和义务。

股票具有流动性、风险性和不返还性的特点。

股票价格的主要影响因素有：一是股份公司的经营状况。这是股票价格的决定因素。二是经济因素。如利率、税收、配股分配办法等。三是政治、社会因素。如时局、战争、政变等。

债券是债务人开给债权人的债务证书。持有人可凭此证书在债券期满时向发行人收回本金并获得利息。债券可分为政府债券和企业债券。政府债券是国家和政府为了筹集资金而发行的各种债券，如国库和公债券等。政府债券的优点是国家担保，安全可靠，可以随时变现，流动性强；缺点是和其他有价证券相比较，收益率较低。企业债券是企业为（主要是股份公司和企业性金融机构）融通资金而发行的债券。发行债券使企业在不增加股权的情况下获得资金。企业债券的特点是高风险、高收益。

证券市场，是指有价证券的发行和流通的场所。它包括证券发行市场和证券流通市场。

证券发行市场，也叫一级市场、初级市场，是将有价证券第一次销售给投资者的市场，是流通市场的基础。

一级市场按证券发行的过程可划分为直接发行市场和间接发行市场。直接发行是筹资者直接向投资者发行证券,其优点是筹资成本低,不足之处是发行风险大。间接发行是指证券发行人通过证券发行中介机构(银行、信托公司和证券公司等)代为发行。根据承担风险和责任的不同,间接发行可划分为代销、助销和包销三种方式。

证券流通市场是为了缓和投资者所追求的资本短期性与公司所追求的资本长期性之间的矛盾而产生的,它为发行后的所有权流动提供了便利条件。

证券流通市场又可分为证券公司、证券交易所和证券场外交易市场三部分。在证券公司和证券交易所流通的证券,是允许上市的证券。场外交易的证券是不能在交易所上市的证券。

(三)劳动力市场

劳动力市场,是指劳动力进行交流和流动的场所。劳动力市场是生产要素市场中最重要的市场。它的主要作用表现为:通过市场机制调节劳动力的供求关系;促进劳动力资源的合理配置;提高劳动力素质。

由于劳动力市场上流动的是劳动者的劳动能力,因此,就使得这一市场有别于其他要素市场:

(1)劳动力市场上流动的是劳动者的个人能力,包括脑力和体力,这种能力归劳动者个人天然所有,但劳动者本人不被买卖,只是以劳动合同的形式交换或出卖劳动力。

(2)劳动力价格的确定过程复杂。劳动力价格的形成不仅取决于劳动力的供求关系,还取决于一个国家的工资政策、就业政策、工会的行业保护、劳动的社会保障、劳动者的谈判能力等因素,同时也受资本市场和产品市场的影响。因为劳动力市场、资本市场和产品市场是相关的,它们之间相互提供供给与需求,例如,劳动力市场和资本市场为产品市场提供劳动力和资金要素,劳动力市场上的劳动力需求又受制于产品市场和资本市场;同样资本市场也受制于产品市场和劳动力市场。

(3)劳动力供给过剩或需求不足较之其他市场敏感。因为劳动力过剩会引起社会的不安定或动荡,劳动力供给的不足又会在制约社会经济发展的同时引致人类社会的不可持续发展。所以,劳动力市场的非均衡往往会引起政府的高度重视,一般所采取的措施也是多方面的。

在市场经济中,劳动力的供求是由市场机制决定的。从供给方面看,若社会人口量一定,劳动力供给随工资的提高而增加;反之,随工资的下降而减少。从需求方面看,企业需要的劳动力数量取决于每增加单位劳动力可能给企业带来的收入,只有当这种可能带来的收入大于所支出的工资成本时,劳动力的需求才会真正增加。

技术进步也会给劳动力的供求产生影响。一方面技术进步会减少企业对劳动力的需求;另一方面,新技术产生新产业、新部门,这又会增加对劳动力的需求,但无论如何,技术进步都会使劳动力的需求高级化,迫使劳动者提高自身的素质。

劳动力市场同样存在竞争,劳动力供给者之间的竞争,是为了获取更高的工资和更好的职业、职位,以便更好地发挥自己的才智。劳动力需求之间的竞争,其目的是为了选用素质更高、更能满足企业生产所需要的劳动力。劳动力市场的竞争既能促进劳动者素质的提高,又能促使企业改善工作环境,从而推动整个社会的进步。

四、其他市场

市场体系中除了一般的消费品市场、生产要素市场外,还有其他许多市场,如房地产市场、信息市场、技术市场、产权市场等,这些市场是市场体系中不可缺少的重要组成部分。

(一)房地产市场

房地产市场,是指房地产交易的场所,或房地产交换关系的总和,包括房产市场和地产市场两部分。

房产市场交易的对象是房屋,一般可区分为住宅、生产经营性用房和非生产经营性用房。地产市场交易的是土地的使用权。由于房产和地产具有不可分性,一般将两者合二为一统称为房地产市场。

1.房地产市场交易对象的特殊性

(1)固定性。房地产总是固定在某个位置上,不可流动,不像其他商品那样可以随市场主体任意改变空间位置。

(2)排他性。即不像其他商品那样可以重复生产以满足消费者对同一商品的需求,如地理位置、房屋高度、环境、交通便利状况等。从这点看,房地产市场具有不完全性,也决定了外在条件对房地产价格起着重要的影响作用。

(3)恒定性。即被开发后承载房屋的土地作为物质性资产和合法权益的标的物是不会消失的。

(4)稀缺性。土地是不可再生性资源,自然供给完全无弹性,而社会经济发展及城市化对土地的需求又日益增加,因此,一般情况下国家实行土地国有政策,故房地产就不可能一次购买、永久使用。

2.房地产市场的特点

(1)市场客体的非流动性。即房地产交易只有货币的单方面流动,而没有房地产客体的流动。

(2)交易形式的多样性。由于房地产商品的特殊性而出现了其交易形式的多样性,如土地使用权的出让、转让、出租,房地产的买卖、租赁、调换、抵押、典当、信托等。

(3)市场的区域性。房地产属不动产,因此所属的区域不同,其市场的供求关系状况和价格也不同。

(4)严肃性。房地产权属的转移必须按法律的规定程序进行,这一要求比其他商品交易严肃得多。

3.房地产市场的类型

按房地产市场的组成划分,房地产市场可分为:

(1)土地的一级市场。由国家公开拍卖、招标、协议等方式将土地的使用权出售给土地经营者或土地开发者。

(2)土地的二级市场。土地的经营权在经营者和开发者之间转让。

(3)房地产开发市场。房地产经营者为了获得可交易的房地产商品而从事的各种开发活动的总和。

(4)房地产交易市场。包括集资建房、房屋交易、房地产信托代办、新房出售和预售、法律咨询、装饰等。

(5)物业管理。即对已建成使用的房地产进行集中管理,提供各种服务。

4.房地产市场的功能

房地产市场的主要功能为:

(1)合理配置房地产资源,使有限的土地得以合理使用。

(2)促进第三产业发展。

(3)有助于城市的现代化建设。

(二)信息市场

1.信息的特征

信息市场,是指信息商品交换或流通的场所,亦即信息交换关系的总和。

信息作为一种特殊资源商品,其主要特征有:

(1)生产信息的要素投入包括人本身。人体器官接收和处理信息具有一定的局限性,这要求不断的投入,例如计算机传输信息方式的改变要求人去不断地学习等等。

(2)信息商品的所有权无法让渡。即信息商品无法通过市场机制有效产生,这主要涉及保密问题。若无法保密,那么,信息商品的市场价格就会低于信息商品的生产成本,导致信息供给不足;如果信息可以保密,就有可能引起信息生产的过度投资,因为信息的交易利润很可观。

（3）信息成本与信息的应用规模无关。即某种生产技术信息可以在任何规模上用于生产，因此，同样成本的信息和同样市场价格的信息，使大规模生产者比小规模生产者获利更多。

2. 信息市场的特点

信息商品的特殊性，决定了信息市场的如下主要特征：

（1）交易对象的特殊性。信息市场交易的对象是知识产品和无形商品。

（2）交易的多次性。即同一信息产品可以在有效时间内多次交易，且信息交易本身也可产生新的信息产品。

（3）交易效果的不确定性。因为信息商品的使用价值是间接的，必须通过物化过程才行，这就有可能因使用规模和使用频率的不同而产生不同的效果。

（4）交易方式的灵活性。信息产品必须有信息载体，信息载体不同和转递方式不同也会使得信息的交易方式不同。

信息市场是市场经济运行的传导机制，政府对市场的调节和市场对企业的引导，都是以信息为中介的。信息市场的发展必将推动市场经济的大力发展。

【案例与思考】　　　谁是 2004 年车市的短命儿？

曾经听到有人这样评价国内的车市：只要是四个轮子，拿到中国就不愁卖不出去。比如，上海桑塔纳这款 20 世纪 70 年代设计的德国车，"新三年，旧三年，缝缝补补又三年"，居然在中国市场畅销了十几年。但是到了 2004 年，中国的汽车市场已经有了天翻地覆的变化。

让我们来看看 2004 年国内汽车停产退市名单：金杯通用雪佛兰开拓者；天津一汽的雅酷和夏利 2000；北京现代索纳塔 2.0 自动挡标准型；长安福特嘉年华 1.3升；上海大众帕萨特 1.8 升 GLI 和 GSI 两款。

根据粗略的统计，目前在国内销售的轿车大约有 150 多个品牌（包括进口车在内），每个品牌下面又有多个系列和型号，而汽车车型总数究竟有多少，甚至许多专业研究机构都拿不出一个准确数据。根据中国汽车工业协会的统计，国内现有汽车整车制造企业 120 多家，又有 27 个省（市）生产汽车、17 个省（市）生产轿车。大多数的品牌、车型都是在最近两年才出现的，而且新车上市频率很快，曾经在 2002年创下了 4 天内出 3 种新车上市的纪录。

经历了 2002 年、2003 年连续两年的"井喷"行情之后，中国汽车业的厂家和经销商们一直试图将神话延续下去，但是在新一轮品牌战、价格战过后，消费者的心理正在不可逆转地恢复冷静和理性。根据一家专业咨询机构对 662 位购买了紧凑型轿车消费者的调查，考虑品牌和价格因素的几乎一样多，都占到了 29% 左右，此外,外型设计、发动机排量和耗油也分别占据了前五位。

2004 年的汽车在降价潮中的命运如何呢? 在刚刚结束的一项针对持币待购现象的电话访问调查显示:37.7% 的被访者表示"各厂家频繁大幅度降价,担心刚买后又降价",没完没了的降价反倒成了影响消费者购买的主要原因;29.6% 的被访者认为"降价幅度小,我所设计购买的车还没有降到我希望的价格",希望价格战再升级;还有 22.1% 的被访者表示"各种新车型层出不穷,还想再等等"。新车型推出速度的加快,反而让部分准购车族产生了等待观望的心理。此外,进口汽车关税降低,购买后油耗、维修等售后服务费用增长,银行收缩购车贷款以及城市交通拥堵等问题也是让消费者搁置购车计划的原因。

附:部分国产车降价表

赛欧 SL:2002 年 10 月 9.28 万元;2003 年 4 月 8.9 万元;2004 年 1 月 7.88 万元;2004 年 7 月 6.16 万元。

POL01.4:2003 年 1 月 12.55 万元;2003 年 5 月 11.9 万元;2004 年 7 月 10.7 万元。

宝来 1.8T 自动挡:2002 年 1 月 23.94 万元;2003 年 5 月 22.3 万元;2003 年 6 月 21.89 万元;2004 年 4 月 20.85 万元;2004 年 7 月 19.85 万元。

爱丽舍 16V:2002 年 9 月 15.38 万元;2003 年 5 月 14.51 万元;2003 年 7 月 13.99 万元;2004 年 1 月 12.58 万元;2004 年 7 月 11.1 万元。

桑塔纳普通型:2002 年 1 月 11.25 万元;2002 年 2 月 10.9 万元;2003 年 11 月 9.84 万元;2004 年 7 月 8.41 万元。

捷达前卫 GIX:2002 年 1 月 13.44 万元;2003 年 6 月 12.81 万元;2004 年 7 月 11.5 万元。

资料来源:http://www.people.com.cn/GB/qiche/1050/2699563.html1.

案例思考:分析价格机制是如何实现企业产品的优胜劣汰,从而配置资源的?

【复习思考题】

1. 如何理解市场经济与商品经济的关系?
2. 简要说明市场机制的内容及其关系。
3. 回答市场经济的一般特征与功能。
4. 市场机制失灵的主要原因有哪些?
5. 简要说明市场体系。
6. 请说出三项你身边的市场规则。

第四章　典型国家市场经济体制模式

经济体制是一定社会经济制度和各种生产关系的具体表现形式,是经济运行中形成的经济组织、经济规则以及经济秩序的总和。市场经济体制是市场经济的运行模式,它在不同的国家或同一国家的不同区域可以是不同的,也可以是相同的。采取什么样的市场经济体制取决于本国或本地区的经济发展的路径和偏好。

世界上市场经济发达国家有各种不同的经济体制模式,并呈现不同的特征。有些模式已实践了几十年才形成和完善起来,我国不必从头做起,可以采取"拿来主义",经改造后使用。对这些模式进行比较分析,我们可取得许多可资借鉴的宝贵经验。本章主要介绍几个典型发达国家的市场经济体制模式。

第一节　经济体制概述

一、经济体制的内涵及构成

对各类经济体制进行比较研究,首先要明确经济体制的内涵。对"经济体制"这一概念内涵的理解,经济学家的观点并不完全一致,他们有的把经济体制称之为"经济机制"、"经济模式";有的称之为"经济制度"。因此,西方经济学家认为:"经济体制"的概念几乎不可能得到精确一致的定义。

美国经济学家保罗·R·格雷戈里认为,经济体制是指在特定的地理区域内进行决策并执行有关生产、收入和消费决策的一组机制的制度。广义地讲,经济体制是由对稀缺资源的配置进行决策并执行决策的各种机制、组织安排和规则所构成。显然,经济体制是一个多元函数: $ES = f(A_1, A_2, A_3, \cdots, A_n)$ 。

在这个由 $A_1, A_2, A_3, \cdots, A_n$ 多个因素决定的经济体制特性的函数中,有四个因素特别重要,因此,上述经济体制(ES)的多元函数可以简化为四元函数:

$$ES = f(A_1, A_2, A_3, A_4)$$

这四种特别重要的因素是:第一,决策组织,即决策机制;第二,市场和计划,即信息和调节机制;第三,财产所有权的控制与收入,即财产机制;第四,确立目标及诱导人们行为(激励因素)的机制,即激励机制。

瑞典经济学家林德贝克认为,经济体制可以是"多面体"的解释,即:①在决策上是集中还是分散;②在信息传递、资源配置和协调机制上,是通过市场还是通过行政;③在财产关系上,是私有还是公有;④在动力机制上,个人和公司是通过经济刺激还是通过行政命令来推动自己的行为;⑤在个人之间和公司之间的关系上,是竞争性的还是非竞争性的;⑥在整个经济体制与外部的关系上,是开放的国际化的,还是封闭的自给自足的;等等。

关于社会主义经济体制,不同经济学家从不同角度提出了各自不同的观点。马克思主义政治经济学家从人类社会经济形态的历史演进过程总体考察,把经济制度定义为一定社会占统治地位的生产关系的总和;把经济体制定义为一定社会各种生产关系的具体实现形式,即人们在经济过程中各种经济关系的具体形式、经济行为规则和组织管理、经济协调、监控机构的总和。布鲁斯从经济决策的角度,将社会主义经济体制的决策分为三个层次,即:基本的或主要的宏观经济决策;一般的或日常的微观经济决策;个人或家庭在劳动力分配和消费选择方面的决策。

我国对经济体制比较通行的解释主要有两种观点:

一是刘国光的定义。他认为,经济体制构成要素包括五大项,即:①所有制结构;②经济决策结构或经济决策体制;③经济利益或经济动力体系;④经济调节体系;⑤经济组织体系。这就是所谓"五分法"。而通用的"两分法",又将经济体制分为微观经济和宏观经济运行机制,大体上前者是指所有制结构(包括公有制内涵及其实现形式),后者包括了以调控体系为中心的其他方面。

二是陈秀山的定义。他认为,经济体制是在经济运行过程中所形成的并保证经济过程按既定目标运行的经济秩序、规则及组织机构的总和,它是人们在经济活动中的决策过程、行为协调过程及反馈调整过程的表现和结果。

二、经济体制的分类

(一)按所有制和意识形态分类

所有制是生产关系的基础,生产关系的社会性质表明了一定经济制度或经济体制的根本特征,因此,根据生产资料所有制的性质特征和生产力与生产关系矛盾运动的历史阶段性质划分为不同的经济制度或经济体制,可以把它们从本质上区分开来。例如,马克思把社会经济形态划分为原始公有制社会、奴隶社会、封建社会、资本主义社会和共产主义社会五种类型。这种历史唯物主义的方法仍然是我们今天划分不同经济制度和体制的科学依据。应该指出，马克思的分类方法不仅仅是单纯从生产资料所有制性质出发，而是同时考虑到了生产力因素，他把劳动者与生产资料的具体结合方式作为区分不同社会经济形态的标准，从而把生产力与生产关系标准统一起来。这种分类方法可以从本质上把握不同经济制度和体制的性质特征，然而却难以具体地说明各种不同经济体制的全部基本特征。因此，还有需要进一步探寻其他分类标准，并把它们结合起来，完整地说明各类经济体制的基本特征。

早期的西方比较经济学家试图把所有制标准和意识形态标准结合起来，把经济体制划分为资本主义、法西斯主义、社会主义和共产主义四种类型。后来，有些学者注意到了法西斯主义的经济体制逐渐消失，而以不发达国家的体制类型代替了法西斯主义。还有些学者，按这种方法进行了重新划分，把现存的经济体制划分为成熟的资本主义经济（兼有美国、英国、前联邦德国、法国、日本这样一些国家经济制度共同的主要特征）、成熟的民主社会主义经济（包括瑞典、挪威等国）、发达的社会主义或共产主义经济（包括苏联等国）、不发达国家经济（包括中国、印度及非洲和拉丁美洲地区的许多国家）。

显然，上述这种分类方法是不严格、不科学的，人们很难找出所谓民主社会主义经济的瑞典国与成熟的资本主义经济的前联邦德国的经济体制之间有什么本质上的差别，而同是不发达国家的中国和印度在社会经济性质上却又有本质的区别。这种同时运用所有制性质、意识形态和经济发展水平多重标准划分经济体制类型，势必导致某种混乱，使人们难以准确把握不同经济体制的基本特征。

（二）按经济协调和决策方式分类

当代西方比较经济学家大多数倾向于按资源配置方式或经济协调方式和决策方式对经济体制进行分类。例如，格罗斯曼认为，社会中有三种经济调节机制，即传统方式、市场机制和命令式计划，因此，经济体制可分为传统经济、市场经济和命令经济。他把纯粹资本主义的完全市场竞争模式和社会主义的纯粹或绝对的命令模式看作是现代经济社会中的抽象模式，在这两极之间还存在着计划和市场的不同混合的现实经济体制，这些体制或者是属于西方资本主义市场经济模式的变体，或者是苏联命令经济模式的变体。

科尔奈则把经济体制按协调机制划分为：A 行政协调；B 市场协调。在行政协调中又进一步区分为：①直接行政协调，②间接行政协调；在市场协调中分为：①完全的市场协调，②有宏观管理的市场协调。

主张按经济决策方式对经济体制进行分类的经济学认为，经济体制是指生产、消费、分配领域为解决经济决策问题所设定的一套机制,它规定了国民经济中由谁、什么时候、什么地方、为谁进行经济决策,与此相应的是社会经济的信息系统和动力系统。根据决策结构的差别,他们把经济体制划分为四种类型:①完全集中的决策体制,即只由一个中央的统一的权力机构做出所有决策的经济体制;②管理分散的经济体制,即中央决策机构做出首要的决策,把执行决策的责任和做出必要的、次要决策的权力下放给下级机构的体制;③受操纵的分散的决策体制,它与管理分散的决策体制有类似之处,不同的是,中央对下级机构并不是直接规定其可独立决策的界区,而是间接地通过对下级机构活动环境的影响而控制下级机构的分散决策;④完全分散的决策体制,即经济活动的决策都是由单个经济主体分散进行的。

按经济协调方式和经济决策方式的分类方法,把握了经济体制基本特征的一个重要侧面,即资源配置方式和决策方式,因而使经济体制类型的划分进一步具体化了,为比较不同类型的经济体制奠定了基础。但是,资源配置过程中的经济协调和决策方式虽然反映了不同经济体制的特征,然而并不能反映不同经济体制之间的本质差别,某些在资源配置方式上相近或相同的经济体制之间,由于生产资料的所有制性质的不同而存在本质上的差别,而本质上相同的经济体制也可能存在不同的资源配置方式和决策方式。

当代西方比较经济学的普遍倾向是,忽略经济体制之间的本质差别,单纯以经济协调和决策方式来划分经济体制,这是不科学、不足取的。

(三)不同分类方法的综合

对经济体制进行科学的分类,关键是确定科学、合理的分类标准,既能反映不同经济体制之间根本性质差别,又能体现不同经济体制的结构特征。能够反映不同经济体制之间根本性质差别的是生产资料所有制性质,它是划分经济体制类型的一个首要标准,但不是唯一标准。除了生产资料所有制性质以外,经济体制的基本结构特征还包括:经济运行的协调或调控方式、经济决策方式、信息传递方式、经济动力或经济激励方式、经济监督方式,其中经济协调或调控方式具有重要作用。因为,经济决策方式从根本上要受生产资料所有制性质的制约,信息传递方式、经济动力方式、经济监督方式与经济协调或调控方式又是密不可分的。

基于上述理由,我们选择生产资料所有制性质和经济协调或调控方式作为经济体制的分类标准,各种所有制形式和经济协调或调控方式的不同组合可以反映各类经济体制的基本特征,从而把现实的、曾经存在过的或可能出现的经济体制划分为各种具体类型。划分结果如下表:4-1。

表 4 - 1　经济体制类型划分

经济调控形式／所有制形式	非集中计划的市场调控	计划与市场二元调控	集中计划调控
私人所有制	资本主义市场经济	私有制为基础的计划与市场二元调控的经济	资本主义战时统制经济
公有制　社会所有制(企业或集体所有制)	自我管理的社会主义市场经济	公有制为基础的计划与市场二元调控的经济	自我管理的社会主义集中计划经济
公有制　国家所有制	国家所有制下的社会主义市场经济	公有制为基础的计划与市场二元调控的经济	国家所有制下的社会主义集中计划经济

三、经济体制与经济制度之间的关系

经济体制,是指一定社会中占统治地位的生产关系总和。

从本质上看,经济制度的基本内容主要包括两个方面:一是占统治地位的生产资料所有制形式;二是与占统治地位的生产资料所有制形式相适应的从而也是占统治地位的分配方式。生产资料所有制既是生产关系的基础,同时它本身也是生产关系,而分配方式则是分配领域中的生产关系。强调经济制度是一定社会占统治地位的生产关系的总和,而不是一定社会所有生产关系的总和,这对认识社会形态的本质以及社会形态的更替具有重要意义。

一定经济制度决定了一定社会的本质。经济制度的改变意味着社会性质的改变,而经济制度是否改变则以这一基本内容是否改变来确定。但是,不同经济制度要能成为不同社会相互区别的特征和标志,它的内容就只能是占统治地位的生产资料所有制形式和分配方式。因此,一种经济制度取代另一种经济制度,实质上只是不同的占统治地位的生产资料所有制形式和分配方式的更替,更准确地说是在以前社会中占统治地位的生产资料所有制形式和分配方式在新的社会中不再占统治地位。如果把经济制度看成是一定社会生产关系的总和,就不能解释一种经济制度被消灭以后,为何这种经济制度的构成要素包括以前社会中占统治地位和不占统治地位的生产资料所有制形式和分配方式,在新的社会中仍然存在这一现象。

经济制度是一定社会的本质,因此,经济制度具有普遍性和稳定性。经济制度本身不存在什么特色问题。同一经济制度可以存在于同一性质社会的不同发展阶段,而在不同发展阶段上的经济制度也没有本质区别。如果经济制度发生了质变,社会性质也就会随之而改变。

经济制度决定经济体制。一定的经济制度总是要求一定的经济体制与之相适

应,总是要求经济体制能很好地反映经济制度的本质和内容。经济体制是一定社会经济制度以及其他各种生产关系的具体表现形式,包括一定社会的所有生产关系:既包括占统治地位的生产资料所有制形式和分配形式,也包括不占统治地位的生产资料所有制形式和分配形式,还包括经济运行方式,因为经济运行方式体现一定的生产关系。

经济体制作为生产关系的具体形式具有特殊性、多样性和不稳定性。经济制度虽然决定经济体制,但它并不要求经济体制与之完全等同。但经济体制的选择恰当与否,会影响到经济制度的完善和优越性的发挥,进而影响一国生产力的发展。不同国家有不同的国情,因此,经济体制存在特色问题。不论选择什么样的经济体制,都应当能够充分体现该社会经济制度的本质,否则就可能改变社会经济制度的本质,从而改变社会性质。

社会主义经济制度应当是社会主义社会中占统治地位的生产关系的总和。它的基本内容是社会主义公有制和按劳分配。这两方面的内容都具有社会主义性质,因此,它们既是社会主义社会的本质规定,也是社会主义社会与其他社会相互区别的特征或标志。

社会主义经济体制是社会主义经济制度以及其他各种生产关系的具体表现形式,包括经济运行方式。在我国,社会主义经济体制的具体内容就是社会主义公有制为主体多种所有制形式并存的所有制结构、按劳分配为主体多种分配方式并存的分配结构以及社会主义市场经济运行方式。从社会主义经济制度来看,它涉及的是要不要实行社会主义公有制和按劳分配的问题;从社会主义经济体制来看,它涉及的是如何实行社会主义公有制和按劳分配以及社会主义市场经济如何运行的问题,也包括如何实行非公有制和非按劳分配的问题。

总之,社会主义经济制度与经济体制是对立统一的。社会主义经济制度决定社会主义经济体制,也决定社会主义社会的本质;社会主义经济体制是社会主义经济制度的表现形式,社会主义经济体制对社会主义经济制度也有一个逐渐适应的过程。而社会主义经济体制改革,是对社会主义经济制度的逐渐完善,也是充分发挥社会主义经济制度优越性的前提。

四、经济体制的决定因素

在一定时期,一国选择什么样的经济体制,取决于现实条件下不同经济体制的优劣比较。

(一)利益的差别性与产权结构选择

任何经济活动的参与者,都是具有一定物质利益和精神利益追求的人。经济关系从本质上讲就是利益关系。利益关系从本质上决定经济体制的选择。有效的经济体制必然是以现实利益关系状况为基础的。

一般来说,利益差别性主要体现在两个方面:一是不同经济主体都各自不同的经济利益;二是任何经济主体,无论是政策制定者还是政策的执行者,都怀有追求个人利益的动机。这种利益的差别性必然影响到经济体制的各个方面,其中受影响最直接的是产权结构。

(二)决策的非完全科学性与决策结构选择

经济决策是指决策者对经济活动各种可能性的选择和决断,是一种对未来经济活动的计划和安排。由于决策结构在经济体制和资源配置中的核心作用,决策愈是科学,资源配置便愈加合理。但是,现代经济是异常复杂的立体动态网络系统,经济比例关系错综多变,对未来预期存在诸多不确定因素,并且决策手段远未达到高度发达的程度。因此,现实中无法实现完全科学的经济决策。这就使得我们对于经济决策不能追求"最优",只能退而求其次,即选择"次优"。对"次优"的选择通常包括两个方面:一是经济决策较为科学性;二是不科学决策造成损害较小性。

具体地讲,经济决策的科学程度主要受三个因素的制约:①决策对象的简单程度;②决策手段的发达程度;③决策者的能动程度。一般而言,决策对象越简单,决策手段越完善,决策者的能动程度越高,则决策的科学程度就越高。在决策手段相同的情况下,经济决策的科学程度就取决于决策对象的简单程度和决策主体的能动程度。

(三)信息的不充分性与信息结构选择

在现实经济运行中,由于经济环境不确定性因素的存在,或由于信息参与者理性程度的局限,或两者共同作用,国家、企业和个人对经济信息的掌握往往是不充分的,因而对经济体制中信息结构也存在一个"次优"选择的问题。这种"次优"选择表现在经济信息的真实程度和经济信息的迅捷程度上。

(1)从信息存在的形式上看,价格信息优于数量信息。价格信息的特点(优点)在于能灵敏反映资源稀缺程度和资源配置次序,能将利益机制和信息机制紧密地联系在一起,容易提高信息参与者的理性程度。与价格信息相比较,数量信息则具有两个完全相反的特点:第一,数量信息对资源稀缺程度和资源配置效率反映性差。这除了主观因素之外,还因为各种瞬息万变、纷繁复杂的经济活动和经济比例关系本身难以准确而及时地被量化。第二,在数量信息形式下,信息机制和利益机制相隔离,使信息参与者既无内在动力又无外部压力去追求真实和迅捷的信息。

(2)从信息传播方式上看,横向传播也优于纵向传播。在纵向传播条件下,经济信息在企业、消费者和行政机关之间传播,其传播的链条过长、环节太多。当经济信息在这些机构中层层过滤时,大部分归于丧失,剩下的则可能已面目全非、失去时效。而在横向传播条件下,经济信息在市场和企业、市场和消费者之间直接传递,无需经过诸多环节,能较有效地避免"中梗阻"现象,故能保证经济信息的真实性和迅捷性。

（四）需要的层次性与动力结构选择

经济体制正常运行,必须具备有效的动力结构。而要使动力结构有效,就必须做到与受激励者需要结构相一致。如果刺激手段和需要结构存在矛盾或脱节,则不仅不会激发受激励者的积极性,反而会增加其对工作的厌恶感。因此,我们对经济体制的选择,必须考虑到现实的需要结构。

人的需要是有层次的,而物质需要最为基础。物质利益的需要是人最持久的、基本的动力,除非社会产品极大丰富而使物质需要能够轻易得到满足。但是,在现实社会和可以预见的较长时间内,物质产品和人的需要相比总是处于稀缺状态,因而追求物质利益满足是劳动者最基本和首要的需要。基于这一现实,在动力结构选择上,我们应当在不忽视精神动力的同时优先强调物质动力。我国传统的计划经济体制在动力结构上忽视个人对物质利益的需要,否定经济刺激手段的作用,实行平均主义收入分配政策,结果严重挫伤了劳动者的工作积极性,造成普遍低效率。因此,要充分发挥每个劳动者的积极性和创造力,保证整个经济高效运转,就必须承认个人经济利益的存在,实行物质刺激和精神激励相结合、以物质刺激为主的动力结构。

第二节　美国垄断竞争主导型市场经济体制

美国的市场经济体制始于 20 世纪 30 年代的罗斯福新政时期。为了应对1929—1933 年的经济大危机,罗斯福政府以凯恩斯经济理论为依据,一方面保护企业自由竞争,防止垄断;另一方面逐步扩大政府对市场运行过程的干预,以保证国民经济的均衡发展和实现充分就业。二战后,美国垄断竞争主导型市场经济体制逐渐完善,并成为当代资本主义市场经济体制的典型代表之一。

一、垄断经济占主导地位,企业自由竞争

美国市场经济体制中的垄断特征,可以从产品市场特别是制造业的社会集中度和行业集中度看出来。

在美国大多数工业部门中,只有为数很少的大企业居于支配地位,垄断组织是

美国经济中的主导成分。在一些重要的部门和行业里,都有一家大公司(独家垄断)或几家大公司(寡头垄断)控制着那个领域的大部分业务,操纵或影响着那个领域的市场活动。这些垄断公司甚至形成国际垄断力量。它们是国民经济的骨干成分,其经营状况对整个国民经济活动有着巨大的甚至决定性的影响。

二、以私有制为基础的自由企业制度

在美国市场经济体制下,企业所有制是多元化的,其中私有制占主导地位。它的主要特点有:

(1)每个公民有权拥有自己的房屋、企业、工厂、机器、设备等;

(2)个人可以自由地开设和经营企业,小到夫妻店,大到巨型公司;

(3)企业有选择产品和服务的自由,工人有选择职业的自由。

美国企业的组织形式主要有业主制、合伙制和公司制等。业主制企业在法律上为自然人企业,不具有法人资格。业主制企业约占美国全部企业总数的75%;合伙制企业是指由两个以上的业主共同出资、共同经营、共同所有的企业,在美国全部企业中约占7%;公司制企业是当今美国最重要的企业组织形式。公司是法人,在法律上具有独立的人格。公司采取股份制或有限责任制形式。但是过度的资本集中和垄断有碍于竞争和创新,因此,美国政府颁布了《反托拉斯法》,反对一家或几家公司垄断生产和市场。

三、多元价格制度

在美国市场经济体制中,价格制度是以市场自由价格为主导,政府干预价格为补充。

这主要表现在:

(1)市场价格制度。在美国,企业拥有定价和调价权。为了保证市场自由价格的实行,美国在《反托拉斯法》中规定,价格是最主要的竞争手段,凡是两家商店的同种商品有价格相同者就应予以追究,目的在于制止垄断价格的形成。

(2)电力价格制度。该制度规定电力的销售价格不能随意变动。企业如果想提高电价,必须首先向所在州的商业委员会申请。接到申请后,商业委员会召集各方面人士举行听证会,将电力企业提高电价的理由公布。经讨论后决定是否提价以及提价幅度。电力企业只有在申请被批准后才能改变电价。

(3)支持价格制度。美国虽然实行市场自由价格制度,但农产品价格要受政府的干预和控制。根据国会通过的法令,由联邦政府授权农业部,每年规定主要粮食的支持价格。在农场主遵守政府限耕限售的条件下,如果市场价格低于支持价格,

政府就通过提供贷款、进行收购或给予补贴的办法,使农场主出售粮食的收益能够维持在支持价格的水平上。除了农产品外,还有一些特殊产品和劳务的价格也由政府规定。例如,城市公共交通中的汽车和地铁的票价、出租汽车的票价等。

四、有限制的政府宏观调控

在美国市场经济体制下,宏观调控是为自由市场经济发展服务的。

(一)宏观经济调控目标

美国的宏观经济调控目标是经济增长、充分就业、物价稳定和国际收支平衡。

(二)宏观经济调控手段

美国的宏观经济调控手段主要有财政政策和货币政策。

财政政策主要表现为税收和政府预算。在税收方面主要是以减税为主,通过税制改革减少税收对市场的扭曲,恢复市场功能。通常政府预算收入占国民生产总值的35%,政府可以通过预算的增减来影响和调节国民经济。

货币政策手段主要有存款准备金率、再贴现率和公开市场业务等。

(三)宏观经济调控特点

宏观调控的特点有:①在生产领域倾向于不用任何计划来约束垄断资本;②在分配领域,虽然通过税收对收入进行调节,但不伤害企业家的积极性;③社会福利事业的范围不断扩大,但不像北欧那样无所不包;④通过反托拉斯法来控制市场结构和市场经济行为,通过限制垄断来促进竞争;⑤对教育、基础设施、军事开支等不受市场调节的部门,进行国家直接干预。

(四)宏观经济调控机构

美国政府宏观经济调控的职能机构,主要有行政管理和预算局、联邦储备委员会。

行政管理和预算局的职能主要有:①帮助实施由几个联邦机构共同承担行动责任的主要立法;②协调联邦对地方拨款的复审制度,这种制度涉及州和地方各级不同的机构和政府实体;③对特定计划的成本与效果以及用它们满足各种需要的优先次序进行评估;④负责审查各行政部门和预算申请,执行预算,分配资金,审计预算。

联邦储备委员会是具有相对独立性的中央银行,具体职能有:①货币发行;②代理国库;③对私人银行的监督管理;④管理金融,制定国家的货币政策、各项金融法令和条例等。

联邦储备委员会在美国政府的宏观经济调控中起着重要作用,它与财政部、预算局及总统经济顾问委员会的负责人,组成"四人委员会",是协助国家总统决定经济政策的重要机构。

五、社会保障制度

美国社会保障的对象是退休者、老年人、伤残人、贫困家庭等社会弱势群体。

实施社会保障的原则是：强制性投保并取得投保资格；向工人和雇主征收工资税，用来扩大现有的保障金额。

社会保障制度主要包括以下内容：

(1)向投保对象如退休工人、残疾工人及其家眷发放退休金。

(2)参加私人养老金计划的文职退休人员领取私人养老金(2000年月均为350美元)。

(3)对未成年子女的贫困家庭给予适当补助，但要求这些家庭中身体健康的人登记申请就业，接受职业培训或正规学校的教育。

(4)执行从联邦收入中支付补充性收入保障计划，它对年老、伤残、失明和几乎没有什么收入的成年人按照统一标准给予补助。伤残者或失明者还可以从州政府处领取额外的补助费或帮助，如医疗保健、食品券、职业技能训练、工作安置等。

(5)联邦政府对低收入家庭实行住房租金补助计划和抵押贷款利息补贴计划。同时，政府实行失业保险，其款额相当于工资的1/3至1/2，在失业率极高的时期可再延长13个星期。

由于近年来美国经济增长率放缓，联邦和州政府的预算赤字不断增加，外债剧增，失业人数增多，政府面临的困难越来越大。因此，美国市场经济体制面临着严峻挑战。

第三节　日本政府主导型市场经济体制

国土狭小、资源匮乏是日本的基本国情和资源特色。直到20世纪50年代中期，日本经济才走出二战的阴影，但仅用了几十年的时间便发展成为世界第二经济大国。其根本原因在于日本选择了符合本国国情的政府主导型市场经济体制。

一、企业制度

在产业结构中，日本私营企业是日本经济的支柱。其中，中小型企业占99%，但1%的大企业在各产业中的资产总额、职工人数和税前利润所占比率都很高。日

本企业有以下特点:

1. 家族式企业制度

家族式企业制度的主要特点有:①终身雇佣制。企业用考试的方式招工,工人被录用后,只要该企业不倒闭,本人无违法行为,就可以一直工作到退休为止。②年功序列工资制。日本大部分企业都推行按工人在本企业工作的工龄、学历和劳动能力来定工资级别的制度,这样就把工人的利益同企业的利益融合起来。③成立企业工会。由于没有工会运动和政党活动的背景,工会常采取与资方谈判的方式来解决劳资纠纷。家族式企业制度,使企业主与职工形成命运共同体,这是日本经济稳定发展的重要因素。

2. 企业集团组合化

日本有六大跨地区、跨行业的企业集团,即三井、三菱、住友、第一劝业银行、富士、三和集团,构成了日本经济的基本框架,牢牢掌握着国家的经济命脉。在每个行业里,都有一些属于垄断地位的大企业,它们占据市场的份额可达 30% ~ 80%。每家大企业中拥有许多子公司、孙公司。同时,日本的中小企业为了加强协作、产生规模效益,免受大企业的吞并,相互之间建立起企业组合机制。

建立这种家族式企业制度,有利于调动工人的积极性和创造性,从而使单个企业的功能不断增强。企业集团化和组合化一方面使分工科学化,另一方面也使企业之间建立互利协作的依赖关系,形成整体的优化结构体系。

二、经济管理职能

在 20 世纪 80—90 年代,日本之所以能够对市场经济实行有效的国家干预,把市场机制同国家干预有机地结合起来,在很大程度上取决于重视和发挥经济管理职能的积极作用。日本实施宏观调控最重要的经济管理职能机构是经济企划厅、通商产业省、大藏省和公正交易委员会。

经济企划厅是隶属于总理府的调整经济事务的机构。

具体职能主要是:①制定并推行长期经济计划;②制定全盘经济运行的基本方针以及每年的经济计划大纲;③拟订并推选有关物价的基本政策;④拟订综合性的基本经济政策;⑤重视综合国力的分析及测定;⑥对国内外经济动向及国民经济情况的调查分析。

经济企划厅对经济的指导不是靠命令指示,而是靠一系列带有指导性的有关计划展望、回顾、调整和模型等的定期出版物。这些出版物对日本经济的发展发挥着积极作用。

通商产业省是外贸、工业、商业的主管部门,它是干预日本经济的综合性机构,对产业界拥有强大的指导能力。它主要依靠产业政策和经济法规来引导和规范企业调整产业结构、产品结构,推进国际合作和发展对外贸易。

其具体职能是:①扩大国际间的经贸合作;②推动工业产品的生产、流通和消费,并对其负有检查的职责;③负责商业、工业、计量、矿山安全、工业所有权等方面的行政管理事务;④负责电力、煤气热能等行业的运行和矿物资源的开发等;⑤负责有关科学技术的实验研究及其成果应用等。

通商产业省以对工商界实行有效的行政指导和统制对外贸易而闻名于世,西方学者称其为日本体制中的"领航员"。

大藏省主管国家的财政和金融,它负责编制年度财政预算、国际收支、国库资金的运用等,并有监督金融机构和证券公司的职责。

其主要职能是:①编制、实施和调整国家财政年度预算计划;②国家资产管理;③筹集并提供财政投资和融资;④处理对外投资和融资等国际交易事务;⑤确保国际通货制度平衡运营;⑥造币及特种印刷事业。

公正交易委员会是隶属总理府下的机构,它是为实施《禁止垄断法》而设置的,既有行政职能,又具有司法职能,其目的主要是维护市场竞争秩序、保证自由竞争、禁止垄断、揭发和处理违反《禁止垄断法》行为等。

此外,日本还有2.3万多个民间经济组织。这些组织的任务:①代表本行业及企业向政府反映有关意见和要求,协助政府进行间接指导;②协调行业及企业间的利益关系。

三、经济运行机制

19世纪末日本明治维新,进行了由上而下,具有资本主义性质的全面西化与现代化改革运动,从西方引进市场经济体制。市场机制成为日本经济运行的基本调节手段。国家干预和市场机制有机结合,达到了较好的协调与统一。

(一)计划调节机制

日本的经济计划是指导性的,不具有强制性。政府通过市场机制这一中介环节实施计划调节,保证计划目标的实现。

日本政府的重要计划有中长期经济计划、年度经济预测、国土开发及地区开发计划、产业发展规划等。中长期计划有以下特征:(1)预测性,主要通过对未来经济发展目标、速度、结构的预测,引导企业的经济活动,减少其盲目性;(2)协调性,通过提供各种经济信息,提高市场的透明度,协调企业间的经济活动;(3)诱导性,通过调整经济利益关系,诱导以追求利润最大化为目标的企业在生产经营活动中符合国家的计划目标;(4)权威性,主要通过对那些不按计划行事的企业采取经济措施予以制裁。计划调节机制在日本经济中发挥重要作用。

（二）经济政策体系

日本的经济政策体系主要包括产业政策、财政政策、货币政策和对外贸易政策。

（1）产业政策。它由产业合理化政策和产业结构政策两部分构成。前者是国家制定的微观经济政策，旨在改善私人企业经营环境，干预企业经营环节，促使企业采用新措施，用最低投入成本获得最大的经济效益。后者是指国家制定的宏观经济政策，它涉及国家生产行业中农业、采矿业、制造业和服务业各自的比例关系。在制造业内部，它又涉及重、轻工业和劳动密集型、知识密集型工业之间的比例关系，从而实现产业结构、技术结构和出口结构的优化配置。

（2）财政政策。它主要规定中央和地方税收比例以及支出范围等。在中央和地方两级管理体制下，国税和地方税分别约占总税收的 70% 和 30%。财政支出大都用于基础设施建设以及对有关产业的支持、鼓励。

（3）货币政策。它由中央银行负责制定和贯彻。根据国家总体经济发展战略和某一时期经济情况的变化，适时地实行不同的货币政策，支持经济高速增长，缓解经济危机的冲击。

（4）对外贸易政策。它主要是通过实施限制进口、扩大出口、控制对日本直接投资、鼓励对外投资、保证国外原材料和燃料的供应等政策来促进对外经贸的发展。20 世纪 80 至 90 年代，日本在国际竞争力方面已压倒西欧和美国，日本的商品输出和资本输出"双管齐下"，日本经济大规模地走向世界。20 世纪 90 年代以后，由于泡沫经济的影响，导致了经济衰退。

（三）经济法律体系

日本已公布 11000 多种法规，其中大部分是经济方面的立法。但在立法和修订现有法律方面，法案必须获得国会的批准，由天皇公布、内阁发布实施令，有关行政机关制定实施细则，然后实施。

第四节　德国社会市场经济体制

德国社会市场经济体制是在以 A·米勒·阿尔马克和路德维希·艾哈德为代表的社会市场经济理论基础上建立起来的，同时还吸取了基督教社会学的天赋人权思想及凯恩斯国家干预主义的某些观点，即市场自由原则与社会均衡原则相结合。他们认为市场机制是最佳的经济运行调控机制。但考虑到完全自由竞争的市场经济会造成贫富分化，从而使社会处于不安定状态，因此，有主张地给市场经济冠以"社会"二字，即要求政府实施必要的干预措施。

一、市场调控的措施

在德国社会市场经济中，市场调控的主要措施有：

（一）调整竞争关系

为了保护竞争，国家制定了《反对不正当竞争法》和《反对限制竞争法》。国家还建立联邦卡特尔局来调整竞争关系。同时，国家还采取建立自由的经济一体化区域、取消关税和其他限制贸易的措施，鼓励新的竞争者进入市场，鼓励高效益的中小企业发展等。

（二）调整货币供应量

中央银行负责货币政策，采取调节贴现率、汇率、最低储蓄额以及举办有价证券公开市场交易等措施来控制货币供应量。

（三）执行积极的劳动市场政策

如依法支付失业救济金和不利气候造成的误工津贴；政府通过政策刺激私人消费，推动总需求增长，从而推动企业扩大投资，增加新的工作岗位；提供补贴以促进职业教育，鼓励就业；帮助介绍工作；联邦劳动机构向顾主提供优惠贷款，用于在经济不发达地区开办企业；通过工会和雇主联合会，达成有利于整个国民经济平衡的工资协议和缩短劳动时间的协议。

（四）鼓励合理的消费行为

建立国家消费机构，为消费者提供信息和建议，增加市场透明度，促进供求平衡。

（五）鼓励中小企业发展

通过提高企业效益和竞争能力，支持中小企业的咨询和市场研究，平衡企业规模结构，提高企业在市场及生产中适应结构变化和技术变化的能力。

二、市场效果的保障

在德国社会市场经济中，市场效果的社会保障主要包括：

（一）税收政策

最重要的税种有 50 多个，收入税实行累进原则。

（二）转移收入政策

通过国家预算支出来实现再分配，如在一定收入限度内提供住宅补贴。

（三）工资收入分配政策

在国家宏观政策引导下，就业者要从自己的收入中拿出一部分作为就业者缴款或雇主缴款，由公共社会基金库管理，用于支付非就业人员的退休金、医疗费、失业救济金。

（四）财产形成政策

如政府采取措施提高雇员家庭的储蓄积极性、国家对长期储蓄额支付储蓄奖，尤其是对促进住宅财产形成的住宅建筑储蓄给予特别的优惠，通过职工持股方式来参与企业财产分配。

三、市场经济的补充

在德国社会市场经济中，市场经济的补充占有重要地位，主要表现在：

（一）自主工资

国家根据自主原则通过工会和雇主联合会协商来调整工资和改善其他劳动条件。双方都有独立性，如罢工和开除罢工者都是合法的斗争手段。

（二）共同决策

共同决策是雇员参与对企业各种事务的决策工作。法律规定，雇员可以选举自己的代表参加企业委员会及其理事会。雇主在雇用、分配、重新分配和调动雇员时必须征得企业委员会的同意。雇员在监事会中必须有 1/3 的代表。另外，参加执行委员会的资方经理要根据监事会多数雇员代表的意见任命或撤销。

（三）完善社会保障体系

该体系包括社会保障、社会赡养、社会救济等内容，从而保证了德国劳动者的安全感，改善了劳动力的再生产条件，促进了第三产业的发展。

（四）建立开放的包含各种层次的教育体制

德国除了完全中学、实验中学、高等学校外，还有大量职业学校，职业教育的长足发展，为培养多层次人才创造了良好的教育条件。

第五节　瑞典福利市场经济体制

瑞典是北欧斯堪的纳维亚半岛东北部的一个小国家，面积仅 40 余万平方公里，人口只有 800 多万，在两次世界大战中都保持中立。二战后，由社会民主党执政，一直保持经济稳定、福利措施和对外和平的中立政策，现已发展成一个经济发达的高度工业化国家。近年来,瑞典人均国民生产总值在世界上一直名列前茅。瑞典的市场经济体制以私营业企业与国家平衡主义福利计划相结合为特点,被称为"生产中的资本主义,分配中的社会主义"体制。这种体制创造了国家内长期稳定的政治局面和国际和平环境,既有效地促进了经济的高速发展,又使人民群众的生活水平得到很大改善。瑞典市场经济体制是以混合经济理论为基础的。

一、混合经济理论

瑞典经济理论自成一派,被称为瑞典学派或北欧学派,是当代西方经济学重要流派之一。集瑞典学派之大成者是林德贝克,他提出的混合经济理论观点是:大力发展工业并提高其效率,可以保证充分就业和公民的高收入;公民收入高,才能承受高税收的负担;政府有了高额税收,才能实行完善的社会福利政策。

（一）分权与集权适当结合

分权和集权都是必要的,任何经济制度都是分权与集权的某种程度的组合。关键在于寻求合理的组合形式。普通消费品的消费决策权属于广大消费者,这类商品的生产决策权属于各个企业。政府负责基本的研究统计、环境保护、公共商品供应、收入分配等问题的处理。

（二）计划机制与市场机制适当结合

没有中央集中计划指导,市场经济就无法解决经济运行所必须解决的配置资源和协调决策的问题。因为在纯粹市场经济中,基层企业往往不知道宏观经济信息,其生产带有很大的盲目性,结果会经常出现生产与需求脱节和经济动荡不定的现象。没有市场机制的中央计划机制也不能解决经济信息、配置资源和协调决策的问题。因为关于消费偏好、生产能力以及转移和交流的信息,极其零碎地分散在广大消费者当中,收集这些信息代价高昂且很难办到。结果也会导致社会资源配置不当,投入—产出不均衡,供需矛盾尖锐等现象。因此,中央计划只能补充而不能代替市场机制的作用。可见,在现代发达的市场经济中,计划经济离不开市场机制的调节,而市场经济也离不开中央计划的指导。

（三）私有制经济与国有化适当结合

私有制带来了许多社会弊端,但全盘公有化也是不可取的。因为,在市场经济条件下,全盘公有化必然造成权力过分集中和官僚主义,影响个人自由,难以发挥主动精神,不易解决创新问题。因此,要解决资本主义私有制的弊端,同时又要防止全盘公有化造成的新矛盾,只有在私有制经济占统治地位的基础上,实行部分的国有化。即通过累进税制将一部分国民收入纳入国家财政预算。

瑞典的部分的国有化包括两方面:一是对某些生产公共产品和公共劳务的基

础设施如铁路、邮电、电站等行业的国有化;二是收入和消费的国有化,作为社会保障和供应集体消费品的资金项目。

（四）充分发挥竞争杠杆作用

他们认为,一个缺乏竞争的社会,在经济上必然是效率低下,产品短缺,质量粗劣,没有生命力。个人之间的竞争迫使人们尽最大的努力,发奋学习,提高自身素质和工作效率。同时竞争是按照个人的能力和爱好就业的有效手段,有利于人才资源的合理配置。企业间的竞争迫使企业提高效率,调整生产以符合市场的需要,迫使企业发展新产品和新技术,将价格降低到平均成本的水平。国际市场上的竞争使瑞典这样的小国,承受了巨大的压力。为了提高在国际竞争中的地位,它们必须不遗余力地提高本国生产部门的劳动效率,促进本国市场经济的快速发展。

二、经济政策的目标

依据瑞典的基本国情和瑞典混合经济理论,瑞典政府确立了本国经济政策目标,主要包括以下九项内容:

（1）不仅要确保宏观充分就业水平,而且要充分考虑妇女、老人及病残人员等特殊弱势群体的就业问题。

（2）实现人口地域分布的合理化。

（3）消费品物价的上涨率不快于其他发达国家（年率不高于 3% ~5% ）。

（4）经济增长率不低于其他发达国家（年率不低于 3% ~5% ）。

（5）降低至少是不提高利润在国民收入中的份额。

（6）克服收入分配的不公等现象。

（7）经常性国际收支有相当于国民收入的 1% 的盈余,用来对不发达国家提供经济援助。

（8）延缓经济结构的变化,适当限制服务性部门的发展,鼓励商品出口生产部门的发展。

（9）保护环境,改善工作和生活环境。

三、经济政策的内容

二战后,瑞典实行过一段时间的国家管理经济政策。20 世纪 50 年代后逐步取消价格管制、进口管制和建筑管制,转向以普遍的经济刺激为重点的一般财政政策和货币政策,作为经济稳定发展的手段。通过灵活运用财政政策和货币政策的扩张和紧缩,完成充分就业、价格稳定和国际收支均衡三大任务。

20 世纪 60 年代后半期,瑞典政府开始实行微观经济政策。主要有微观财政政策、微观货币政策、微观劳工市场政策、微观资源配置政策和微观收入分配政策等。其中,微观财政货币政策是基本政策手段,是为实现微观劳工市场、资源配置和收入分配政策服务的。财政货币的重点,是由一般经济水平转向特定的地区、部门和企业;微观劳工政策的目的是既要保证充分就业,又要为部门优先发展服务,为高收入部门的发展提供足够的劳动力。同时,还要加强对工人的文化技术教育,加强工人的流动性和对职业的适应性。资源配置政策是鼓励资本和劳动力流入萧条地区和部门,实行各地区各部门的均衡增长;鼓励发展出口工业和进口商品竞争行业,实现从高收入阶层到低收入阶层的所谓垂直再分配和从私人部门到公共部门的所谓水平再分配的目标。

瑞典市场经济体制发展趋势:一是自由化的趋势,如一般经济政策逐渐取代直接的经济管制;二是社会化的趋势,如服务领域中公共部门的迅速发展,国民收入的逐步国有化。这两种趋势的结果,使瑞典战后经济制度具有明显的特色:在生产领域,私人资本主义居统治地位,但国有化程度较高;在分配领域,公有部门的作用占主导地位,由政府支配的国民收入的比重自 20 世纪 70 年代以来就已超过50%;在市场需求领域中,公共消费需求和公共投资需求在国民收入中占有很大比重;在金融领域中,公共储蓄占总储蓄额的比重较大。正因为瑞典市场经济体制有这样一些特点,所以林德贝克认为,二战后瑞典的经济制度既不属于传统的资本主义制度,也不属于社会主义制度,而是一种特殊的经济制度——社会民主主义经济。

四、福利市场经济体制的优缺点

瑞典福利市场经济体制的优点主要有:

一是实现充分就业。二战后,瑞典平均失业率不高于 2%,按照西方经济学界的标准,这是超充分就业。

二是实现了经济稳步增长,按人口计算的国民收入水平在世界上居于前列。

三是实现了国际收支平衡。

四是在收入分配均等化方面取得了重大成就,成为世界上屈指可数的高福利国家。

瑞典福利市场经济体制的缺点主要是:收入均等化与其他经济目标之间的矛盾。

在实现高额累进税制的条件下,资本家因税后利润不高,不愿投资。瑞典资本家与国际市场有着千丝万缕的联系,在高额累进税制度下,瑞典资本势必外流,从而影响国内经济的发展,也影响了国内就业。同时,由于存在高额累进税和高额社会保险制度,使工人不愿提高技术,不愿多工作,甚至不急于就业。因为就业、晋级、多工作虽然增加收入,但与此同时纳税等级亦上升,并且丧失了失业津贴,得失相抵,所余无几,甚至得不偿失。因此,投资者不愿投资,本国工人不愿干活,这是瑞典政府最感头痛的问题。如何解决收入均等化同其他经济目标之间的矛盾,如何调动劳资双方的积极性,这是瑞典经济学派需要回答的新课题,也是国际学者重点关注的热点问题。

第六节 市场经济体制模式比较

国外市场经济体制不只是一种模式,而且是多种模式并存,通常最有影响的就是美、日、德、瑞典四种典型模式,其中,瑞典模式在许多方面与德国社会市场经济体制很相近,这里不再赘述,这里主要以美、德、日三种模式为例进行比较分析。

一、美国垄断竞争主导型市场经济模式

美国是比较典型的现代市场经济国家。

美国市场经济模式的主要特征是:建立在高度发达的生产力基础之上,垄断经济占据主导地位,企业具有充分的自由决策权,在市场机制基础上发挥国家干预的作用。美国在经济发展和现代化进程中,逐步形成了一套独特的市场经济制度,这就是以私有制为基础,以自由经济为主体,同时辅以国家宏观调控的市场经济制度。美国经济中既有私有经济又有国有经济,既有竞争又有垄断,既利用市场机制又有运用政府的宏观调节手段来实现经济资源的合理配置。因此,美国被看作是当代资本主义市场经济的典型。

（一）以私有制为基础的自由企业制度

美国的市场经济体制以私人资本为基础,私人垄断财团力量雄厚,私营工商企业是市场活动的主体。私营工商企业就其组织形式来看,主要有业主制企业、合伙制企业和公司制企业三种类型。在美国,绝大部分的生产、经营、销售和分配等活动是由企业、公司自主决策的。这些决策主要以价格机制提供的信息为基础,政府不对它进行直接干预。

（二）有限制的政府宏观调控

美国一直比较信奉个人自由和企业自由,崇尚市场效率。直到如今,它依然基本上是依靠市场机制来分配稀缺资源的。"资本—效率—利润"的模式,是企业自我运行的动力和自我约束的机制。但是,由于垄断、不公平竞争等原因造成市场失

灵,难以达到资源最优配置的目标。因此,在市场竞争的基础上,政府在宏观领域通过立法形式并运用财政金融手段对经济活动进行干预,其特点是:在生产领域,倾向于不用任何计划约束垄断资本的手脚,因而不倾向于实行国有化和计划化;在分配领域,虽然也通过税收对收入进行调节,但十分注意不伤害企业家的积极性;虽然也发展社会福利事业,并且不断扩大其范围,但不像西欧那样无所不包。美国政府还采取许多政策为垄断资本拾遗补阙,克服在市场机制下所造成的部门之间、行业之间、地区之间的发展不平衡,以利于社会再生产的顺利进行。

(三)经济活动高度法制化

美国经济是在健全的法制管理网中运行的。企业必须在法律允许的范围内经营,政府对企业的干预和管理也必须依法行事。政府的政策只有在形成法律之后才具有法律效力。这些法律和法规为企业的经营和政府对经济的管理确立了行为准则。

二、日本政府主导型市场经济模式

日本政府主导型市场经济体制的主要特征是:企业制度以法人资本为基础;资源按市场经济原则进行配置;政府以强有力的计划和产业政策对资源配置实行导向。二战后,日本经济迅速恢复和发展。到20世纪60年代末,日本的工业和整个国民生产总值就超过了西欧所有国家,成为资本主义世界中仅次于美国的经济大国。日本的政府主导型市场经济体制成为一种重要的现代市场经济模式。

(一)以法人资本为基础的企业制度

日本所有制结构中占主体地位的是法人资本,其主要表现就是法人持股成为企业资本结构中的主体部分。相互持股的企业集团,是日本企业制度的主要形式和企业决策的主导力量。二战后,日本在民主改革中,家族财阀被解散,个人持股成为企业资本结构的主体;但随着经济的发展,法人持股部分所占比重不断上升,并成为资本结构中的主体部分。就基本性质而言,法人资本与私人资本都属于资本主义所有制范畴,但是在市场经济运行中,两者的职能和作用却有明显的区别:首先,持股者的地位不同。私人持股者只是所持股票的所有者,不承担经营责任。法人持股者具有所有者和经营者的双重身份。其次,持股动机不同。个人持股者的目的是最大限度地获取股票收益,而法人持股者的主要动机是贯彻本企业的经营思想,巩固经营者权力。法人持股者的利益动机比个人持股者更长远、更广泛。

(二)以经济计划和产业政策为核心的宏观调控体系

日本政府对市场经济的宏观调节,主要表现在通过经济计划和产业政策对企业决策进行指导和诱导。这是日本政府主导型市场经济体制最突出的特点。经济计划是日本政府对市场信号和企业经营活动进行调控和诱导的重要手段。计划虽然不带中央集权的性质,也没有强制性,但是在为民间企业指明经济走向,预测经济发展趋势,表明国家经济政策,提供国内外信息等方面有着巨大的作用和影响。日本的产业政策被认为是市场经济国家中独树一帜的宏观政策,是日本政府在资源配置中发挥主导作用的强有力工具。其基本思路是,通过产业政策的制定和执行,实现政府对资源在各个产业间配置的合理干预,以提高资源配置效率。

（三）官商协调的组织体系

日本的宏观调控体系大致分为三个层次,即起主导作用的最高层次的政府调控系统、服务于政府调控决策的咨询和协调系统,以及连接宏观与微观的行业中介系统。日本政府进行调控的主导机构有通商产业省、大藏省和经济企划厅等部门,以通产省为中心,形成严密而强力的宏观调控机制;政府宏观调控的咨询与协调系统,主要是吸收财界、产业界、学术界以及其他有关团体的代表组成的审议机构。审议会议参与政府经济决策过程,并通过多层次的意见交流,协调各方面的利益要求;行业中介组织代表所属行业和企业的利益,同行政机构保持密切的合作关系。在三个层次的宏观调控体系中,官、产、学、研相互配合,调控主体与市场主体密切统一,形成了有机的整体。

三、德国社会市场经济模式

德国社会市场经济模式的主要特征是:以私人企业制度和市场竞争作为经济体制存在和运行的基础;国家(政府)通过立法为竞争建立秩序,防止不道德竞争;国家实行积极的经济政策对经济进行有益的干预以保证社会公正,包括实施社会福利计划,放宽对外贸易限制,保护生态,治理环境等。二战后,德国经济之所以能够迅速恢复和发展,原因是多方面的,而独具特色的社会市场经济体制是其中十分重要的因素。

（一）德国社会市场经济的基础是私有制

以私人垄断为主导、多种所有制经济并存,是社会市场经济体制的微观基础。在私有制经济中,垄断性的大公司是代表性力量。虽然德国政府的经济政策和经济立法一直把反对垄断视为一项坚定的目标,但是经济领域的集中化过程仍然在进行。科技进步和规模效益,与竞争必然导致的垄断趋势相互推动,形成了不足1000家的少数大工业和银行,它们决定着德国经济的现在和未来。根据社会市场经济原则,垄断属于经济生活中的不公正行为,应受到抑制,而自由的市场竞争则应受到保护。这一原则使中小企业在经济中具有特殊的地位和作用。虽然以私有制企业为主体,但国有企业在德国经济中也占有重要地位,其主要活跃在基础设施和公共事业领域；邮电、铁路运输和供水系统的 99% 的企业，港口设施、建筑物、内河运输设备、城市运输的大约 95% 的企业，都属于国有。

(二)维护公平竞争的市场秩序

发挥市场的基础作用、保护竞争的公平性，这是德国社会市场经济的核心思想。这一思想包含着对资本主义市场经济运行历史教训的深刻思考。按照这一思想，既要发挥市场经济的促进和调节作用，又要避免自由市场经济所必然带来的周期性经济危机和剧烈的社会动荡，以及垄断、暴利、欺诈与社会不公。而解决这一问题的根本药方，就是综合运用法律手段和政策手段，以保持和维护一个竞争有序的市场。德国在社会市场经济运行中，一方面，根据市场经济的基本要求，积极提倡企业生产、经营和投资等方面的自由，保证市场机制功能的正常发挥；另一方面，同样按照市场经济的基本要求，制定一系列经济法规和经济政策，对阻碍公平竞争的各种行为，如行业垄断、不正当竞争、不正当交易等市场行为严令禁止，以保证市场机制功能的有效发挥。

(三)国家的总体调控

社会市场经济是政府有所调节的市场经济，即：以市场供求变化引导的经济行为为基础，在此基础上政府进行总体调控。社会市场经济中自由竞争占主导地位，生产者之间、生产者与消费者之间的关系主要由市场力量支配。社会市场经济是自由主义对经济制度的构想，其精髓是竞争和货币稳定，但政府也在其中发挥作用。竞争不同于自由放任，需要有政府参与经济活动。但政府干预又不同于计划管理，政府职能主要是维护经济自由和调节社会公平，政府行为的标准是有利于市场竞争和经济稳定。

(四)社会市场经济的稳定器——社会保障体系

社会保障体系是社会市场经济最显著的特征之一，它对社会市场经济的顺畅运行和稳定发展起着重要的作用。其内容主要有失业保险、疾病保险、工伤事故保险、养老保险和社会救济等。值得注意的是，德国社会保障体系的特征，不仅在于形式上的多样性，而且还在于这一体系构建上的合理性；它并不以政府为主体，而是强调劳动者个人和企业定期按工资的百分比向国家社会保险机构交纳保险费，并采取自愿原则。只有保险费入不敷出时，政府才给予一定的财政补贴。通过国家财政的转移支付，以及面面俱到的保险制度和社会救济措施，多角度地校正市场经济条件下的分配不公和贫富扩大的趋势。

四、国外市场经济体制的共同特征

世界各国市场经济体制的具体形式因各国的经济发展路径和政府偏好不同而

各具特色,产生了多种不同的市场经济体制。但也有共同的特征,主要表现在:

（一）各种市场经济体制的所有制基础是共同的

即它们都实行生产资料私有制,把"私有财产神圣不可侵犯"作为建立市场经济的基本前提。有的学者甚至把私有制同市场经济直接联系起来,认为不实行私有制,就不可能建立真正的市场经济体制。正是由于西方各国的市场经济体制都是以私有制为基础的,因而才把它统统称为资本主义市场经济,与以公有制为基础的社会主义市场经济区别开来。

（二）各种市场经济体制的运行基础是共同的

即它们都以市场机制为基础,把市场机制作为经济运行的基本调节机制,政府干预和计划调节都是以不破坏这一原则为前提的。这就意味着在经济运行的主要方面,市场机制的调节仍然是客观有效的。

（三）各国都已远离了完全竞争的市场经济模式

作为各种现实的市场经济体制,各国都已远离了完全竞争的市场经济模式。现代市场经济的运行已经不可能离开国家干预和计划调节。运用计划和市场两种手段,将二者有机地结合起来,调节经济运行,实现资源的最优配置,已成为当今世界各国密切关注的共同课题。各种市场经济体制运行的基本特征表明,能够与市场调节机制相结合的计划形式只能是指导性的。

我国要建立社会主义市场经济新体制,这是一项没有成功经验可以借鉴的开创性工程,这就需要我们大胆地借鉴西方各国市场经济体制的经验和教训,同时要克服盲目地照抄照搬别国现成模式的现象,必须结合我国的具体国情和特点,探索出适合中国发展特色的市场经济新体制。

【案例与思考】　　　　日本经济滑坡的体制原因

对于日本经济来说,整个20世纪90年代是低迷与危险的时代。前所未有的萎缩和动荡,伴随着日本经济走完了20世纪最后的历程。

迈入20世纪90年代的日本经济,危机接踵不断。以1990年1月股价暴跌为起点,日本经济开始进入衰退时期,1993年10月跌至谷底,此后开始趋向恢复。在经过1995年和1996年的低速发展之后,又于1997年初再次跌入停滞与危机:日本股市暴跌,日元对美元的汇率急剧下滑,许多企业和金融机构频频告急乃至倒闭,1997年以-0.8%的增长率创造了战后以来日本经济增长的新纪录。1998年经济衰退进一步加深,日本经济出现了战后以来最沉重的危机。

号称世界第二经济大国,曾在战后创造过经济奇迹的日本,于20世纪最后10年陷入了如此深重的经济危机,有其深刻的背景和复杂的原因。但从根本上讲,是在世界经济全球化、知识化的时代背景下，日本社会经济政治体制改革滞后、经济结构僵硬、经济决策失误的必然结果。

当代日本的政治、经济和社会体制萌发于明治维新之后，形成于冷战时期。这种体制对于凝聚日本民众、实现经济腾飞和国家振兴，曾起过重要作用。但由于这种体制的先天缺陷，如军国主义的强烈渗透，民主性、市场性不足，加之日本在经济上的成功使这一体制的优势得到人为强化等方面的原因，这种体制的弊端随着时间的推移愈加明显地暴露出来。面对经济全球化和知识经济的冲击，日本传统的社会经济体制反应迟钝，运转受阻。90年代初期，日本经济和社会危机交织并发，"日本奇迹"已经终结，"日本模式"遇到严重挑战。

当代日本市场经济体制同其他市场经济国家相比最具特色之处，就是法人资本在整个产权结构中居于绝对优势，并且构成全部经济体制的主要基础。因此，我们也可以把日本这种经济体制类型称为"法人资本市场经济"模式。

下面我们就来对这一模式怎样由推进日本经济奇迹般地增长因素到遭遇经济衰退的缘由，进行较为详尽的分析。

（1）财产关系系统——不良债权与法人持股的"合理性"问题。法人资本所有制是日本财产关系中居主导地位的所有制形式。法人资本所有制以法人企业间相互持股为主要内容。以主银行为核心、企业相互持股，原本是日本企业"协力竞争"的重要法宝。但在这种体制下，银行与企业在金融交易上缺少中立的审查程序和风险回避机制。"约束弱化"问题直接导致了大量的不良债权。如今，拖延了八年之久的不良债权问题仍在困扰着金融机构，银行"惜贷"加重企业"惜投"，进而牵动消费者"惜购（购物）"的连锁现象接踵而至。市场问题、企业倒闭问题由此而生。除此之外，进入80年代以来，按照日本学者的说法，现金充裕的大企业进入了"脱离银行"的时代。融资结构的变化使原有的以银行为主导的"相机治理"机制部分失去了作用，失去主银行制约后，公司治理中的"经营者控制"成为突出问题。相当一部分大企业所出现的战略失误正与此有关，在新的形势下，法人相互持股的"合理性"是否需要重新审视，日本式的公司治理机制最终将走向何方，的确是值得关注的问题。

（2）经济决策系统——管理体制官僚化。党派林立、矛盾纷争的日本政坛，并未在实践上实现制衡权力、推动社会全面进步的理念，反而加剧了政局动荡和自民党一党执政的畸形发展，政治体制日益僵化和腐败。权力对经济的过分介入和特殊的公司制，使日本在某种程度上形成了"官治经济"。频频曝光的政界经济丑闻，便是这种体制的必然产物。90年代中期，日本国民对政治日趋冷淡，对政府缺乏信心，表明官僚体制的存在已经失去社会基础。

（3）经济协调系统——市场机制作用不充分。日本的市场机制远不如欧美国家发达。虽然一些大企业已经发展成大型跨国公司,但这些企业的国际化不是在国内厂商充分竞争的基础上发生的,而是面对狭小的国内市场谋求生存的结果。相反,各企业集团之间有很大的市场封闭性;虽然东京是世界重要的金融中心,但这种地位的建立不是靠金融的自由化,而是靠日本的经济实力;虽然日本人口的老龄化位居发达国家之首,但是社会保障制度却落后于绝大多数欧美国家。日本还远没有建立与当代经济发展相适应的完备的市场机制。

(4)经济动力系统——等级制度森严。当今社会是一个平等竞争、富于创造力的社会。但在日本,上下级之间、资历深浅之间、男女之间、不同职业之间,存在着严格的等级划分,以此确立一个人的社会地位和价值。一般来说,在市场经济中,权力收入等级的划分是必要的,也是不可避免的。但任何等级都应当是平等竞争的结果,不应人为设置,并且,不应固定化、凝固化,从而妨碍竞争。市场的规律是优胜劣汰,通过竞争可以实现等级换位。然而,日本社会的男女之间、职业之间的等级差别很难说是竞争的结果,日本企业的论资排辈、年幼序列形成的等级,对人的能力是一种压抑,不具备激励人们上进和努力工作的功能,成为竞争的严重障碍,近几年的实践越来越证明,这种森严的等级制度,抹杀了个人的创造力与能动性,丧失了应有活力。

(5)经济开放系统——民族心态封闭。经济大国地位的确立,并未使大和民族走向开放,反而进一步强化了自傲与封闭的心态。日本经济的开放具有过分的民族利己性和单向性,即只实行有利于自身的开放,而对于不利的方面则实行严格的封闭政策。这就是日本为什么多年来贸易顺差居高不下,在亚洲金融危机中竟放任日元贬值的根本原因。在经济全球化、国际化进程日益加快的今天,日本经济开放系统的狭隘性越来越与国际社会格格不入,贸易摩擦不断,经济报复日增,严重干扰了日本正常的国际贸易和国际金融活动。因此,日本经济滑坡,在一定程度上也同日本经济开放系统的缺陷相联系。

资料来源:张仁德.比较经济学研究.北京:人民出版社,2002.

案例思考:20世纪90年代以来,日本经济滑坡的体制原因是什么?

【复习思考题】

1. 什么是经济体制?经济体制是由哪些要素构成的?
2. 如何对经济体制进行分类?
3. 试述美国垄断竞争主导型市场经济体制的主要特征和内容。
4. 试述日本政府主导型市场经济体制的主要特征和内容。
5. 发达资本主义国家市场经济体制的共同特征是什么?

第五章 资本主义经济

资本主义经济是以生产资料资本家私人所有为基础的市场经济。本章通过考察资本的生产过程、流通过程和资本主义生产的总过程，揭示资本主义生产方式的实质和运动规律，阐述资本运行的一般原理及建立在社会化大生产基础上的现代经济运行的一般原理，为认识和建立健全社会主义市场经济体制提供借鉴。

第一节 资本的生产过程

一、货币转化为资本

(一)资本总公式及其矛盾

任何一个资本家进行生产经营，必须首先拥有一定数量的货币，用以购买生产资料和雇佣工人。所以，资本首先表现为一定数量的货币。

但是，货币并不一定就是资本。当作资本的货币和当作商品流通媒介的货币是有着本质区别的。这个区别，从静止状态看，是表现不出来的，只有在运动状态下才能表现出来。

作为商品流通媒介的货币，其流通的公式是：

$$商品(w)—货币(G)—商品(w)$$

意为商品生产者首先出卖自己的商品，取得货币，然后再以货币购买所需要的商品。

作为资本的货币，其流通的公式是：

$$货币(G)—商品(w)—货币(G)$$

意为货币所有者先用货币购买商品，然后再把它卖出去，重新取得货币。

这两种流通公式，首先存在着形式的不同。具体表现为买和卖的顺序不同。

在货币的流通形式中,商品所有者先出卖自己的商品,获得货币,再用这些货币去购买自己所需要的商品,是先卖后买。而资本流通形式是资本家先用货币买进商品,然后把商品卖出去,重新换回更多货币,是先买后卖。其次存在着流通的内容和目的不同。在货币流通中,商品生产者出卖商品,是为了买回另一种商品,是为买而卖,交换的目的是另一种使用价值,用以满足自己的需要。在资本流通中,资本家用货币购买商品,是为了卖出商品后重新取得货币,是为卖而买,目的是为了获得交换价值即货币。再次存在着流通结果的不同。货币流通的价值量不变,资本流通则有价值增值。假如资本家换回来的货币与预付的资本量相等,这种交换就成为毫无意义的行为,显然,资本家把货币投放出去是为了收回更多的货币。所以,资本流通公式就应该是:

货币(G)—商品(w)—更多货币(G')

其中 $G' = G + \triangle G$(增值额),即预付货币额加上一个增值额。这个增值额,马克思把它叫作剩余价值(用字母 m 表示)。资本流通公式 $G—W—G'$,概括了产业资本、商业资本和借贷资本的运动,反映了资本在运动中增值的共同本质,所以马克思称其为资本总公式。可见,作为商品流通媒介的货币和作为资本的货币的最根本区别就在于:货币作为资本,实现了价值增值,为资本家带来了更多的货币。因此,资本是能够带来剩余价值的价值。

从形式上看,资本的总公式 $G—w—G'$,是同价值规律的客观要求相矛盾的。因为价值规律要求商品交换按照等价交换原则进行,交换的结果,只能改变价值的存在形式,不可能使价值增值。但是资本在运动中又确实产生了剩余价值。这就是资本总公式的矛盾。那么,剩余价值究竟是怎样产生的呢?

首先,流通过程不能产生剩余价值。从现象上看,剩余价值似乎是从流通中产生的。事实上,在流通领域中,无论是等价交换还是不等价交换,都不能产生剩余价值。在等价交换的情况下,资本家以货币买回商品,再按等价交换卖出商品换回货币,没有剩余价值产生。如果是不等价交换,即贱买贵卖,也不能产生剩余价值。因为在商品市场上,每个人既是卖者,又是买者,得失抵消。即使有的资本家能做到既贱买又贵卖,那也只不过是赚取了其他资本家所失掉的,并不能改变整个社会的剩余价值总量。所以,马克思说:"如果是等价物交换,不产生剩余价值;如果是非等价物交换,也不产生剩余价值。流通或商品交换不创造价值。"

其次,剩余价值又不能离开流通领域而产生。因为剩余价值的产生要以货币投入流通为条件。如果离开了流通,货币所有者把货币储藏起来,不买也不卖,永远也不会给货币所有者带来剩余价值。

资本总公式的矛盾如何才能解决呢? 剩余价值的产生,既不能在流通中,又不能离开流通而产生。关键在于资本家在流通领域找到一种特殊商品,它的使用价值具有特殊性,在使用过程中能创造出大于其自身价值的价值,这种特殊商品就是劳动力。

(二)劳动力成为商品是货币转化为资本的前提

劳动力就是人的劳动能力,是存在于活的人体中的体力和脑力的总和。

劳动力是生产所不可缺少的一个基本要素。但劳动力成为商品却是一种历史现象。劳动力要成为商品,必须具备两个基本条件:第一,劳动者必须具有人身自由。只有这样,他才可能把自己的劳动力当作商品来支配。像奴隶和农奴,由于没有人身自由,就不能自由出卖自己的劳动力。第二,劳动者丧失了一切生产资料和生活资料。除了自身的劳动力以外,一无所有,只有依靠出卖劳动力才能生存。那些拥有少量生产资料的个体农民和个体手工业者,可以自己进行生产,而不需以出卖劳动力为生。

劳动力作为商品,也和其他商品一样具有价值和使用价值。

劳动力商品的价值,是由生产和再生产这种商品的社会必要劳动时间决定的。由于劳动力存在于人的身体之中,要想生产和发展、维持和延续劳动力,劳动者就必须消费一定的生活资料。所以,生产和再生产劳动力商品的社会必要劳动时间,就是生产和再生产那些为维持工人及其家属生存所必需的生活资料的社会必要劳动时间。或者说,劳动力的价值,就是维持劳动力所有者及其家属所必需的生活资料的价值。具体来说,它包括三个部分:①维持劳动者自身生存所必需的生活资料的价值;②维持劳动者家庭所必需的生活资料的价值;③劳动者的教育、训练费用。

劳动力商品价值的决定,还包含着一些历史的和道德的因素。由于各国自然条件、历史传统和生活习惯不同,各国历史所形成的经济文化发展水平不同,因而在不同的国家或同一国家的不同时期,劳动者平均必要的生活资料的种类和数量也有差别,它必然会对劳动力的价值高低产生影响。

劳动力商品的最大特点在于它的使用价值。一般商品在使用或消费时,它的价值会随着使用价值的消失而消失,或者转移到新产品中去,不会使原有价值增加。而劳动力商品使用价值的特殊性就在于它是价值和剩余价值的源泉。劳动力的使用价值就是劳动,劳动力的使用不仅能够创造出新价值,而且能够创造出比它自身价值更大的价值,即剩余价值。资本家之所以购买劳动力,正是看中了它的这种特殊的使用价值。在购买了劳动力后,通过对劳动力商品的消费即使用,资本家不仅能够收回购买这一商品时预付的价值,而且还得到一个增值额,即剩余价值。可见,劳动力转化为商品是剩余价值生产的关键,也是货币转化为资本的前提。

【资料专栏】　　　　　　　**社会主义劳动力商品问题**

中国经济改革以来,对社会主义社会的劳动力商品问题存在着不同观点。1993 年 11 月中国共产党十四届三中全会通过的《中共中央关于建立社会主义市场经济体制若干问题的决定》打破了改革开放以后党和国家重要文献只讲"劳务市场"的一贯提法,第一次公开使用"劳动力市场"的概念,并强调劳动力市场是培育市场体系的重点之一。在此基础上形成了社会主义劳动力具有商品属性的观点。承认劳动力的商品性,采取商品形式,与劳动人民的主人翁地位并不矛盾。在一定意义上,劳动力采取商品形式正是为了更好地实现劳动人民的主人翁地位。首先,劳动力采取商品形式,只是改变了劳动力的配置方式,即由原来的计划配置转变为市场配置。这种配置方式改变的目的在于扭转计划模式带来的平均主义低效率,进而实现人尽其才的劳动力有效配置机制。其次,劳动人民主人翁地位的实现主要取决于两个方面:一方面是全民所有或集体所有财产是否实现了保值增值。如果国有资产能够保值增值,并且在国民经济运行中发挥主导作用,作为国有资产的所有者,劳动人民的主人地位自然可以实现。另一方面是作为全民代表的国家能否有效地发挥职能。国家有效地代表了全民的根本利益,在分配领域实现全民的根本利益,这是劳动人民主人翁地位得到体现的关键。因此,劳动力采取商品形式与劳动人民主人翁地位的体现并不矛盾。

资料来源:张彤玉,等.《资本论》导读.天津:南开大学出版社,2003.

二、剩余价值的生产过程

(一)资本主义生产过程是劳动过程和价值增值过程的统一

资本家在市场上购买了生产资料和劳动力以后,就开始进行生产过程。资本主义生产过程具有二重性,一方面是生产使用价值的劳动过程;另一方面又是创造价值的价值形成和价值增值过程。资本主义生产过程是劳动过程和价值增值过程的统一。

1. 劳动过程

不论何种性质的社会,其劳动过程都是劳动者与生产资料相结合,创造使用价值的过程。即有一定劳动技能的劳动者,通过有目的的活动,借助于劳动资料,改变劳动对象,从而创造某种使用价值的过程。但在不同的社会形态下,劳动过程又具有不同的特点。在资本主义制度下,由于生产资料掌握在资本家手中,劳动者一无所有,不得不把劳动力出卖给资本家,因此,资本主义劳动过程具有两个显著特点:第一,工人的劳动在资本家的支配和监督下进行,他的劳动属于资本家。第二,劳动产品全部属于资本家。这两个特点,决定了资本主义劳动过程对于工人来说,是一种经济强制性劳动。

2. 价值增值过程

在资本主义劳动过程中,资本家强迫工人生产某种使用价值。但是,生产使用价值并不是他的目的,对于资本家来说,不论是生产面包还是生产杀人武器,目的都是为了剩余价值。资本家之所以要生产使用价值,是因为使用价值是价值和剩余价值的物质承担者。资本家关心商品的价值,而更为关心的是比原价值还要大的剩余价值。所以,资本主义生产过程同时又是价值增值过程。在价值增值过程中,一方面,劳动者以具体劳动生产商品的使用价值,同时将耗费掉的生产资料价值即旧价值转移到新生产的商品中去,成为商品价值的一个组成部分;另一方面,劳动者以抽象劳动形成了一定量的新价值,成为商品价值的另一个组成部分。

现以纺纱为例考察资本主义价值增值的过程。

首先,考察资本主义商品生产的价值形成过程。假定纱厂每个工人每小时劳动创造新价值 0.5 元,每天工作 6 小时,则创造新价值 3 元。工人每工作 6 小时,可纺棉花 10 斤,6 小时纺纱消耗棉花等生产资料价值共 12 元,工人日工资 3 元,则资本家为生产预付了生产资料 12 元和工人工资 3 元共 15 元,生产出的棉纱价值等于转移过来的生产资料的价值 12 元,以及工人 6 小时劳动新创造的价值 3 元,共计 15 元。按等价交换原则资本家卖出棉纱 15 元,正好与预付资本额一样多,价值没有增值,资本家无利可图,如果是这个结果他就不会办工厂了。现在,来考察价值形成过程如何变成价值增值过程。工人日工资 3 元,只需 6 小时劳动就可创造出来。但资本家既然购买了工人一天的劳动力,他就不会只让工人劳动 6 小时,而是要让其劳动更长的时间。假定工人劳动时间延长为 12 小时,12 小时劳动新创造价值为 6 元。劳动时间增加了一倍,生产的棉纱也相应增加了 1 倍,则 12 小时消耗棉花与生产资料价值 24 元,资本家用于购买生产资料的 24 元,加上购买劳动力支出的 3 元,共预付 27 元,12 小时纺出的棉纱的价值,等于被工人具体劳动转移过来的生产资料的价值 24 元,及工人 12 小时劳动创造的新价值 6 元,共 30 元。新产品棉纱的价值,比资本家预付的资本多 3 元,这 3 元就是剩余价值。可见,剩余价值是由雇佣工人创造的、被资本家无偿占有的、超过劳动力价值的价值。

由以上分析可以看出,劳动力的价值和劳动力在使用过程中所创造的价值是两个不同的量,价值增值过程不外是超过劳动力价值的补偿这个一定点而延长了的价值形成过程。如果劳动者所创造的价值恰好补偿资本家所预付的劳动力的价值,那就是单纯的价值形成过程,如果价值形成过程超过了这个一定点,就变成了价值增值过程。在这个过程中,工人的劳动时间实际上可以分为两部分:一部分是为自己劳动的时间,它再生产了劳动力的价值,这部分时间是必要劳动时间,这部分时间内支出的劳动,叫必要劳动;另一部分是超过必要劳动时间,为资本家生产剩余价值的时间,叫作剩余劳动时间,这部分时间支出的劳动叫剩余劳动。

总之,由于生产剩余价值是资本家的唯一目的,资本家生产使用价值和价值都是为生产剩余价值服务的,所以,资本主义生产过程,从本质上说是剩余价值的生产过程。

(二)资本的本质和构成

1. 资本的本质

从表面看,资本总是表现为一定数量的货币、厂房、机器设备、原材料和辅助材料等。其实,这些东西本身并不就是资本。只有在一定的生产关系下,当它们被资本家占有,并用来充当剥削雇佣工人的手段时,它们才成为资本。所以,资本的本质是能带来剩余价值的价值。资本不是物,而是一种生产关系,是被物的外壳掩盖着的资产阶级和无产阶级之间剥削和被剥削的关系。资本也不是从来就有的,而是社会发展到一定阶段才产生的,它是一个历史范畴。

2. 不变资本和可变资本

根据资本的不同部分在剩余价值生产过程中的不同作用,马克思把资本划分为不变资本和可变资本。

不变资本是指资本家用于购买生产资料的那部分资本,用"C"表示。如厂房、机器设备、原料、燃料等。用于购买生产资料的这部分资本,在生产过程中,都是通过工人的具体劳动把原有价值转移到新产品中去,不发生价值量的变化,所以马克思把它称为不变资本。不变资本不是剩余价值的源泉,它自身不会产生剩余价值,只是生产剩余价值不可缺少的物质条件而已。

可变资本是资本家用于购买劳动力的那部分资本,用"V"表示。这部分资本是以工资的形式付给工人,被工人用于生活消费。其价值是由工人在生产过程中再创造出来的。不仅如此,劳动力在使用过程中除再生产出劳动力的自身价值外,还能生产出剩余价值,即发生了价值量的变化,实现了增值。所以,马克思称之为可变资本。

马克思把资本划分为不变资本和可变资本具有十分重要的意义,它科学地论证了剩余价值是可变资本创造的,揭露了剩余价值的源泉,进一步揭示了资本主义剥削的秘密,同时为正确确定剩余价值率奠定了基础。

3. 剩余价值率

剩余价值是由可变资本产生的,所以要确定资本家对工人的剥削程度,马克思把剩余价值与可变资本的比率,叫作剩余价值率,因为它反映了资本家对工人的剥

削程度,所以也叫剥削率。其公式为:

$$剩余价值率(m') = \frac{剩余价值(m)}{可变资本(v)}$$

由于剩余价值是工人的剩余劳动创造的,可变资本的价值则是由工人的必要劳动时间再生产出来的,因此也可以用剩余劳动和必要劳动的比率或用剩余劳动时间和必要劳动时间的比率来表示剩余价值率。其公式为:

$$剩余价值率 = \frac{剩余劳动}{必要劳动} = \frac{剩余劳动时间}{必要劳动时间}$$

剩余价值率的两个公式表示的内容是一致的。前者以价值形式或物化劳动形式表示剥削程度,它表明在雇佣工人新创造的价值中,资本家和工人各占有多少份额。后者以活劳动或劳动时间来表示剥削程度,它表明雇佣工人在一个工作日里,有多少时间来补偿劳动力的价值,有多少时间替资本家生产剩余价值。

4. 资本主义工资

(1)资本主义工资的本质。在资本主义社会里,工人把劳动力出卖给资本家,资本家付给工人工资,所以从本质上看,工资是劳动力的价值或价格。但由于工人取得工资是在其为资本家劳动之后,工资的多少是按劳动时间或生产的产品数量的多少来计算,这就造成了一种假象,好像工人出卖的是劳动,而不是劳动力,工资不是劳动力的价值或价格,而是劳动的价值或价格,好像工人的全部劳动都得到了报酬。

马克思科学地区分了劳动和劳动力,指出工人实际出卖的是劳动力而不是劳动。劳动力是商品,而劳动不是商品,不能出卖。这是因为:

第一,如果工人出卖的是劳动,它就应该是一个独立存在的物品,在工人出卖劳动力之前就存在,但市场上出现的只有具备劳动能力的人,而没有劳动。只有在工人出卖劳动力以后,进入资本家的工厂同生产资料结合起来时才开始劳动。但此时,劳动已属于资本家,不属于工人,已不可能再被工人出卖了。

第二,如果劳动是商品,它就应当有价值,商品的价值量是由生产商品的社会必要劳动时间决定的。如果劳动是商品,则劳动的价值量由劳动时间决定,那就等于说 10 小时劳动的价值量等于 10 小时劳动,这句话显然是同义反复,毫无意义。

第三,如果劳动是商品,按价值规律要求,应该实行等价交换,资本家就应当支付给工人全部劳动报酬。如果这样,资本家就不能获得剩余价值,资本主义也就失去了存在的基础。

可见,工人出卖的只能是劳动力,资本家支付给工人的只是劳动力的价值或价格。劳动只是劳动力的支出,是劳动力的使用过程。劳动力不同于劳动,正像机器不同于机器的作用一样,机器可以出卖,机器的作用却不能离开机器而单独作为商品出卖。

（2）资本主义工资的形式：计时工资和计件工资。计时工资就是按工人劳动时间的长短支付的工资，如月工资、周工资、日工资、小时工资等。计时工资在第二次世界大战以后某些发达国家采用的较为普遍。采用计时工资，资本家可以根据自己的需要，任意缩短或延长劳动时间，随时解雇工人。计件工资是按工人所生产的产品数量支付的工资，是计时工资的转化形式。例如：每个工人日工资 3 元，每天生产 10 件，采用计件工资后，则 3 元/10 件 ＝ 0.3 元，如工人每天生产 10 件则仍获3 元工资。计件工资更有利于加重对工人的剥削。因为在实行计件工资的条件下，资本家可以在产品质量上严格克扣，同时变相地迫使工人延长劳动时间，提高劳动强度。

随着科技的进步和资本主义的发展，当代资本主义工资又出现了多种派生形式，如津贴、奖金、红利、优惠购买本企业股票等。尽管这些形式名目繁多，但从本质上说仍然是劳动力的价值或价格。

（3）工资量及其变动趋势。考察资本主义工资的变动趋势时，必须首先区分名义工资和实际工资。名义工资即货币工资是指工人出卖劳动力所得的货币数量。实际工资是指工人用货币工资实际购买到的各类生活资料和服务的数量。

资本主义工资的变动趋势具有以下特征：第一，名义工资一般呈增长趋势。第二，实际工资水平的提高一般总是落后于名义工资水平的提高。第三，工资水平的变化呈现出曲折现象。在经济危机和战争时期，工资水平是下降的，在经济高涨时期，则会上涨。

考察资本主义工资的变动趋势时，还要考察相对工资。所谓相对工资是指与资本的利润（剩余价值）相比较的工资，又称比较工资。总的说来工资水平的提高并不意味着工人受剥削的程度减轻了，一些发达的资本主义国家工人的生活水平有较大的提高，但是，相对工资却呈现下降的趋势。工人所创造的物质财富中，资本家所占份额要远远大于工人所得。

考察工人工资数量的变动趋势，还应分析工资的国民差异。也就是说，要考察资本主义各国之间工资水平的差别。因为工资是劳动力的价值或价格，所以，凡是影响劳动力价值的各种因素，都会影响工资水平。各国生产力发展水平、文化发展水平不同，历史文化、民族风俗等的差异，必然带来工资水平的差异。不同国家在同一时期，工资水平会有所差别，同一国家，不同时期工资水平也会有差别。在考察各国工资水平时，应做全面的具体的分析。

【相关链接】　　　现代西方国家的一些新的工资形式

现代西方国家的许多企业采取了一些新的工资形式，如期权、年薪制等。这些新的工资形式对于稳定职工队伍,尤其是稳定技术人员和高级管理人员起到了突出的作用。就拿期权制度来说,给予管理人员或技术人员认股权,可使他们把个人利益与企业长远利益结合起来,并把个人利益与股东利益结合起来。这种工资形式本身调动了职工的积极性,减少了股东监督管理企业的成本。从这种公司形式的作用中可以看出,新的工资形式并没有改变工资的本质,工资仍然是劳动力价值或价格的转化形式。那些得到股票期权的职工都是为企业做出重大贡献的人,他们或者为企业发明创造出新产品,或者为企业开拓出新市场,等等。这些人获得期权也就是他们应得收入的转化形式。同时,从资本家角度看,采取股票期权等新的工资形式,并不是为了让广大工人共享企业的利益,而是由于企业规模的庞大,资本家无法进行有效管理,或者有效管理的成本太高,因而不得不采取的手段。由此可见,无论从工人的角度还是从资本家角度来考察,新的工资形式并没有改变工资的本质。

资料来源:http://hrmixf.i.sohu.com/blog/view/6790372.htm

三、剩余价值的生产方法

资本家总是力图加强对工人的剥削,以榨取更多的剩余价值。他们采取了多种多样的方法,其中最主要的方法有两种:绝对剩余价值的生产和相对剩余价值的生产。

(一)绝对剩余价值的生产

雇佣工人的工作日实际分为必要劳动时间和剩余劳动时间两部分。在必要劳动时间不变的情况下,工作日越长,剩余劳动时间就越长,创造的剩余价值就越多。假定工作日为12小时,其中必要劳动时间和剩余劳动时间各为6小时,剩余价值率为100%,现在资本家把工作日延长到15小时,必要劳动时间不变,剩余劳动时间就增加到9小时,剩余价值率就提高到150%。这种在必要劳动时间不变的条件下,通过延长工作日使剩余劳动时间增加而生产的剩余价值叫作绝对剩余价值。

但是工作日的长度并不能随心所欲地增加,它受到生理和道德因素的制约。一方面人在24小时内需要有吃饭、休息的时间,否则劳动者的劳动力就不能恢复,无法继续出卖劳动力。另一方面工人需要有一定的时间去读书、看报、培养子女和参加社会活动。同时,工人阶级的斗争,也使得资本家不可能无限制地增加工人的劳动时间。

绝对剩余价值的生产在资本主义发展的初期成为资本家最常用的方法。18世纪末到19世纪初期,英国工人阶级的工作日一般长达12到15小时。旧中国的中国工人阶级,工作日有的高达18小时。1886年5月1日,美国芝加哥工人举行大罢工,提出 8 小时工作制的要求。五一国际劳动节即由此而来。

（二）相对剩余价值的生产

除了绝对地延长工作日长度外,资本家又采取另一种相对剩余价值的生产方法,即在工作日长度不变的条件下,通过缩短必要劳动时间,相应增加剩余劳动时间的方法。假定工作日为 12 小时,必要劳动时间和剩余劳动时间各为 6 小时。现在把必要劳动时间缩短为 4 小时,则剩余劳动时间相应提高到 8 小时,剩余价值率也就由 100% 提高到 200%。马克思把这种在工作日长度不变的条件下,由于必要劳动时间缩短、剩余劳动时间相应延长而产生的剩余价值,叫作相对剩余价值。

相对剩余价值的生产方法,主要在于缩短必要劳动时间,要缩短必要劳动时间就要降低劳动力的价值,而劳动力的价值又是由工人及其家属所需生活资料的价值决定的,因此关键在于降低生活资料的价值。而要降低生活资料的价值,就必须提高生产这些生活资料的部门的劳动生产率,因为商品的价值量是和生产这些商品的劳动生产率成反比的,生产生活资料部门的劳动生产率提高了,必要劳动时间就会缩短。

但是,由于价值量是由社会必要劳动时间决定的,所以生活资料价值的降低,并不是个别企业提高劳动生产率就能办到的。只有在整个社会劳动生产率提高的情况下,生活资料的价值才会降低。相对剩余价值是全社会劳动生产率普遍提高的结果,而全社会劳动生产率的提高是各个资本家追逐超额剩余价值的结果。

个别资本家通过改进生产技术,提高劳动生产率,使其商品的个别劳动时间低于社会必要劳动时间,这样他生产的商品的个别价值就会比社会价值低,在市场上按社会价值出卖,就可以得到比其他资本家更多的剩余价值,即超额剩余价值。超额剩余价值是由于商品的个别价值低于社会价值而多得的那部分剩余价值。个别资本家不可能长久得到超额剩余价值。因为其他资本家为了得到超额剩余价值,会竞相采用新技术,从而使整个社会的劳动生产率提高,于是便降低了生活资料的价值,相应减少了劳动力的价值,缩短了必要劳动时间,相对剩余价值由此形成。

（三）绝对剩余价值和相对剩余价值的联系和区别

绝对剩余价值生产和相对剩余价值生产的联系在于:第一,从资本对雇佣劳动的关系来看,两者在本质上是一致的。不论是延长工作日,还是提高劳动生产率,结果都延长了劳动者的剩余劳动时间,提高了对劳动者的剥削程度,增加了剩余价值的生产。第二,绝对剩余价值生产是资本主义剥削的一般基础,也是相对剩余价值的起点。因为任何资本主义生产都必须把工作日绝对地延长到必要劳动时间之上,否则就不能生产剩余价值。同时,只有以工作日分割为必要劳动时间和剩余劳动时间两部分为出发点,才能缩短必要劳动时间,延长剩余劳动时间,生产相对剩余价值。

绝对剩余价值生产和相对剩余价值生产的区别主要在于物质技术基础不同，以及在资本主义发展的各个历史阶段上所起的作用不同。绝对剩余价值生产是与生产技术不变，或与生产技术发展缓慢相适应的；而相对剩余价值生产是以生产技术的不断变革为条件的。随着资本主义的不断发展，相对剩余价值的生产日益成为剩余价值生产的主要方法。

【相关链接】　　　　私营、外资企业的劳动保障管理

2001年，威海市共受理、查处群众举报、投诉劳动保障案件365起。其中十人以上的集体上访和职工的集体罢工、怠工等突发性事件152起。在152起职工集体上访、罢工突发性事件中，涉及国有集体企业28起、私营企业52起、外资企业72起，由此可见，罢工与集体上访突发性事件多发生在私营外资企业中。具体情况是：工资支付不规范占引发突发事件的21%。具体表现：一是家法大于国法。不少私营外资企业的常规对职工十分苛刻本身就违法违规。二是随意讲的计件工资标准变相降低职工工资。三是随意拖欠克扣职工工资。

执行工时不占规范引发突发事件的19%，主要表现：一是一些经营者根据个人意愿强行安排职工加班加点，并且拒不支付加班工资；二是一些私营外资企业以种种理由不安排职工休假，不执行国家规定的节假日制度；三是特殊工种、岗位不办理综合计算工时和不定时工作制手续。

劳动合同不规范占引发突发事件的29%。具体表现：一是不按规定订立劳动合同，有关权利、义务仅仅表现在口头上；二是招工进厂签订聘用合同，不签订劳动合同；三是用人单位单方保管劳动合同文本，员工本人不了解权利和义务，在发生争议时，难以提供足够的合同证据；四是权利与义务不对等。

招工不规范占引发突发事件的31%。具体表现：一是私招乱雇；二是巧立名目，非法收取抵押金；三是不办招工手续。

资料来源：《内部参考》第17期

据媒体披露，富士康的员工为多拿到钱，签署了"自愿加班书"，平均每周工作时间超出35%，机器人似地工作，甚至同宿舍的人彼此都不知道姓名。另据网民调查，富士康的保安存在非法打骂和限制人身自由等违法行为。数年之间富士康始终面临着"血汗工厂"的质疑。

富士康是代工型制造企业，从效益角度来看，他的管理经验是有效的，但从劳动关系角度来看并非不存在问题，无论它以签订个别约定方式，超过国家法定劳动时间来看，还是从具体劳动过程中基层管理者对劳动者的粗暴管理态度来看，即一

线员工在流水线上进行重复简单劳动,在管理者的潜意识里,他们就是"机器人"。富士康的管理模式自称是合理的集权管理模式,这种集权管理模式,使它的管理者从上到下都具有绝对的权威以保障他效率的实现,这种管理方式从管理理念他仅仅把管理者当成简单的经济人对待,也就是说只求劳动报酬,而忽略了对劳动人格的尊重,同时也存在着突破国家基准法底线的问题。所以说他必须对他过去的管理模式进行反思。

资料来源:人民网.作者:徐景安,许晓军.2010 – 5 – 30.

四、剩余价值规律是资本主义基本经济规律

资本主义生产的目的和动机是追求尽可能多的剩余价值,达到这一目的的手段是不断扩大和加强对雇佣劳动者的剥削,这是剩余价值规律的基本内容。

剩余价值规律是资本主义的基本经济规律。这是因为:

1.剩余价值规律决定着资本主义生产的目的与动力

资本家开办企业的目的就是为了赚取剩余价值,如果无利可图,他会立即转产或关闭。因此,无休止地取得剩余价值,是资本主义生产的实质,是驱使资本家从事生产活动的唯一目的和决定性动机。

2.剩余价值规律决定了资本主义生产发展的一切主要方面和主要过程

社会生产总过程是由生产、交换、分配和消费四个环节构成的。资本主义生产过程就是剩余价值的生产过程;流通过程是为生产剩余价值准备的过程;分配过程是各个资本家集团占有和瓜分剩余价值的过程;消费过程分为两方面,一方面是资本家的生活消费过程,即挥霍工人创造的剩余价值的过程;另一方面是工人的生活消费,也即为剩余价值生产提供劳动力的过程。由此看来,剩余价值生产是资本主义一切经济活动的出发点和归宿。

3.剩余价值规律决定着资本主义产生、发展和灭亡的全过程

剩余价值的生产是资本主义生产方式赖以存在、发展的根本条件。剥削剩余价值是资本主义生产方式的起点。资本家为了获得更多的剩余价值,必然会不断提高对工人的剥削程度。这样,一方面,财富日益积累在少数资本家手中,另一方面,工人则处于相对贫困之中,必然会加深无产阶级和资产阶级的矛盾。而资本家的本性决定其不断追求尽可能多的剩余价值,不断地扩大生产规模,造成无限扩大的生产与广大人民群众相对狭小的购买力之间的矛盾,必然引起经济危机,破坏生产力。各种矛盾的加剧、尖锐,必然导致资本主义的灭亡。

马克思在劳动价值论的基础上创立了剩余价值学说,它第一次揭示了剩余价值的真正来源,揭露了资本主义生产关系的实质。在马克思主义政治经济学说中

占有极其重要的地位。列宁指出："剩余价值学说是马克思经济理论的基石。"

五、资本的积累过程

(一)资本主义再生产和资本积累

把剩余价值当作资本使用,或把剩余价值转化为资本,就是资本积累。要弄清资本积累的过程和实质,必须从资本主义再生产开始。

1. 再生产的一般原理

人类社会要生存发展,就必须不断地进行生产活动。因此,任何社会的生产总是连续不断地反复进行。不断重复和更新的生产过程就是再生产过程。

社会再生产按其内容不同,可分为物质资料再生产和生产关系再生产。社会再生产首先是物质资料的再生产。因为每一次生产过程都要消耗一定的生产资料和消费资料,而每一次生产过程的结束,又会生产出一定的生产资料和消费资料,为下一次生产过程提供了物质条件,使社会再生产能够顺利进行。同时,社会再生产又是生产关系的再生产。因为,任何社会生产都是在一定的生产关系下进行的,离开了一定的生产关系,任何社会生产过程都无法进行。随着生产过程的不断重复和更新,原有的生产关系也会不断地得到维持和发展。所以,社会再生产是物质资料再生产和生产关系再生产的统一。

社会再生产按其规模不同,可分为简单再生产和扩大再生产两种形式。简单再生产是指在原有规模上重复进行的再生产。扩大再生产是指在扩大的规模上进行的再生产。

2. 资本主义简单再生产

资本主义再生产的特征是扩大再生产。但是,简单再生产是扩大再生产的基础和起点,是扩大再生产的重要组成部分,所以研究资本主义再生产,必须从分析简单再生产开始。

资本主义简单再生产,是指资本家把工人创造的剩余价值全部用于个人消费,生产在原有规模上重复进行的生产。例如,某资本家投资 10000 元,工人在一年中生产的剩余价值为 2000 元,资本家全部用于生活消费,这样,第二年生产仍在原有的 10000 元的规模上进行。分析资本主义简单再生产有重大意义,它可以揭示从一个孤立的生产过程不容易看到的资本主义生产方式的特征,这就是:

第一,可变资本即工人的工资是工人自己创造的。如果孤立看一个生产过程,好像是资本家预付给工人工资,其实,从再生产过程考察,资本家付给工人的工资,恰恰是工人前一个时期的劳动所创造的。

第二,资本家的全部资本归根到底都是工人创造的。从单个生产过程来看,好像预付资本是资本家个人勤俭节约的结果。其实,从再生产过程考察,资本家所有的资本都是工人的劳动创造的。如假定资本家有资本10000元,每年带来剩余价值2000元,全部被资本家消费掉,那么5年后资本家就会消费掉10000元。而事实上,资本家手中仍拥有10000元资本,因此,资本家的全部资本不过是陆续积累起来的剩余价值。

第三,工人的个人消费是资本主义再生产的必要条件。如果从孤立的生产过程来看,似乎工人的消费是在生产过程之外进行的,好像是他们自己的事,与资本家无关,但从再生产过程来看,工人的个人消费,会把他在生产过程中消耗掉的劳动力重新生产出来,为资本家提供继续剥削的对象。

总之,在再生产过程中,工人不仅生产出剩余价值,而且还要生产出资本家的全部资本和一无所有的雇佣劳动者,也就是把资本主义生产关系重新生产出来。资本主义再生产实质上是资本主义生产关系的再生产。

3. 资本主义扩大再生产

资本主义扩大再生产,是指资本家把剩余价值的一部分转化为资本,使再生产在扩大了的规模上重复进行。如上例资本家把2000元的一半1000元用于个人消费,把其余1000元作为追加资本,并按同一比例用作追加的不变资本和可变资本,二次生产时的资本总额就会增大为11000元。其中不变资本为8800元,可变资本为2200元,如果剩余价值率仍为100%,则资本家可获得剩余价值2200元。这样继续进行下去,资本总额就会不断增加,生产规模就会不断扩大,剩余价值也就会不断增多。

通过对资本主义扩大再生产的分析,可以看到:第一,资本主义扩大再生产既是生产规模的扩大,又是生产关系的扩大。通过扩大再生产,产生更大的资本家和更多的雇佣工人。第二,资本家追加的资本,从一开始就全部是资本化的剩余价值。

4. 资本积累的实质和必然性

要扩大生产规模就要进行资本积累。把剩余价值转化为资本,叫作资本积累。剩余价值是资本积累的源泉,资本积累是扩大再生产的源泉。资本积累的实质就是:资本家用无偿占有的剩余价值来扩大再生产,从而榨取更多的剩余价值。

资本积累和扩大再生产具有客观必然性。首先,它是由剩余价值规律决定的。资本家对剩余价值的追求是无止境的,这是推动资本家不断进行资本积累的内在动力。其次,它是由资本主义竞争规律决定的。资本家为了在不断的竞争中占据优势、击败对手,必须进行资本积累,扩大生产规模。这是资本家不断进行资本积累的外在压力。资本家在赚钱的内在动力和竞争的外在压力下,不得不将他所占有的工人创造的剩余价值的一部分作为积累,以扩大生产规模。

5.影响资本积累规模的因素

剩余价值是资本积累的源泉,在积累率不变的条件下,资本积累的规模和速度要受到剩余价值量的限制。因此,凡是影响剩余价值量的因素都会影响资本积累量的大小。

这些因素主要有:

第一,对劳动力的剥削程度。在资本主义条件下,资本家对工人的剥削程度越高,所获取的剩余价值量越多,资本积累的数量也就越多。

第二,社会劳动生产率水平和科学技术进步的程度。随着劳动生产率的提高和科学技术的进步,剩余价值会相应增加,资本积累量也会随之增大。

第三,所用资本和所费资本之间的差额。所用资本是指投入在生产过程中使用的全部资本。所费资本是指在生产过程中实际消费掉的资本。资本家投资的厂房、机器等,在投入生产后要经过多年使用才会报废,而它们的价值是随其耗费而逐年转移到新产品中去的。这样,所用资本就大于所费资本。所用资本和所费资本的差额表明,劳动资料的价值虽已部分转移,但它们的使用价值并不随之减少,仍然作为一个完整的劳动资料发挥作用。资本家可以把每年转移的劳动资料价值作为折旧基金提取出来,并暂时用作资本积累。所用资本和所费资本的差额越大,对资本积累越有利。

第四,预付资本的大小。在剥削程度一定的情况下,若不变资本和可变资本的比例不变,资本家的预付资本越大,剥削工人的便越多,获取的剩余价值也就越多,从而资本积累的数量也就越大。

(二)资本有机构成和相对过剩人口

1.资本有机构成及个别资本增大的两种途径

资本的构成可以从两方面考察。从物质形态上看,资本是由一定数量的生产资料和劳动力构成的,它们之间有一定的比例。一般来讲,这个比例是由生产的技术水平决定的。技术水平越高,劳动力所运用的生产资料数量就越多。反之,则越少。这种反映技术水平的生产资料和劳动力之间的比例,叫作资本的技术构成。从价值的形态看,由于生产资料的价值表现为不变资本,劳动力的价值表现为可变资本,因而不变资本的价值和可变资本的价值之间的比例叫作资本的价值构成。

资本的技术构成和价值构成之间有着密切的联系,资本的价值构成以资本的技术构成为基础,资本的技术构成决定资本的价值构成。这种由资本技术构成决定并且反映资本技术构成变化的资本价值构成,叫作资本的有机构成,用公式 $C:V$ 表示。

在资本主义扩大再生产过程中,资本家为追求更多的剩余价值和在竞争中取得优势,必然不断改进技术,提高劳动生产率,结果在全部资本中不变资本所占比重增大,可变资本所占比重相对缩小,从而导致资本有机构成的提高。可见,资本有机构成的不断提高,是资本主义发展的必然趋势。

资本有机构成提高的速度,与企业规模大小有直接联系,个别资本越大,就越有条件采用新技术,从而提高资本有机构成。而个别资本的增大,是通过资本积聚和资本集中两种途径实现的。

资本积聚是指个别资本通过资本积累扩大它的资本总额。这种方式好比滚雪球,资本是以自己为基础并且在自身的不断运动中积累、增大起来,因此,资本积累是资本积聚的基础,资本积聚则是资本积累的直接结果。但是,仅仅靠资本积聚,单个资本的增大是非常缓慢的。使单个资本迅速发展的有效途径是资本集中。

资本集中是指把许多中小资本合并成为少数大资本。资本集中有两种形式:一是通过竞争,大资本吞并中小资本;二是通过股份公司的形式,把很多中小资本合并成大资本。

资本积聚和资本集中有明显区别。第一,资本积聚通过资本积累实现,所以随着资本的积聚,社会资本总额会增大。而资本集中仅仅是中小资本的合并,是原有资本在资本家之间的重新分配和重新组合,因而不会增大社会资本总额。第二,资本积聚是个别资本家的资本积累,其增长速度较慢,而资本集中可以通过合并迅速集中起大量资本,其增长速度较快。资本积聚和资本集中也有联系:资本积聚会加速资本集中,因为,资本积累得越多,它的经济力量越强,更容易在竞争中打败和合并对手;资本集中必然加速资本积累,因为随着资本集中,少数大资本家更有可能采用先进技术,提高劳动生产率,获得更多的剩余价值,从而增大资本积累规模,加速资本积累。

2. 相对过剩人口

在资本积累过程中,资本有机构成的提高必然形成两种相反的趋势:一方面,是资本对劳动力的需要相对地减少,甚至绝对减少。资本有机构成的提高,使得在资本总额中不变资本日益增大,可变资本日益减少,形成"机器排斥工人"的情况。另一方面,是劳动力对资本的供给绝对地增加。随着资本有机构成的提高,机器设备的增加和改进,使越来越多的工作对体力的要求降低了,使得妇女、童工也成为劳动大军的一支力量。同时,破产的农民、中小企业主和手工业者也都加入到这支队伍中来。这样必然造成大批工人失业,成为相对过剩人口。相对过剩人口,就是相对于资本的需要表现为过剩的劳动人口。其实,并非资本主义社会所拥有的财富和生产能力不能维持全社会人口的生活和工作,而是相对于资本的需要、相对于资本家生产剩余价值的需要,表现为相对过剩。

相对过剩人口是资本积累的必然产物,同时也是资本主义生产方式存在和发展的必要条件。第一,资本主义经济呈现周期性变化,对劳动力的需求也在不断变化,需要靠相对过剩人口这个蓄水池来调节。资本主义生产是周期性发展的,在危机和萧条时期,生产急剧下降,失业人数剧增。在复苏和高涨时期,生产开始恢复和发展,资本对劳动力的需求就会迅速增加。相对过剩人口的存在可以随时调节和满足不同时期资本对劳动力的需要。第二,相对过剩人口提供了一支产业后备军,它不仅可以随时为资本增值的需要提供劳动力,而且可以利用失业人口对在业工人形成压力,迫使在业工人接受不平等的工资水平和劳动条件。

资本主义相对过剩人口有三种基本形式:第一种是流动的过剩人口,这是指那些暂时找不到工作或暂时从生产过程中被排挤出来的失业人口;第二种是潜在的过剩人口,这是指那些在农村还有赖以生存的土地,但随时准备离开土地去城市的那一部分农民;第三种是停滞的过剩人口,这是指那些没有固定职业甚至难以找到工作的人,他们依靠打短工生存,经常处于失业状态。当然还有一些处在社会最底层的完全失去劳动能力的人。

3. 资本积累的一般规律

随着资本积累的增长,资本总量不断增大,并且越来越集中在少数大资本家手中。同时,雇佣工人队伍不断扩大,相对过剩人口不断增加,造成资本主义社会的两极分化。马克思称其为"资本主义积累的绝对的、一般的规律"。

资本积累的结果是:一极是资本家所占有的资本和财富的积累,另一极是工人的贫困的积累,是无产阶级的贫困化。

无产阶级贫困化主要表现在相对贫困化和绝对贫困化两个方面。无产阶级的相对贫困化,就是无产阶级"在社会收入中所得份额的减少","在财富迅速增长的资本主义社会中的比较份额愈来愈少"。无产阶级的绝对贫困化是指无产阶级经济状况的绝对恶化,主要表现在实际工资下降,失业、半失业人数的增加,以及劳动强度的提高和劳动条件的恶化等方面。当然,绝对贫困化不是长期的趋势,而是资本主义经济发展过程中间歇出现的现象。

第二节　资本的流通过程

一、资本的循环

(一)产业资本循环的三个阶段

产业资本是指投放在包括工业、农业、建筑业等各个物质资料生产部门的资本,是能够发生价值增值的资本。产业资本的循环就是指产业资本依次经过购买、生产、销售三个阶段,相应采取货币资本、生产资本、商品资本三种职能形态,实现价值增值,最后又回到原来出发点的运动全过程。

产业资本循环的第一阶段是购买阶段。投资者以购买者的资格来到市场上,用货币资本购买劳动力和生产资料这些作为生产要素的商品。在这个阶段上,资本采取了货币资本的职能形式,货币资本就是以货币形式表现的资本。而货币资本的职能就是购买劳动力和生产资料,为剩余价值生产准备条件。如果我们以 G 表示货币,W 表示商品,A 表示劳动力,P_m 表示生产资料,这一阶段用公式来表示就是:

$$G \text{——} W \begin{cases} A \\ P_m \end{cases}$$

货币资本要完成上述职能一定要做到以下两点:一是购买的生产资料和劳动力在质上符合生产的需要,同时生产资料和劳动力之间在技术上也要相互适应;二是购买的生产资料和劳动力要在量上成比例且能生产出必要的剩余价值,而不至于造成浪费。

经过购买阶段,资本在数量上虽然没有变化,但在形态上却发生了变化,由货币资本形态转化为生产资本形态,这样产业资本循环便进入第二阶段。

产业资本循环的第二阶段是生产阶段,与生产阶段相适应,资本采取了生产资本的职能形式。生产资本就是以各种生产要素的形式存在的资本。生产资本的职能是使劳动力和生产资料按照一定的所有制性质和生产技术的要求方式相结合,进行直接的生产过程,生产出包含剩余价值的商品。如果用 P 代表生产过程,虚线代表流通过程的中断,W' 代表包含着剩余价值的商品。这样,生产阶段可用如下公式表示:

$$W \begin{cases} A \\ P_m \end{cases} \cdots P \cdots W'$$

生产过程是资本循环过程中具有决定意义的阶段,因为生产阶段是生产剩余价值的阶段。经过生产阶段,资本不仅在形态上发生了变化,由生产资本转化为商品资本,资本的形式由生产要素形式转化为商品形式;而且资本在数量上也发生了变化,即发生了价值增值,也就是发挥生产资本的职能,生产出包含着剩余价值的一定量商品。当生产资本转化为商品资本以后,产业资本循环就进入第三个阶段。

产业资本循环的第三阶段是销售阶段。产业资本在销售阶段执行的是商品资本的职能形式。所谓商品资本,就是以商品形式存在的资本。商品资本的职能则是通过商品的销售实现包含在商品中的价值和剩余价值。如果用 G' 代表增大了的货币，W' 代表包含着剩余价值的商品。用公式表示是：

$$W'—G'$$

由商品资本转化为货币资本的阶段，是资本循环中最困难的，也是具有关键意义的飞跃。因为销售阶段既是这一次资本循环的终点，又是下一次资本循环的起点，商品能否卖出去，以及以什么价格卖出去，直接关系到能否收回预付资本价值和实现剩余价值，以及关系到资本循环能否正常进行，因而对资本的生产经营效果有着极其重要的作用。

通过以上的分析可以看出：由于购买阶段和销售阶段是流通过程，生产阶段是生产过程，这样产业资本在其循环运动过程中，由流通过程进入生产过程，再由生产过程进入流通过程。也就是在市场经济中，任何一个从事物质资料生产的资本运动都必须不停顿地依次经过购买、生产、销售三个阶段，与此相适应，产业资本在循环过程中顺次执行货币资本、生产资本、商品资本三种职能形式。简言之，产业资本正常地顺利进行循环运动，实现价值增值的基本条件就是购、产、销三者的统一，生产过程和流通过程的统一。

用公式表示是：

$$G—W\begin{cases}A\\P_m\end{cases}\cdots P\cdots W——G'$$

（二）产业资本循环的三种形式

在市场经济中，任何生产经营者投资的目的，不仅要在一次资本循环中获得剩余价值，而且要连续不断地获得剩余价值。因而资本循环是一个连续不断永无止境的运动过程。

用公式表示如下：

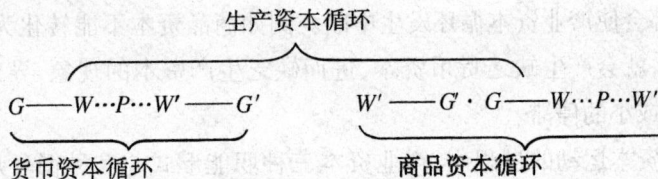

$$\underbrace{G——W\cdots P\cdots W'——G'}_{\text{货币资本循环}}\quad\overbrace{\underbrace{W'——G'\cdot G——W\cdots P\cdots W'}_{\text{商品资本循环}}}^{}$$

生产资本循环

从连续不断的资本循环过程可以看出，产业资本的循环不仅要依次经过三个阶段，执行三种职能形式，而且每一种职能形式都要经过循环的三个阶段而回到原来的出发点，这就产生了三种不同的循环形式。

货币资本的循环。它的特点是以货币资本为出发点和回归点的运动，依次经过购买、生产和销售三个阶段。因此，它是以生产阶段为媒介，连接两个流通阶段的循环运动，用公式表示是：

$$G—W\cdots P\cdots W'—G'$$

生产资本的循环。它的特点是从生产资本开始到生产资本结束的运动。依次经过生产阶段、销售阶段和购买阶段，再到生产阶段。所以，它是以流通过程为媒介，连接两个生产过程的循环运动。用公式表示是：

$$P \cdots W' - G' \cdot G - W \cdots P$$

商品资本的循环。它的特点是从商品资本开始，再回到商品资本的运动。依次经过销售，购买和生产三个阶段。用公式表示是：

$$W' - G' \cdot G - W \cdots P \cdots W'$$

(三)产业资本连续循环的条件

上述对产业资本循环的三种职能形式和三种循环形式的分别考察，是以全部产业资本在一定时间内只采取一种职能形式的假定为条件的，但这样的假定条件与产业资本循环的现实不符合，建立在现代市场经济基础上的资本主义生产是连续进行的。

产业资本实现连续不断地循环必须具备以下两个条件：

第一，必须保持产业资本三种职能形式在空间上的并存性。

就是说，各企业根据各自生产的性质、技术水平和购销状况，把自己全部产业资本按照一定的比例分配在购买、生产、销售三个环节上，以便使货币资本、生产资本、商品资本在空间上同时并存。如果不把产业资本分割为三部分或三部分的比例失调，循环运动就会中断或不能顺利进行。

第二，必须保持产业资本的每一种职能形式在时间上的继起性。

即每一种职能资本，都必须存在于购买、生产、销售三个环节上，资本不是静止不动的，而是在时间上连续不断地通过资本循环的三个阶段，转换资本的职能形式，完成各自的特殊循环。不论哪一种职能形式的资本，在资本循环哪一个阶段上发生停顿，都会使产业资本循环发生中断。例如商品资本不能转化为货币资本，在资本循环中，就会产生缺乏货币资本，进而缺乏生产资本的现象，导致资本的总循环发生或大或小的停滞。

在产业资本运动的过程中，产业资本三种职能形式与三种循环形式的并存性和继起性，是互为前提、互为条件的。继起性是由并存性决定的，没有并存性也就没有继起性。同样，并存性是继起性的结果，如果继起性受到阻碍，并存性也成为不可能。

可见任何一个产业资本的循环，它的资本只有并列存在于三种职能形式上，又同时存在于三种循环形式上，才能保持循环过程的连续性。因此，"产业资本的连续进行的现实循环，不仅是流通过程和生产过程的统一，而且是它的所有三个循环形式的统一"。

产业资本循环中的并存性和继起性,是产业资本保持正常循环的必要条件。但是,在资本主义制度下,由于资本主义各种矛盾和经济危机的周期性爆发,使得资本循环的必要条件经常遭到破坏,因而产业资本循环不能始终顺利地进行。

二、资本的周转

从资本价值不断增值的这一本性来看,产业资本的运动不能是一次行为,而应是连续不断的过程,要把它当作一个不断重复、周而复始的资本循环运动来考察,这就是资本的周转。考察资本周转,主要是考察资本的周转速度。

(一)资本周转的速度

资本的周转速度,可以从资本周转的时间和资本周转的次数两个方面进行考察。

资本周转的时间,是指从预付一定形式的资本开始,到这个资本带来剩余价值,然后重新回到原来的资本形式为止所经历的时间。这也是产业资本价值每一次周转所持续的时间,它是资本的生产时间和流通时间的总和。

资本周转的次数,是指在一定时间内资本价值周转的次数。这一定的时间,习惯上通常以"一年"作为计量单位。如果我们以 U 代表资本周转的计量单位"年"(或 12 个月),以 u(单位为月)代表资本周转一次所需的时间,以 n 代表资本周转次数,那么,计算一年中资本周转次数的公式是:

$$n = \frac{U}{u}$$

由此可见,资本周转的时间与周转次数成反比,而周转次数与周转速度成正比。

资本周转速度的快慢,既取决于周转时间的长短或资本周转次数的多少,又取决于生产资本的构成。下面分别考察影响资本周转速度的这两个因素。

(二)影响资本周转速度的因素

1.生产时间和流通时间

(1)生产时间。它是指产业资本处于生产阶段内的时间,分为劳动时间与非劳动时间两部分。劳动时间是指劳动者运用劳动资料作用于劳动对象制成一件产品所需的时间。它在生产时间中居于主要地位,因为只有这一部分时间才创造价值与剩余价值。影响劳动时间的长短的因素:一是产品的性质和生产过程,如果生产过程和产品比较复杂,那么劳动时间一般就比较长,反之则比较短。二是生产技术水平的高低,不同企业生产同一个产品,技术水平低的企业需要的劳动时间长,技术水平高的企业需要的劳动时间短。随着科学技术的发展及其在生产过程的应用,所需的劳动时间具有缩短的趋势。非劳动时间,它是指生产资料已进入直接生产过程,但没有与劳动力结合的时间。非劳动时间包括生产资料的储备时间、自然力独立作用于劳动对象的时间、正常停工时间等。在生产时间一定的条件下,要创造更多的剩余价值,必须缩短非劳动时间。

(2)流通时间。它是指资本处于流通过程的时间。它包括生产要素的购买时间和商品的销售时间两部分。影响流通时间的主要因素有:生产企业距离市场的远近,商品的市场供求状况,以及交通运输和信息条件等。

总之,资本的周转时间是生产时间和流通时间的总和。资本周转时间的长短直接表示资本周转速度的快慢。资本周转时间长就表明周转速度慢,资本周转时间短则表明周转速度快。因此,资本的生产时间和流通时间对资本周转时间有着重要的影响。要缩短资本的周转时间、加快资本的周转,就必须缩短生产时间和流通时间。

2. 固定资本和流动资本

(1)固定资本和流动资本的划分。生产资本根据价值周转方式的不同,可以分为固定资本和流动资本两个部分。

固定资本,是指以厂房、机器、设备、工具等劳动资料形式存在的生产资本。这一部分资本在生产中的特点是,在物质形态上一经投入生产领域便全部参加生产过程,多次使用,始终保持原有的形态,需待全部失效后才一次更新。它的价值是一次投入,要按照在使用过程中的磨损程度一部分一部分地转移到新产品中去,随着产品出售再逐次收回。根据这部分生产资本的价值一次付出、多次收回的特点,马克思把它叫作固定资本。

流动资本,是指以燃料、原料、辅助材料等劳动对象存在和购买劳动力的那部分生产资本。投在劳动对象上的资本在生产中的特点是:在物质形态上是在每次生产过程中全部消耗掉,所以每次生产过程都需要不断更新。在价值形式上是一次全部转移到新产品中去,随着产品的出售一次收回。马克思根据这部分资本价值周转方式是一次付出、一次收回的特点,就把它叫流动资本。此外,购买劳动力的那部分资本,虽然在物质形态上不是一次在生产过程中消费掉,但其价值周转方式同投入劳动对象上的资本相同,即投资者购进劳动力资本的价值,由工人在一次生产过程中再创造出来,并一次全部地凝结到新产品中,随着新产品的出售,全部以货币形式收回。根据其价值是一次投入、一次收回的特点,购买劳动力的资本也是流动资本。

从上述分析中可以看出:固定资本和流动资本之间既有联系又有区别,二者的联系都是生产资本,即只有生产资本才能划分为固定资本和流动资本。二者的区别是:它们的价值周转方式和周转速度不同。固定资本的价值是一次付出、多次收回,一次的周转时间长,周转速度慢;而流动资本在价值上一次付出、一次收回,相对固定资本而言,周转时间短,周转速度快。所以考察资本周转速度的快慢,必须要分析固定资本和流动资本。

(2)固定资本的损耗和折旧。在固定资本的使用期内,依据固定资本的磨损方式,可以把固定资本的磨损区分为有形磨损和无形磨损。所谓有形磨损是指固定资本使用价值上的损耗,即机器设备在使用过程中效能的减退,乃至消失。无形磨损是由于科学技术进步、劳动生产率提高和有效能更高或价格更便宜的新机器投入而造成的原有固定资产的淘汰或贬值。这种磨损会给企业带来损失。固定资产的价值随着固定资产的有形磨损逐步转移到产品中去。由于这种转移是按照固定资产的使用价值丧失的平均程度进行的,必须从企业的销售收入中逐次提取。被提取出来的固定资产转移的价值,形成固定资产的折旧基金,以便在固定资产使用期限结束时,进行固定资产的重新购置。固定资产每年提取的折旧费与固定资产原值的比率叫作固定资产折旧率。固定资产折旧率的确定必须科学、合理,如果折旧率过低,不仅会使企业生产中的实际成本大于账面成本,从而不能正确反映企业的实际盈亏,而且也不利于企业及时进行固定资产的更新;反之,如果折旧率过高,则使企业生产中的实际成本小于账面成本,同样不能反映企业的实际盈亏,而且还会使固定资产过早报废,使生产资料供应紧张。

(3)固定资本和流动资本对预付资本的总周转速度的影响。预付资本总周转速度就是预付资本总周转。它由固定资本和流动资本的平均周转构成。它的计算公式是:

$$预付资本总周转 = \frac{\dfrac{一年中固定}{资本额}转次数 \times 周转次数 + \dfrac{一年中流动}{资本额}}{预付资本总额}$$

$$= \frac{\dfrac{一年中固定资本}{周转价值总额} + \dfrac{一年中流动资本}{周转价值总额}}{预付资本总额}$$

从预付资本总周转的计算公式可以看出,生产资本的构成对预付资本总周转速度的影响有两个方面:一是生产资本中固定资本和流动资本所占的比重;另一方面是固定资本和流动资本本身的周转速度。它们各自的周转速度快,总周转就快,相反就慢。由于固定资本的周转时间长,周转速度慢于流动资本的周转速度,因此,在生产资本中固定资本所占比重愈大,则整个资本的周转速度就愈慢;反之,流动资本所占的比重愈大,则整个资本的周转速度就愈快。

假如,某生产厂家全部预付资本为10万元,其中固定资本为8万元,流动资本为2万元。在固定资本8万元中,投在建筑物上的价值为3万元,可使用30年,每年周转的价值是1000元,投在机器上的价值为4万元,10年周转一次,每年周转价值是4000元,投入小工具上的价值为1万元,5年周转一次,每年周转的价值是2000元。这样固定资本年周转价值总额为1000＋4000＋2000＝7000元。而投入在工资和原料上的流动资本,一年周转4次,这样年周转价值总额是2万×4＝8万元。因此,该生产厂家预付资本年周转次数(速度)为(7000元＋80000元)/100000元＝0.87(次)

(三)资本周转速度对剩余价值生产的影响

(1)加快资本周转速度,可以节省预付资本,特别是可以节省预付的流动资本。因为资本周转速度加快以后,维持同样生产规模所需要的流动资本数量越小,就越能节省预付资本。如果把节省的流动资本投入生产,就能扩大生产规模,获取更多的剩余价值。

(2)加快资本周转速度可以增加年剩余价值量,从而提高年剩余价值率。可变资本周转速度的快慢与年剩余价值量的多少成正比例变化。一般说来,资本周转速度加快,也意味着预付资本中的可变资本周转速度加快,一定数量的可变资本所发挥的实际作用越大。从而一年内同量的预付可变资本可以雇佣更多的工人,生产出更多的剩余价值,增加年剩余价值量。

年剩余价值量是一年内生产的剩余价值总量。如果以 M 代表年剩余价值量,m' 代表剩余价值率,v 代表预付可变资本,n 代表预付可变资本周转次数,则年剩余价值量的计算公式是:$M = m' \cdot v \cdot n$

年剩余价值率是指一年内生产的剩余价值总量同预付可变资本的比率,它反映预付可变资本在一年中的增值程度。如果以 M' 表示年剩余价值率,则其计算公式为:

$$年剩余价值率 = \frac{一年内生产的剩余价值总量}{一年内预付的可变资本} \quad 或 \quad M' = \frac{m' \cdot v \cdot n}{v} = m' \cdot n$$

公式表明,可变资本的周转速度同年剩余价值量和年剩余价值率成正比关系。

【相关链接】　　大力发展物流业需做好四方面的工作

物流业是融合运输业、仓储业和信息业等的复合型服务产业,是国民经济的重要组成部分,涉及领域广,吸纳就业人数多,促进生产、拉动消费作用大,在促进产业结构调整、转变经济发展方式和增强国民经济竞争力等方面发挥着越来越重要的作用。大力发展现代物流业,是促进物流业自身平稳较快发展和产业优化升级的需要,也是服务和支撑其他产业的调整与发展、增加消费和扩大就业的需要,对于促进产业结构调整、转变经济发展方式和增强经济增长内生动力具有重要意义。

一是加强重点领域物流发展体系建设。应加快发展粮食、棉花现代物流,推广散粮运输和棉花大包运输。应加强农产品质量标准体系建设,发展农产品冷链物流。可考虑完善农资和农村日用消费品连锁经营网络,建立农村物流体系。应发展城市统一配送,提高食品、食盐、烟草和出版物等的物流配送效率。应加强石油、煤炭、重要矿产品及相关产品物流设施建设,建立健全石油、煤炭、重要矿产品物流体系。应推动汽车和零配件物流发展,建立科学合理的汽车综合物流服务体系。应鼓励企业加快发展产品与包装物回收物流和废弃物物流,促进资源节约与循环利用。应鼓励和支持物流业节能减排,发展绿色物流。应进一步发挥邮政现有的网络优势,大力发展邮政物流,加快建立快递物流体系,方便生产生活。应加强应急物流体系建设,提高应对灾害、重大疫情等突发性事件的能力。

二是加强物流服务的社会化和专业化。应鼓励生产和商贸企业按照分工协作的原则,剥离或外包物流功能,整合物流资源,促进企业内部物流社会化。应推动物流企业与生产、商贸企业互动发展,促进供应链各环节有机结合。应鼓励现有运输、仓储、货代、联运、快递企业的功能整合和服务延伸,加快向现代物流企业转型。应积极发展多式联运、集装箱、特种货物、厢式货车运输以及重点物资的散装运输等现代运输方式,加强各种运输方式运输企业的相互协调,建立高效、安全、低成本的运输系统。应加强运输与物流服务的融合,为物流一体化运作与管理提供条件。应鼓励邮政企业深化改革,做大做强快递物流业务。应大力发展第三方物流,提高企业的竞争力。

三是提高物流信息化水平。应积极推进企业物流管理信息化,促进信息技术的广泛应用,尽快制定物流信息技术标准和信息资源标准,建立物流信息采集、处理和服务的交换共享机制。应加快行业物流公共信息平台建设,建立全国性公路运输信息网络和航空货运公共信息系统,以及其他运输与服务方式的信息网络,推动区域物流信息平台建设,鼓励城市间物流平台的信息共享。应加快构建商务、金融、税务、海关、邮政、检验检疫、交通运输、铁路运输、航空运输和工商管理等政府部门的物流管理与服务公共信息平台,扶持一批物流信息服务企业成长。

四是完善物流标准化体系。应根据物流标准编制规划,加快制定、修订物流通用基础类、物流技术类、物流信息类、物流管理类、物流服务类等标准,完善物流标准化体系。应密切关注国际发展趋势,加强重大基础标准研究,加强物流标准工作的协调配合,充分发挥企业在制定物流标准中的主体作用。应加快物流管理、技术和服务标准的推广,鼓励企业和有关方面采用标准化的物流计量、货物分类、物品标识、物流装备设施、工具器具、信息系统和作业流程等,提高物流的标准化程度。

资料来源:神农网.2010 - 04 - 27.

三、社会资本再生产和流通

前面我们从微观角度分析产业资本即个别企业资本的运动过程,现在我们从宏观角度分析社会总资本的再生产和流通。

(一)社会资本再生产的核心问题

1.个别资本和社会资本

在市场经济运行过程中,各个企业的资本都分属于不同投资者或投资者集团所有。每个企业独立地进行资本循环和资本周转,实现其价值的增值。这种各自独立发挥资本职能的资本就叫单个资本即个别资本。但是,在社会分工和生产社会化条件下,各个企业的个别资本运动并不是相互孤立、彼此隔绝的,而是通过市场互相联系、互相依存的,这种互相联系、互相依存的所有个别资本的总和,就是社会资本,或者称社会总资本。

社会资本与个别资本的运动相比,具有不同的特征,主要表现在:第一,社会资本的运动不仅包括生产消费,而且包括个人消费;第二,社会资本再生产和运动,不仅包括预付资本的流通,而且包括剩余价值的流通;第三,社会资本运动,除了资本流通外,还包括一般商品流通。因此,社会资本再生产过程,要比个别资本再生产过程复杂得多。

2.社会资本再生产的核心问题

社会资本再生产的出发点和核心问题是社会总产品的实现问题,即社会总产品的补偿问题。社会总产品,是指社会各个物质生产部门在一定时期内(通常为一年)所生产出来的全部物质资料的总和,在物质形式上表现为生产资料和消费资料;在价值形式上表现为不变资本(C)、可变资本(V)和剩余价值(m),又称社会总产值。社会总产品的补偿有实物补偿和价值补偿两个方面:社会总产品的实物补偿,是指社会总产品的各个组成部分的价值转化为货币形式以后,如何再转化为所需要的产品;社会总产品的价值补偿,是指社会总产品在价值形态上的各部分,如何通过商品的全部出售以货币形式收回,用以补偿生产中消耗的不变资本价值和可变资本价值,并获得剩余价值。社会资本只有在社会总产品全部销售出去、能够补偿预付的不变资本价值和可变资本价值并获得剩余价值,能够重新购买到所需的劳动力和生产资料以及工人和资本家用于个人消费的消费资料的情况下,才能正常进行。所以,社会总产品的实现问题是社会资本再生产的核心问题。

3. 社会总产品的构成和社会生产的两大部类

社会总产品在实物形态上，根据其最终用途可区分为用于生产消费的生产资料和用于生活消费的消费资料。相应地，马克思把社会生产划分为两大部类：一类是生产生产资料的部类，称为第一部类，用符号"I"表示；一类是生产消费资料的部类，称为第二部类，用符号"II"表示。每个部类都包含很多部门。

从价值形式来看，社会总产品分为不变资本价值(C)、可变资本价值(V)和剩余价值(m)三个部分。因此，整个社会总产品就可分为两大部类和三个部分。

它的构成，可用下列公式表示：

第一部类　I $= C + V + m$（生产资料）

第二部类　II $= C + V + m$（生活资料）

把社会总产品从价值上分为不变资本、可变资本、剩余价值三个部分，把社会生产分为生产资料的生产和生活资料的生产两大部类，这是马克思再生产理论中的两个基本原理，是分析社会资本再生产的理论前提。正因为有了这两个理论前提，"才使马克思有可能建立起他的关于资本主义社会中社会产品实现的卓越理论"。

（二）社会资本正常运行的实现条件

1. 社会资本简单再生产实现的条件

社会资本的简单再生产是指生产规模不变的社会再生产，剩余价值全部用于投资者的个人消费。分析社会资本简单再生产条件下社会总产品的实现条件，就要从全年生产的社会总产品的构成开始。

假定社会资本简单再生产不发生价值变动，固定资本和流动资本一年周转一次和没有对外贸易等前提下，全年社会总产品的构成图式如下：

$$\left.\begin{array}{l} \text{I} \quad 4000C + 1000V + 1000m = 6000 \\ \text{II} \quad 2000C + 500V + 500m = 3000 \end{array}\right\}9000$$

在这个图式中，第一部类全部产品的价值为6000，其实物形态都是生产资料；第二部类的全部产品价值为3000，其实物形态都是消费资料。两大部类总产品价值为9000，实物形态上是生产资料和消费资料。

为了使第二年的社会资本简单再生产能够继续进行，这两大部类的产品包括它的各个组成部分都必须实现价值补偿和实物补偿，这可以通过三大交换过程来解决社会总资本简单再生产条件下的社会总产品的实现。

首先是第一部类内部的交换。第一部类中$4000C$，是通过在第一部类内部各部门、各企业之间的成功交换来实现价值补偿和实物补偿。因为I$4000C$，在价值上它代表本部类已消耗掉的不变资本价值，在实物上是由各种生产资料构成，为了使第二年的简单再生产能够正常进行,这 4000C 的产品必须全部卖出,并买回生产过程中所需要的生产资料。

其次是第二部类内部的交换。第二部类产品中的 500V+500m,以在本部类各部门各企业之间的成功交换来实现它们的价值补偿和实物补偿。因为它们在实物形态上由各种消费资料构成,在价值形态上代表本部类工人和投资者个人消费的可变资本价值和剩余价值。工人所得的 500V 需要买进消费资料,投资者所得的 500m 也需要购买消费资料。

再次是两大部类之间的交换。通过以上两大部类内部的交换后,第一部类还余下 1000V 和 1000m 只能用于第一部类的工人和投资者个人的生活消费,但这部分产品的实物形式却是生产资料,不能用于生活消费。因而,必须和第二部类相交换才能解决。第二部类还余下 2000C 的产品,在价值上代表本部类已消耗的不变资本价值,在实物形式上是消费资料,这些产品无法补偿本部类已经消耗掉的生产资料,它无法在第二部类内部实现。因此就只有通过两大部类的各部门、各企业之间的交换使得第一部类 1000V+1000m 同第二部类 2000C 相交换。这样,第一部类的工人和投资者就可以得到所需要的 2000C 的消费资料,第二部类的投资者也可以得到 2000C 的生产资料,它们就是这样通过两大部类之间的交换来实现价值补偿和实物替换。

在社会资本简单再生产条件下,社会总产品实现过程中的交换关系,可用图示表示如下:

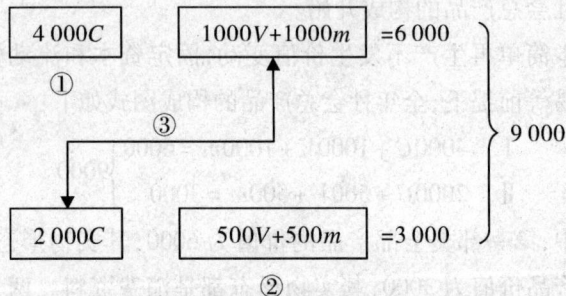

经过以上三方面的交换,社会总产品的各个部分全部得到实现,即在价值上得到了补偿,在实物上得到了替换,从而第二年的社会资本简单再生产就可正常进行。

通过以上对社会资本简单再生产条件下社会总产品的实现过程可以看出,要使社会总资本简单再生产能够顺利进行,必须满足如下条件:

第一个条件是:第一部类的可变资本价值和剩余价值之和,必须等于第二部类的不变资本价值。用公式表示如下:

$$\text{I} (V + m) = \text{II} C$$

这是社会总资本简单再生产最基本的实现条件,体现了社会生产两大部类之间互相供给、互相需求的内在联系。

第二个条件是:第一部类所生产的全部生产资料价值必须等于两大部类不变资本价值之和。用公式表示为:

$$\text{I} (C + V + m) = IC + \text{II} C$$

这个条件体现了全社会生产资料生产同消费、供给同需求的内在联系。

第三个条件是:第二部类所生产的全部消费资料,在物质上必须要同两大部类的工人和投资者所需要的消费资料相适应,在价值上要等于两大部类的可变资本价值和剩余价值之和。用公式表示为:

$$\text{II} (C + V + m) = I (V + m) + \text{II} (V + m)$$

这个公式体现了全社会消费资料生产同消费、供给同需求的内在联系。

2. 社会资本扩大再生产

(1)社会资本扩大再生产的前提条件。社会资本再生产的特征是扩大再生产,扩大再生产是指投资者把剩余价值资本化,在扩大的规模上进行的再生产。在扩大再生产条件下,由于投资者要把积累起来的货币资本用来购买追加的生产资料和追加的劳动力需要的追加的消费资料,所以社会必须为扩大再生产的实现提供追加的生产资料和提供追加劳动力所需要的追加消费资料。这样,就要求扩大再生产要有两个前提条件:第一是要有追加的生产资料。用公式表示就是:

$$\text{I} (V + m) > \text{II} C$$

这就是要求第一部类在一年中所生产的全部生产资料,除了维持两大部类简单再生产所需要的生产资料以外,还必须要有一个余额,这样才能满足两大部类对扩大再生产追加的生产资料需要。

第二是要有追加的消费资料。扩大再生产所需要的追加的消费资料是第二部类生产的,因此,第二部类一年中所生产的全部消费资料,除了维持两大部类简单再生产过程中的工人和投资者所需要的消费资料以外,也必须有剩余一部分,用作满足两大部类扩大再生产对追加的消费资料的需要。如果用 $\dfrac{m}{x}$ 代表剩余价值中供投资者用于个人生活消费的部分,那么 $m - \dfrac{m}{x}$ 就表示剩余价值中供积累用的部分,即作为追加资本。$\text{I} (C + V + m) > \text{I} (V + \dfrac{m}{x}) + \text{II} (V + \dfrac{m}{x})$,在公式两端各减去 $\text{II} (V + \dfrac{m}{x})$,这个公式就表示为:

$$(C + m - \frac{m}{x}) > I (V + \frac{m}{x})$$

(2)社会资本扩大再生产的实现过程。根据扩大再生产两个前提条件的要求，假如社会总资本扩大再生产条件下全年社会总产品的构成图式如下：

I 　$4000C + 1000V + 1000m = 6000$ ⎫
II 　$1500C + 750V + 750m = 3000$ ⎭ 9000

在图式中，已具备了进行扩大再生产的可能性，因为 I（$1000V + 1000m$）大于 II$1500C$，符合 I（$V + m$）> IIC。

为了能够扩大再生产，首先第一部类要进行积累。假如，第一部类把剩余价值$1000m$中的$500m$用作追加资本，另一半$500m$用作投资者个人消费，假如第一部类的资本有机构成仍为4：1，把追加资本500按照4：1的比例，转化为追加的400△C和追加的100△V。这样，第一部类全部产品的价值按照扩大再生产的用途就重新组合为如下几个部分：

I 　$4000C + 400△C + 1000V + 100△V + 500 \frac{m}{x} = 6000$

即：I 　$4400C + 1100V + 500 \frac{m}{x} = 6000$

重新组合的第一部类的社会总产品中4400C，代表用于维持和扩大第一部类再生产的生产资料的价值，而它的实物形态是生产资料，因而这部分产品可通过本部类内部的交换得到价值补偿和实物补偿。剩下的$1600（1100V + 500 \frac{m}{x}）$，在价值上是代表第一部类工人和投资者用于个人消费的部分，而它在实物形态上却是生产资料，因此这部分产品只有与第二部类的消费资料进行交换才能实现。同时，只有通过这个交换，才能使第二部类消耗掉的生产资料得到补偿。但是，第二部类需要补偿的不变资本价值只有1500C，比第一部类需要与它交换的1600C少100C。因此要求第二部类投资者相应进行资本积累，即有必要从750m中提取100，用作追加的不变资本；按照第二部类的资本有机构成2：1，则必须再从剩余价值中提取50用作追加的可变资本，从而使第二部类的生产规模相应扩大。这样，第二部类的全部产品的价值按照扩大再生产的用途就重新组合如下：

II 　$1500C + 100△C + 750V + 50△V + 600 \frac{m}{x} = 3000$

即：II 　$1600C + 800V + 600 \frac{m}{x} = 3000$

这样在第二部类的社会总产品中，$800V + 600 \frac{m}{x}$ 代表用于第二部类工人和投资者用于消费的消费资料的价值,而它在实物形式上就是消费资料,因而这部分产品可通过第二部类内部的交换得到实现。剩下的1600C在价值上代表着第二部类已经消耗掉的和追加的生产资料,它在实物形式上却是消费资料,因此,这部分产品只有通过与第一部类的生产资料进行交换才能得到实现。

通过产品用途的重新组合和三大交换,社会总产品得到全部实现,下一年的社会资本扩大再生产就能够进行。如果剩余价值率仍为100%,那么,到年末两大部类生产出来的社会总产品的价值构成是:

$$\left.\begin{array}{ll} \text{I} & 4400C + 1100V + 1100m = 6600 \\ \text{II} & 1600C + 800V + 800m = 3200 \end{array}\right\} 9800$$

公式表明下一年的年末,社会资本再生产的规模,由上一年的9000,扩大到9800,实现了社会资本的扩大再生产。

(3)社会资本扩大再生产的实现条件。从上述社会资本扩大再生产实现过程的分析中,可以揭示出社会资本扩大再生产的实现条件。

第一个实现条件是,第一部类原有的可变资本价值,加上追加的可变资本价值,再加上本部类投资者用于个人消费的剩余价值,三者之和应等于第二部类原有不变资本价值和追加不变资本价值之和。用公式表示是:

$$\text{I}\left(V + \triangle V + \frac{m}{x}\right) = \text{II}(C + \triangle C)$$

这是社会资本扩大再生产的基本实现条件,说明了必须使两大部类相互交换的产品之间保持一定的比例关系。

第二个条件是:第一部类全部产品的价值,必须等于两大部类原有的不变资本价值和追加的不变资本价值之和。用公式表示是:

$$\text{I}(C + V + m) = \text{I}(C + \triangle C) + \text{II}(C + \triangle C)$$

公式表明了在扩大再生产条件下,第一部类所生产的生产资料同两大部类对生产资料的需要之间的比例关系。

还有一个条件是:第二部类全部产品的价值,必须等于两大部类原有的可变资本价值、追加的可变资本价值,以及资本家用于个人消费的剩余价值之和。用公式表示是:

$$\text{II}(C + V + m) = \text{I}\left(V + \triangle V + \frac{m}{x}\right) + \text{II}\left(V + \triangle V + \frac{m}{x}\right)$$

这一公式表示了在扩大再生产条件下,消费资料的生产同两大部类对消费资料需要之间的比例关系。

(4)生产资料生产的优先增长。上面对社会资本扩大再生产实现问题的分析,是从外延扩大再生产的角度进行的。外延扩大再生产是单纯依靠增加生产要素的数量实现的扩大再生产。但在实际中,特别是在市场经济中,社会资本是以内涵的扩大再生产进行的。内涵扩大再生产是依靠技术进步和劳动生产率提高实现的扩大再生产。在以技术进步为特点的内涵扩大再生产过程中,随着资本有机构成的提高,就会发生第一部类生产增长比第二部类生产增长得快的现象,即生产资料生产必须优先增长。生产资料生产优先增长的原理,是马克思主义再生产理论的一个十分重要的组成部分。

在技术进步和资本有机构成提高的扩大再生产条件下,生产资料生产为什么会优先增长?这是因为,随着资本有机构成的不断提高,在原有的预付资本以及由剩余价值转化而来的追加资本中,转化为不变资本的比重必然越来越大,转化为可变资本的比重必然越来越小。因而社会对生产资料需求的增长,必须快于对生活资料需求的增长。这样,在其他条件不变的情况下,生产资料生产的增长速度必然快于生活资料生产的增长速度。只有这样,才能使社会总产品的各个组成部分在价值上和物质上得到补偿。而且,从第一部类内部来看,要使生产资料生产的优先增长得到保证,就要求第一部类中为本部类生产生产资料的生产的增长要快于为第二部类生产生产资料的生产增长。正如列宁所指出的那样,"增长最快的是制造生产资料的生产资料生产,其次是制造消费资料的生产资料生产,最慢的是消费资料生产"。

但要指出:生产资料生产优先增长,并不意味着生产资料生产可以脱离生活资料生产而孤立地增长,更不意味着生产资料生产比生活资料生产增长得越快越好。因为,生产资料生产的增长,归根到底要依赖或受制于生活资料生产的增长,这表现在:(1)第一部类扩大再生产所追加的劳动力对生活资料的需求要依靠第二部类生产的增长来提供。(2)第一部类为第二部类生产生产资料的生产,是为了满足第二部类生产发展的需要,如果没有第二部类生产的相应发展,第一部类的这部分产品就无法实现。(3)第一部类为本部类生产生产资料的生产,最终也受第二部类生产发展的制约。因为生产第一部类自身用的生产资料生产,最终是为了给第二部类提供更多的生产资料,以生产更多的消费品。

(三)社会总资本运行中的矛盾和经济危机

通过以上对社会资本简单再生产和扩大再生产的实现条件的理论分析,表明了社会化大生产和市场经济的各种基本比例关系。这里包含着货币供给与市场商品流通对货币需求量的平衡、社会供给与需求的总量平衡和结构平衡、对外贸易的收支平衡,以及信贷收支和财政收支平衡等条件,这样社会资本的再生产才能顺利进行。但在现实的资本主义社会,总资本运行中由于存在着一系列矛盾,如社会生产与社会消费、生产目的和生产手段之间的矛盾等等,使这些比例关系和平衡条件经常遭到破坏。要使这些比例关系和平衡条件得到恢复,只能通过周期性经济危机来实现。我们要了解资本主义经济周期,首先要弄清经济危机的实质和根源。

资本主义经济危机的实质是生产相对过剩。因为从19世纪初叶开始,每隔若干年,在主要资本主义国家或整个资本主义世界,就要爆发一次经济危机。危机爆发时,大量商品积压,卖不出去,物价下跌;大批工厂减产或停工,金融企业倒闭,整个社会经济生活一片混乱。这种现象,都是生产过剩在经济生活各个方面的表现。但这种生产过剩,不是绝对过剩,即不是生产的商品确实太多了,超过了人们的物质生活需要;而是相对过剩,即生产的商品相对于劳动人民有支付能力的过剩。所以,资本主义经济危机,就是生产相对过剩的危机。

资本主义经济危机爆发的根本原因在于资本主义经济制度本身。经济危机的根源在于生产不断社会化和生产资料资本主义私人占有之间的矛盾,即资本主义的基本矛盾。这个基本矛盾随着资本主义生产方式占据统治地位而充分展开,当这一矛盾达到尖锐激化程度时,就引起经济危机的爆发。

资本主义基本矛盾是经济危机爆发的根源,它在资本主义社会各种矛盾中起着主导和决定性的作用,它在资本主义经济生活中是具体通过以下两个矛盾发挥作用的:

首先,这一基本矛盾表现为个别企业内部生产的有组织性和整个社会生产的无政府状态之间的矛盾。各个资本主义企业为了获取尽可能多的剩余价值以及在竞争中取胜,必然加强企业的组织性,改善经营管理。同时,经济不断社会化也迫使企业改善经营管理,加强生产的组织性,使生产得以顺利进行。但从整个社会看,不同企业归不同资本家私人所有,它们相互分离、互相对立,因而整个社会生产必然呈现无政府状态,发展到一定极限,当社会资本再生产的比例关系遭到破坏而严重失调时,就形成大量商品相对过剩,导致经济危机的爆发。

其次,这一基本矛盾又表现为资本主义生产无限扩大的趋势同劳动人民有支付能力的需求相对缩小的矛盾。一方面,在资本主义私有制下,追加剩余价值的内在动力和竞争的外部压力,促使每个企业都要扩大再生产,而生产不断社会化又为扩大再生产的趋势提供了物质基础,这样就使资本主义生产具有一种盲目扩大的趋势。但另一方面,正是由于对剩余价值的追逐,必须加强对劳动人民的剥削,随着资本积累和扩大再生产的进行,资本有机构成不断提高,必然会造成大量的相对过剩人口等。从而使劳动人民有支付能力的需求相对于生产无限扩大的趋势来说,呈现出相对缩小的趋势。这就造成社会生产和社会消费的矛盾。

当这一矛盾发展到尖锐的程度,会导致商品大量积压,从而使社会再生产的实现条件遭到严重破坏,就会导致经济危机的爆发。

所以,资本主义生产过剩的危机,是资本主义基本矛盾的产物。是资本主义制度本身造成的。只要存在资本主义制度,经济危机的爆发就不可避免。但并不是说资本主义经济每时每刻都处于危机之中。资本主义国家的经济危机每隔若干年就爆发一次,周期性出现,这就是经济危机的周期性。

经济危机之所以周期性地爆发,其原因在于资本主义基本矛盾运动过程本身的阶段性。因为资本主义基本矛盾有时趋于激化,有时趋向缓和。只有当资本主义基本矛盾发展到尖锐激化的程度,使社会资本两大部类比例严重失调时,才会爆发经济危机。而经济危机的爆发,使企业倒闭,生产大幅度下降,社会生产力遭到巨大浪费和破坏,从而使社会生产与有支付能力的需求得到暂时平衡,资本主义各种矛盾暂时缓和,经济危机得以逐渐摆脱,资本主义生产得以重新恢复和发展。但是,由于资本主义基本矛盾从而产生经济危机的根源并没有消除,因此,生产的恢复、高涨只能是一时的。随着资本主义生产的恢复和高涨,资本主义基本矛盾又会重新激化,必然导致经济危机的再一次爆发。

第三节　资本主义生产的总过程

本节从资本主义生产总过程的角度,考察资本和剩余价值所采取的具体形式,分析剩余价值如何以利润、商业利润、利息和地租的形式,在产业资本家、商业资本家、借贷资本家、大土地所有者与农业资本家之间进行分配。

一、平均利润和生产价格

(一)成本价格和利润

1. 成本价格

如前所述,通过资本主义生产出来的商品(W),其价值由三部分组成,即生产中所耗费的不变资本的价值、可变资本的价值和剩余价值,用公式表示:$W = C + V + m$。这三部分价值中,第一部分是原有价值的转移,代表过去的劳动,第二部分和第三部分是工人新创造的价值,代表现在的劳动。这三部分的总和就是生产商品时实际耗费的劳动量。但是,对资本家来说,生产商品所耗费的仅仅是不变资本价值和可变资本价值,剩余价值并没有耗费资本家什么东西,那是由工人的剩余劳动创造的。资本家在生产上耗费的不变资本和可变资本价值的总和,就是商品的成本价格,也称为资本主义的生产费用。如果用 K 表示成本价格,原来商品价值 $W =$

C＋V＋m,就转化为 W＝K＋m。可见,资本主义成本价格和商品价值在量上是不符的,成本价格总是小于商品的价值,两者之间的差额就是剩余价值。

2. 利润

资本主义成本价格出现以后,不变资本和可变资本的区别就消失了。剩余价值本来是可变资本带来的,现在却变成了全部预付资本(C＋V)的增加额。因为在资本家看来,无论是不变资本还是可变资本,在剩余价值生产过程中都同等重要。只有不变资本购买的厂房、机器设备、原材料,没有可变资本购买的劳动力,固然不能生产剩余价值,但是,只有可变资本,没有不变资本同样也不能生产剩余价值。所以,剩余价值是全部预付资本的产物。马克思指出,"剩余价值,作为全部预付资本的这样一种观念上的产物,取得了利润这个转化形式"。所以利润和剩余价值实际上是一个东西,在量上是相等的,在实质上都是工人的剩余劳动创造的价值。但在这里,却成了两个不同的概念。就剩余价值来讲,它是可变资本带来的,可以清楚地看到它的来源。就利润来讲,它表现为全部预付资本的产物,不变资本和可变资本的区别不见了,从而掩盖了它和劳动的关系。所以,剩余价值是利润的本质,利润只不过是剩余价值的转化形式。

当剩余价值转化为利润以后,利润就用 P 表示,W＝K＋m 的公式就变成 W＝K＋P 这个公式,即商品价值＝成本价格＋利润。

3. 利润率

既然利润表现为全部预付资本的产物,那么资本家实际获利的程度,就不是由利润和可变资本的比率来决定,而是由利润和预付总资本的比率来决定,即由利润率来决定。如果用 P′代表利润率,用 C 代表预付总资本,利润率的计算公式便是:

$$P' = \frac{m}{C} \text{ 或 } P' = \frac{m}{C+V}$$

从上式可见,利润率和剩余价值率只不过是用剩余价值与不同的资本量相比得出的不同比率,所以它的相对值也就不相等,利润率总是比剩余价值率小。例如,一个资本家有资本 100 万元,其中不变资本 80 万元,可变资本 20 万元,剩余价值 20 万元,剩余价值率为 100%,而利润率则为 20%。利润率不仅在量上小于剩余价值率,而且反映的经济关系也不一样。剩余价值率反映的是资本家剥削工人的程度,而利润率反映的却是预付总资本的增值程度。由此可见,剩余价值率转化为利润率,不但掩盖了资本对劳动的剥削关系,而且还掩盖了资本家对工人的剥削程度。

由于利润率是资本增值程度的标志,在资本总量不变时,利润的大小是由利润率的高低决定的。为了用最小的资本去获取最大限度的利润,资本家总是千方百计地去追求更高的利润率。正如马克思引用英国评论家登宁的话:"资本害怕没有利润或利润太少,就像自然界害怕真空一样。一旦有适当的利润,资本就胆大起来。如果有10%的利润,它就保证到处被使用;有20%的利润,它就活跃起来;有50%的利润,它就铤而走险;为100%的利润,它就敢践踏一切人间的法律;有300%的利润,它就敢犯任何罪行,甚至冒着绞首的危险。"

利润率是经常变动的。决定和影响利润率变动的因素主要有下列四个:第一,剩余价值率的高低。在其他条件不变的情况下,剩余价值率越高,利润率就越高;相反,剩余价值率越低,利润率也越低。第二,资本有机构成的高低。在其他条件不变的情况下,资本有机构成越低,总资本中不变资本的比重越小,可变资本的比重就越大,生产的剩余价值就越多,利润率就越高。相反,资本有机构成越高,总资本中不变资本的比重就越大,可变资本的比重就越小,生产的剩余价值就越少,利润率就越低。可见,利润率的高低是同资本有机构成的高低呈反方向变动的。第三,资本周转速度的快慢。利润率同资本周转速度成正比例变化,资本周转越快,利润率越高,反之越低。第四,不变资本的节省。因为不变资本减少,预付总资本就会减少,在剩余价值量和剩余价值率已定的情况下,资本家就可以用较少量的资本获得更多的剩余价值,以便提高利润率。

(二)利润转化为平均利润

在上面我们论证资本的利润率时,是把由各种原因所引起的利润率的变化,看作是同一资本在不同时间内发生的变化。如果一个资本的剩余价值率不变,只要它的有机构成或者周转速度发生变化,它的利润率也会发生相应的变化。或者说同量的资本投放在不同部门,由于资本有机构成的不同、资本周转速度的不同,利润率也就有高有低。但在资本主义现实的经济生活中,不论资本投在哪一个部门,等量资本大体上要获得等量的利润。这是什么原因呢?这种状况是由于竞争形成的。

1. 部门内部的竞争形成商品的社会价值

在资本主义社会里,资本家之间的竞争可分为:部门内部的竞争和部门之间的竞争。部门内部的竞争是指同一生产部门生产同种商品的各个资本家企业,它们为了获得更有利的商品生产和销售条件,为了获得超额剩余价值,提高利润率,进行着激烈的竞争。假定某生产部门有优、中、劣三等企业,由于生产技术和经营管理等条件不同。生产同种商品的个别价值也就各不相同。但在市场上,商品不是按照个别价值出售,而是按照这种商品的社会价值出售,即按生产该商品的社会必要劳动时间决定的价值出售。社会价值是通过部门内部的竞争形成的。在竞争中,社会价值一般是由中等生产条件下生产的商品的个别价值决定的,因为这些企业生产的商品数量在市场上占很大比重,从而这些商品的个别价值就代表了社会价值。

社会价值形成后,同种商品便按社会价值决定的市场价格出售。这样,生产技术和经营条件好的企业的商品的个别价值就低于社会价值,这些企业就能获得超额利润。资本家为了追逐超额利润,都竞相采用新技术、改革经营管理来降低商品的个别价值。当企业都普遍采用新技术、改革经营管理时,整个生产部门的平均有机构成就会提高,利润率就会下降。

由于各个生产部门都通过内部的竞争,形成各个部门自己的商品社会价值和不同的利润率,这就势必引起利润率低的生产部门与利润率高的生产部门展开争夺利润的竞争,这就是部门之间的竞争。

2. 部门之间的竞争形成平均利润率和平均利润

部门之间的竞争,就是不同部门的资本家之间的竞争。他们之间的竞争目的是为了取得有利的投资场所和获得较高的利润率。这种竞争的方式主要是以资本转移为特征,竞争的结果使得各个部门的不同利润趋于平均,形成平均利润和生产价格。

现在,我们仅以三个不同生产部门因具有不同的资本有机构成获得不同利润,展开部门之间的竞争为例来说明。假定社会上有食品、纺织、机械三个生产部门,每个部门的总资本都是 100 万元,剩余价值率都是 100%,周转速度相同,但资本有机构成不同,其中食品工业的构成为 70C: 30V,纺织工业的构成为 80C: 20V,机械工业的构成为 90C: 10V。它们的利润率如表 5 - 1:

表 5 - 1　资本有机构成不同的生产部门之间的利润率的比较　　　单位:万元

生产部门	不变资本	可变资本	剩余价值率(m')	剩余价值(m)	利润率(P')
食品工业	70C	30V	100%	30	30%
纺织工业	80C	20V	100%	20	20%
机械工业	90C	10V	100%	10	10%
合　　计	240C	60V	100%	60	20%

从表 5 - 1 可以看出三个剩余价值率相同的生产部门,因为有机构成不同,同样投入 100 万元资本,但其利润率是不同的。食品工业的利润率为 30%,纺织工业为

20%,机械工业为10%。这样,等量资本便不能得到等量利润。那么,怎样才能使等量资本无论投到有机构成高或低的部门都能得到相等的利润呢? 资本主义竞争和资本的转移解决了这一矛盾。食品工业的利润率比机械工业高,那么,机械工业的资本家就要把他的资本转移到食品工业去,结果,食品工业的厂家增多,各类食品因供过于求,价格逐渐下跌。食品工业的利润率随之下降;而机械工业部门,由于资本流出,投资减少,生产逐渐缩减,结果,又造成机械产品供不应求,价格上涨,利润率随之提高。当机械工业部门的利润率上涨到超过食品工业部门时,资本又会从食品工业部门转移到机械工业部门。这种资本的转移和价格的涨落,将持续到不同生产部门之间的利润率大体相等的时候,资本在各生产部门之间的流动才会稳定下来,正是由于部门之间的竞争和资本的自由转移,才使平均利润率得以形成,利润才转化为平均利润。

表 5 – 2　平均利润形成过程一览表

生产部门	资本	剩余价值（ m ）	剩余价值率（ m' ）	平均利润率（ P' ）	平均利润 p –	m 和 p – 的差额
食品工业	100	30	100%	20%	20	– 10
纺织工业	100	20	100%	20%	20	0
机械工业	100	10	100%	20%	20	+ 10
合　　计	300	60	100%	20%	60	0

从表 5 – 2 可以看出,机械工业多得的利润,正是食品工业失去的利润,它们是通过部门之间的竞争转移过来的。所以,利润率的平均化过程,实际上是各生产部门的剩余价值重新分配的过程。所谓平均利润率,就是按照社会总资本平均计算的利润率,是剩余价值总额与社会总资本的比率。用公式表示:

$$平均利润率 = \frac{剩余价值总额}{社会总资本}$$

各部门资本家按平均利润率所取得的利润就是平均利润。

当然,利润率平均化只是一种趋势,而不是利润率绝对平均化。它并不排斥有些部门的利润率暂时高于或低于其他部门。不过,这仍会引起部门之间的竞争。连续不断的部门之间的竞争,造成利润率平均化的趋势。另外,平均利润形成后,也不排除少数企业由于采用先进技术,提高劳动生产率,使个别生产价格低于社会生产价格而获得超额利润。

平均利润率形成后,各部门按照等量资本获得等量利润的原则,分配剩余价值。按平均利润率分得的利润是平均利润。有机构成高的部门的资本家,所得的利润高于本部门工人所创造的剩余价值,有机构成低的部门的资本家,所得的利润低于本部门工人所创造的剩余价值。不同部门取得利润的多少完全取决于预付资本的大小。这就从性质和数量上掩盖了剩余价值的起源和资本主义剥削关系。

(三)价值转化为生产价格

通过上面的分析,我们看到,随着平均利润的形成,许多部门所得到的利润,都与本部门生产的剩余价值发生了数量上的差别,有些部门多得了一部分,而另一些部门则少得了一部分。这样,这些部门的商品价格,便与价值不一致了。前面讲过,商品的价值等于生产成本加剩余价值。现在,既然剩余价值转化为平均利润,商品就不再是按照生产成本加剩余价值的价格,而是按照生产成本加平均利润的价格来出售了。这种由商品的生产成本和平均利润所构成的价格,马克思把它叫作生产价格。因此,随着利润转化为平均利润,价值便同时转化为生产价格。平均利润的形成过程,也就是生产价格的形成过程。生产价格的形成过程如表5-3:

表5-3　生产价格形成过程一览表　　　　单位:万元

生产部门	资本有机构成	剩余价值(m)	商品价值	平均利润率(P′)	平均利润P⁻	生产价格	生产价格与价值之间的差额
食品工业	70C:30V	30	130	20%	20	120	-10
纺织工业	80C:20V	20	120	20%	20	120	0
机械工业	90C:10V	10	110	20%	20	120	+10
合计	240C:60V	60	360	20%	60	360	0

从表5-3可以看出,生产价格形成以后,资本有机构成高的部门的商品,会按照高于价值的价格出卖,资本有机构成低的部门的商品,会按照低于价值的价格出卖。只有资本有机构成等于社会总资本的平均构成的生产部门,商品的生产价格才大体符合其价值。

价值转化为生产价格以后,价值规律的作用形式也就相应地发生了变化。这时,商品的市场价格就不再是围绕商品的价值上下波动,而是围绕生产价格上下波动。生产价格成了市场价格波动的中心。相应地,价值规律就转化为生产价格规律。这种情况从表面上看,似乎否认了价值规律,其实并没有否认。生产价格规律不过是价值规律的转化形式。因为,第一,从个别部门来看,资本家获得的平均利润与本部门工人创造的剩余价值不一致,但从整个社会来看,整个资本家阶级所获得的平均利润总额和整个工人阶级所创造的剩余价值总额还是相等的,从表中可以看出,它们都是60万元;第二,从个别部门来看商品的生产价格同价值不一致,但从全社会来看,商品生产价格总和也必然和价值总额相等,从表中可以看出,它们都是 360 万元;第三,商品的生产价格归根到底还是取决于生产该商品所耗费的社会必要劳动时间及其变动,生产商品的社会必要劳动时间减少了,生产价格就会降低,反之,生产价格就会提高。

同商品价值有个别价值和社会价值的区别一样,商品的生产价格也有个别生产价格和社会生产价格的差别。社会生产价格是指部门内由社会平均的生产条件所决定的生产价格,等于社会成本价格加平均利润;个别生产价格等于个别成本价格加平均利润。商品的市场价格不是取决于个别生产价格,而是取决于社会生产价格。所以个别生产价格低于社会生产价格的差额便形成超额利润。因此,平均利润率形成以后,各部门中的少数先进企业,由于个别生产价格低于社会生产价格,仍然可以得到超额利润。

二、商业资本和商业利润

(一)商业资本的形成、职能和作用

在前面的分析中,我们都是以产业资本为典型来进行分析的,工人所创造的剩余价值全部都被产业资本家占有。但实际上,在资本主义社会,除了产业资本家外,还有商业资本家。工人所创造的剩余价值也不是全部被产业资本家占有,其他资本家也要参与进来进行瓜分。其中商业资本家就是参与瓜分的一员。

为什么产业资本家愿意把剥削来的剩余价值的一部分转让给商业资本家呢?这必须从商业资本的来源说起。

1. 商业资本的形成和职能

商业资本又叫商人资本,它是历史最悠久的资本形态之一,产生于奴隶社会初期,并在奴隶社会和封建社会中得到一定程度的发展。马克思指出,"不仅商业,而且商业资本也比资本主义生产方式出现得早,实际上它是资本在历史上更为古老的、自由的存在方式"。但是资本主义的商业资本,无论就其来源、职能和牟取利润的方式来说,都不同于以往时代的商业资本。

资本主义的商业资本是从产业资本中分离出来独立发挥作用的商品资本,所以它同产业资本有着紧密的联系,为产业资本的流通服务。

通过前面的分析我们知道,产业资本运动要依次通过三个阶段、采取三种形式、执行三种不同的职能。在资本主义初期,生产规模很小,市场范围狭小,产业资本家往往身兼二任,即既从事生产,又搞经营管理,产业资本循环的三个阶段都是由产业资本家自己完成的。随着商品生产的发展,市场的扩大,资本流通时间的不断延长,使产业资本家自产自销不但十分麻烦、精力分散,而且还要在流通领域垫支大量资本,支出大量商业费用;同时,又会缩小生产规模,延缓资本周转速度,降低利润率。于是,产业资本家逐渐把销售商品的职能交给商业资本家去完成。这样,一部分商品资本逐渐从产业资本中分离出来,成为独立的资本形式——商业资本。所以,资本主义的商业资本,无非是指从产业资本中分离出来的并独立发挥作用的商品资本,是商品资本的独立化形式,是为产业资本的流通服务的。

商业资本从产业资本中分离出来以后,它所执行的职能,仍然是商品资本的职能,即代替产业资本完成商品销售工作。商业资本家投资商业,不断地向产业资本家购进商品,然后把它卖给消费者,从事商品销售,实现商品的价值和剩余价值。过去这一职能由产业资本家自己去完成,是产业资本循环的一个环节。

2.商业资本的作用

商品资本独立为商业资本,对促进资本主义的发展起着重要作用。商品资本的产生有利于缩短资本流通时间,节约流通费用,减少流通中的资本量,这样就会扩大直接用于生产的那部分资本,从而有助于增加剩余价值的生产,提高利润率。同时,商业资本的存在和发展促进了分工的发展和市场的扩大,从而促进了资本主义生产的发展。但是,由于一部分商品资本独立出来成为商业资本,专门从事商品的买卖,这就使得生产和消费脱节的现象更加严重起来,往往造成市场的虚假繁荣景象,从而使资本主义再生产的矛盾进一步加剧。

(二)商业利润的来源

商业资本家投资于商品经营,其目的也是为了攫取利润。然而,商业资本是流通领域的资本,它只实现商品价值和剩余价值,不创造价值和剩余价值,那么,商业利润从何而来呢?

从表面看,商业利润好像是商业资本家通过购买和出售商品价格之间的差额、是通过贱买贵卖获得的。但是,如果把包装、保管、运输等生产活动除外,单纯的商品买卖活动是不创造任何价值和剩余价值的,商业利润不能从流通中产生,商业利润的真正来源同产业利润一样,只能是产业工人在生产中创造的转让给商业资本家的那部分剩余价值。

由于商业资本独立出来,分担产业资本的一部分职能,因此,产业资本家就不能独占全部剩余价值,而必须把剩余价值的一部分以商业利润的形式转让给商业资本家。这种让渡是通过商品购买价格和出卖价格的差额来实现的,即产业资本家按照低于生产价格的价格把商品卖给商业资本家,然后商业资本家再按照生产价格将商品卖给消费者。这种购买价格和出卖价格之间的差额就是产业资本家转让给商业资本家的那部分剩余价值,也就是商业利润。

商业资本家获得的商业利润,不能低于平均利润。如果商业利润低于平均利润且商业资本的利润率低于产业资本的利润率,那么,商业资本家就会将商业资本转移到产业部门去。当然,商业资本的利润率也不能高于产业资本的利润率,否则产业资本家的资本也会转移到商业部门。部门之间的竞争和资本的转移,使商业利润率和产业利润率趋于平均化,形成整个社会资本统一的平均利润率。

(三)商业流通费用及其补偿

商业资本家经营商业,除了垫支一定数量资本购买商品外,还要支付一定量的流通费用。所谓流通费用,就是商品流通过程中所支出的各种费用。

流通费用分为两类,一类是由商品使用价值的运动引起的,是同生产过程在流通领域的继续有关的生产性流通费用,如运输、保管、包装等费用。因为,在运输、保管、包装等方面所耗费的劳动是生产性劳动,它不仅把生产资料的价值转移到商品中去,而且还要创造价值和剩余价值,使商品价值增大。这类流通费用可以从已经提高了的商品价值中得到补偿,并从中获得平均利润。另一类是由商品价值形态的变化所引起的费用,这是一种纯粹流通费用。如店员的工资、广告费、办公费、簿记费、商品信息费等。这类开支是非生产性的,耗费的劳动是非生产性劳动,不创造价值和剩余价值,也不是商品价值的构成部分,因而不能从出卖商品的实际价值中得到补偿。但商业资本家必须把这些费用作为商品的一种加价,加到商品的出卖价格中去,从出卖价格中得到补偿。而且,对商业资本家来说,垫支的纯粹流通费用和生产性流通费用不仅是个补偿问题,而且它们都是预付资本,必须参加利润的分配并取得相应的平均利润。

三、借贷资本和利息

(一)借贷资本的形成及其特点

资本主义发展到一定时期,不仅商品资本从产业资本中分离出来,独立成为商业资本,而且货币资本也从产业资本中分离出来,成为借贷资本。借贷资本是生息资本的一种形式,是指货币资本所有者为了取得利息而暂时贷给职能资本家使用的货币资本,它是一种通过货币借贷关系来参加剩余价值分配的资本形式。职能资本家是指经营资本主义企业,执行生产和实现剩余价值职能的资本家,如产业资本家、商业资本家、银行资本家、农业资本家等。那种不从事任何实际经营而单靠利息过活的资本家,就是借贷资本家。

借贷资本主要来源于资本循环过程中暂时闲置的货币资本。它们是:(1)正在积累中的折旧基金。即在固定资本更新前,按磨损程度逐年提取的固定资本折旧基金,这批折旧基金就成为闲置待用的货币资本。(2)闲置待用的流动资本。资本家出售商品取得货币资本,但还未用来支付工资或购买原材料,这部分流动资本也暂时闲置起来。(3)尚未积累到可以进行扩大再生产的剩余价值。资本积累必须到一定数量,才能扩大厂房增添机器,进行扩大再生产,在此前,这部分剩余价值也暂时闲置起来。与此同时,另一些职能资本家在生产和流通过程中由于与上述情况相反的原因会发生货币资本不足,也需要临时补充一部分货币资本。于是双方就形成了借贷关系。这些在资本循环过程中暂时分离出来的、闲置的货币资本就成为借贷资本。借贷资本除了来自上述暂时闲置的货币资本外,还有来自食利者手中的货币资本;另外居民手中的货币存入信用机构后,也会转化为借贷资本。

既然借贷资本是在职能资本运动的基础上产生,并为职能资本的周转服务的,因而从这方面说,借贷资本是从属于职能资本的一种资本形态。但是,另一方面,既然这种资本已经从职能资本中游离出来,成了一种独特的资本形态,因而也就在许多方面不同于职能资本。

借贷资本具有以下几个特点:首先,它是一种作为商品的资本。马克思指出:"资本本身所以表现为商品,是因为资本被提供到市场上来,并且货币的使用价值实际上作为资本来让渡。"其次,它是一种作为财产的资本。借贷资本家虽然不经营商品生产和商品流通,但他单凭对资本的所有权,就可以定期从职能资本家那里获得利息收入。从这里可以看出,同一个资本取得了两重的存在;对于借贷资本家来说,它是财产资本,对于职能资本家来说,它是职能资本。财产资本和职能资本的分离是资本主义的寄生性和腐朽性的一个重要表现。再次,借贷资本具有不同于产业资本和商业资本的特殊运动形态。马克思指出:"把货币放出即贷出一定时期,然后把它连同利息(剩余价值)一起收回,是生息资本本身具有的运动全部形式。"

（二）利息和利息率

货币资本所有者把货币资本贷放给职能资本家使用,其目的是为了取得利息。利息,是指职能资本家为了取得货币资本的使用权而支付给借贷资本家的一部分平均利润,是剩余价值的特殊转化形式。

利息量的大小取决于利息率高低,利息率是用百分数来表示的,是指在一定时期内的利息量与借贷资本量的比率。按月计算的利息率称为月息率,按年计算的利息率称为年息率。用公式表示即为:

$$利息率 = \frac{利息量}{借贷资本总额} \times 100\%$$

决定和影响利息率高低的主要因素:首先,是平均利润率的高低。在其他条件不变的情况下,平均利润率越高,利息率就越高;反之,利息率就越低。其次,是借贷资本的供求状况,在其他条件不变的情况下,如借贷资本供过于求,利息率就下降;反之,利息率就会提高。此外,各国、各地区的习惯和法律,各国政府对利息率的调控,以及物价变动情况等,也会影响利息率的变化。

(三)银行资本和银行利润

在资本主义社会,货币资本的借贷关系大部分是通过银行进行的。银行是专门经营货币资本、充当贷款与借款中介的资本主义企业。它通过吸收存款的方式,把社会上闲置的货币和居民手中闲置待用的货币吸收起来,借贷给职能资本家使用。银行的借贷活动有利于资本主义工商业的发展。

银行存款的来源主要有三个:一是职能资本家暂时闲置的货币资本;二是货币资本家即食利者的存款;三是社会各个阶层居民的积蓄。这些分散的货币一旦存入银行就变成大量的货币资本,发挥借贷资本的作用。

银行资本家在经营银行时,除吸收大量存款外,还必须垫支资本。所以,他不同于一般的借贷资本家以得到低于平均利润的利息为满足,而要求获得与自有资本相适应的社会平均利润。如果得不到平均利润,他就宁肯不办银行,而将资本投到别的部门中去,当然,银行利润率也不能高于平均利润率,若高于平均利润率,工商业资本家也会将资本转向银行。在资本主义竞争规律的作用下,银行资本家所获得的利润大体上与一般工商企业所获得的利润相等,即平均利润。

银行资本家获得的银行利润,直接来源是贷款利息和存款利息之间的差额,但追根溯源,还是产业工人所创造的剩余价值的一部分。银行资本家通过贷款给职能资本家,间接参与了对剩余价值的剥削。同时,银行资本家还要剥削银行雇员,银行雇员的劳动同商业店员的劳动一样,虽然不创造价值和剩余价值,但他们的劳动能使银行资本家得到一部分剩余价值。因此,银行雇员的劳动也分为必要劳动和剩余劳动,他们也是被剥削的雇佣劳动者。

(四)股份公司和股票

随着资本主义生产和信用制度的发展,产生了股份公司。股份公司,是指资本家通过发行和推销股票而集资经营的企业。它是资本集中的一种重要形式。

股份公司的出现和发展是生产社会化和商品经济发展的要求。科技的发展特别是第二次科技革命,使重工业代替轻工业占据了工业的主导地位,商品经济的发展和市场的扩大,都促使企业规模不断扩大。建立重工业企业及其他大型企业,需要巨额资本,于是股份公司就应运而生。股份公司的产生和发展,有利于在短期内筹集大量资本,从而加速生产力的进一步发展。正如马克思所说的那样,"假如必须等待积累去使某些单个资本增长到能够修建铁路的程度,那么恐怕直到今天世界上还没有铁路。但是,集中通过股份公司转瞬之间就把这件事完成了"。

股份公司的资本主要是通过发行股票征集起来的。股票是投资入股并有权取得股息的凭证。它一方面是证明股票持有者入股的资本额和所有权,另一方面又是股票持有者领取股息收入的凭证。持有股票的人就是股份公司的股东。而股票可以分为普通股票和优先股票两种。普通股票的股息随股份公司利润的大小而增减,优先股票一般按一定比率优先取得固定股息。股东还有权参加股东大会,讨论和决策公司的主要经济活动和重大问题,但实际上股份公司的经济活动完全操纵在少数大股东手里,因为股东大会的表决权不是以一人一票计算,而是按照一股一票来计算。大股东只要掌握股票的半数,甚至1/3,就可以操纵整个股份公司的活动。这种可以完全控制股份公司所需要的股票额,叫作股票控制额。股份公司是大资本控制和利用中小资本的形式,是大资本实现资本集中的工具。随着资本主义股份公司的发展,许多资本主义国家发行小额股票,使股东成千上万,各阶级、各阶层的人只要买了股票,都可以成为股东,股票极为分散。因此,实际上大股东只要掌握20%甚至10%的股票,就足以控制公司的命运了。

股息是股票持有者根据票面额从企业盈利中获得的收入。股息也是来自产业工人创造的剩余价值,是剩余价值的特殊转化形式。

股份公司的股票一经卖出,就不能退回。股票持有者想收回本金,只能将股票转让给他人。股票是一种特殊商品,它只是一种纸的凭证,本身没有价值,但有价格。买卖股票的价格叫作股票行市。股票的价格不等于股票的票面额,也不是股票价值的货币表现。股票之所以能够出卖,只是因为凭借它能够取得一定的股息收入。实际上,股票的价格相当于这样一笔货币资本,把它存入银行,其利息相当于原来的股息。因而,股票价格不外是资本化的股息收入。股票价格的计算公式如下:

$$\text{股票价格} = \frac{\text{股息}}{\text{存款利息率}}$$

例如,一张股票面额为500元,股息率为16%,即每年可领取80元股息,而当年利息率是10%。这样该股票的价格是:80/0.10＝800元。

当然,这只是对股票价格做纯理论的分析。实际上股票价格要受到股票供求关系的影响,以及各种因素如经济状况、政治形势、心理状况等的影响。因而,股票行市的变化实际上已成为资本主义国家经济、政治状况的晴雨表。

【资料专栏】　　　　　　股票简介

股票至今已有400余年的历史,它伴随着股份公司的出现而出现。随着企业经营规模扩大与资本需求不足,从而要求一种方式来让公司获得大量的资本金。于是产生了以股份公司形态出现的,股东共同出资经营的企业组织。股份公司的变化和发展产生了股票形态的融资活动;股票融资的发展产生了股票交易的需求;股票的交易需求促成了股票市场的形成和发展;而股票市场的发展最终又促进了股票融资活动和股份公司的完善和发展。股票最早出现于资本主义国家。世界上最早的股份有限公司制度诞生于1602年在荷兰成立的东印度公司。股份公司这种企业组织形态出现以后,很快为资本主义国家广泛利用,成为资本主义国家企业组织的重要形式之一。伴随着股份公司的诞生和发展,以股票形式集资入股的方式也得到发展,并且产生了买卖交易转让股票的需求。这样,就带动了股票市场的出现和形成,并促使股票市场完善和发展。1611年东印度公司的股东们在阿姆斯特丹股票交易所就进行着股票交易,并且后来有了专门的经纪人撮合交易。阿姆斯特丹股票交易所形成了世界上第一个股票市场。目前,股份有限公司已经成为最基本的企业组织形式之一;股票已经成为大企业筹资的重要渠道和方式,亦是投资者投资的基本选择方式;股票市场(包括股票的发行和交易)与债券市场成为证券市场的重要基本内容。

资料来源:张启文主编:金西数学.科学出版社,2009.

(五)信用在资本主义经济中的作用

资本主义信用是借贷资本运动的形式。资本主义信用有两种:商业信用和银行信用。商业信用是指职能资本家用赊账方式买卖商品而发生的信用。银行信用是银行以贷款方式向职能资本家提供的信用。

信用,尤其是银行信用的发展,对资本主义的经济生活有着两重作用:

一方面,信用促进了资本主义经济的发展。这主要表现在:第一,信用促进了利润的平均化。利润率的平均化以资本在各部门间的自由转移为条件,而货币形态上的资本比较容易自由地在各部门之间转移。信用制度和银行正是实现货币资本再分配的最灵活的机构。依靠银行的贷款或投资,能使资本迅速地由利润率低的部门转向利润率高的部门,因而促进了各部门利润率的平均化。第二,信用能够节省流通费用,缩短流通时间。由于信用的发展,商品买卖可以采用赊账的方式,这就大大加快了商品流通的速度、缩短了资本周转的时间,并节省了与商品流通有关的一切费用。另外,在使用金属货币的条件下,信用还可以节约流通中的金属货币量,减少金属货币的铸造和磨损。第三,信用可以促进资本集中,加速资本的积累。信用是资本集中的强大杠杆,它加速了资本集中的重要形式之一的股份公司的发展。因为股份公司的股票很大一部分要通过银行来发行,而且银行还常常是股份公司的主要投资者。信用还大大加速了大资本剥夺中小资本的过程,加强了大企业竞争的力量,因为大资本往往能得到较多的银行贷款,这样就使它能更有力地压倒和吞并中小资本。信用还加速了资本的积累,它把各种闲置资本汇合成巨额货币资本,缩短了个别资本家逐渐积累资本所需要的时间;同时,又把社会上各阶层的零星收入集中起来,供资本家使用,从而扩大了资本积累的规模。

另一方面,资本主义信用的发展又促进了资本主义基本矛盾的发展和资本主义经济危机的爆发。这是因为信用制度的发展,使资本主义的生产规模可以不受资本家自有资本的限制而不断扩大,促进了生产的社会化;同时,信用还加速了资本的集中和积聚,使生产资料和产品日益集中到少数大资本家手中,这就使资本主义的基本矛盾进一步尖锐化。与此同时,信用又造成了对商品的虚假需求,加剧了各生产部门之间发展的不平衡,从而促进和加深了资本主义的经济危机。

四、资本主义地租

（一）资本主义土地所有制和地租的本质

地租是一个历史范畴。任何地租,都是土地所有权在经济上的实现,都是土地所有者凭借土地所有权而获得的剥削收入。资本主义地租也不例外。

在资本主义农业中,创造剩余价值的是农业工人,占有剩余价值的是农业资本家,农业资本家将剩余价值的一部分以地租的形式,交给大土地所有者。大土地所有者能获得地租,他所凭借的就是土地的所有权。在这里,地租所体现的是农业雇佣工人、农业资本家和大土地所有者之间的生产关系。

资本主义土地所有制是从封建土地所有制和个体农民所有制演变而来的。但是,资本主义土地所有制和封建土地所有制又有明显的区别:

第一,土地所有权与土地使用权完全相分离。在资本主义社会,农业资本家从大土地所有者那里租来土地,雇佣农业工人耕种,从而使资本主义土地所有制存在三个阶级,即大土地所有者、农业资本家和农业工人。资本主义地租体现的就是这三个阶级之间的生产关系。封建地租体现的是封建社会两大基本阶级——地主阶级和农民阶级之间直接对立的生产关系。

第二,土地所有权和人身依附的分离。封建地租是以封建土地所有制为前提,并在不同程度上要和农民对地主的人身依附相联系。在资本主义土地所有制条件下,无论是大土地所有者和农业资本家之间,还是农业资本家和农业工人之间,都摆脱了封建土地所有制的人身依附关系,变成了纯粹的经济关系。

第三,封建地租是封建地主直接从农民那里剥削来的剩余劳动或剩余产品。而且,封建地租包括了农民的全部剩余劳动或剩余产品,甚至包括被封建地主侵吞的一部分必要劳动和必要产品。资本主义地租不再是农业雇佣劳动者的全部剩余价值,而是农业资本家为取得土地使用权而缴给大土地所有者的超过平均利润以上的那部分剩余价值。它是农业中超额利润的转化形式,体现了大土地所有者和农业资本家共同剥削农业工人的关系。

（二）资本主义地租的形式

资本主义地租根据它形成的原因和条件的不同，可以区分为级差地租和绝对地租两种基本形式。

1. 级差地租

土地是农业生产的基本生产资料。但这种生产资料不是等同和划一的，不同地块提供的农产品数量是不等的。因此，租种不同的土地，地租数量也不一样。这种与土地的不同等级相联系的地租，称为级差地租。

级差地租是由农产品个别生产价格低于社会生产价格的差额而形成的超额利润。土地有肥沃程度之分，有离市场远近之别。等量资本投入生产条件不同的土地，劳动生产率和资本家获得的收益率是不相等的。投资于生产条件较差的土地，劳动生产率低，产量少，个别生产价格就高。而投资于生产条件较好的土地，劳动生产率高，产量多，个别生产价格就低。农产品同其他商品一样，只能按社会生产价格出售。因此，投资于生产条件好的地块的农业资本就因其产品的个别生产价格低于社会生产价格而取得一个超额利润，这个超额利润为农业资本家缴纳级差地租提供了条件。

但是，土地的优劣不同只是产生级差地租的条件或基础，而不是产生级差地租的原因。级差地租形成的原因是土地经营权的垄断。这是因为：

第一，土地经营权的垄断使农业的超额利润具有稳定的性质。工业中的超额利润不像农业中的那样稳定，这是因为在工业中任何企业都不能长期垄断先进技术。随着在竞争中其他企业相关技术的改进，个别先进企业的生产条件变成大多数企业都具有的生产条件，产品的社会生产价格就会降低，原有的超额利润就会消失。而农业的情况则不同。农业中投入同量资本而获得的不同劳动生产率是和土地的不同状况联系在一起的。但土地是有限的，条件优越的土地更有限，不像机器设备那样可以随意添置。当有限的优等地和中等地被一些资本家承租经营以后，就被这些资本家垄断，别人不能再来经营，这就限制了资本的竞争，使农业中的超额利润经常地稳定地存在，可以形成固定的收入。

第二，土地经营权的垄断使农产品的社会生产价格由劣等条件决定。工业中的超额利润只有先进企业可以获得，而农业中的超额利润却是经营优等地和中等地的资本家均可取得。因为土地经营垄断的存在使得农产品的社会生产价格不能由农业中的中等生产条件决定，而必须由劣等生产条件决定。其所以这样，是因为优等地和中等地是有限的，仅仅耕种这些土地不能满足社会对农产品的需要，劣等地也必须投入生产，才能满足社会需要。而农产品的社会生产价格如果由中等地决定，经营劣等地的资本家就得不到平均利润，因而就不愿投资。但是，劣等地若不投入生产,农产品就会供不应求,市场价格就要上涨,一直上涨到与劣等地的个别生产价格相等、投资于劣等地也能得到平均利润时,资本家才愿意去经营。因此,农产品的社会生产价格总是由劣等地决定的,经营优等地和中等地的资本家按照这个生产价格出售产品,都可以得到超额利润。

总之,级差地租产生的条件是土地的优劣不同和距离市场远近的差别,而产生的原因则是农业中对土地经营的垄断。

那么,土地私有权和级差地租是什么关系呢? 土地私有权同级差地租的产生毫无关系。但它却是农业中超额利润转归土地所有者的决定因素。因为资本家经营的土地是从土地所有者那里租来的,土地所有者凭借他们对土地的私有权,向租种优等地和中等地的资本家索取地租。而经营优等地和中等地的资本家已经取得了平均利润,也可以把这部分超额利润交给土地所有者。因此,土地私有权是使农业中超额利润以级差地租的形式从农业资本家手里转到大土地所有者手里的原因。列宁指出:"级差地租的形成和土地私有制毫无关系,土地私有制只是使土地占有者有可能从农场主手中取得这种地租。"

级差地租的源泉,是优等地和中等地的农业雇佣工人创造的超额剩余价值。耕种优等地和中等地的农业工人的劳动是一种具有较高生产率的劳动。这种劳动是倍加的劳动,因此它能创造出超额剩余价值。所以,级差地租反映的是农业资本家和大土地所有者共同剥削农业雇佣工人的关系。

级差地租由于形成的条件不同而分为两种形态,即级差地租I和级差地租II。级差地租I是由于土地肥沃程度不同和地理位置优劣而产生的级差地租。级差地租II是由于在同一块土地上连续增加投资的劳动生产率不同而产生的级差地租。级差地租I是级差地租II的基础。

在超额利润转化为级差地租这一点上,级差地租I和级差地租II是不同的。构成级差地租I的超额利润,一般都在租约内作了规定,归土地所有者所有。而构成级差地租II的超额利润,在租约期内取得的归农业资本家所有;当租约期满,签订新租约时,就会通过提高地租额而转归土地所有者所有。农业资本家和土地所有者之间经常为了租期长短与租金额多少展开斗争,这种斗争反映了两个剥削阶级集团在瓜分剩余价值上的矛盾。

2. 绝对地租

在分析级差地租时,我们假定耕种劣等地的农业资本家是不缴纳地租的。但实际上,资本主义制度下由于存在土地私有权的垄断,任何一块土地,哪怕是最贫瘠、位置最差的土地,要投入生产,也必须向它的所有者缴纳一定数量的地租。否则,土地所有者宁肯让它荒芜。这种由于土地私有制的存在,因而租种任何土地都必须缴纳的地租叫作绝对地租。

绝对地租就其形成的条件和产生的原因来说,都不同于级差地租。绝对地租形成的条件,是资本主义制度下农业生产技术的发展长期落后于工业,因而农业的资本有机构成低于社会资本的平均有机构成。农业资本的有机构成低,同量资本就可以推动更多的活劳动,在剩余价值率相等的情况下,创造的剩余价值量就大,农产品的价值就高于社会生产价格。农产品价值高于社会生产价格的差额,就形成了绝对地租的基础或条件。

工业中不同生产部门的资本有机构成也是不同的。资本有机构成低的部门,其产品价值就高于社会生产价格。但在工业中由于部门间竞争及资本自由转移的结果,这种由产品价值高于社会生产价格而形成的余额会参加利润的平均化、提高平均利润率的水平,因而不可能由资本有机构成低的部门的资本家占有。农业则不同。农业中存在着土地私有权的垄断,阻碍着资本自由转入农业部门,使农产品价值高于社会生产价格的差额不参加利润平均化的过程。农产品不是按社会生产价格出售,而是按高于社会生产价格的价值出售。这样,由于价值高于社会生产价格而形成的超额利润,就留在农业部门,被土地所有者占有,成为绝对地租。所以,绝对地租产生的原因是土地私有权的垄断。

这样,在劣等地上要为土地所有者提供绝对地租,在优等地和中等地上既要提供级差地租,又要提供绝对地租。

绝对地租既然是农产品价值的一部分,因此,它实质上是由农业雇佣工人创造的剩余价值的一部分转化来的。它体现的仍然是对雇佣工人的剥削关系。

马克思关于绝对地租的理论,在严格遵守价值规律的基础上,阐明了绝对地租的存在,即证明了绝对地租是包含在农产品价值之内的。这种包含在农产品价值之内的绝对地租,是和农业资本有机构成低于工业资本有机构成相联系的。

近代资本主义的发展,使农业在技术上赶上了工业,某些发达的资本主义国家的农业资本的有机构成甚至已经赶上工业部门。在这种情况下,还有没有绝对地租呢?这一点,马克思也早有预见。他指出,一旦农业资本有机构成低于社会资本平均有机构成的条件不存在了,那种包含在农产品价值之内的绝对地租也就消失了。但如果土地私有制没有消灭,土地所有者出租土地,哪怕是劣等地,也必须带来地租收入。这种地租和上面分析的绝对地租的来源是不同的,它“来自市场价格超过价值和生产价格的余额,简单地说,只能来自产品的垄断价格”。或者,在农产品市场价格等于生产价格的情况下,这种地租是“在租金的名义下,把他的租佃者的一部分利润甚至一部分工资刮走”。

（三）土地价格

在资本主义制度下,土地所有者不仅靠土地私有权攫取大量地租、攫取生产发展和社会进步带来的利益,而且,在必要时还可以通过土地的出卖,取得高额的土地价格。

土地本身是自然存在的东西,不是劳动的产品,因而是没有价值的。但没有价值的东西为什么会成为买卖的对象并且具有价格呢? 这是因为在土地私有制的条件下,凭借土地就能够取得地租收入的缘故。这种情况,同前面讲过的股票价格在道理上是一样的。股票本身也没有价值,但由于凭借股票能够取得股息收入,因此股票便具有价格,这个价格也就是对股息索求权的购买价格。同样,土地本身虽然没有价值,但因凭借土地私有权能够获得地租收入,因此当某个人把这个地租的索求权转让给另一个人时,他自然要索取相应的代价,这就是土地价格。所以,土地的价格,"不是土地的购买价格,而是土地所提供的地租的购买价格"。土地所有者出卖土地,也就是把他收取地租的权利出卖给别人。

土地价格既然是现实的地租关系的反映,因此,地价的高低便首先取决于地租量的大小。其次,土地所有者在决定出卖土地的时候,又必然要考虑到当时银行利息率的水平。他出卖土地所得到的货币收入如果存入银行,必须能够带来和原先的地租一样多的利息,这样他才愿意出卖土地。因此,地价的界限或地价的水平乃是由地租和利息率这两个因素决定的,并依据这两个因素的变动而变动。三者的变化关系,可用下述公式表示:

$$土地价格 = \frac{地租}{利息率}$$

假如,有一块土地,每年收地租 200 元,如果当时的存款利息率是 5%,那么,为了取得相当于地租额(200 元)的利息,就需要有 200/5% =4000(元)这样一笔钱存入银行。这样,地价也就应该等于 4000 元。所以,地价不外是转化为一定量货币资本的地租,是地租的资本化。

【案例与思考】 海尔是"怎样让石头漂起来"的

海尔在 1998 年实行了一场"业务流程再造"工程。

在一次关于"业务流程再造"的高级经理人培训会议上,海尔集团 CEO 张瑞敏目光炯炯地看着讲台下的中层干部们,提出了一个像脑筋急转弯的问题。

"石头怎样才能在水上漂起来?"

"把石头掏空",有人喊了一句,张瑞敏摇了摇头。

"把石头放在木板上",又有人答道,张瑞敏还是摇了摇头。"做一块假石头",这个回答引来了一片笑声,张瑞敏还是摇了摇头说:"石头是真的。"

"速度。"海尔集团见习副总裁喻子达回答道。

"正确。"张瑞敏露出了笑容:"《孙子兵法》云:'激水之疾,至于漂石者,势也'。速度决定了石头能否漂起来。网络时代,速度同样决定了企业能否越上新的高峰!"

这一细节形象地表明了海尔"业务流程再造"是解决企业的循环与周转的速度问题。

海尔"业务流程再造"主要是从采购和销售这一资本循环的两个重要环节入手。海尔的采购和配送,过去是各个事业部各自采购,现在成立物流本部,实行集团统一采购。这一改革效果显著。其一是降低了集团的对外采购成本,仅1999年当年降低的采购成本就达5亿元,2001年在1999年的基础上又降低了10亿元。其二是择优采购,带来了零部件产品质量的整体提高。其三是库存减少,其中,零部件仓库的存放面积减少了32万平方米。目前,在海尔开发区的物流中心,原材料只有不到7天的库存,成品在24小时内就发往全国的42个配送中心,呆滞物资降低了90%,原材料库存资金周转天数从30天以上降低到不到10天。海尔的销售过去是在市场上布阵,各自为战,造成资源浪费。现在实行商流整合,全国的销售人员减少了30%,全国的营销网络增加到2000多家。这一改革使营销成本降低,与用户实现零距离,对客户需求快速反应。海尔接到客户订单,在10天内即可完成从采购、制造到配送的全过程,而一般企业完成这个过程需要36天。

通过改革,海尔与商家之间实现了现款现货,资金周转速度快了,不良资产少了。目前,海尔的国内应收账款几乎为零,集团流动资产的周转速度1999年为118天,2001年为79天。海尔的一年资金吞吐量高达千亿元,日均相互结算为3亿元。

资料来源:程思富.现代政治经济与案例.上海财经大学出版社,2003.

案例与思考:海尔的成功发展对我国企业的启示?

【复习思考题】

1.如何理解劳动力商品的价值和使用价值?从劳动力商品使用价值的特殊性,谈谈企业实行人性化管理的必要性。

2.联系你对资本积累的一般规律知识的学习,谈谈在市场经济条件下,雇佣劳动者下岗和失业的客观必然性。

3.根据你学习的对利润率平均化规律的知识,以彩电、汽车为例,谈谈改革开放以来,我国部门之间利润率平均化的过程。现阶段,哪一些行业利润还比较高?会持久吗?

4.为什么在黄金地段租房和买房,房租和房价高?请用你学习的有关地租的知识分析一下。

5. 实现资本连续循环的基本条件是什么？

6. 影响资本周转速度的因素有哪些？

7. 资本周转速度对剩余价值生产有什么影响？

8. 为什么资本循环和周转的理论揭示了资本主义企业和社会主义企业的共同运行机制与规律？

9. 社会资本简单再生产的实现条件是什么？

10. 社会资本扩大再生产的前提条件和实现条件是什么？

第六章　社会主义经济制度

　　社会主义经济制度是在建立无产阶级专政的前提下,通过剥夺官僚资本、赎买民族资本、改造小私有经济等方式建立起来的。社会主义经济是建立在生产资料公有制基础上的市场经济。

　　本章通过对我国社会主义基本经济制度和建立市场经济体制的分析,揭示社会主义经济的本质,阐述社会主义市场经济的一般原理,为以后各章的学习提供理论依据,奠定理论基础。

第一节　以公有制为主体、多种所有制经济共同发展的基本经济制度

一、以公有制为主体、多种所有制经济共同发展

(一)生产资料所有制与生产资料所有制结构

　　生产资料所有制,是指人们在生产过程中对生产资料的关系体系。它主要包括人们对生产资料的所有、占有、支配和使用诸方面的经济关系。所有是一种归属关系,所有者可以按照自己的意志自由处置归其所有的生产资料,如出售、转让或自己使用等;占有是一种有条件的归属关系,指的是占有者在一定条件下和一定期限内具有对财产的处置权,但没有最终处置权;支配是对生产资料的安排和管理,通常又是同对劳动力的安排和管理紧密地结合在一起的;使用是人的劳动对劳动资料的直接使用,是发挥生产资料效能、从而取得经济效益的直接因素和基础。所有制内部这些经济关系在法律上表现为所有权、占有权、支配权和使用权的关系。通常人们把占有权、支配权和使用权总称为"经营权",生产资料所有制就是生产资料所有权与经营权的辩证统一。

生产资料所有制是生产关系的基础,它和生产、分配、交换、消费等社会再生产的各个环节有着内在的密切关系。生产资料所有制的性质决定劳动者同生产资料相结合的社会方式,决定人们在生产、分配、交换和消费中的地位和相互关系,从而决定生产关系的性质。任何社会的性质,都是由占统治地位的生产资料所有制性质决定的。

生产资料所有制结构,是指各种不同的生产资料所有制形式在一定社会经济形态中所处的地位、所占的比重,以及它们之间的相互关系。居于支配地位的所有制的性质,决定该所有制结构的性质。在某些社会形态中,生产资料所有制往往不是单一的,除了占统治地位的生产资料所有制作为基本的经济形式外,还有其他的生产资料所有制与之并存,从而构成复杂的、多元化的生产资料所有制结构。

(二)我国生产资料所有制结构的历史演变

一个社会的所有制结构不是一成不变的,它会随着经济发展的不同阶段而有所变化。新中国建立以来,我国的所有制结构大致经历了三个阶段的历史演变,不同阶段有不同的模式。

第一阶段:从新中国成立到"三大改造"完成之前的新民主主义时期,即过渡时期阶段。

这一阶段是以国有经济为主导、非公有制占主体的多种经济成分并存的所有制结构。主要有国有经济、集体经济、公私合营经济、私营经济和个体经济。如在1952年,几种经济成分在国民收入中所占的比重分别为:国有经济19.1%,集体经济1.5%,非公有经济79.4%。可见,在这个阶段,非公有经济占主体。

这种所有制结构不仅使我国顺利地度过了国民经济的恢复阶段,弥合了长期战争的创伤,而且为1953年开始的社会主义经济建设提供了物质基础,保证了第一个五年计划的成功实施。因此,从总体上说,这种所有制结构基本适应当时我国生产力的发展要求,推动了国民经济的发展与恢复。

第二阶段:从"三大改造"完成到十一届三中全会以前的高度集中的计划经济阶段。

这一阶段基本是单一的社会主义公有制结构。这种所有制结构严重脱离了我国生产力落后、社会化水平低的实际,人为地拔高了社会生产资料所有制结构,不仅不适合生产力发展的要求,而且破坏了已有的生产力。

第三阶段:十一届三中全会以来逐渐建立和完善的以公有制为主体、多种所有制经济并存的所有制结构的阶段。

主要有如下几种:全民所有制经济(国家所有制经济)、集体所有制经济、个体经济、私营经济、外资经济等。随着改革开放的深入,我国公有制经济的比重有所下降,但它在国民经济中的主体地位没有改变,非公有制经济的比重虽然有所上升,但始终是公有制为主体下的增长。

实践证明,上述这种所有制结构较好地适应了我国现阶段生产力发展的要求,从而极大地推动了生产力的发展,增强了综合国力。我国的国内生产总值由1978年的3624亿元,上升到2012年的51.93万亿元。在1995年和1997年分别提前实现了国内生产总值和人均国内生产总值比1980年翻两番的目标。我国的经济实力显著增强,经济总量由世界第十位跃居到第二位。因此,党的十五大把以公有制为主体、多种所有制经济并存的所有制结构确定为社会主义初级阶段的基本经济制度。

(三)以公有制为主体、多种所有制经济共同发展的客观必然性

1. 它是由社会主义初级阶段的基本国情所决定

我国是在落后的殖民地、半殖民地社会基础上建立社会主义制度的,所以我国必须经历社会主义的初级阶段。在这个阶段,我国的经济发展速度很快,总体实力和综合国力有很大提高,但经济发展的结构和质量还很差,人均增长水平还很低。

虽然我国2012年人均GDP已超过6100美元,进入了全面建设小康社会的新时期,但却远远低于10035美元的世界平均水平,与发达国家相比还有很大的差距。人口多、底子薄、国家大、各地情况复杂仍然是这个阶段的基本国情。这决定了我们不能实行单一的公有制,必须在公有制为主体的条件下发展多种所有制经济。

2. 它是由生产关系一定要适合生产力状况的客观经济规律所决定

当前,我国生产力发展有两个基本特点:一是生产力总体水平低;二是生产力发展存在行业、地区间的不平衡,生产力的现状呈现出一种非常复杂而又多层次的状况。

所以,以公有制为主体、多种所有制经济共同发展是生产关系一定要适合生产力状况这一规律的客观要求。

3. 它是由社会主义经济制度的本质所决定

现阶段,除了公有制经济以外,我国还有大量的个体经济、私营经济和外资经济等非公有制经济成分,这些经济成分在经济利益的驱动下,都具有一定的盲目性、自发性,若任其发展会出现一定程度的"市场失灵"。

因此,在鼓励个体经济、私营经济和外资经济发展的同时,必须坚持以公有制为主体,才能有效地控制和引导它们沿着正确的方向发展,才能保证它们为社会主义现代化服务。

4. 它是社会主义市场经济体制的客观要求

市场经济的特点是资源配置的开放性与流动性,要求所有制结构必然是多元

的,要素流动要求必须打破不同所有制之间的封闭性,在不同所有制企业之间相互流动,彼此交叉和融合。只有这样,才能把有限的资源配置到效率最高、效益最好的部门和企业中去,实现资源的优化配置。

5. 它是调动一切积极因素,加快我国社会主义现代化建设的要求

我国是一个发展中的社会主义大国,资金短缺,技术落后,人口众多。经过 30 多年的改革开放和发展,经济虽高速发展但也出现了一些社会矛盾,只有提高经济增长的质量,才能逐步解决社会经济生活中出现的各种矛盾。

二、社会主义公有制的主体地位及实现形式

(一)社会主义公有制的性质

以生产资料公有制为主体的多种所有制结构是社会主义的经济基础。

社会主义公有制,是指由全体劳动者或部分劳动者共同占有生产资料的形式。其本质是生产资料属于全民所有或部分劳动群众所有,即国家所有制或集体所有制。所有者可以自己或委托他人在全社会或社会的部分范围内运用生产资料进行生产,并凭借其对生产资料的所有权获得经济利益。

生产资料公有制是为适应社会化大生产发展的客观要求而建立的,它的建立,实现了劳动人民在生产资料所有权上的平等权利,形成了劳动人民的共同利益,消灭了私有制社会中存在的仅仅凭借生产资料所有权而无偿占有他人收益的现象,为社会生产力的进一步发展开辟了广阔的空间。因此,生产资料公有制是社会主义经济制度的根本标志。

(二)社会主义公有制的实现形式

我国现阶段公有制的实现形式主要有:全民所有制经济(国有经济)、集体所有制经济、股份制经济、股份合作制经济以及其他正在探索中的其他经济形式。

1. 全民所有制经济(国有经济)

全民所有制经济是指全体劳动者共同占有生产资料的一种公有制形式。我国现阶段生产资料由国家代表全体人民所有,因采取国家所有制形式,所以也称国有经济。

国有经济拥有现代化的大工业、比较先进的技术装备和雄厚的经济实力,掌握着国民经济的命脉,控制社会生产和流通,对社会主义的经济发展起着主导的作用:

第一,在多种所有制经济共同发展的条件下,国有经济以资金和物质,保证集体经济沿着社会主义方向前进,保证非国有制经济为社会主义服务;国有经济通过与其他经济成分合资、合作、参股等经济手段,调动或支配着相当数量的集体、外商

资本,在国民经济中发挥主导作用。

第二,国有经济是加速我国现代化建设的主要物质基础。尽管我国现阶段国有经济的生产力水平还比较低,但毕竟已经有了相当规模的现代化大生产,代表着社会生产力发展的趋势和方向。它们拥有现代化的生产手段、生产技术和信息网络,在我国生产力发展中起着主导作用。

第三,国有经济是积累国家建设资金的重要来源。国有经济提供了大部分的国家财政收入,保证了经济、科学文化教育、国防建设所需要的资金。

第四,国有工业企业生产了城乡人民需要的大部分日用工业品,国有商业是生产和消费的重要桥梁,它们在满足和提高人民生活、保证市场供应、稳定物价等方面起着重要作用。经过30多年的改革开放和发展,我国已经出现了一批有实力、有活力,在国内外市场上享有盛誉的大中型国有企业,对国民经济的发展和人民生活的改善发挥了重大的作用。

2.集体所有制经济

社会主义集体所有制经济是指由部分劳动群众共同占有生产资料的一种社会主义公有制形式。我国现阶段的集体经济包括城镇集体经济和农村集体经济。

城镇集体经济的类型有:①区域性集体经济,它是由对城镇手工业进行社会主义改造、建立手工业合作社转化而来的。②集团型集体经济,它是改革开放以后由政府机关、全民所有制企事业单位及社会团体投资兴办的集体经济组织。③股份合作制集体经济,它是以股份合作的形式组成的公司、企业。

城镇集体所有制经济组织的组成原则,依据《中华人民共和国城镇集体所有制企业条例》的规定,"自愿组织、自筹资金、独立核算、自负盈亏、自主经营、民主管理、集体积累、自主支配、按劳分配、入股分红"。

农村集体经济的类型:一种是在农业合作化基础上发展起来的集体所有制经济,除农业集体经济组织外,还有供销合作社、消费合作社和信用合作社等集体经济组织;另一种是改革开放以后发展起来的农民联户办、村办、乡办的各类集体所有制企业。乡镇企业中一部分已经改为股份合作制企业,这类企业集中了股份制和合作制的优点,适合目前我国广大农村的发展水平和农民的要求,将成为农村集体经济的重要组织形式,其中有的以后可能走向规范化的股份制企业。

农村集体所有制经济的生产资料和产品归各个集体的劳动者共同占有和支配,实行独立核算、自负盈亏、自主经营,国家除依法征税外,不能无偿占有和直接调拨它们的生产资料。

3.股份制经济与股份合作制经济

（1）股份制经济。股份制是现代企业的一种资本组织形式，是一种高度法制化、规范化的现代企业制度。股份制是生产社会化和商品经济发展的产物，作为同社会化大生产相适应的企业组织形式，可以包容不同的所有制形式和经营形式。社会主义同样具备了社会化大生产的特征，客观上也需要借助股份制形式来实现社会经济发展。

我国现阶段的股份制经济，适应经济发展的需要有多种类型：一种是在公有制企业之间组建的股份制，如国有企业之间、国有企业与集体企业之间、集体企业之间组建的股份制，股东都是公有制企业。第二种是公有制企业与非公有制企业组建的股份制，如果公有股东掌握控股权，就有明显的公有制性质；如果不是由公有股东掌握控制权，则从总体上就不能界定为公有制企业，但公有股在这种企业的参股部分仍然是公有资本的一种存在形式。

我国现阶段的股份制经济主要是在国有企业和集体企业的基础上组建起来的，国家和集体是主要的控股者，非公有制企业和私人只持有小部分股权，因而具有明显的公有性，它已成为我国公有制经济的有效实现形式。

（2）股份合作制经济。股份合作制经济是指以本企业或合作经济体内的劳动者平等持股、合作经营，股本和劳动共同分红为特征的一种企业组织形式和经营方式。股份合作制经济是采取了股份制一些做法的合作经济，它是社会主义市场经济条件下集体经济的一种新的组织形式。

股份合作制经济与股份制经济的区别有：第一，股份合作制经济是劳动者合作与资本合作的有机统一，而股份制经济仅仅实行资本的合作。第二，股份合作制经济企业是劳动民主与股份民主的结合，是劳动支配资本，而股份制企业则是资本支配劳动，劳动者没有重大问题的决策权，只有股东大会及其董事会才有决策权。第三，股份合作制经济企业劳动者的收入是按劳分配与按资分配同时并存，劳动者除了劳动收入外，还可以按照入股资本的多少获取股份收入，而股份制企业劳动者在获得工资以后，全部的利润归属投资的股东所有和支配。第四，股份合作制企业的产权结构具有内部封闭性的特点，外部人员一般不得投资入股。而股份制企业的产权结构具有开放性的特点，它可以吸收企业外投资者入股，并定期向外公布行业的信息，受到体外监督。

【相关链接】　　　股份有限公司和股份合作制企业

股份有限公司又称股份公司，它是把确定的资本划分为若干股份，由一定人数的有限责任股东组成的公司。它的主要特征是：（1）股东对公司只负有限责任，即以投入的股金为限对公司的债务负责。公司的全部资本划分为若干等额的股份，以股票的形式在社会上公开发行出售。(2)它是典型的财产或资本的组合公司,股东只有在持有股票时才是公司财产的所有者之一。(3)股票可以在市场上随意转让、买卖,公司对此不加以限制,股票的价格随行就市。(4)股东有法定最低人数的限制。(5)公司财务必须公开。(6)多数股份公司的股东不直接参与公司的经营管理,公司的所有者与经营者通常是分开的。(7)股份公司的股东人数众多,资本筹集较容易,竞争能力较强。

股份合作制企业是两个或两个以上的个人或组织,以各自的资金、实物、技术等生产要素为股份,自愿组织起来从事生产经营活动的企业组织形式。股份合作制企业遵循自愿互利、民主管理、风险共担、利益共享的原则建立,即:入股财产仍归入股者所有,新增资产归入股各方共有;经营所得利润可以按劳分配,也可以按股分配;经营风险由入股者共同承担。这是一种由劳动者的劳动联合和资本联合形成的具有中国特色的企业财产组织形式。它既有股份制的某些特点,又具有合作制的某些特点。它避免了在合作中容易产生的合并财产和平调劳动力的弊病,同时把分散的生产资料集中起来,较快地形成新的生产经营规模。由于其组织形式与产权结构适应中国当前的生产力发展水平,因而为发展初期的乡镇企业以及后来的一些国有中小企业所借鉴,表现出相当的发展活力。

资料来源:刘诗白.政治经济学.成都:西南财经大学出版社,2008.

(三)坚持社会主义公有制的主体地位

社会主义基本经济制度决定了公有制必须在国民经济中占主体地位。这种主体地位主要体现在两个方面:

1.公有资产在社会总资产中占优势,表现在量和质的优势上

从资产数量上看,由国有资本和集体资本构成的公有资本,在全社会经营性资本中占绝对优势。从质的优势看,公有资本控制着国民经济命脉。国民经济命脉是指那些关系国计民生的部门和产业,如银行、铁路、邮电、能源等,这些部门和产业关系到国家的经济安全、政权巩固和社会安定。公有资本的运营与私人资本、外资相比,具有较强的市场竞争力,尤其是国际市场竞争力。

2.国有经济对国民经济发展的主导作用主要体现在控制力上

国家拥有重要资源和重要生产资料,可以保证社会主义公有制经济对整个社会生产和流通的支配和控制。国有经济拥有我国大部分的现代化工业,为国民经济各个部门提供了大量先进的技术装备,是我国技术进步的主导力量。

社会主义经济的发展,是不断提高广大劳动人民物质文化生活水平的需要。坚持社会主义公有制的主体地位,就是坚持社会主义的基本方向,保证人民的经济地位和政治地位,使社会主义经济始终为最广大人民的利益服务,不断满足人民当

前的物质文化需要与长远发展的需要。

三、非公有制经济

非公有制经济主要指个体经济、私营经济以及外商投资经济和港澳台投资经济。个体、私营等各种非公有制经济是社会主义市场经济的重要组成部分,对充分调动社会各方面的积极性,加快生产力发展具有重要作用,它是社会主义公有制的有益补充。

我国非公有制经济的具体形式主要有:

(一)个体经济

个体经济,是指生产资料归劳动者个人或家庭所有和支配,以劳动者个人或家庭成员参加劳动为主的一种经济形式。在我国,个体经济主要存在于城乡的手工业、农业、商业、运输业和服务行业中,它们主要使用手工工具进行手工作业和分散经营。一般来讲,个体经济同低水平、分散的生产力相适应,但随着整个社会生产力的发展和提高,也可以同社会化大生产相联系。

个体经济的主要特点是:第一,由劳动者个人或家庭投资,从事小规模的生产经营活动;第二,依附于主体经济,服务并受制于主体经济,主要从事那些群众需要而公有制经济又不能有效地经营的经济活动;第三,经营灵活,具有很强的适应性。一般来讲,个体经济投资不多,规模不大,经营范围小,可以灵活调整经营方向,有较强的生命力。

改革开放以来,我国个体经济发展很快,逐渐成为社会主义市场经济不可缺少的重要力量。它们在解决城乡劳动力就业、满足城乡人民生活、充分利用社会闲散资金、增加社会资本积累、为国家出口创汇等方面发挥着重要作用。

(二)私营经济

私营经济,是指一种生产资料归私营企业主所有,以雇佣劳动为基础,劳动产品归企业主占有和支配的经济形式。它是以获取利润为目的具有资本主义性质的私有制经济。

目前,我国的私营经济的类型有:第一,独资企业,即个人投资经营的企业,这是目前私营企业的主要形式;第二,合伙企业,即由两个以上的投资者按照协议投资,共同经营,共负盈亏的企业;第三,有限责任公司,即投资者以其出资额对公司负责,公司以其全部资产对债务承担责任的企业。

私营经济作为多种经济形式的一种,其发展有积极的作用。

首先,能利用自己的和筹集的资本进行投资,生产社会短缺产品,组织生产资料和生活资料的流通,有利于缓解国家建设资金不足和供求矛盾。

其次,能为国家提供一定数量的税金,有的还能生产一些出口产品,或利用国外的先进技术,促进产业结构的调整和升级,为国家积累建设资金和增加外汇收人。

再次,能吸收城乡劳动力就业,有利于充分利用劳动力资源。

在社会主义市场经济条件下,允许私营经济的发展是必要的。但是,也应该看到,私营经济以生产资料私有制为基础,容易产生投机倒把、唯利是图的不良行为,具有较大的盲目性。因此,在支持和促进私营经济发展的同时,还要通过法律手段加以控制和引导,限制其不利于国计民生的消极作用。

(三)外资企业

外资企业是由外国的企业或个人在我国投资,与我国的经济组织进行合作或独立经营的一种经济形式。它包括中外合资、中外合作经营企业和外商独资企业。

中外合资企业是一种股权形式企业,它由中外双方共同投资,共同经营,共担风险,并按照股份分配收益。

中外合作企业是一种契约式经营的企业,一般由中方提供土地、厂房及其他可利用的设施和劳动力,由外方提供设备、技术和原料等,在平等互利的原则下,通过合同加以确定。一般情况下,合同期满,企业归我方所有。

外商独资企业是根据中华人民共和国的有关法律、法令,允许外国资本、港澳台资本和华侨资本来祖国内地申请兴办独资企业,经批准后即成为中国法人。这种企业,自行投资,独立经营,产品自行销售,自负盈亏,自担风险,是我国境内合法的外来资本主义企业。

改革开放以来,外商独资企业、中外合资企业、中外合作企业在我国有了很大的发展,对我国国民经济的发展发挥了重要作用。

首先,它补充了我国现代化建设资金的不足,而且在引进资金的同时,引进了先进技术、设备、经营方式和管理经验,引进了市场竞争机制,提高了我国现代化管理水平和公有制经济的竞争力,给我国经济的持续快速健康发展注入了生机和活力。

其次,扩大了出口,增加了出口创汇能力,便于利用外商的销售渠道和经验,发展外向型经济。

再次,丰富了我国市场的商品品种,活跃了流通,在我国的市场上因有外资企业参与竞争,对我国的公有制经济和其他经济成分也是一种挑战和推动。

最后,创造了就业机会,增加了就业人数,而且,就业者可以受到外商技术培训与管理的训练。

第二节　产权制度与资源配置效率

在市场经济的运行中,产权制度发挥着十分重要的作用。关于产权的理论十分丰富,在此,我们重点论述产权的含义、产权交易、产权社会化与产权对资源配置的效率。

一、产权制度及其内容

(一)产权制度的含义

产权,是指财产的所有权及由此派生的对财产的占有、使用、收益和处置等权利的总称。它是一组权利束,从具体要求看,产权还包括人们在经济交往中受损与受益的权利;从制度关系上看,产权与所有权都反映财产关系。不过,产权制度是从经济运行角度考察占有权、使用权、收益权、处置权这四权在运行过程中的具体结合形式;而所有权则是从生产关系的角度,着重研究生产资料所有制归属的性质。

从产权的发展历史看,原始意义上的产权是指财产的所有权,即财产主体对其财产拥有的绝对的支配权,因而占有权、使用权、收益权、处置权也包括其中。随着商品经济的发展,特别是借贷关系和租赁行为的出现,使所有权出现了二重分离,即分离为法律上的所有权和经济上的所有权。法律上的所有权是指作为财产主体的所有者对财产的最终所有权。经济上的所有权是指作为经济主体的企业实际占有和使用财产的权利。经济所有权又称为法人所有权。因此,产权就有了广义和狭义之分。广义上的产权是指占有权、使用权、收益权、处置权即四权的统一;狭义的产权是指经营权。

产权在法律上的意义和经济学上的意义是不同的。从法律上说,它着重对财产的归属做出判断,具有排他性。从经济学上说,它不是指一般的物体,而是指由人们对物的使用所引起的相互认可的行为关系,它用来界定人们在经济活动中如何受益、如何受损,以及他们之间如何进行补偿的规则,以帮助形成交易时的预期。

在理解产权关系时必须看到,同样的所有制关系可以体现不同的产权关系,而同样形式的产权制度也可以依赖于不同的所有制形式。例如,资本主义生产资料私有制可以有不同的产权组织形式:自然人原始产权基础上的独资企业、法人产权制度基础上的股份公司等;另外,股份公司的法人产权制度既可以是资本主义私有制的体现形式,也可以在社会主义公有制基础上建立起来。

（二）产权制度的基本要求

在市场经济条件下,要保证产权制度的完整和有效,产权应具有如下的要求:

1. 产权必须完整,不能残缺

产权的完整性主要是产权所有者对它具有的排他性和可转让性。如果权利的所有者拥有实际的占有权、排他性的使用权、收入的独享权和自由的转让权,那么他所拥有的产权就是完整的。如果这些方面的权能受到限制,那么他所拥有的产权就是残缺的,意味着他所拥有的一部分权利从产权关系中被删除了。

2. 产权的主体应该是十分明确的

主体明确是指个人或行动团体对某一经济实体拥有明确的产权,集中表现为主体具有享受收益和承担责任的对称性。

3. 产权的主体应该是多层次的

从商品经济产生和发展的历史看,商品经济本质上是一种开放型、渗透型、横向型的经济,在此基础上成长起来的产权主体结构不是单一的,而是多层次的。这种多层次性与商品经济发展过程中的不同历史阶段和发展程度密切相关。

4. 产权的交换与转移必须通过市场

商品经济的实质是不同产权主体之间在产权独立和自由转移基础上进行的平等交换,多种产权主体的存在是交换正常进行的前提,在交换过程中,社会不仅应确保交换主体有自由意志和平等权利,而且要有与此相适应的法律制度和道德准则,它是等价交换关系的扩展和在产权关系上的具体体现。

5. 产权的不可侵犯性与产权的自由转移

产权关系要求维护自身的刚性和不可侵犯性,产权主体维护财产的基本形式就是将财产的保值和增值有机结合起来。财产的保值和增值可以通过产权的自由转移实现,这一过程要体现自主性和有偿性。为了追求自身的利益,经济主体必须能自主地处置所拥有的财产,在放弃财产的部分或全部权利时,必须依法得到相应的补偿。产权的自由转移可以推动产权的合理流动和资源的优化配置。

资料链接:保护知识产权

（三）产权制度的主要类型

一个社会产权制度的具体形式受制于特定的政治经济文化条件下配置稀缺资源的交易费用的大小。人类历史发展的各个阶段有不同的产权制度,归纳起来,主要有以下几种产权制度。

1. 个人私有产权制度

这种小生产者企业,是简单商品经济阶段以小商品生产为特征的经济单位,是企业的初始形式。这类企业以手工操作为主,以家庭经营为依托,因而其产权结构和组织比较简单,呈现出很直观很简单的形态。

个人私有产权制度的占有特点主要有:第一,企业资产与所有者个人的财产是完全合一的。二者不存在任何界限,甚至也缺少必要的核算。市场经营收入可以立即转化为个人、家庭的消费资料。第二,企业的所有者(出资人)、经营者和主要劳动者是合一的。手工作坊的主人也是主要劳动者(师傅),一切生产经营都在他的决策和参与下进行。第三,企业的组织、经营目标和产权观念都比较直观,带有明显的、古典的所有权色彩,不同产权主体之间的产权边界是清楚的,但是交易合约中的产权权益并无精确核算。这种产权制度的典型形式是前资本主义社会存在的小生产者或小经营者。他们既是小私有者,同时又是劳动者。在资本主义时代乃至现代市场经济中,这类小私有者经营的企业仍然存在,其产权制度的基本特征依然存在,只不过形式上或管理上多了些科学成分或时代特点而已。

2.自然人企业制度

这种产权制度最初表现为独资企业,后来发展为合资企业或家族式控股公司。这类企业尽管都采取公司的形式,但从产权制度上看,它们都属于自然人企业制度,同法人制度有着根本的差别。

这类企业的产权制度的基本特征是:第一,企业的一切真正的财产权利,都集中在企业主手中。第二,所有者和经营者逐渐分离,但经营权仍然掌握在企业主手中。第三,企业资产同企业主的私人财产实质上仍然是合一的,其私人财产、额定收入同企业财产之间并无实质性界限,企业破产也以企业主的私人财产冲抵,一般来说财产责任是无限的。

值得注意的是,在家族控股公司的实施过程中,它已经吸收和借鉴了公司制的某些科学形式,如股东的有限责任、公司治理结构的形式以及吸收家族外投资等。但是,只要它保有家族公司的性质,就其实质而言,仍应属于自然人产权制度,企业行为均取决于家族首脑的利益和意志,只是在经营上增加了专家治理而已。这类产权制度在西方市场经济国家仍占有一定地位。

3.法人产权制度

法人产权制度是市场经济的产物。它是在继承自然人产权制度的优点,摒弃其弊端的基础上建立起来的,其形成经历了一个两权分离、统一和再分离的复杂过程。

其特征是:首先,通过现代信用制度使财产原始所有权和经营权初次分离。其次,又在公司法人产权形态上实现所有权和经营权的重新统一。最后在公司内部实行所有权和经营权的再度分离。

与现代法人产权制度相适应的企业形式是股份制企业(主要指股份有限公司)。股份制企业通过向社会发行股票的方式来筹集资金,股票购买者以购买股票形式向企业投资后,有权取得股息和红利,但无权抽回投资,资金在经济上的所有权、支配权、使用权和收益权都属于企业。因此,股份制企业的一个重大特点,就是资金来源多元化和外在化。这不仅使企业本身的生产经营规模可按生产力发展的需要扩大,而且使企业本身有了自己独立的经营人格。法人制度使股份公司变成一个独立的、完善的、明确的产权单位,从而实现了企业家职能、积累职能和所有权约束职能的制度化。这正是现代企业制度的深刻内涵。

4. 合作制企业产权制度

这种企业制度最初在资本主义条件下,是劳动者为了避免剥削或商业中间盘剥而兴办的一种劳动合作企业。最初在消费领域,以后逐渐扩大到生产及信用等领域。

这类企业的特点主要有:第一,由劳动者以投股的形式创办,全部资产均归参与合作并投股的全体劳动者所共有,合作者有参股、退股的自由。第二,全部资产由合作社成员共同推举产生的合作企业职能机构(如理事会之类)实际运作。第三,在当期盈利中拿出相当比例进行按股金比例分红。虽然从自然人角度看,合作制企业制度也是一种法人制度,但它以劳动者合作为基础。在我国,经长期演化而形成的"集体所有者"企业,已经有了类似的性质,具有它的特点。

二、产权交易与产权流动

(一)产权社会化与两权分离

产权社会化,是指所有权、占有权、使用权、收益权的分离,由此形成相对独立又相互制约的财产权利关系。产权社会化的过程是随着社会生产力发展与生产社会化水平的提高而变化的,它经历了一个漫长的发展过程,同生产力发展与生产社会化水平的提高同步推进。

最早的(古老的)产权形式是个人所有权。它将占有权、使用权、收益权、处置权密切地结合在一起,并集中于某一个具体的个人。产业革命前的手工作坊,其所有权就是采取这种形式。即使在产业革命以后,个人所有制在相当长的时期仍然是四权合一的。虽然工厂已经替代了手工作坊而成为生产的主要组织形式,但由于这些工厂所使用的机器数量有限,技术水平比较低,加之市场范围比较小,整个生产与管理过程都比较简单。在这种情况下,工厂主以自有资金对工厂进行投资与生产,所以,以个人所有制为主的小规模企业生产仍然可以将四权集中于一身。

科学技术的发展极大地推动了工业革命的步伐。随着机器大工业的发展,人类使用的资源种类和数量以极快的速度增加,当简单商品生产变成大规模的商品生产、个人企业变成大企业时,以个人所有制为主的企业制度就会发生相应的变革。特别是生产过程技术水平的变化,使劳动生产率水平得到极大的提高,商品经济的发展使市场范围由国内扩大到世界各地,市场需求急剧扩大,生产与市场的扩张,对资源需求的不断增加、对管理要求的不断提高,使得先前那种"四权合一"的个人所有制在运转过程中遭遇了自身难以克服的困难。生产社会化的发展必然引起产权关系的变化。

正是社会化大生产的客观要求和商品经济的发展,使得先前那种"四权合一"的所有权发生了重大变化,这种变化集中表现在经营权从所有权中的分离和产权的社会化。产权社会化是"四权合一"的裂变,是所有权与经营权、占有权与使用权的分离。经济学把所有权与经营权的分离叫作"两权分离"。

"两权分离"是现代产权关系的必然结果。实现两权分离的基本条件是产权的归属明确,产权所有者拥有对某种有形物品或无形物品的最终所有权及收益权,但物品的使用、占有、控制与经营权可以让渡给别人,所以必然出现所有权与经营权、占有权与使用权的分离。例如,现代企业制度的典型形式——股份制,就属于两权分离的资本或资产产权制度。无论是比较分散的股民持股还是大股东持股,股票无论是上市还是不上市,股份制企业的所有权和经营权都是相互独立的。股票或账面股额代表控制资产的权利,股息是让渡资产使用权的收益,这些都属于所有权的行为。作为一种所有权制度,股份制不但具有一定程度的"资产共有"特征,而且产权是社会化的,这对于向社会发行股票尤其是股票上市的企业而言更是如此。在这个意义上,股份制既可以看作是一种社会所有制,也可以看作是一种更高形态的个人所有制。

产权的内在要求决定了它对生产社会化和经济发展的作用。因为明确的产权具有排他性。而产权的排他性本身就有阻止资源浪费性使用的功能,有利于资源的有效使用与个人收益或社会收益的最大化。明确的产权具有极大的激励功能,特别是知识产权、专利等,在使个人收益最大化的同时也使社会收益最大化。

我国在建立现代企业制度的过程中,首先提出要产权清晰,再在此基础上进行产权改革。这一方面可以避免传统公有制产权主体缺位的弊端,同时又使产权的组织和市场操作具有联合的性质,实现了产权的社会化,因而更适合现代市场经济的发展。

(二)产权流动与产权交易

产权流动,是指财产所有权、占有权、控制权、收益权在不同主体间的转换,是一种权利的变更。产权流动分为经济性流动和非经济性流动。

产权的经济性流动是指通过经济手段来实现产权的转移。产权的非经济性流动包括:战争和暴力导致的产权转移、分封、赠与、继承、划转等。

产权交易,是指产权的有偿转让,是广义产权(所有权、占有权、控制权、处置权、收益权)的经济性流动。

产权交易的形式主要有以交换、经营、承包、租赁、拍卖、托管、兼并、收购、出资入股、组建股份公司、改组、改制等方式获得或转让的财产权利。

这种形式的产权交易其最原始的形式是商品社会中的物物交换、商品交换,是实物产权的易手和主体的转换。随着商品经济的普遍化和市场经济的约束,产权交易的内涵扩大了,从物权到使用权,从所有权到经营权,从股权到债权,从商品产权到资源产权,从有形产权到无形产权。总之,产权交易的内涵从单纯的财产所有权转让扩大到财产使用权、收益权的转让。如租赁关系、承包关系、代理关系等,产权关系更加丰富多彩,产权流动与交易的丰富性和多样化成为现代市场经济中产权的显著特征。

三、产权制度与资源配置效率

(一)市场经济条件下产权制度安排的基本要求

在现代市场经济条件下,产权制度的内在规定性在于保证资源的最优配置,这样,市场经济对现代产权制度的基本要求有以下几点:

1. 降低交易成本

为了使市场交易顺利地进行,必须确定排他性的产权,即通过产权界定,确定谁有权做什么,不能做什么。现代产权经济学认为,权利应让与那些最具有生产性地使用权利并且有相配套的激励机制的企业,从而可以提高产权使用效率、减少产权交易摩擦。

这就要求:第一,产权主体对交易对象应拥有明晰的唯一的产权,而且产权具有可分割的特性,即产权在量上是可以度量的(通过市场价格反映出来),而且是可以分解的。第二,产权具有可交换性,这是市场平等交易与资源自由流动的必要条件。第三,产权拥有者可以在制度规则中不加限制地行使产权,但他们必须对产权行使的后果承担完全的责任。

2. 合理的企业产权结构安排

为了克服企业内部各种要素所有者之间在团队生产中的搭便车行为,就需要形成一套能提高企业产权结构效率的激励约束规则,以降低交易费用。

这就要求:首先,必须明确界定出资人、经营者与生产者之间的权利和义务关系;其次,出资人通过设置一个最优化的激励约束机制监控经营者的行为,使经营者对个人效用的追求转化为对企业利润最大化目标的追求;第三,要确立法人财产权,企业法人对法人资产拥有完整的支配、转让和收益权，并对企业债务承担清偿责任。

3. 有效的产权保护

有效的产权保护包括合约各方面并通过行使退出权保护自己的权益，没有保护的产权是低效甚至是无效的。

（二）产权的功能

我们可以从一则有趣的故事引出产权的功能或作用。萨缪尔森在1950年曾预言，经济发展最快的将是南美，因为那里资源丰富，劳动力受教育的程度高，但后来他发现自己错了，因为他原先预计产权制度并不是经济结构最基本的问题。但事实上，二战后，欧洲以及东南亚地区经济发展最快。尽管这些国家资源贫乏，但由于产权制度合理，产权管理得当，因而经济得到高速发展。这个故事说明，产权的功能和作用是非常大的。

在一个资源不稀缺的世界里，产权是不起作用的。但事实上人类社会所面临的是一个资源十分稀缺的环境，每个人的自利行为都受到资源的约束。如果不对资源利用设定产权安排，就会发生争夺稀缺资源的利益冲突。因此，通过建立产权制度，能够让人们知道应该如何获取资源，以及在什么样的权利范围内可以选择资源的使用。产权的制度规定是现代市场经济得以顺利运行的重要保证。

产权的基本功能可以概括为以下五个方面：

1. 界定交易界区的功能

交换本质上是产权的交换，如果没有对财产权利本身的界定，就会模糊交易界区，从而不可能存在真正意义上的市场交易。一个在法律上强有力的产权制度就可以通过法律体系等形式界定和保护排他性的产权，使交易者既能在市场上展开公平的现货交易，又可以与其他交易者签订具有法律保障的契约关系，形成多样化的财产交换方式和财产转让方式，如借贷、租赁、拍卖、期货交易等。由此可见，排他性产权的确定是市场机制有效运行和微观决策的必要条件。

2. 规范交易行为的功能

在现代市场经济中，财产的实际占有关系具有复杂性和多样性，一个在法律上强有力的产权制度，一方面通过法律等形式界定财产的最终归属，保护财产所有者的权益，另一方面对财产实际占有主体进行定位和对其拥有的权限进行界定。明确的产权关系既有助于制定公平而有效的交易规则，又能有效地约束和规范行为人的交易行为。因此，产权关系明晰化是市场经济有效运行的重要条件之一。

3. 约束功能

我们知道，产权既是一种利益关系，又是一种责任关系，从利益关系上说是一种激励，从责任关系上说是一种约束。如果说只有利益而没有责任，或者说只有激励而没有约束,那么产权的功能就不能发挥应有的作用。一个明显的例子是,在产权没有明确界定的情况下,对森林的乱砍滥伐将导致水土流失,生态失衡,因为这里只有利益而没有责任。因此,产权的约束功能表现为产权的责任约束,即在界定产权时,不仅要明确当事人的利益,而且要明确当事人的责任,使他明确应该做什么,不应该做什么,使他知道侵权或越权的后果和所要付出的代价。另外,约束还有来自外部的约束,即外部监督,如股东对经理的监督。通过外部约束,可以强化内部的自我约束,使当事人遵守产权规则。

4. 形成稳定预期的功能

产权是由一系列权利与义务的规范组成的。一旦排他性产权确定,产权主体就可以在法律允许的范围内和不损害他人权益的条件下自由支配和处分产权,并独立承担产权行使的后果。权利义务的明晰化和对称性,使行为人在行使产权时具有稳定的预期,他将全面权衡成本与利益的关系,以效用最大化原则来支配和处分产权。

5. 激励与提高资源配置效率的功能

在市场经济活动中,商品的交易主要是产权的交易,而产权的交易归根结底体现为经济利益的交换和分配。显然,离开利益关系,就无所谓产权关系。在经济运行过程中,若当事人的利益通过明确产权得到肯定和保护,则主体行为的内在动力就有了保证,这时,产权的激励功能就通过利益机制得以实现。排他性产权的确立使权利与义务对称化,这就使产权主体内有动力,外有压力,在利益动机的激励下从事市场交易活动。同时,排他性产权的确定,使公平、自由的市场交易成为可能,产权的可分离性,可使人们在拥有和行使这些可分离性的权利时实行专业化分工,获取由分工带来的增量收益;产权的可转让性,使资源能够根据市场需求的变化在全社会自由流动,提高资源的配置效率。因此,一个在法律上强有力的产权制度既有利于提高资源的利用效率,又有利于提高资源的配置效率。

【相关链接】　　　　　　　　　科斯的产权观点

科斯是现代产权理论的奠基者和主要代表,被西方经济学家认为是产权理论的创始人,他一生所致力考察的不是经济运行过程本身(这是正统微观经济学所研究的核心问题),而是经济运行背后的财产权利结构,即运行的制度基础。

1958 年科斯写了一篇名为《联邦通讯协议》的论文(The Federal Communications Commission,《法学经济学》创刊号)。他在这篇文章中明确指出,只要产权不明确,由外在性带来的公害是不可避免的,只有明确产权,才能消除或降低这种外在性所带来的伤害。在明确产权的基础上,引入市场价格机制,就能有效地确认相互影响的程度以及相互负担的责任。他举了一个著名的案例:当火车驶过一片种有树木和庄稼的土地时,机车排出的烟火经常引起周围的树木、庄稼着火,这是一种外在性损害。如何克服它呢? 科斯认为关键在于明确产权。如果这块土地是属于有树木、庄稼的农场主的,农场主就有权禁止火车排放烟火,火车若要排烟,火车的所有者就必须向土地的主人赔偿一定的费用,反之,如果赋予火车主人自由释放烟火而又不负责任的权利,那么农场主若想避免由于火车释放烟火所导致的火灾造成的损害,进而要求火车不放烟火,就必须向火车主人支付一笔费用,以使火车主人愿意并能够不排烟火,甚至停止运行。科斯由此认为,要更有效地消除外在性损害,用市场交易的方式实现赔偿,前提就在于明确产权。

资料来源:http://wenku.baidu.com/view/257dfae0524de518964b7daf.htm

第三节　以按劳分配为主体的收入分配与社会保障制度

在市场经济条件下,所有制形式的多样化及产权形式、经营方式的多样化决定了收入分配机制和分配方式的多样化。影响市场经济运行的社会基本条件除了产权制度外,个人收入分配制度与社会保障制度也是社会主义市场经济体制的重要组成部分。

在我国社会主义初级阶段,由于实行的是以公有制为主体、多种所有制经济共同发展的多元所有制结构,所以,在分配领域,也必须实行以按劳分配为主体,把按劳分配和按生产要素分配结合起来的、多种分配方式并存的制度,这也是社会主义初级阶段的基本经济制度。坚持这个制度有利于资源的合理配置和有效使用。同时,完善的社会保障体系,是社会主义市场经济的安全阀,它可以保证整个经济运行持续、快速、健康地发展。

一、收入分配原则与收入分配方式

现代社会,收入分配是一个十分复杂的问题,收入分配制度直接关系到国家和人民群众的切身利益,关系到经济发展和社会的稳定。那么,关于收入分配的原则和规则都有哪些? 这是研究收入分配问题必须关注的。

(一)收入分配中的两个平等原则

在现代社会中,每个社会成员应当拥有平等的生存权利,应当平等地享有衣、食、住等方面的基本生存资料。人们之间应该拥有的基本权利有以下两个：

1. "平等生存权"原则

平等生存权原则是构成现代收入分配制度的基本原则，该原则所阐述的简明道理是：生产首先是为了生存，生存是第一位的。如果从社会再生产的过程看，收入分配不仅会影响到人们的生存，而且还会影响到下一阶段的社会生产。

2. "等量贡献获得等量报酬"的原则

人们参加生产活动，不仅是为了生存，还为了发展，不但希望创造出社会财富，而且希望得到相应回报。如果个人得到的回报与其在生产中的贡献不相适应（特别是回报低于他的贡献时），就会感到以等量贡献不能换取等量回报而受到伤害，从而挫伤其在下阶段中的工作积极性，社会再生产过程就会由于分配不合理而受到冲击甚至破坏。可见，"等量贡献获得等量报酬"的平等原则是现代市场经济社会收入分配的一个重要原则。

现实中，决定收入分配的两个基本原则之间存在着矛盾。如果按照满足社会成员基本生活需要的原则来制定分配规则，那么，一方面随着社会的发展和进步，基本生活需要的标准越来越高，社会必须将其创造的收入越来越多地平均分配到每个成员的头上；但另一方面，现代市场经济的扩展，又使人们更加注重个人的价值尤其是个人创造的价值的大小，关心个人的经济利益，因此平均主义的分配方式必然降低个人的工作积极性，从而阻碍社会经济的增长。如果仅仅按照贡献回报原则来制定分配制度，由于社会成员占有的经济资源的差别和个人天赋的差别，具有公平地位的社会成员又会出现贫富差距和两极分化现象，出现事实上的不平等。所以，社会主义市场经济条件下的收入分配是一个既要兼顾两个平等原则，又要坚持调动各方面积极性的分配制度。

（二）多种收入分配方式

生产方式的多样化，必然带来分配方式的多样化。随着改革的深化、所有制结构的调整以及相应的产权制度的调整和完善，必然会带动和促进分配方式的调整和完善。比如，目前我国正在积极推行的股份制和股份合作制的收入分配方式，就是按劳分配和按生产要素分配相结合的新的分配方式。关于通过按生产要素分配方式取得的其他收入，分配方式和收入来源更是呈多样化的趋势。从经济学的角度，我们必须对各种分配方式及它们的相互关系做出理论分析。

1. 按劳分配

按劳分配，是指按照个人的劳动贡献来分配收入或消费品的一种社会分配制度。

按劳分配的基本内容和要求是：在劳动产品属于全体劳动者的条件下，扣除扩大再生产和社会需要以后,多劳多得、少劳少得,等量劳动领取等量报酬,有劳动能力而不参加社会劳动的人,没有权利向社会领取劳动报酬。按劳分配体现着劳动者在分配领域中的平等关系。

按劳分配中的"劳"是从劳动时间、劳动强度和劳动复杂程度等三个方面进行综合考察而确定数量和质量的,劳动的量和质相统一。劳动时间、劳动强度是劳动的量,劳动复杂程度是劳动的质,在确定劳动量时,既要考虑劳动时间的长短和劳动强度的高低,还要考虑劳动复杂程度的大小。

按劳分配是以承认不同劳动者劳动能力的差别为前提的,劳动能力的差别,必然带来收入的差别。按劳分配要求每个有劳动能力的人必须"各尽所能"地为社会提供劳动。要真正贯彻按劳分配,必须反对和克服分配上的平均主义。平均主义不承认劳动差别,主张劳动成果平分,"干多干少一个样,干与不干一个样",这是和社会主义本质不相容的。在现有的社会生产力水平基础上,搞平均主义只能导致劳动者普遍缺乏进取心,在客观上阻碍生产力的发展。

在我国社会主义初级阶段,坚持按劳分配,应当鼓励一部分人先富起来。这不仅是指在同一个单位,应该鼓励一部分有特殊劳动技能、肯干苦干的人依靠诚实劳动先富起来,而且也要承认不同地区、不同生产单位因社会经济因素带来的差别。必须看到,共同富裕是以生产力的发展和效率的不断提高为前提的,经济效益低下是无法实现合理的分配的;同时,共同富裕不等于平均富裕,共同富裕仍然是一种有差别的富裕,而且这种差别应尽量反映人们的努力程度和资源禀赋的差别;还必须看到,共同富裕不等于同步富裕,共同富裕只能是一个不平等发展的过程。例如,我国不同地区之间的经济、教育环境存在差别,生产力发展水平存在多层次性,因而各公有制单位的总体劳动者在同样时间提供的社会劳动成果是有差别的,这样,在收入分配上就必然存在差距。当然,社会主义最终要实现共同富裕,鼓励一部分人、一部分地区先富起来,目的是要他们起劳动致富的示范作用,同时,要发挥先富的劳动者的带动作用,帮助其他劳动者尽快走上致富之路。就鼓励一部分人、一部分地区先富起来的经济政策而言,它还包括支持和引导非公有制经济的发展,鼓励一部分人通过自己投资办企业、合法经营先富起来,并通过技术转让、资金融通等形式发挥对其他地区的经济辐射作用,扶持欠发达地区尽快富起来这也符合先富地区的长远利益和根本利益。

2. 按经营收益分配

按经营收益分配,是指按商品生产者和经营者在一定时期内生产和经营的最终收益即经营效果来分配。它是我国社会主义市场经济中与按劳分配既相联系、又有区别的一种分配方式;它是商品生产者和经营者所得收入的分配方式;它既存在于公有制经济中,也存在于非公有制经济中。

按经营收益分配的主要特点是:

(1)商品生产者、经营者的个人所得收入不仅取决于生产,而且取决于交换。

(2)不仅取决于劳动者个人劳动量支出的大小,而且取决于市场的需要和变动。

后者往往起主要的决定作用。所以,按经营收益分配是一种市场化的分配机制。

按经营收益分配中,商品经营者所得收入主要来自以下四个部分:

(1)经营性劳动收入。经营管理本身是一种高级的、复杂的脑力劳动,它需要多方面的知识、灵敏的反应和决策能力,从而能在同样的时间内物化为较多的价值。经营性劳动收入就是根据经营者所付出的经营性劳动量,由市场分配的收入。

(2)创新收入。它是经营者由于提供了开发新产品、发明新技术、开拓新市场等创新劳动而得到的收入,是社会对创新劳动的奖励。

(3)风险收入。经营者一般都应承担经营风险,在他们较多的收入中还含有一部分风险收益。

(4)机会收入。即由于外部因素及其变化所形成和引起的收入,包括价格上涨获得的额外利润及政府政策倾斜而获得的相应收入等。

3. 按生产要素分配

从生产力的角度看,生产要素是指构成生产过程的各个因素,即创造物质财富的要素。现代社会化生产的过程十分复杂,生产要素主要包括管理劳动、科技劳动等复杂劳动在内的各种劳动者的劳动。

从广义上看,生产要素是指生产产品和劳务的投入。它主要包括:劳动、土地、资本、房地产、技术、信息等。其中劳动、土地、资本是最重要的生产要素,它是进行生产活动的基础,没有一定的生产要素投入到生产过程中,再好的制度、体制、管理都是无用的。

按生产要素分配,是指生产要素所有者凭借其生产要素的所有权获取一定收入的方式。它主要有以下具体形式:

(1)按资本要素分配。按资本要素分配是指资本所有者凭借其资本所有权参与劳动成果的分配。资本作为不可缺少的生产要素,其最大的特点在于它的增值性和营利性。资本所有者必然要求凭借自己对资本的所有权取得对一部分社会产品的索取权。所以,个人资本所有权的存在是产生按资本要素分配的根本原因。随着居民收入水平的提高,居民的收入从单纯的消费投入分解为消费资金和投资资金。居民用于投资的资金的出现,就必然会导致按资本要素分配形式的出现,而且随着收入量的扩大,居民用于消费后的剩余资金即可用于投资的资金量越来越大,从而由此获取的投资收益也会越来越多,按要素分配形式在范围上就会不断扩展。

按资本要素分配收入具体包括:居民将消费剩余资金用于银行储蓄,获取利息;居民将消费剩余资金买卖各种债券、股票等有价证券,获取红利、股息以及有价证券买卖收入等;居民将消费剩余资金以独资、合资等形式从事实业投资以获取利润。

按资本要素分配的形式具有重要意义:有利于动员社会闲置资本投入经济运转,有利于刺激劳动者把结存的货币收入从消费领域转移到生产领域,促进社会经济的发展。

(2)按劳动力价值分配。按劳动力要素分配就是按劳动力的价值分配。它存在于私营企业、个体企业、"三资"企业等非公有制经济中,劳动者向企业提供劳动,企业将按照劳动者的劳动力价值向其支付劳动报酬。

(3)按劳动力产权分配。劳动力产权包括劳动力个人所有权、劳动力个人处置使用权以及劳动者获取收益、拥有财产的权利。劳动力作为人力资本在生产过程中和货币资本的作用是一样的。货币资本要求增值,否则,就不成为资本。同样劳动力作为人力资本,也要求在经济过程中增值,参与剩余分配。

(4)按土地要素分配。居民如果拥有土地,不仅可以买卖土地,也可以买卖土地在一定时期的使用权,因此,居民可以因拥有土地的使用权而获取土地的租金。此外,拥有房产的居民也可以通过房屋出租获取租金收入。

(5)按技术要素分配。技术要素所有者将自有的技术投入生产并做出贡献,就应获取相应的报酬。按技术要素分配具体包括以下内容:一是以专利权的形式获取专利收益;二是以技术人员入股的形式获取利润分红;三是以人力资本的形式获取额外收入。

(6)按管理要素分配。管理是促进经济发展的一个重要的生产要素。拥有管理才能的人即严格意义上的企业家,将自己的管理才能投入到运行过程中并做出贡献,企业家就应获取相应的报酬。

(7)按信息要素分配。信息是当今时代特别是知识经济时代最重要的资源之一,谁拥有足够的信息,谁就能在市场竞争中处于优势地位,从而获得更多的收入。因此,信息要素所有者就要依据信息在生产中的贡献获取相应报酬。

【相关链接】　　　　按劳分配与按要素分配相结合

党的十五大报告提出要把按劳分配与按生产要素分配结合起来。所谓按生产要素分配,是指社会根据各种生产要素在商品和劳动生产服务过程中的投入比例和贡献大小给予的报酬,即劳动力、土地、资本、技术、信息、管理等要素共同参与收益分配。

党的十五大报告关于分配原则的新论述是对改革开放以来分配领域改革成果的继承和发展,这种发展主要表现在:(1)明确提出"允许和鼓励资本、技术等生产要素参与收益分配",这在十四届三中全会《决议》提法的基础上又前进了一大步。参与收益分配的生产要素不仅是资本,而且包括技术等;对生产要素参与收益分配不仅是"允许",还要"鼓励"。(2)明确提出"按生产要素分配"是我国现阶段除了按劳分配外又一通行的分配原则,这是对"坚持按劳分配为主体、多种分配方式并存的制度"在理论上的具体化。在社会主义个人收入分配制度改革的发展史上,这是一个具有里程碑意义的创新之举。

资料来源:袁春晖.经济参考.2009,(2).

(三)按生产要素分配的理论依据和积极作用

1.按生产要素分配的理论依据

由于按生产要素分配是近几年经济理论界广泛讨论的问题,也是我国收入分配制度的一个新的发展,所以,在此对按生产要素分配的理论依据作一些说明。

(1)生产要素的所有权关系是分配关系的基础。马克思指出,"消费资料的任何一种分配,都不过是生产条件本身分配的结果"。这里所说的生产条件本身的分配,是指物质的生产条件(土地、资本等)和人身的生产条件(劳动力)的归属,即各种生产要素的所有权关系。有了按生产要素分配的前提,生产要素的所有者自然凭借其对要素的所有权参与分配。在社会主义市场经济条件下,依然存在这种生产要素的所有权关系,因而存在必然按生产要素进行分配的分配形式。

(2)个人收入分配的对象(或物质财富)是各种生产要素在生产过程中(即在财富创造过程中)所做出的实际贡献。如果说各种生产要素在财富创造中的作用是可有可无或者这种要素是取之不尽、用之不竭的话,那么,这种要素也不会给所有者带来任何收益。当由个人占有的生产要素既是稀缺的又在财富创造中做出了贡献时,就必然要求将一部分超额利润转化为要素所有者的收入。

(3)市场经济发展的需要决定了必须按生产要素进行分配。在任何社会制度下,市场经济的发展和完善都要由人、财、物等生产要素发挥功能来推动。尽管人是生产过程的能动因素,但财和物的作用也绝不可忽视,对其重视的唯一形式就是承认要素所有者的收益分配权。

2.按生产要素分配的积极作用

按生产要素分配有许多积极作用,但最主要的作用是有利于优化资源配置,提高效率,促进经济发展,保持社会稳定。具体表现在以下几个方面。

第一,能真正体现要素的稀缺性,减少资源的闲置和浪费。生产要素所有者使用生产要素的直接目的是获取最大的要素收益,为达此目的,要素所有者总是努力将生产要素配置到最需要的地方,使生产要素得到最有效的使用。要素所有者获得要素收益的高低取决于不同地区、不同行业、不同企业的要素稀缺程度和要素使用效率,要素所有者要获得最高的收益,就必须将要素配置到最稀缺和使用效率最高的地区、行业和企业中,从而有助于减少资源的闲置和浪费。

第二,有利于提高要素的质量和素质。市场上要素价格的高低不仅取决于生产要素的数量,而且更重要的是取决于生产要素的质量。因此,要素所有者要取得较高的要素收益,就需要不断提高要素的质量,而要素质量的提高就会促进经济效率的提高。

第三,有助于刺激要素所有者的积极性、主动性和创造性。劳动力要素是生产要素中一个能动的要素,它的能力的充分发挥,不仅取决于劳动力所有者素质的高低,而且取决于劳动力要素所有者的积极性、主动性和创造性。按生产要素分配,克服了平均主义的弊端,按劳动贡献大小进行分配,将会有利于发挥劳动者的积极性、主动性和创造性,从而促进效率的提高。

第四,有助于要素使用者节约要素的使用。按生产要素分配实际上就是由市场机制配置资源。要使要素使用者高效地使用资源,一方面资源使用者不可能无偿或廉价地使用资源,而只能通过公平交换获得资源,同时要求资源使用者对各种资源进行合理组合,避免各种要素的闲置和浪费。这样,要素使用者为了降低成本,获取最大收益,就必然对生产要素的使用精打细算,厉行节约。

按生产要素分配可以通过合理有效地使用生产要素增加社会财富,也可以增加居民个人和家庭的收入,即居民个人和家庭的收入不仅来自于按劳分配的劳动收入,而且还有其他劳动收入、利息收入、股息收入、红利收入、租金收入、管理收入、风险收入等。居民和家庭收入来源的多元化,使工资收入不再是居民和家庭收入的唯一来源,这有助于增强居民和家庭收入的稳定性。必须看到,按生产要素分配的确立和实行,可能在较短的时间拉开居民收入的差距,需要在收入分配政策上做及时的调整。

【相关链接】　　在改革实践中努力探索新的分配形式

随着改革的深入,一些有条件的企业正在探索能体现按劳分配和按生产要素分配相结合的新的分配形式,如职工持股制、企业经营者年薪制、股票期权制等。

1.职工持股制

建立职工持股制度,就是要在企业内部实行按劳分配的同时,鼓励资本、技术等生产要素参与分配。在实行职工普遍持股的同时,支持和鼓励企业经营者和业务骨干通过一定方式,凭借他们特殊的才能和经营管理经验,持有较多的企业股份,并相应取得较多的利益。

　　2. 年薪制

　　年薪制是根据企业类别、经营规模等因素确定经营者基本报酬并按经营业绩分档付给风险收入的特殊薪酬制度,其核心是对经营者形成激励机制、约束机制和风险机制。经营者年薪一般由基薪和加薪(即风险收入)、当地物价水平和职工平均工资水平来确定。加薪的具体数额应视经营效益而定。不能把年薪制变成旱涝保收的高薪制,而应是风险与收益共存的激励工资制,应该把经营者的责任、权利、风险和利益统一起来。随着市场化改革进程的加快和现代企业制度的逐步建立,年薪制在国有企业中推行是必然趋势。显而易见,年薪制较之月薪制更有利于调动经营者提高企业经济效益的积极性。但是,年薪制也有其局限性,即毕竟是一种在短期内从物质的角度对企业经营者给予激励的分配形式。

　　3. 股票期权制

　　与年薪制相比较,股票期权制则具有长期报酬的特点。股票期权制的实施过程是:公司经营者如果经营成功,可分得企业股票,即加薪奖励,但这是一种期权,经营者在任期内不得随意兑现。如果某一年度经营得好,可按规定增加期权额度;如果某一年度经营得不好,则要扣减以前拥有的期权额度。公司经营者在离任后一年内,可按公司拟订的办法,兑现全部应得的期权。对于经营者来说,其收入不仅取决于所获得的股票期权额度,而且取决于每单位股票的价值,这就会激励企业经营者着眼于企业的长远发展和长期效益,避免可能出现的短期掠夺行为。

　　资料来源:http://www.cs.com.cn/csnews/20000808/21996.htm.

二、经济发展中居民收入的"倒 U 假说"

　　关于经济发展中收入差距的演化趋势,美国著名经济学家、统计学家库兹涅茨在 1955 年提出了著名的"倒 U 假说"。他根据经济发展早期的普鲁士(1854—1875)以及处于经济发展后期阶段的美国、英国和德国萨克森地区(1880—1950)收入差距的统计资料,提出:"收入分配不平等的长期趋势可以假设为:在前工业文明向工业文明过渡的经济增长早期阶段迅速扩大,尔后是短暂稳定,然后在增长的后期逐渐缩小。"(即收入差距的变动轨迹类似于倒写的英文字母"U")在库兹涅茨看来,发展中国家向发达国家过渡的长期过程中,居民收入分配的差距"先恶化,后改善"的趋势是不可避免的。

　　库兹涅茨在解释"倒 U 假说"时,认为收入差距在经济发展早期阶段逐渐恶化的原因主要有两个方面:①储蓄和积累集中在少数富裕阶层,比如美国占人口5%的最富裕阶层占有全部个人储蓄的2/3,而储蓄和积累又是经济增长的主要动力,因而经济增长必然使富者越富,穷者越穷;②工业化和城市化是经济增长的必然结果,而城市的居民收入比农村的居民收入更不平等,所以城市化水平的提高必然带来收入分配的恶化。他认为,随着经济的发展,现实中有一些因素能够逐渐抵消收入分配差距的扩大,从而使收入不平等的状况向逐步缓和转变。这些因素是:法律干预和政治决策,如遗产税、累进所得税制和救济法的实施;人口中富人的比重由于其比穷人更倾向于控制生育而下降,导致若干年后固定比重(比如20%)的最富裕阶层中有收入相对低些的人口进入,从而使这一阶层的相对收入份额降低;技术进步和新兴行业的不断出现,不可避免地导致来源于旧行业的财产和收入的比重在总收入中的逐步减少。

改革开放以来,我国居民收入差距的演变有没有发生类似于"倒U假说"的演变趋势呢? 很多机构和学者研究得出的基本判断是:迄今为止,中国居民收入差距在总体上呈现出一种逐渐扩大的演变趋势。这一基本判断得到了绝大多数研究者的认同。

我国是一个人口众多、地域辽阔、城乡分割、地区发展很不平衡的大国,因此,要理解我国转型期居民收入差距的演变趋势,需要分别考察农村内部、城镇内部、城乡之间以及地区之间收入差距的演变。同时,农村内部、城镇内部、城乡之间以及地区之间的收入差距,是全国居民总体收入差距的组成部分,只有分别考察这几个方面收入差距的变动,才能更好地理解、解释和分析全国居民总体收入差距的变动情况。我国许多学者通过对我国农村内部、城镇内部、城乡之间以及地区之间收入差距演变情况的考察,得出的基本判断是:由于改革开放以来我国农村内部、城镇内部、城乡之间以及地区之间的收入差距在总体上是呈扩大的趋势,因此由这些差距构成的居民总体收入分配差距也是呈逐年扩大的趋势。

中国社会科学院经济研究所"收入分配课题组"通过抽样调查和分析得出结论:随着改革开放的深入,我国经济总量不断增长,2012年GDP总量已经达到51.93万亿元,居世界第二。然而,我国居民收入差距也在不断扩大,2000年我国的基尼系数已经超过了国际公认的0.4警戒线,2012年从1980年的0.23上升到0.474,这表明我国居民收入差距已经非常严重。世界银行的研究也支持收入差距扩大的结论。所以,改革开放以来,中国居民收入差距呈逐渐扩大趋势这一结论得到了各方面的普遍认同。因此,我们说,中国居民收入差距的演变趋势,至少现在还不存在类似于"倒 U 假说"的演变趋势,即现在需要我们关注的仍是居民收入差距过大的问题。

三、关于分配制度中的公平、效率与收入差距问题

(一)效率与公平的关系

1. 效率的含义

在经济学中,效率是指社会利用现有资源进行生产所提供的效用满足的程度,它不是生产多少产品的简单的物量概念,而是一个社会效用或社会福利概念。

效率通常包含以下三层含义:第一,技术效率。技术效率用来表明企业有效率地配置资源以及选择具有技术效率的生产计划的能力,它要求企业的生产应满足要素投入的最小化。第二,资源配置效率。它不仅包括企业内部的资源配置效率,而且包括整个生产要素和产品的有效配置是否实现最优。这一效率概念的具体标准就是帕累托效率原则。第三,制度效率。这是指某种制度能够在成本最小化的状态下运行。任何一种制度运行都是有成本的,对于完成同样的交易,人们总是寻找成本最低的制度。制度运行的成本又称为交易成本,交易成本的高低是衡量效率高低的重要标准。

2. 公平的含义

公平是一个伦理学的概念,它是指人们对既定社会中人与人之间各种关系的认识和评价。公平是一个复杂而充满争论的话题,经济学中的公平概念同样充满争议。从社会学的角度看,公平的含义是指人们在政治、经济、社会等方面都处在平等的地位,享有同等的权利。

经济中的公平主要是指社会成员收入分配上的均等化。它主要包括两个方面:

第一,机会平等。它是指人们在生活、自由和追求幸福的权利平等的基础上,有平等的机会选择和从事不同的经济活动,在经济活动中有平等的机会按其贡献获得相应的报酬,有平等的机会消费社会产品、积累私人财富和取得经济成就。

第二,结果平等。它是指人们获得的实际收入和拥有的财富平等。机会平等不等于结果平等,因为在经济活动中,每个人的努力程度、才能甚至运气不同,因而即使机会平等也会出现收入和财富的较大差异,这符合市场经济的规律。但是,经济生活中出现的结果不平等,在很大程度上是由于机会不平等造成的,比如市场机制不完善,存在垄断、特权等。因此,经济学家普遍认为,社会应努力地消除机会的不平等,而容忍一定程度的结果不平等。

3. 公平与效率的关系

效率与公平之间存在着对立统一的关系。

从统一性看,效率决定着公平的发生。只有当效率提高到有剩余产品时才会出现公平,公平的增长离不开效率的提高。越是经济落后的地方,在缺乏效率的同时往往更缺乏公平,公平随着效率的提高而不断增长。

从对立性看,在长期,效率促进公平,公平也促进效率,但两者也存在矛盾。在短期,追求效率就要牺牲公平,为了公平就要牺牲效率,两者的增长不同步,公平往往滞后于效率。这一矛盾关系是由市场经济运行机制本身决定的。

在市场经济中,要提高效率、使生产要素得到有效使用,就必须给生产要素所有者以相应的报酬。如果生产要素的使用是无代价的,就会出现两种情况:要么生产要素的使用者不计成本,不考虑效益;要么生产要素的所有者由于得不到任何收益而不愿提供生产要素,这两种情况都会导致市场经济无效率。因此,必须按生产要素分配收入以提高效率。但效率的提高可能会导致收入差距的扩大,这是因为资源的稀缺性和生产要素在社会成员之间的分布不均等性。资本要素比较稀缺,资本收入及利润增长快,而劳动要素供给比较充足,工资收入增长比较缓慢,所以效率提高所增加的收入大部分会落入资本所有者手中,这就造成社会范围的收入差距问题。

(二)正确处理收入差距问题

在市场经济中,由于不同个人在拥有和运用生产要素产权方面的差异,个人的收入水平就不一样,由此而形成个人收入和财富方面的不平等。如果单纯地强调生存权的平等,在分配上就可能偏倾于平均分配,显然不利于促进经济增长和社会发展。而如果过分强调按生产要素分配和按贡献回报原则分配,又会产生两极分化,从而不利于社会稳定和共同富裕。因此,如何根据不同经济发展阶段的要求和社会历史条件,来调整个人收入分配的差异程度,以促进经济稳定发展,就成为收入分配理论和改革面临的一个实际问题。

1. 从长期看,要坚持效率优先、兼顾公平的原则

从长期看,在效率与公平的选择上,应坚持效率优先、兼顾公平的原则。经济增长首先要有效率上的保证,经济增长过程中的无效率或负效率可能引起经济停滞,甚至是经济负增长。没有经济增长就没有经济发展,而效率的发挥建立在社会不平等的基础之上,有差别才有竞争,有竞争才能有效率。当然,坚持效率优先原则并不是不要公平。在市场经济条件下,每个人的天赋和机会是不均等的,并非是个人的努力程度造成人们的收入差距过大,如果听任这种状态长期存在,最终会危及社会安定,导致效率下降。从经济发展的角度研究,公平与效率既是经济发展过程本身的需要,又是经济发展过程中所要追求的目标。

　　一个社会从稳定与发展的角度看,必须坚持效率优先、兼顾公平的分配原则。处理这一关系的原则为:

　　第一,在效率优先的原则下兼顾公平。在历史上,只有当效率提高到剩余产品产生以后,社会才可能提出公平问题。在效率低下、根本没有剩余产品的情况下奢谈公平显然没有任何意义。从公平的走向看,公平也只有在效率提高过程中才会增长。在农业社会,人口中1%或2%的处于最高层的人通常占去社会总财富的50%;而在工业社会,一般来说,人口中2%处在最高层的人占去社会总财富的10%左右。显然,在收入分配差距上,农业社会大于工业社会。当今世界的现状也表明,穷国在财富和收入分配上通常比经济发达国家更不平稳。可见,在处理公平与效率的关系上,应在提高效率的前提下实现公平。只有效率提高了,蛋糕做大了,才会丰富实现公平的物质基础。党的十四届三中全会《关于建立社会主义市场经济体制若干问题的决定》指出,个人收入分配要体现效率优先、兼顾公平的原则,实际上是表明,社会主义的根本任务是发展社会生产力,而发展生产力首先要讲效率。我国在发展社会主义市场经济过程中允许一部分人先富起来,就是体现效率优先原则。然而,在效率优先原则下,要尽量考虑公平的要求,让收入差距保持在一个相对合理的限度内。例如,在我国现阶段,一方面应当根据各行各业和各个单位的经济效益以及各人的劳动贡献大小,适当拉开收入差距;另一方面也要照顾左邻右舍,用征收所得税和调节税的办法使差距保持适度。

　　第二,要善于把握效率与公平两者在不同时期所存在的不同矛盾,有针对性地协调两者之间的关系。公平和效率这对矛盾,在任何时候都存在,但有些时候公平的问题更显得重要,而另一些时候,效率问题会更加突出。在西方资本主义世界中,20世纪30年代由于遭受空前经济危机,工人大量失业,生活十分困难。于是,各国大力发展社会保障事业,既稳定了社会秩序,也刺激了有效需求,使经济摆脱了衰退。这显然突出了平等要求。然而到20世纪70年代,各国普遍感到,社会保障发展过快损害效率的问题变得越来越严重,其突出表现是社会保障制度中财务危机日趋严重。养老金支出和医疗保险费用扶摇直上,政府不得不用征税和通货膨胀的办法予以解决,这又引起纳税人的不满,于是经济学家开始批评社会保障损害了效率。一些国家的政府也开始对原有社会保障制度进行改革,增加个人保险负担。这样一来,平等和效率这对矛盾的主要方面就从如何实现平等开始转向如何实现效率。在我国,由于计划经济的影响,长期以来平均主义倾向十分严重,改革开放中经营方式和分配方式的变化,又出现了严重的市场分配不公平而导致收入差距过大的倾向。这里的分配不公平不是由劳动贡献大小决定的,而是使以权谋私、权钱交易、偷税漏税的少部分人大发横财。所以,不管是计划经济的残余或差距过大问题,都需要在深化改革的过程中,通过建立规范正常的市场秩序加以解决。

第三,要寻找一些以尽可能小的不公平换取尽可能高的效率,或以尽可能小的效率损失换取尽可能大的公平的途径,以降低效率与公平替代的机会成本。例如,在劳动就业方面,必须通过深化改革增加劳动力的流动性,打破劳动力流动中的部门限制、城乡限制和地区限制,在就业方面创造一个公平竞争的机会。在人事制度执行中必须增加公开性、透明度,这样,既有利于实现公平原则,又有利于提高效率。在社会保障方面,既要逐步取消一些大锅饭式的补贴,又要在深入细致的调查基础上做到"应保尽保"。同时,必须加大税制改革,严肃税收纪律,切实解决偷税漏税问题,从多方面保证公平与效率的实现。

2. 在特定时期,要"更加注重公平"

经济发展并不一定必然带来社会的公平,蛋糕做大并不必然保证每个人都能分到蛋糕,关键在蛋糕分配的制度设计上,收入差距扩大到一定程度会损害经济的持续增长,甚至会导致社会不稳定。

目前,导致我国收入差距扩大的原因很多,主要有:

(1)由个人或地区自然禀赋存在差别造成的;

(2)由存在多种所有制和分配方式造成的;

(3)长期过于重视效率,忽视了对公平的推进等。

过大的收入差距已经引起社会广泛的不满情绪,直接影响了人们的心态、就业、生产的积极性,影响社会的安定团结和稳定。收入分配的差距造成大量的贫困人口或弱势群体,使他们的生存和发展的权利得不到保障。因此,在新的历史条件下,我们应当更加注重社会的公平,更加全面理解和贯彻社会公平原则,努力在发展社会生产力的基础上实现公平与效率的统一,实现公平的经济增长,使社会的大多数成员都能分享到经济增长的成果,促进社会经济的和谐发展。

四、社会主义市场经济的社会保障制度

(一)社会保障制度的含义与基本内容

1. 社会保障制度的含义

社会保障制度,是指以国家或政府为主体,依据法律规定通过国民收入的再分配,为保证社会成员的基本生活权利而提供的救助和补贴。

社会保障制度起源于19世纪末20世纪初的西方发达国家,二战后才在西方各国普及发展起来。近30年来,随着世界各国社会经济的发展,建立必要的社会保障制度已成为人类社会进步的一般趋势。

2.社会保障制度的基本内容

社会保障制度一般包括社会保险、社会福利、社会救济和社会优抚等四个方面,其中社会保险是社会保障制度中最基本和最核心的制度。

(1)社会保险。社会保险是指以国家为主体,对有工资收入的劳动者在暂时或永久失去劳动能力,或虽有劳动能力而无工作亦即丧失生活来源的情况下,通过立法手段,使之继续享有基本生活水平,从而保证劳动力再生产和扩大再生产正常进行的社会保障制度。社会保险主要包括养老保险、医疗保险、工伤保险和失业保险。养老保险主要是为保障老年人正常的物质生活和精神心理安慰等方面的需要而建立的保险基金。我国的企业职工养老保险制度改革,提出了国家基本养老保险、企业补充养老保险和个人储蓄性养老保险三结合的办法。实施这一办法,有利于逐步建成养老保险多层次、资金来源多渠道的社会养老保险体系。医疗保险是现代社会不可缺少的事业。我国的医疗保险包括职工公费医疗和劳动医疗,农村医疗保健体系,以及免疫和疾病预防网络的建立。工伤保险制度是劳动者在生产劳动和其他职业活动中,因意外事故负伤、致残、死亡,或因接触职业有毒因素引起的疾病、致残、死亡,本人及其家属从国家和社会获得物质帮助的一种社会保险制度。失业保险是劳动者由于非本人原因暂时失去劳动机会、丧失工资收入时,从国家或社会获得物质帮助的社会保险制度。

(2)社会福利。社会福利是指由国家或由社会向法律或政策所规定的公民,普遍提供旨在保证一定生活水平和尽可能提高生活质量的资金和服务的社会保障制度。社会福利制度的目标比较广泛,它包括社会性福利和职工社会保险福利两大类。在我国,社会性福利服务主要是由民政部门负责实施,具体业务是通过专门的福利机构和社会组织来落实和操作。职工社会保险福利由劳动和人事部门负责实施,其中,劳动部门负责企业职工的福利,人事部门负责党政机关、群众团体和事业单位国家工作人员的福利。

(3)社会救助。社会救助是指国家和社会向遭到不可抗拒的天灾人祸、失业待业、丧失劳动自救能力等社会成员提供最低生活需要的资金和物质资助。在日常经济生活中,人们可能遇到不可预测的天灾人祸、失业破产或由于丧失劳动能力而断绝经济来源,由国家和社会提供的维持最低生活水准的资金和物资,通过社会救助的形式解决社会成员的生活困难。社会救助的项目很多,主要是围绕自然灾害救助、孤寡病残救助、城乡贫困救助和失业破产救助四个方面的内容进行的。

(4)社会优抚。社会优抚是指国家和社会按照规定对法定的优抚对象,如现役军人及其家属、退休和退伍军人及烈属等,为确保其一定生活水平而提供的资助和服务,是一种带有褒扬和优待、抚恤性质的特殊社会保障制度。其具体内容有死亡优抚、伤残优抚、退伍优抚、退休安置和社会优待等。

（二）社会主义市场经济与社会保障

市场经济是通过市场机制的作用体现其资源配置作用的，在这一过程中，竞争机制在市场机制的各个环节发挥作用，市场经济通行的原则是优胜劣汰。在市场经济条件下，个人收入分配的原则是效率优先、兼顾公平。因此，伴随着市场经济的发展，在竞争规律的作用下，必然出现贫富差距拉大，也必然出现地区差距扩大。市场规律所产生的这些后果会进一步给社会带来影响。从积极的方面看，它可以激励企业和劳动者追求创新、追求效益、追求个人素质的提高，从而推动社会的进步。从消极的方面看，这种竞争结果并不完全是市场竞争主体的自身原因造成的，而是包括客观原因在内的多种原因造成的，如果个人之间和地区之间的差距超过了人们可以接受的程度时，就会妨碍社会稳定，引发社会动荡，反过来影响市场经济的健康运行。因此需要建立社会保障制度，对社会财富进行再分配，以达到稳定社会和提高资源配置效率的目的。

社会保障的作用主要表现在为经济增长创造一个稳定的社会环境和调节收入差距，包括个人收入差距、地区之间收入差距、城乡收入差距。在我国建立完善的社会保障制度，对于社会主义市场经济的建立更有着特殊重要的作用，可以说，没有完善的社会保障制度，就没有社会主义市场经济。例如，市场经济的发展，要求实现生产要素在社会范围的合理流动，包括劳动力的合理流动，但是如果缺乏社会保障制度，户籍制度的城乡分割就极大地影响了劳动力在不同部门间的流动。建立统一的社会保障制度，将打破城乡和所有制限制，有利于劳动力在社会范围内合理流动，促进市场经济的发展。

（三）建立完善的社会保障体系

从理论上讲，社会保障制度改革，应该与其他方面的改革同步进行，但我国的社会保障制度改革实际上相对滞后，所以无力承担改革风险。特别是国有企业，由于社会负担太重，承担了相当一部分应由社会承担的职能，背上了沉重的包袱，无法提高效益参与市场竞争，所以，没有社会保障制度的建立和改革配套措施的到位，国有企业改革是无法顺利进行的。

为加快社会保障体系的完善，我国政府先后出台了一系列政策，对社会主义市场经济体制的安全运行起到了很大的作用。这些政策的主要内容有：

第一，完善失业保险机制，提高失业保险金支付能力；

第二，在养老保险方面，按照社会统筹和个人账户相结合的原则，统一了全国养老保险制度；

第三，建立城乡居民最低生活保障制度。

根据建立社会主义市场经济体制的要求和我国社会保障工作目前存在的问题,建立完善的社会保障体系,应从以下几个方面努力:

(1)社会保障水平要与我国生产力发展水平以及各方面的承受能力相适应。也就是说,开展社会保障工作,既要有利于生产,又要有利于保障基本生活需求,必须兼顾国家、集体和个人三方面的经济承受能力。目前我国的社会保障应以提供生存资料、保障基本生活需要为目的,以后再随着经济发展逐步扩大保障范围。

(2)按照社会保障的不同类型确定其资金来源和保障方式。在目前,重点是完善职工养老和失业保险制度,强化社会服务功能以减轻企业负担,促进企业组织结构调整,逐步改变"企业办社会"的状况,提高企业经济效益和竞争能力。

城镇职工养老和医疗保险由单位和个人共同负担,实行社会统筹和个人账户相结合。进一步健全失业保险制度,保险费由企业按职工工资总额的一定比例筹交。普遍建立企业工伤保险制度,还应发展商业性保险作为社会保险的补充。

(3)加快发展农村社会保险事业。长期以来,农民养老都是以家庭保障为主与社会扶持相结合。加快发展农村社会保险事业是要求在国家一定资金投入的支持下,在有条件的地方建立个人储蓄积累养老保险,同时要发展与完善行之有效的农村合作医疗制度。

(4)建立统一的社会保障管理机构,提高社会保障事业管理水平。社会保障的行政管理和社会保险基金的经营要分开,社会保障管理机构主要是行使行政管理职能。要建立由政府有关部门和社会公众代表参加的社会保险基金监督组织,监督社会保险基金的收支和管理,在保证基金正常交付和安全流动的前提下,可依法将社会保险基金用于保值、增值的投资,形成良性循环的社会保险基金筹集、运营和增值的机制。

(5)社会保障政策要统一,管理要法制化。随着统一的社会保障管理机构的建立,政策必须归口,不能政出多门。有关社会保障制度的建立与操作方法要规范化,尽快完善有关社会保障的各种法律,做到有法可依,实现管理的法制化。

第四节　社会主义市场经济

一、社会主义市场经济理论的形成

在社会化大生产条件下,人类所能找到的资源配置方式有两种:计划经济体制与市场经济体制。这两种体制各有利弊,许多国家都对其利弊进行了改革。但在两种资源配置方式存在的几十年里,实践的结果证明,计划经济体制并没有取得成功。计划经济体制失败的根本原因在于:在资源配置效率上逊于市场经济体制。市场经济体制由于能充分发挥与社会需求直接联系的价格机制的作用,通过价格波动和经济主体之间在利用稀缺资源方面的竞争,以及市场的等价交换,促进了社会分工、地区分工和国际分工,并使经济主体各得其所,趋利避害,因而它比计划经济能更好地满足人们各种不同要求。

我国在对市场经济的认识上也经历了曲折的发展过程。1984年党的十二届三中全会通过的《中共中央关于经济体制改革的决定》(以下简称《决定》),明确提出了"要突破把计划经济同商品经济对立起来的传统观念,明确认识社会主义计划经济必须自觉依靠和运用价值规律,是在公有制基础上的有计划的商品经济。商品经济的充分发展,是社会主义经济发展不可逾越的阶段,是实现我国经济现代化的必要条件"。这样,就确立了我国经济改革是要建立社会主义商品经济的目标,对此后我国大力发展商品生产与流通,发挥市场作用的改革实践,起到了巨大的推动作用;同时,它也突破了传统社会主义经济理论的许多陈旧观念,提出了更加切合实际、更加科学的新论断,发展了马克思主义经济学。

《决定》在对传统社会主义经济理论的一系列突破中,尤以提出社会主义经济是在公有制基础上的有计划的商品经济的论断最为重大。社会主义社会为什么还存在和需要发展商品经济呢?首先,社会主义社会存在着商品生产和交换的基础,即社会分工。社会主义社会要创造比资本主义社会更高的生产力,只有在更加发达的社会分工基础上才能做到,社会主义经济是建立在社会化大生产基础上的。同时,社会主义各种经济主体之间除了共同利益外,还存在各自独立的经济利益。这是因为:

(1)社会主义社会生产资料公有制表现为全民所有制和集体所有制两种形式。集体所有制企业无疑是各自独立的商品生产经营者,不论它们与全民所有制企业之间,还是它们相互之间的经济关系,都是以等价交换为基础的商品经济关系。

(2)在全民所有制经济内部,由于各企业之间具有各自独立的经济利益,它们之间的经济关系也仍然是商品经济关系。全民所有制企业的劳动者作为整体生产资料的主人,在全社会范围内拥有生产资料的所有权。然而,他们分散在各企业中进行一定规模的联合劳动,直接占有、使用全民所有的生产资料,行使对生产资料的经营权。劳动者这种对生产资料占有与使用上的特点形成了两种层次上的经济利益,即全民的整体利益和企业的局部利益。在社会主义初级阶段,劳动仍是人们谋生的手段,而劳动能力还是劳动者的"天然特权",这就必然存在劳动者共同利益一致前提下的个人物质利益的差别。这种个人利益的差别,只能用等量劳动相交换的原则来调节,也就是实行"按劳分配"。而在生产社会化所决定的分工体系中,单个劳动者只能完成一种产品的一部分加工,只有企业全体劳动者协作劳动,才能生产完整的产品。因此,劳动者之间的等量劳动交换关系,必须首先通过企业间产品等价交换才能实现。换句话说,劳动者个人物质利益的差别决定了全民所有制企业之间存在利益差别,需要我们以相对独立的商品生产经营者来对待全民所有制企业,以等价交换为基本原则的商品经济关系来调节劳动者在经济利益上的矛盾。

(3)在社会主义初级阶段,还存在以公有制为主体地位的多种所有制形式,它们都是不同的生产资料和劳动产品的所有者,相互之间存在着广泛的商品经济关系。

(4)社会主义国家还要进行对外贸易。这是一种在全球范围内进行的商品交换,商品经济关系更加广泛。

改革开放以来,市场机制对经济活动的调节作用不断加强,以市场为取向的改革大趋势已不可逆转。以邓小平同志1992年南方谈话和党的十四大为标志,社会主义市场经济体制被确立为我国经济体制改革的目标。邓小平同志在南方谈话中对社会主义经济中计划和市场的问题做了新的历史性概括。他指出,计划经济不等于社会主义,资本主义国家也有计划;市场经济不等于资本主义,社会主义也有市场,计划与市场都是经济手段。社会主义经济与资本主义经济的本质区别在于生产资料所有制不同,并非在于社会经济运行方式和经济调节方式不同。这一理论的突破,极大地解放了人们的思想,为党的十四大奠定了理论和思想基础。1992年10月召开的党的十四大,明确提出了建立社会主义市场经济体制的目标。社会主义市场经济体制的确立,是经济改革理论上的一次重大发展,推动了我国社会主义经济的不断发展,具有重要的历史意义。这表明中国选择社会主义市场经济体制是历史的必然,是时代的需要。

二、社会主义市场经济的基本特征

社会主义市场经济除具有一般市场经济的特征和功能外,还具有自身显著的特征。

(1)在所有制结构上,以社会主义公有制为主导,多种所有制形式共同发展,不同经济形式可以在自愿基础上实行多种联合经营。在生产经营过程中,国有企业、集体企业、三资企业等平等地进入国内统一市场,参与国际竞争,通过平等竞争发挥各自的优势,共同繁荣了社会主义市场经济。公有制经济的主导作用主要体现在对社会主义市场经济的控制力上,体现在对社会主义经济方向的把握上。

(2)在个人收入分配制度上,按劳分配与按市场要素及按效率分配并存。在社会主义市场经济条件下,由于公有制经济占主导地位,因此,按劳分配仍是社会主义市场经济的主要分配形式之一,同时市场经济主体的多元化和效率优先原则,要求分配中也必须有按要素分配和按效率分配社会财富等多种分配形式。多种分配形式并存还可以鼓励一部分人、一部分地区通过诚实劳动和合法经营先富起来,拉开合理的收入差距,鼓励先进,提高效率。通过劳动力这一生产要素在市场上的流动,可以使劳动力资源在地区之间、企业之间得到合理配置,有助于减少不同地区、不同企业之间因非劳动因素而造成的个人收入差距,更好地体现社会主义按劳分配原则。同时,社会主义国家一般在国民收入的初次分配中强调效率,在国民收入的再分配过程中强调公平,加之通过建立个人所得税、遗产税和社会保障税制度等,在提高收入的同时缩小差距,以防止过度的两极分化,实现共同富裕。

(3)在宏观调控上,社会主义国家把人民的长远利益与眼前利益、局部利益与整体利益结合起来,更好地发挥市场和计划两种手段优势,以保持经济总量的基本平衡,促进经济结构的优化,引导国民经济持续、快速、健康发展,推动社会全面进步。在宏观调控效率上,由于公有经济占主导地位,对国民经济具有举足轻重的影响力和主导作用,因此,宏观调控的效率比较高,这在一定程度上为国民经济的良性循环奠定了基础。

需要注意的是,社会主义市场经济的基本特征与市场经济的基本特征是共性与个性的关系,没有市场经济的一般特征,社会主义经济就不能成为社会主义市场经济;没有市场经济的基本特征,就会失去社会主义市场经济的特殊性。二者是密不可分的。

三、建立和完善社会主义市场经济体制

在社会主义条件下,建立和完善市场经济体制,就是要尽快解放和发展生产力,这要求在社会主义初级阶段基本经济制度基础之上,发展和完善社会主义市场经济体制,使市场在国家宏观调控下对资源的配置起基础性作用。

(一)建立充满活力的市场经济微观基础

在以公有制为主导、多种经济形式共同发展的基础上,进一步转换国有企业的经营机制,建立适应市场要求的现代企业制度。因为,企业是社会经济的细胞,只有企业充满了活力,整个国民经济才能繁荣。现代企业制度之所以具有活力,是因为其具有产权清晰、权责明确、政企分开、管理科学的特点。由此可见,建立充满活力的现代企业制度,需要增强国有企业的活力,在产权明晰的基础上,使企业具有真正的法人实体和市场竞争主体的资格,在市场中实现国有资产产权流动,加速企业结构的调整,这样才能从根本上解决国有资产保值、增值的问题。

(二)建立全国统一开放的市场体系

建立统一开放的市场体系,为生产要素自由流动,商品和劳务自由买卖提供了

广阔的场所,这是我国市场在 WTO 框架下有条件的全方位立体式的对外开放的保证。为此,要打破国内的地方保护,以有效的方式组建国内大市场,这包括从体制上理顺各地区之间的资源产权、管理权限及责任义务,健全与完善国家的宏观管理机制,等等。

(三)建立和完善宏观调控体系

我国的宏观调控体系虽已基本具备,但和市场经济的要求相比还有一定差距,还有许多待完善的地方。在社会主义市场经济中,市场在资源配置过程中起基础性的作用。但必须看到,市场并非是万能的,它也有弱点和不足。社会主义市场经济是现代市场经济,现代市场经济不同于传统市场经济的地方就在于它是在政府必要的、有效的宏观调控下运行的。政府为实现宏观(总量)平衡,保证经济持续、稳定、协调增长,要对货币支出总量、财政收支总量和外汇收支总量进行调节和控制。由此扩展开来,通常把政府为弥补市场失灵采取的其他措施也纳入宏观调控的范围。

(四)建立多层次的社会保障体系

市场经济的发展,特别是市场机制的优胜劣汰功能发挥作用的结果,会增大社会成员的生存和生活风险,为了社会主义国家的长治久安,为了人民利益及权利的保障,国家必须建立社会保障体系,以保证社会弱势群体的基本生活。社会保障体系的建立,要从我国的实际情况出发,按照广泛覆盖、基本保障与补充保障相结合的原则,实现社会保障的法制化、资金来源的多元化、管理服务的社会化,形成有中国特色的社会主义保障体系。社会保障体系犹如社会发展过程中的减震器和稳定器,有利于保持社会稳定、促进社会进步。

【案例与思考】　　　　　　温州模式与苏南模式

温州模式:十一届三中全会以来,温州把党的改革开放政策同本地实际相结合,率先发展家庭工业、专业市场和个体私营经济,率先进行市场取向改革,率先开展以股份合作制为重点的企业制度创新,走出了一条具有鲜明特色的发展路子,取得了温州发展历史上前所未有的辉煌。

温州经济的发展呈现出五个鲜明的特色:一是灵活的市场机制成为经济发展的驱动力。机制灵活是温州的最大优势,温州的先发性优势主要也在此,它始终使温州的经济保持生机和活力。二是股份合作制和股份制经济成为国民经济的骨干。全市股份合作制和股份制经济占了全市经济总量 70% 以上的比重。三是社会投资成为建设资金来源的主要渠道,全市用于基础设施的投资和用于文化教育设施建设的投资主要靠社会筹集。四是小城镇的崛起成为经济增长的重要支撑。五是敢闯市场的温州人成为温州发展的独特优势。走南闯北的温州人在全国、世界各地建立起了众多的温州城、温州街、温州村、温州店,把温州经济与全国乃至全球经济紧密联系在一起。现在,"温州"已经成为一个特殊的品牌、一种文化、一种无形资产。温州人敢于冒险、自立自强、永争一流。从"盲目企业,无为政府"到"理智企业,有为政府",再到"创新企业,服务政府",是温州市政府紧密结合当地实际,探索出一条具有温州特色的经济发展新路子的生动写照。

苏南模式:所谓"苏南模式",即指江苏的苏州、无锡、常州地区通过发展乡镇企业进行非农化发展的方式和路径。刚开始是农民依靠自己的力量发展以集体经济所有制为主的乡镇企业,社区政府(乡镇政府)主导乡镇企业的发展。这一发展模式雏形在上世纪整个80年代最为典型,但在1990年前后,这种集体性质的企业严重束缚了苏南民间的自主创业活力,于是一向勤勉的苏州政府眼光开始向外,寻求新的发展机遇。而当时正好是浦东开放的最佳时机,因此借助浦东开放这股强大的东风,外向型经济就成了苏州市的一根救命的缆绳。不仅如此,随着经济的继续向前发展,外向化、结构调整、产权改革和城市化相继赋予"苏南模式"以新的内涵,因此到了90年代中期,这种被称为"改制"的产权改革就把乡镇政府对乡镇企业的直接支配权正式从企业撤出来,传统"苏南模式"彻底终结。苏州市由此抓住了国际产业资本加速向长三角地区转移的机遇,积极实施招商引资战略,区域经济得到迅速的发展,新"苏州模式"占据了舞台的中心位置。这个地区发展非常惊人,苏州、无锡、常州这样一个苏南地区,年人均GDP已经接近6000美元,也就是说达到我们国家基本现代化的指标:人均GDP6000美元。另外一个是城市居民的人均年收入已经超过12000元,农民收入也超过6000元。

对两种模式的比较,有学者提出:"温州模式往往打通了产业的上下游,有自主品牌,苏州模式只是处于国际产业链中低端的加工链条,中国其他区域经济应该学习的是温州模式,而不是苏州模式!"其实,市场经济的发展需要发挥市场和政府两种资源、两只手的作用,两者不可偏废,温州模式依赖于市场企业家创新,苏州模式依赖于政府企业家创新,从本质上看两者是相辅相成的关系而非矛盾关系,因此,大可不必厚此而薄彼。

资料来源:http://wenku.baidu.com/view/43.

案例思考:温州模式与苏南模式的成功发展对我们有什么启示?

【复习思考题】

1. 如何从生产力发展的不平衡说明我国多种所有制并存的客观必然性?
2. 产权交易和产权流动为什么能提高资源利用效率?
3. 按生产要素分配对资源配置的积极作用是如何表现出来的?
4. 如何理解效率与公平的关系?改革开放以来我国收入差距发生了什么变化?
5. 深化经济体制改革应如何处理好收入差距与效率原则的关系?
6. 为什么说建立社会主义市场经济体制是我国改革开放的必然选择?

第七章　企业经济

　　企业是社会的经济细胞,是社会商品和劳务的主要生产者与提供者。在市场经济条件下,企业是最基本最重要的市场竞争主体,是市场机制运行的微观基础。企业相对独立的主体地位不明确,企业制度不创新,市场经济体制就无法建立。

　　本章重点介绍市场经济条件下企业的内涵和特征;企业经营机制;企业经济运行;企业制度及其演变;建立现代企业制度与我国国有企业改革;等问题。

第一节　市场经济条件下企业的内涵和特征

一、企业的内涵

　　企业,是指集合生产要素(土地、自然资源、劳动力、资本、技术和信息),并在利润动机和承担风险的条件下,为社会提供产品和服务的单位。企业是商品经济和社会分工发展到一定历史阶段的产物,它具有独立的商品生产者和经营者的身份,是现代社会的经济细胞和基本经济单位。

　　作为企业,必须拥有一定的生产要素才能开展正常的生产经营活动。

　　企业的生产要素主要包括:

　　(1)土地和自然资源,这是生产的客观条件和物质基础;

　　(2)劳动力,指生产产品或提供服务的人,由工人、管理人员、专业技术人员、企业家等人组成;

　　(3)资本,不仅仅体现为货币形态,而且包括厂房、机械设备等实物形态,以及商标权、专利权等非实物形态;

　　(4)技术,指知识在生产中的应用,技术要素是现代生产力水平下企业所必不可少的;

（5）信息，在现代信息社会中，企业需要根据来自各有关方面的信息，对生产经营活动予以调节。

土地和自然资源、劳动力及资本被称为基本生产要素，技术和信息则是现代企业所必需的生产经营要素。

具体而言，企业的设立一般应具备以下条件：产品为社会所需要，有生产技术设备、原材料、能源、交通运输等必要条件，有自己的名称和经营场所，符合国家规定的资金，有自己的组织机构和员工，有明确的经营范围以及法律法规所规定的其他条件。

企业是一种营利性机构，它向社会提供产品和劳务，目标是获取最大利润。那些不直接从事生产、交换等经济活动的单位，只能称为事业单位或行政单位。为了获取利润，企业必须具有效率。

企业的效率来自制度效率和经营效率两方面。制度效率是由土地、资本、劳动力等生产要素投入生产活动的集合方式所决定；经营效率则是由计划、组织、指挥、协调、控制等管理方式所决定。

实践证明，合理的制度和有效的经营，可以保证企业有效率地进行生产经营活动，减低来自外部环境的风险，从而使企业获得长期发展。

企业是微观经济活动的主体，它直接向社会提供产品和劳务，满足人们的需要。企业存在的价值就在于通过追求利润来提高人们社会生活水平。企业及其生产经营活动对促进经济繁荣、实现国家富裕、提高人民生活质量都起着关键性的作用。任何一个国家都应积极采取各种有效的政策措施，创造有利于企业生产经营和发展的环境，并消除一切阻碍企业发展的障碍，从而促使企业提高经营管理效率，取得更好的经济效益和社会效益。

在市场经济条件下，企业作为市场的经济单位和最基本、最重要的独立竞争主体，是市场经济的微观基础和重要组成部分。在市场经济中，企业自主经营，自负盈亏，独立核算，并依据价格、供求等市场机制（信号）自觉地调节自身的经济活动，相互之间又存在着激烈的竞争关系，从而促使企业不断采用新技术，提高劳动生产率，减少消耗；促使企业不断开发新产品，增加适销对路产品的生产，减少滞销产品的生产，从而满足社会需要，推进经济发展。

二、企业的产生与发展

企业是一个历史范畴，它是生产力发展到一定水平和劳动分工的产物。在奴隶社会和封建社会，自给自足的自然经济占统治地位，社会生产和消费主要是以家庭或手工作坊为经济单位，它们都不是企业。企业是作为取代家庭经济单位和作坊而出现的一种具有更高生产效率的经济单位,是商品经济发展的产物。随着社会生产力的提高和商品经济的发展,到资本主义社会,企业成了社会的基本经济单位。其基本特征是由资本所有者雇用许多工人,使用一定的生产手段,共同协作,从事生产劳动,从而极大地提高生产效率。

从资源配置的方式看,企业是作为替代市场的一种具有更低交易费用的资源配置方式而出现的。根据现代市场经济理论,交易费用是运用市场价格机制的成本,主要包括发现价格、获取市场信息的成本、交易谈判的成本和履行合同的成本等。在商品经济发展的初期,商品生产一般以家庭为单位,无论是原始的物物交换,还是以货币为媒介的商品交换,由于市场狭小,交易费用几乎不存在。但随着商品经济的发展,市场规模的扩大,生产者在了解有关价格信息、市场谈判、签订合同等方面的成本显著增大。这时,生产者便采用把生产要素集合在一个经济单位中的生产方式做内部管理,来取代部分市场交易,以降低交易费用。这种经济单位即是企业。举例来说,假定一家织布厂只有一个工人兼老板,他原本购买棉纱,自己进行加工,然而当他发现自己生产棉纱要比外购节省费用时,他就不会外购棉纱,而是采购棉花,雇人来生产棉纱供自己织布。这时企业就产生了,它是价格机制的替代物。

市场和企业可以看作是两种不同的组织生产分工的方法:前者是协议买卖方式;后者是内部管理方式。两种方式都存在一定的费用,企业有组织费用,市场有交易费用。企业之所以出现正是由于其组织费用低于市场的交易费用。

企业生产组织的萌芽产生于手工作坊,正式形成于手工工场。早期的企业规模较小,企业的所有者往往也就是企业的管理者。这是由当时落后的生产力水平和小商品经济的生产方式所决定的。产业革命后,随着深刻的技术革命和巨大的市场扩张,资本主义生产开始全面向大机器体系生产过渡,传统的手工业工场也相应向大机械工厂转化。企业的生产经营规模迅速扩张,出现了一批大型工厂,传统的企业组织形式已难以适应企业发展的需要。工厂制企业的发展为以雇用专职经理为特色的现代企业的诞生奠定了基础。

从19世纪开始,以公司为代表的现代企业组织形式开始被产业部门采用并逐步得到推广。从20世纪50年代起,随着主要资本主义国家对外直接投资的迅速扩展,跨国公司的数目和规模有了空前发展。跨国公司是指在两个或两个以上国家(地区)经营业务的现代企业,企业的中央决策体系根据其全球战略目标实施统一的经营政策。跨国公司的大发展是当今生产国际化、市场全球化趋势的必然结果。在新技术革命和国际经济发展的直接影响作用下,跨国公司已成为当代科学技术、国际经济和国际贸易中最活跃最有影响的中坚力量。

目前,跨国公司的总产值已占资本主义世界总产值的 1/3 以上,它们控制着 50% 的国际贸易,80% 的工艺研制,其发展势头有增无减。像通用汽车、IBM、松下电器、富士胶卷等大型跨国公司的触角几乎已伸到世界的每个角落。世界最大的 500 家企业几乎都在进行跨国投资和经营。一国的国际收支、资本流动、产业结构变化等无一不与跨国公司有关。可以说,跨国公司的发展将对今后世界经济变化和政治格局产生重大影响。

综上所述,伴随着市场经济的发展,企业得到不断的发展壮大和完善;同时,企业的变革也推动着社会经济的发展。企业已成为现代社会经济活动中的一支强大力量。企业的改革和发展是实现经济发展、提高人民生活水平的重要途径。企业兴旺则国家发展。

三、企业的特征与功能

(一)企业的特征

企业作为社会生产的基本单位,必须具备以下几方面的特征:

1. 直接为社会提供产品或服务

产品,是指为了满足人们的某种需要,在一定的时间和一定生产技术条件下,通过有目的的生产劳动而创造出来的物质资料。服务又叫劳务,是指以等价交换的形式为满足社会的需要而提供的劳务活动。

企业必须是产品或服务的直接提供者。例如,工业企业提供的是某种工业品;商业企业提供的是商品流通服务,负责把商品传递到消费者手中;金融企业(银行)提供的则是资金融通的服务。

2. 提供产品或服务的直接目的是追求利润

利润是产品价格和成本之间的差额,是企业经济效益的集中反映。企业作为一种营利性机构,获取利润是其生存的条件,利润的多少直接关系到企业的发展。

从理论上说,企业经营的最高准则是获得尽可能多的利润,实现利润最大化,但在现实的经济生活中,由于市场条件和技术条件的不断变化,企业实际追求的只能是"一定限度的利润率"。

3. 必须实行独立核算,自负盈亏

企业在利润动机下,实行独立核算,力争以尽可能少的人力、物力、财力和时间的投入,获得尽可能多的利润。但经营的结果,取决于企业经营管理的水平,可能盈利,也可能亏损,责任由企业自身承担。如果盈利,企业就能生存发展;如果出现亏损,企业必须扭亏为盈,否则就会破产倒闭。

4. 企业是纳税的单位

在市场经济条件下,国家是社会生活的管理者和经济运行的调节者。国家有责任发展教育、科学、文化、卫生、环保、国防、基础设施、社会保障等公共事业,实质上也是不断改善企业的外部环境,这些都需要财政的支出。而税收是财政收入的主要来源。企业作为经济社会的组成部分,有缴纳税收的义务,必须照章向国家纳税。这是市场经济中,企业与国家间的唯一关系。

5. 拥有经营自主权

企业作为一个经济实体,必须拥有独立的生产经营自主权,包括经营决策权、产品决定权、产品销售权、人事权和分配权等。企业有权决定生产什么,生产多少,何时何地生产;以什么样的价格出售,选择何种销售渠道和销售方式;雇用什么样的人从事生产和管理,工资多少;税后利润如何分配;等。不拥有这些经营自主权,就不能真正称其为企业。

以上几点是市场经济条件下企业的共同特征。无论是在资本主义市场经济中,还是在社会主义市场经济中,企业都要遵循市场经济所固有的竞争规律和优胜劣汰的法则,自主经营,自负盈亏,直接从事生产、流通和服务性经营等活动,追求利润最大化,并依法纳税。

(二)企业的功能

企业的特征决定着企业的功能。在市场经济条件下,企业是推动社会经济发展的重要力量,具有经济和社会两方面功能。

企业的经济功能主要是:

(1)企业作为生产力的直接组织者和承担者,使潜在的生产力转化为现实的生产力,不断创造更多的社会财富,推动社会生产规模的不断扩大。

(2)企业为技术进步创造了有利条件,市场竞争促使企业采用先进的科技成果,使用新工艺和新材料,改进技术装备,提高劳动生产率,从而推动着社会生产力的进步。

(3)企业通过生产实践和各种形式的培训,能够提高企业职工的技术素质,培养专门化的技术人才,促进社会生产的发展。

同时,在市场经济条件下,企业也承担着重要的社会职能,主要包括:

(1)满足人民群众对产品和服务的需求;

(2)创造就业机会;

(3)为国家提供财富;

(4)推动其他社会和公共事业的发展等。

此外,企业还承担着保护消费者权益、保护生态环境、防止环境污染等社会责任。

总之,作为国民经济的细胞,企业对国民经济发展和人民物质文化生活水平的提高起着重要的作用。

（三）企业的类型

社会化大生产条件下的企业,从不同的角度看,可以分为很多类型。

这里主要从三个角度进行划分:

1.从企业的所有者和投资者方面看

企业可以分为国有企业、集体企业、私营企业、个体企业、股份制企业以及中资企业、外资企业、中外合资企业等。

2.从企业生产经营的性质或对象看

企业可分为工业企业、农业企业、建筑企业、交通运输企业、商业企业、金融企业、信息企业、科技企业以及各种服务型企业等,其中每种类型的企业,如工业企业还可以进一步细分为能源企业、原材料企业、加工企业以及钢铁、石油、煤炭、化工、机械、电子、纺织、食品企业等。

3.从企业的生产要素所占的比重看

企业可分为劳动密集型企业、资本密集型企业、技术密集型企业、知识密集型企业等。

第二节　企业经营机制与企业资本

一、企业经营机制的含义与内容

企业作为运动着的经济体,主要是通过其内部的各种机制的功能、作用来维持其生存和发展的。企业内部的经济机制又可称为企业的经营机制或企业的经营运动机制。

企业经营机制,是指企业机体内那些相互联系、相互制约、相互牵动的各个要素(如启动、运转、调节、约束等)之间的功能、作用及其所形成的相互关系的总称。企业经营机制是企业赖以生存和发展的力量源泉。

企业经营机制的内容主要包括以下四个方面:

1.动力或激励机制

动力或激励机制按启动因素可分为以下三类:

(1)利益动力方式。指企业以获得经济利益而形成的推动力。在一个企业中,经济利益由两个层次构成：一是企业的利益；另一个是职工的利益。作为独立的商品生产和经营者，企业的利益集中表现为企业税后留利。由于各个企业的生产经营状况不同，其税后留利必然不同，从而使各个企业再生产的条件、集体福利、职工个人收入存在着差别。职工个人利益主要由工资和奖金形成。由于职工的个人利益要同企业的经济效益挂钩，因此，各个企业由于经营状况的不同，职工的工资、奖金也会形成差别。企业利益的差别，使企业会萌生关心企业经营成果的内在动力，从而促使企业发挥更大的积极性、主动性和创造性，推动企业的生产和经营更上一层楼；同样，职工个人通过利益的获得和期待也会萌生关心企业经营成果的内在动力，从而促使他们积极改进技术，努力提高劳动生产率，降低劳动的耗费，推动企业经济效益的不断提高。

（2）激励动力方式。指企业通过确定职工在企业中的主人翁地位，实行民主管理和对先进者的表彰奖励，以及来自社会方面的赞誉，等，促使企业决策者、经营管理者、工人群众增强责任感和事业心，从而形成的一种推动企业开展生产经营活动的动力。

（3）压力动力方式。指企业在一定的外部环境刺激下，所产生的一种奋发力。在市场经济条件下，企业之间的竞争压力，使得企业如同逆水行舟，不进则退，唯有努力改善和提高企业经营管理水平，才能求得生存和发展。

在上述三种动力方式中，利益动力方式是推动企业运行的核心力量，是搞活企业的关键，是完善企业经营机制最主要的内容。

2. 转化或循环机制

转化或循环机制，指把投入的生产要素形态转化为商品形态，再把商品形态转化为货币形态的机制。

转化机制的运行方式主要有：设备、原材料等物资采购供应及时可靠；各种生产要素之间保持恰当的比例，并按科学的生产工艺运转；新技术迅速向生产过程推广应用；信息及时准确传导；市场不断扩大，迅速完成商品变货币的"惊险的跳跃"；等。

3. 调节机制

调节机制，指企业内部调节经济活动的机制。

企业调节机制的运行方式主要有：变化生产方向，扩大或缩小某种产品生产的数量，调整产品品种、规格，增减生产要素，等。

在市场经济环境中，企业所需要的各种投放要素的市场情况经常处于变动之中。这种变动作为外部环境作用于企业使企业无法自身控制。同时，企业生产的产品的供求状况也经常处于变化之中。市场信号常常迫使企业必须做出反应，以调整更新产品结构,扩大或收缩生产规模,等等。只有通过调节机制,才能提高应变能力,使企业经济活动得以协调。

4. 自我约束机制

自我约束机制,指企业在自有资金量的限制和外部各种约束条件(市场的、法律的等等)之下,实现自我控制的机制。

企业自我约束机制的运行方式主要包括:企业对生产的积压产品负责,约束不顾社会需要盲目生产行为;企业对上缴税金和增加企业积累负责,约束超分配行为;企业对经营性亏损负责,约束浪费行为;等等。

企业具有自我约束机制,能使企业做到按照国民经济运行的目标和轨道来约束自己的行为。建立企业自我约束机制,主要条件是使各种约束与企业内部的经济利益联系起来,从而使企业产生内在的自我约束动机。

企业经营机制决定着企业的功能,制约着企业的行为,因此,只有不断完善企业经营机制,才能增强企业活力,使企业高效率地运行。

【相关链接】　　　　欧莱雅的激励与沟通机制

一、欧莱雅的激励机制

欧莱雅十分重视激励机制,树立诱人梦想,带来好的"收成",当员工以"诗人"的梦想与"农民"的实干实现了一个又一个成就,欧莱雅的激励机制都会给予公平、及时的肯定,刺激员工取得更高的业绩,实现更大的梦想。欧莱雅希望员工把公司的钱当作自己的钱来经营,把欧莱雅的生意当作自己的生意来看管,让每一名欧莱雅人都成为公司的"主人翁"。

在巴黎欧莱雅总部,对刚生完孩子的女性员工,除了政府规定要给的四个半月的薪水外,欧莱雅公司还给这些职工多加一个月的薪水,并可以在两年之内的任何时候领取。欧莱雅的 8000 名经理中,2000 名已有购股权。如此优厚的员工福利,使欧莱雅的人才流失率保持在很低的水平,每名欧莱雅员工平均在公司工作 14 年。欧莱雅负责人力资源关系的副总裁 FrancoisVachey 说:"员工的忠诚度对公司来说非常重要。他们来了,加入了我们,然后留了下来"。关怀、信任、扶持人才,尤其是年轻人才,是欧莱雅保持朝气与活力的制胜之道。大大超出市场平均水平的优厚的薪资福利,灵活机动的晋升机制,全球内部员工股权认购、年终分红、利润共享的激励策略,吸引着全球各地的人才带着热情与智慧投入欧莱雅的怀抱。欧莱雅建立了由薪资、奖金、利润分享、股权、巴黎培训等众多激励方式组成的激励体系。

1. 薪资

在薪资方面,欧莱雅为员工提供在行业中位于中上水平、富有竞争力的薪资。薪资根据岗位责任与业绩而决定。

2. 年终浮动奖金、利润分享

每年年底,根据员工的业绩表现,员工会得到相应的奖励。奖金的幅度完全与业绩挂钩,表现突出的奖金也多,表现差的员工甚至拿不到奖金。同时,每年公司还有利润分享计划,拿出一定比例的收益与每一位欧莱雅员工分享。

3. 股权

股权也是一种很重要的激励方式,得到股权奖励的员工也意味着将有更多的机会在海外从事工作或培训。

4. 晋升与岗位轮换

表现优秀的员工,毫无疑问将优先得到职位晋升的机会。欧莱雅有着众多的品牌与事业部以及各种产品线,当公司中某个职位出现空缺时,欧莱雅会优先考虑留给公司内部表现突出的员工,让员工感到欧莱雅用人的灵活性。

5. 培训机会

欧莱雅人视能够被派往法国巴黎总部培训为一种很大的激励。能够被选送到巴黎培训不仅仅是去学习某项技能以及建立内部工作关系,更是一种荣誉,只有表现最突出的经理人才能得到去巴黎总部学习的机会。

6. 与高层沟通

欧莱雅高层与员工的沟通也起到很好的激励作用。例如,创造欧莱雅神话的CEO欧文中2003年初访问中国,与欧莱雅中国员工进行面对面的沟通,表扬他的爱将盖保罗,激励中国的欧莱雅人,为欧莱雅中国的"诗人"们带来了新的梦想与激情。欧莱雅中国公司的总裁盖保罗是一名很活跃的意大利人,他会利用各种机会在各种场合与员工沟通,每一次的新员工培训,他都要亲自参加,向新人介绍欧莱雅,激励他们在欧莱雅实现梦想。

二、欧莱雅的沟通机制

在弥漫着"诗人"想象力与"农民"实干精神气氛的欧莱雅公司,没有官僚主义者,没有工作中的扯皮现象。欧莱雅建立有健全的沟通体系,但更让欧莱雅引以为豪的,则是欧莱雅的"会议制度",欧莱雅中国人事总监戴青介绍说:欧莱雅不惜巨资成本,为公司各层员工提供开会交流的机会,这是欧莱雅的特色。

1. 欧莱雅会议

尽管电子商务、电话、传真改变了我们的商务生活,带来了全新的沟通模式,但在应用这些沟通渠道的同时,欧莱雅仍旧更加钟情于会议制度,把各种员工会议作为面对面的最佳沟通渠道。欧莱雅有着系统、健全的会议制度,但这并不是说欧莱雅崇尚"会山会海",很显然,那是与"农民的实干精神"价值观背道而驰的。欧莱雅认识到,各种员工会议,方便于来自不同地区的欧莱雅员工坐在一起,面对面地开展交流与沟通。为此,欧莱雅不惜巨资支付庞大的差旅与会议费用。"欧莱雅会议"包括:

(1)公司管理委员会会议——每个月,公司上层管理委员会定期开会,会议的内容主要是关于公司的重大决策、重要问题的沟通与讨论。

(2)事业部层面管理委员会——每个季度,公司各事业部的部门经理在一起召开事业部管理委员会。在中国,欧莱雅有50多名负责各事业部的部门经理,集中到上海的中国总部,通常在希尔顿酒店举行为期一天的会议。由每一个事业部的负责人介绍各自部门的重大活动、最新动态。

(3)不定期会议——公司各个部门的经理会不定期举行本职能部门的会议,召集公司分支机构的负责人参加,沟通公司最新动态,传达公司的决策,等。比如欧莱雅在北京、广州各设有地区人事部,会经常参加总部人事部举行的会议,总部在人事、市场、财务等众多领域与分支机构进行沟通,支持分公司在各地开展各种培训等活动。

2. 内部媒体

欧莱雅集团办有专门的杂志,发布集团业务发展的信息,介绍公司最新动态。欧莱雅中国办有 Contact 杂志,在欧莱雅中国员工范围内发行,起到信息沟通的作用。

内部媒体还包括欧莱雅的内部网站。比如欧莱雅人事部建有专门的招聘网站(供内部交流,不对外),供全球招聘人员分享经验,互相交流、探讨好的招聘方法、管理方法等,各国分公司招聘工作上取得的经验会在这里进行交流。还开设有专门的员工培训网站,面对欧莱雅全球的培训经理,在全球范围内沟通员工培训的信息,每年培训的内容也会发在网上。这种专业性的沟通起到相当重要的作用。巴黎与新加坡的培训中心还将每年的培训课程安排等信息专门制作成刊物或光碟,发送给欧莱雅全球公司。

3. 内部公共关系

欧莱雅在公共关系部设有"内部公共关系"专门的岗位,有专门人员来负责公司内部员工以及欧莱雅中国与巴黎总部的沟通,这种模式在欧莱雅全球通行。内部公共关系沟通人员通过员工调研、满意度调查等来了解员工对公司、工作的满意度;组织公司内跨部门的员工沟通活动,每年公司有特别的预算支持各种员工活动的开展,沟通信息,促进团队建设。

4. 自上而下的沟通

欧莱雅中国总裁盖保罗像欧莱雅全球高层领导一样,非常重视与员工保持及时的沟通。他经常给员工发 E－mail,告诉员工公司的发展情况,以及他的想法。盖保罗更喜欢面对面地沟通,他一直保持着一个非常可贵的习惯,公司每一次新员工的上岗培训他都会到场,与新员工面对面进行长时间的沟通。公司事业部的负责人也会积极参加新员工的培训,介绍事业部发展动态,以及回答新员工提出的问题。

5. 自下而上的沟通

员工认为不公平的事情,可以通过多条渠道反映问题。到人事部投诉是其中渠道之一,人事部会谨慎、认真地去调查与处理。员工还可以给总裁盖保罗写匿名信,反映问题。盖保罗会非常重视,有时会转给人事部,由人事部在保密的状态下认真调查。

欧莱雅拥有开放、平等的沟通环境,员工可以与上级主管进行公平的争论,虽然中国的员工非常尊重上级,但欧莱雅管理层还是致力于鼓励这种沟通方式,并营造公平活跃的沟通氛围。在众多日常的会议上,大家都会各抒己见,一个个十分富有专业智慧、尖锐的问题会像连珠炮一样"扔"到管理者们的面前,让他们当面回答。谈及这种氛围,无论是欧莱雅中国总裁盖保罗,还是人事总监戴青,都对欧莱雅拥有像"诗人"一样活跃、有激情、敢于发表意见的员工而感到无比自豪。

资料来源:中国人力资源开发网

二、我国国有企业经营机制及其转换

1978 年改革开放之前,在我国传统的计划经济体制下,企业基本上全部归国家所有,由国家直接经营,企业相当于社会大工厂中的一个车间,处于无权、无责、无利的地位。企业的经济活动实际上是由上级行政主管部门推动的,企业内部主要是依靠政治思想教育和搞运动的方式为动力的。这样的企业经营机制严重压抑了企业和广大职工群众的积极性、主动性、创造性,更与现代企业的本性和市场经济的要求不相容。

在党的十四大和十五大报告中江泽民同志反复强调指出:"转换国有企业,特别是大中型企业的经营机制,把企业推向市场,增强它们的活力,提高它们的素质,这是建立社会主义市场经济体制的中心环节,是巩固社会主义制度和发挥社会主义优越性的关键所在。"2003 年 10 月 14 日党的十六大报告以及十六届三中全会通过的《中共中央关于完善社会主义市场经济体制若干问题的决定》,再次强调了转换企业经营机制的必要性和重要性。

转换企业经营机制之所以如此重要,主要原因在于:

首先,只有转换企业经营机制,才能构造市场主体。建立社会主义市场经济体制必须有与市场经济内在要求相适应的企业作为市场活动的主体,没有这样的主体,要建立社会主义市场经济体制只是一句空话。

其次,只有转换企业经营机制,才能真正搞活企业。我国国有企业长期被束缚在计划经济体制之中,活力不足是普遍问题。改革开放以来,我国国有企业改革,前后历经"放权让利"、"承包制"、"转机建制"三个阶段,这些以市场为取向的改革措施,对搞活企业起了一定积极作用。但随着企业改革的进一步深入,其局限性也日渐暴露,如企业行为短期化,缺乏动力机制和自我约束机制,企业的自主权难以真正落实,等等。这一切表明,只有按市场经济的内在要求转换企业经营机制,才能真正搞活企业。而企业活力的增强,则是促进我国整个国民经济振兴繁荣的基础。

最后,只有转换企业经营机制,才能为建立新的宏观经济运行机制奠定微观基础。我国社会主义市场经济体制下宏观经济运行机制的总体目标,是以市场为中心组织经济运行,国家主要通过对国民经济活动的统筹规划、制定政策、信息引导、组织协调、提供服务和检查监督等,来对经济运行进行间接调控。这种新的经济运行机制必然要求建立与之相适应的微观经营机制。没有这种微观基础,新的宏观经济运行机制是无法建立起来的。

那么,如何转换国有企业经营机制呢? 国内外的实践证明,转换企业经营机制必须选择应达到的目标,这一目标的选择,要在有利于增强企业活力的前提下,既要符合市场经济发展的内在要求,又要与社会主义市场经济体制相协调,还要适合我国的具体国情。

按照上述要求,我国企业经营机制转变的总目标可以概括为八个字:"自主经营,自负盈亏。"其出发点是"自主经营",落脚点是"自负盈亏"。

"自主经营"就是要让企业拥有充分的经营自主权。它主要包括经营决策权、生产要素选择权、经营收入处置权、产品定价权、投资自主权、对外贸易自主权等等。只有拥有这些现代企业应有的权利,我国的国有企业才能真正成为自主经营的企业,才能进入市场并成为市场主体。当然,这些权利也都是与企业应承担的一定义务和责任相联系的。

"自负盈亏"就是使企业的利益和企业职工的利益完全取决于市场竞争的结果,既负盈又负亏。"负盈"是指让企业以资产占有者的身份,具有占有资产收益的权利(资产收益是企业纳税后的利润)。"负亏"是指让企业以资产抵补经营亏损。

"自主经营,自负盈亏"既是一种互相配套的经营机制,又是一组相互制约的条件。如果企业不能自主经营,就没有理由要求企业自负盈亏;不能自负盈亏,就没有一种力量约束企业正确行使经营自主权。所以"自主经营,自负盈亏"是转换企业经营机制的完整目标。

转换企业经营机制绝不能孤立地进行。首先,要求政府转变职能,改变政府"一身二任"的状况,使政府所有者职能和社会管理者职能分开。其次,要求进行计划、流通、价格、投资、金融、劳动人事、分配、社会保障等相关体制的配套改革,以形成有利于企业转换经营机制的市场环境。

但要注意,转换企业经营机制的过程中,在有利于增强企业活力的同时,还会出现一些新的问题。主要表现在:一部分企业的破产问题;一部分职工的失业问题;各级政府机构改革中出现的富余人员安置问题;企业的吊账、烂账的处理问题;等。这些问题实际上是转换企业经营机制必须付出的代价,应引起各级政府和企业负责人的高度重视,并积极寻找有效的解决途径和方法。

三、企业资本的筹集和运用

（一）企业资本的筹集

企业资本的筹集,指企业为了生产和经营而筹集所需要的资本。新创办的企业需要筹集资本,已运行的企业也需要筹集资本。

通常,企业筹集资本主要有如下三种途径:

第一,企业自有资本。它指企业因生产经营而产生的资本及其积累。这主要包括利润转化的资本和固定资产折旧费在固定资产更新前的积累。

第二,信用资本。它包括从银行获得的贷款和直接向社会发行的债券获得的资本(在现代信用制度下,承办证券发行的多是银行等金融机构)。随着市场经济的发展,企业信用资本所占比重不断提高。

第三,直接融资。通过发行股票和国家投资来完成。以发行股票的方式筹集资本的企业是股份制企业。发行股票是一种成本较低、比较迅速的集资方式,有利于企业的长期效益和增加企业承担风险的能力。在现代市场经济条件下,国家投资也是一种重要的企业资本来源,尤其对那些公共工程、社会福利性企业和一些重点行业的企业来说,国家投资占有重要的地位。

另外,在开放的经济条件下,国外资本也是企业资本的重要来源。企业可以吸收国外资本搞合资企业、合作企业;还可以通过国际贷款、国外发行债券、补偿贸易、出口信贷等多种形式筹集外资。

必须注意,企业筹集资本需要付出一定的代价。企业筹资的代价是指企业资本有偿使用的费用。企业所使用的资本中来自银行贷款或以其他方式借入的,必须按照规定支付利息,利息就是借入资本的代价。企业资本中来自入股形式的社会集资,应当支付红利或利息,同时还要为社会集资支付一定的管理费用和集资工作中的其他费用,这些就成为社会集资的代价;企业资本来自国家投资的部分,一般都要根据规定缴纳固定资本占用费和流动资本占用费,这是企业使用国家投资的代价;企业无论以何种形式引进外资,也都必须付出代价;企业自有资本虽不需支付利息或红利,但也是有代价的,如企业为形成自己的固定资产折旧基金,必须按一定的折旧率提取折旧费,而折旧费是摊入成本的,这就意味着企业是以产品成本的增加(从而以价格不变条件下企业利润减少或以利润不变条件下的价格上升)作为代价。

由此可见,企业无论以何种形式筹集的资本都是有代价的。因此,企业必须通过对资本筹集的代价与资本运用所带来的收入进行比较,通过对各种筹资方式代价大小的比较,从而做出科学的筹资决策,选择正确的筹资途径。

（二）企业资本的运用

企业资本的运用,指企业把筹集到的资本运用于生产经营活动。企业资本运用的主要内容是企业投资。

企业投资分为固定资产投资和流动资产投资。前者包括生产性固定资产投资(购置直接用于生产过程的或直接为生产服务的固定资产)、非生产性固定资产投资(购置非生产性固定资产如职工住房、文体器材等)两种类型。后者包括生产领域内流动资产投资(购置生产需要的原料、燃料、辅助材料和招聘生产工人等)、流通领域内流动资产投资(对进入流通领域的制成品的投资和企业以货币形态持有的资本等)。

企业投资决策服从于企业生产目标,企业投资行为的准则是利润最大化。因此,企业对投资项目、形式、期限、投向、投资量的选择,必须是现期利润与预期的长期利润的综合决策。就企业投资项目的决策而言,企业投资项目的选择,一方面要考虑企业所在行业的成熟度(新兴行业、成长行业、成熟行业、衰落行业),成熟度不同,直接关系着企业的长期利润水平和投资效益。另一方面要考虑产品的生命周期(新生期、成长期、成熟期、消亡期),产品在不同的生命周期阶段上,成本、价格、生产规模是变化的,直接关系到企业的利润水平。

为了适应企业所在行业的成熟程度和产品生命周期的变化,现代企业在投资决策时,一般须注意以下几个问题:

第一,根据企业所在行业成熟度的变化,选择不同的投资形式。对新兴行业和成长行业,主要进行外延型投资,以扩大生产规模;对成熟行业主要进行内涵式投资,以提高产品质量,促进产品升级换代;对衰落行业则不投资或抽回投资,以收缩生产规模。

第二,根据产品生命周期的变化,选择不同的投资形式。新生期是产品刚刚转入商业性开发阶段,成本高、规模小,应进行试探性投资;成长期的产品市场需求扩展,成本下降,应进行外延型投资;成熟期的产品需求稳定,应主要靠提高质量,改进花色品种取胜,进行内涵与外延并举,并进而以内涵投资为主;消亡期的产品需求萎缩,应不再投资并抽回原有的投资。

第三,不断调整投资方向。一是进行多样化经营投资,即对不同行业进行投资,以保证盈利和分散风险。二是进行开发新品种投资,即在企业产品进入成熟期后,在行业内部开办新厂,对其他新品种进行投资。三是适时转产,即企业停止或大幅度压缩原有的产品的生产,进入新的行业。

第四,必须分析投资的机会成本。机会成本是指企业把一定量的资本用于某种产品生产时所放弃生产的另一种产品产量的价值。企业掌握一定量的资本,可能同时面临多种投资机会,每一种投资都能够带来一定的收入。当企业把资本投入一种产品生产并由此获得一定收入时,它就同时放弃了把资本投入其他产品生产并获得收入的机会。因此,机会成本是对投资收益的一种比较。机会成本包括正常利润,它等于企业利用一定资本获得收入而同时放弃的另一种收入。所以,企业投资的收益不能低于机会成本。投资决策总是选择付出的机会成本最小的机会进行投资。

第五,必须考虑投资的风险性。投资的风险性是指企业的投资结果可能是盈利、无利或亏损。投资的风险性在市场经济中是客观存在的,风险性越大,投资收益就越高。企业在进行投资决策时,必须确定投资的风险程度和投资经受风险的能力,因而必须对自身的经营能力和外部的不确定因素进行预测和分析。

第三节　企业制度及其演变

一、企业制度的含义

企业制度,是指以产权制度为基础和核心的企业生产组织和管理制度。

构成企业制度的基本内容包含三个方面:

一是企业的产权制度。即界定和保护参与企业的个人或经济组织的财产权利的法律和规则。

二是企业的组织制度。即企业组织形式的制度安排,规定着企业内部的分工协调、权责分配的关系。

三是企业的管理制度。指企业在管理思想、管理组织、管理人才、管理方法、管理手段等方面的安排,是企业管理工作的依据。

产权制度是决定企业组织和管理的基础,组织制度和管理制度在一定程度上反映着企业财产权利的安排,三者共同构成了企业制度。以某织布厂为例,当其只有一个工人兼老板时,自己采购棉纱生产加工,不能算是一个企业;而当那位工人兼老板采购棉花并雇人来生产棉纱供自己织布时,企业就产生了,这时织布厂有老板和工人,有纺纱、织布两道工序,就必须在财产权利、生产组织和管理上进行制度安排。因此,企业制度是以产权制度为基础和核心的企业生产组织和管理制度。

二、企业制度的分类

企业制度是随着企业的产生而产生的,也是随着企业发展而发展的,经历了从简单到复杂,从不完善到完善的过程,形成了多种不同的类型。

（一）从企业组成的方式来考察

从企业组成的方式来考察,企业制度可以分为工厂制和公司制两种类型。

企业组成方式是一定生产力和生产关系的反映,随着生产力的发展,企业的生产组织从无到有,经历了家庭手工业→手工作坊→包买商→手工工场→机器工厂→现代公司等发展阶段。其中工厂制和公司制是作为企业制度而确立下来的两种基本类型。

1. 工厂制企业

工厂是以机器体系为主要生产手段,不同工种的劳动者进行分工协作,直接从事工业生产的基本经济组织。工厂或者自身即是一个企业,或者是属于企业或公司的一个组成部分,或者是政府机关附属的工厂（如有些印刷厂）,后两种工厂都不是企业。

只有当一个工厂能够独立核算,自主经营,自负盈亏,拥有法人资格时,就称为工厂制企业,也称单厂制企业。这种企业往往是规模不大的中小企业,主要集中于加工工业。工厂制企业往往专业性强,机构简单,应变速度快,但技术力量有限,资金筹措困难,实力较弱。

2. 公司制企业

公司是由两人或两人以上的出资者集资联合组成经济实体的经济组织。出资者既可以是自然人,也可以是法人。

所谓"集资",既可以是资金联合,也可以是财产或其他无形资产的联合。联合组成的公司是独立统一的经营主体和法人实体,是经济联合的一种高级组织形式,不同于一般的合伙关系、合同关系、协作关系。对工业企业来说,公司组成方式常表现为多个工厂联合成一个企业,即工业公司,也称多厂制企业。抛开行业性质,多厂制企业也可指其他由多个业务单位组成的公司,如商业公司、建筑公司、农工商公司、投资公司、保险公司以及其他经营业务的公司。这类企业往往规模较大,实力较强,是适合社会生产力发展和市场经济发展的最高组织形式。

（二）从企业资产的所有者形式来考察

从企业资产的所有者形式来考察,企业制度可以分为个人业主制企业、合伙制企业、公司制企业三种基本类型。

这是一种最为重要的企业制度分类方法,它以企业资产所有者形式作为划分企业制度的基本标准,反映了企业制度的本质特征。

企业所有者形式是企业财产权利安排的基础,因而也是企业制度的基础。

个人业主制企业、合伙制企业和公司制企业,这三种基本形态是在市场经济数百年的发展过程中形成的,也是世界各国企业立法的主要法律形式。法律意义上的企业制度通常就是指这三种企业制度形式。

下面我们对这三种企业制度形式予以分析说明。

三、个人业主制企业

（一）个人业主制企业的含义

个人业主制企业,又称独资企业、个人企业,是指由个人出资兴办,完全归个人所有和控制的企业。这种企业在法律上是自然人企业,不具有法人资格。

个人业主制企业是最早产生也是最简单的企业形态,流行于小规模生产时期。但就是在现代经济社会中,这种企业在数量上也占多数。如在美国,个人业主制企业就占到企业总数的70%以上。这类企业往往规模较小,在小型加工、零售商业、服务业等领域较为活跃。

（二）个人业主制企业的优缺点

个人业主制企业的特点决定了它的优缺点。

1. 个人业主制企业的优点

（1）企业在经营上的制约因素少。开设、转让与关闭等行为,一般仅需向政府工商管理部门登记即可,手续简单。业主在决定如何管理方面有很大自由,经营方式灵活多样。又因规模小,事务不太复杂,处理问题易做到灵活而迅捷。

(2)企业信息易于保密。在竞争性的市场经济中,保守企业有关销售数量、利润、生产工艺、财务状况等一切商业秘密,是企业获得竞争优势的基础。竞争对手所了解的某企业的企业信息越少,对该企业就越有利。而对个人业主制企业而言,除了所得税表格中需要填列的项目以外,其他均可保密。

(3)税后利润归个人所得。企业由个人出资,归个人所有,由个人经营,从而利润也归个人所得,不需和别人分摊。当然它也要缴纳所得税,但是不需要双重课税,这一点是和公司不同的。

(4)企业主能够得到个人的满足。这种形式的企业,可按自己的方式来经营,使企业主得到很大满足。企业所追求的目标也正是企业个人的目标,企业的成败都由企业主来承担。如果经营成功,企业主会感到很大的满足。对不少企业来说,它们在经营企业中获得的主要是个人满足,而不是利润。

2.个人业主制企业的缺点

(1)无限的责任。企业主要对企业的全部债务负无限责任。所谓无限责任,即当企业的资产不足以清偿企业的债务时,法律强制企业主以个人财产来清偿企业的债务。在这种情况下,企业主所有财产都是有风险的,一旦失败可能倾家荡产,所以风险性大的事业不宜采用这种企业形式。

(2)有限的规模。个人业主制企业在发展规模上受到资金和管理两方面限制。一方面,由于个人资金有限、信用有限,资本的扩大完全得靠利润的再投入,因而不易筹措较多的资金以求扩展,不可能经营需要大量资本的事业;另一方面,企业主一人要负担经营管理的全部职能,企业规模扩大,管理工作负担就会加重,而个人的管理能力是有限的,这就决定了企业规模的有限,如果超出一定限度,企业的经营就会变得难以控制。

(3)企业的寿命有限。个人业主制企业的存在完全取决于企业主。如果企业主死亡、破产、犯罪或转行,都可能导致企业的关闭。因此企业的雇员和债权人不得不承担较大的风险。债权人往往会要求企业主进行人寿保险,这样一旦企业主死亡则可用保险公司付给的保险金偿还债务。但这并不能延长企业的寿命,因为企业主的继承人不一定有足够的经营能力维持企业的生存,所以这种企业的寿命有限。

四、合伙制企业

(一)合伙制企业的含义

合伙制企业,也称合伙企业,是由两个以上企业主共同出资,共同经营,共享利润,并归若干企业主共同所有的企业。合伙人出资可以是资金或其他财物,也可以是权利、信用和劳务等。

总的来看,合伙制企业的数量不如个人业主制企业和公司制企业多。如在美国全部企业中,这种形式的企业仅占7%左右。合伙制企业在广告事务所、商标事务所、会计师事务所、零售商店和股票经纪等行业中较为常见。

(二)合伙制企业的优缺点

1. 合伙制企业的优点

当个人业主制企业需要扩大规模时,业主往往会招进其他业主来创办合伙制企业。与个人业主制企业相比,合伙制企业具有明显的优点,这主要体现在以下方面。

(1)扩大了资金来源和信用能力。个人业主制企业靠的是个人有限的财产和信用能力。而合伙制企业的每个合伙人都能从多方面为企业提供资金,同时因为有更多的人对企业债务承担有限和无限责任,其信用能力也扩大了,容易向外筹措资金,如更方便地从贷款机构获得贷款;更多地从供货商那里得到赊购。

(2)提高了决策能力和经营水平。合伙制企业的业主人数多,可以集思广益,利用众人的才智和经验,更好地进行企业经营管理,提高企业的竞争力。特别是当各合伙人具有不同方面的专长时,这一优点更加突出。

(3)增加了企业扩大和发展的可能性。合伙制企业的资金来源增加了,决策能力提高了,就有可能管理更多的雇员、更大的设备,从而能够生产和提供更多更好的产品和服务。所以合伙制企业增加了企业扩大和发展的可能性。

2. 合伙制企业的缺点

(1)承担无限的责任。合伙制企业是一种自然人企业,普通合伙人要对企业债务负无限责任,他们所有的财产都具风险性,这一点和个人业主制企业类似;同时,当普通合伙人不止一个时,他们之间还存在一种连带责任的关系。所谓连带责任,就是要求有清偿债务能力的合伙人,对没有清偿能力的合伙人所应偿付的债务负连带的清偿责任。

(2)企业的寿命不容易延续很久。因为当一个关键合伙人死去或退出时,企业往往就难以维持下去。如不关闭企业,其他合伙人就得把退出者所拥有的企业份额买下来,或者寻找新的合伙人,而且还需要全体合伙人的协商一致,给企业的延续造成很大困难。

(3)产权转让困难。合伙制企业产权的转让直接关系到企业的生存,所以合伙人不能自由转让自己所拥有的企业的份额,产权转让必须经过所有合伙人同意才能进行;同时接受转让的人也要经过所有合伙人同意,才能购买企业产权,成为新的合伙人。

（4）管理存在一定问题。因为所有普通合伙人原则上都参与企业经营，都有决策权，所以重要事项要相互商量，求得一致。如果产生意见分歧，互不信任，就会影响到企业的有效经营。即使明确分工，各管一面，在重大问题上也难免互相干扰。

（5）企业规模仍受局限。合伙制企业的规模能够比个人业主制企业大，但和公司相比，其筹资能力仍很有限，不能满足企业大规模扩张的要求。

例如，美国70年代华尔街的投资企业多采取合伙制形式，但后来这些企业变更过分巨大，任何一个合伙人都无法了解其他合伙人的财产状况和可能承担的债务责任。合伙制的不利方面大大超过了有利方面，从而导致一批巨型合伙制企业在80年代相继破产，另外一些巨型合伙制企业如摩根银行、美林证券行等则改组为公司。

五、公司制企业

（一）公司的含义与性质

公司制企业，又叫公司，是指由两人以上依法集资联合组成，有独立的注册资本，自主经营、自负盈亏的法人企业。

公司是法人，在法律上具有独立的人格，这是公司制企业与个人业主制企业和合伙制企业之间的重要区别。后两者都是自然人企业。

实践证明，公司这种企业形式更能适应市场经济发展的需要，它是现代企业的主要形式。

公司制企业（公司）的性质主要有以下三个方面。

（1）公司是企业。公司是一种企业形式，具有企业的全部特征，以营利为目的，自主经营，独立核算，自负盈亏。公司不是政府机构，也不是政企不分的混合体，不是社会福利组织。

（2）公司是法人。公司是民事活动的参加者和重要的民事主体，是具有民事权利能力和民事行为能力，并依法独立享有民事权利和承担民事义务的组织。公司作为法人，必须是依法成立，有必要的财产或者资金，有自己的名称和经营场所，有专门的组织机构和必要的职能部门。

公司的财产属于公司所有，而不是公司的出资者即股东的共有财产；公司的经营业务由自己的组织机构来执行，与股东没有直接的关系；公司在法律上有独立的人格，有权以公司的名义来从事经营活动并参与其他有关的民事活动（如起诉、应诉等）。公司是法人企业，但公司内部成员单位不是法人，这些单位不能超越公司而独立承担民事责任。公司的法定代表人，又称法人代表，是公司的主要负责人。

（3）公司是联合体。公司是由两人及两人以上集资联合组成的经济实体。组成公司的"人"既可以是自然人,也可以是法人。组成公司后,原来的自然人、法人的独立法律地位就不存在了,法律只承认公司的法人地位。"集资"既可以是资金联合,也可以是财产联合。集资联合组成的公司资金和财产,不再是各个互相分离的出资者的个人财产,而是由公司支配的独立资金和财产,用于公司的经营活动并承担公司的经济责任。公司不同于其他的联合经济组织,它必须是一个紧密而完整的有机整体,即公司是作为一个企业整体而存在的联合体。

(二)公司的产生与发展

在早期的企业发展中,个人业主制企业和合伙制企业曾经起过很大的作用。但随着商品经济的发展,竞争加剧,资本不断积累,企业规模日益扩大,这两种小生产的企业形式的缺点日益暴露出来,以集资为特征的公司也就应运而生了。公司的出现是企业组织形式发展的一个高级阶段。

公司的起源可以追溯到中世纪意大利发达的海运贸易企业。当时意大利的贸易中心城市威尼斯、热那亚、米兰等,商品经济发展较早,海运业已具有相当规模,于是,一种适应并承袭的家庭式经营团体出现了。

随着商品经济的发展,这种团体逐步演化为一种是家庭以外的人也可以参加或由几个家庭联合组成的合伙经营团体,当时被称为普通公司。另一种是以契约关系为特征的康孟达(Commenda)组织,根据契约,一方将资本或财物委托于另一方,并以之为限承担有限责任;另一方运用这些资本、财物从事经营活动,并承担无限责任。这两种企业形式很快广泛流行于欧洲各国及其他行业。此后又进一步演化产生了股份有限公司等其他类型的公司,如1602年在荷兰创立的东印度公司及北欧诸国的殖民公司就被认为是最早的股份有限公司。1673年,法国颁布的商事条例从法律上正式承认了公司这种企业组织形式,标志着公司的正式诞生。

在市场经济发达的国家,公司发展的历史过程大致可分为三个阶段。

第一个阶段:1673年后到19世纪中叶。

在这一阶段中公司这种企业组织形式开始被产业部门采用并逐步得到推广,特别是各国的产业革命都把公司推上了企业发展的国家主导地位,如1779年至1810年间法国建立了冶金和纺织工业公司;1814年至1816年间英国出现了第一批纺织公司。

第二个阶段:19世纪下半叶到第二次世界大战前。

这是股份公司大发展的阶段。股份公司的资本被划分为股份,任何愿意出资的人都可以成为股东,没有资格限制,因而更容易筹集资金。19世纪60年代后,随着机器大工业的发展和竞争的加剧,资本大量积累和生产集中的趋势逐渐显著起来,股份公司数量急剧增加。股份公司大大有利于大资本企业的建立,有利于原有大企业扩大资本,吞并竞争对手。目前,股份公司已成为多数市场经济国家中最重要的企业组织形式。

第三个阶段:二战之后,即1946年至今。

跨国公司逐渐占据了世界经济的主导地位。跨国公司在组织形式上主要是股份公司,经营范围跨越国界,经营规模进一步扩大。

公司产生和发展上百年的历史表明:

(1)公司是商品经济发展的产物,是市场经济条件下有效的企业组织形式;

(2)公司反映了社会化生产的客观要求,是推动社会生产力发展和技术进步的重要力量;

(3)企业组织形式的演变和更新是必然趋势,多种形式的企业并存及其发展是增强经济活力的组织基础;

(4)公司是现代市场经济条件下占据主导地位的企业形式。

(三)公司的种类

公司的分类方法很多。

按公司经营活动的内容可以划分为:工业公司、商业公司、外贸公司、旅游公司、咨询公司等众多类别。

按公司所属单位分布的地区范围又可分为:地区性公司、跨地区公司、全国性公司和跨国公司。

按公司对外承担债务责任形式的不同进行划分。这是最重要和最主要的分类方法。根据这种方法,公司可分为:无限责任公司、有限责任公司、两合公司、股份有限公司和股份两合公司五种。在这五种公司中,目前世界上最基本、最主要的是有限责任公司和股份有限公司两种类型,其他类型只少量存在。在普遍流行的两种公司中,又以股份有限公司最为典型,最具公司特征。

(四)公司制企业的优点和缺点

1. 公司制企业的优点

公司制企业与个人业主制企业和合伙制企业相比较,具有以下优点:

(1)有限责任公司和股份有限公司的股东对公司债务只负有限责任,股东的风险要比个人业主、合伙人小得多。

(2)公司可以通过发行股票和债券来筹资,且股票易于转让,较适合投资人转移风险的要求。

(3)发行股票和有限责任制度使公司具有很强的吸收游资转变为资本的能力,从而能够筹集到巨额资本,使企业有可能发展到相当大的规模。

(4)公司具有独立寿命。公司作为法人,股东或高级职员的死亡均不影响公司的存在,除非公司破产、歇业,否则,公司的存续可无限延长下去。

(5)管理效率高。公司制企业的所有权与管理权相分离,使得公司的经营管理职能均由各方面的专家担任,所以能够比股东更有效地管理企业,更适应竞争激烈、多变的市场环境。

2.公司制企业的缺点

(1)与个人业主制企业和合伙制企业相比,公司设立的手续比较复杂,组建费用也较高。由于公司规模相对较大,股东较多,运行成本也比较高。

(2)政府对公司制企业有较多的规定,制定有《公司法》和许多管理法规,设立时要严格审查,运行中要进行监督。这是因为公司的资本由众多股东拥有,政府必须以严格的管制来保障股东的权利,还因为公司规模较大,对社会经济的影响也较强。

(3)不能严格保密。这是由于公司要定期向股东、政府等有关方面报告经营状况,公开性要比个人业主制企业和合伙制企业强。

(4)双重缴纳所得税。首先,公司的利润要纳法人所得税;其次,公司股东获得公司红利时,还要缴纳个人所得税。而个人业主制企业和合伙制企业是自然人企业,只需缴纳个人所得税。

尽管公司存在这些缺点,但从现代经济发展的角度看,公司制企业所显示的优点是其他企业形式所无法比拟的,因此,公司是最适合于现代大企业的一种企业制度。

【相关链接】　　　　　　　中国中小企业现状

中国中小企业协会发布的数据显示,2012年一季度我国中小企业经营形势依然严峻。其中一季度中国中小企业发展指数(SMEDI)为92.6点,比上年四季度下降0.9点。自2010年四季度以来,中小企业发展指数每季度的下降幅度超过2点,甚至达到3.9点,本季度降幅明显收窄。调查显示,工业企业中75.5%的企业订单、75.7%的企业生产总量、76.9%的企业销售量和79.7%的企业产品平均价格均比上年同期下降或持平。出口型外贸企业中,90%的企业国外订单比上年同期减少或持平。从工业企业的投入看,70%的企业固定资产投资比去年同期减少或持平,72%的企业科技创新投入比去年同期减少或持平。一季度,中小企业成本上升,效益下降。由于劳动力成本,能源、原材料价格上涨,企业成本上升,效益下降。调查显示,55%的企业原材料及能源的购进价格比上年同期上涨,67%的企业劳动力成本增加。近一半的企业效益比上年同期下降,或增加亏损或减少利润。

国家统计局数据显示,2012 年一季度仅有 8.6% 的有银行借款需求的小型微型企业能够从银行获得全部借款,比 2011 年又下降了 1 个百分点,融资成本明显增加。此外,贷款审查周期也普遍延长了 2～3 个月。同时,税费负担也非常重。一季度中国中小企业发展指数中的资金指数为 91.8 点,比上季度上升了 5 点,为本季上升幅度最大的分项指数。从调查细项看,43% 的被调查企业反馈流动资金不足,48% 的被调查企业反馈融资困难,上季度这两个百分比分别为 51% 和 52%。企业的流动资金虽然有所好转,但融资的难度仍然很大,个别行业如交通运输、邮政仓储业和信息传输、计算机服务、软件业的融资难度还在加大。

中小企业尤其是小企业融资难问题依然突出。一是融资成本上升。中小企业贷款利率上浮情况普遍存在。二是资金供需矛盾进一步加剧。生产要素价格上涨导致企业资金需求扩大,与此同时,金融机构面向小企业的信贷总量扩容有限,使得资金供需之间的缺口扩大。三是银企双方信息不对称。中小企业自身财务不规范,信用记录缺失;银行通过第三方获得中小企业信用数据的成本高。四是融资渠道窄。目前资本市场体系还不够完善,中小企业在资本市场的融资规模小,对信贷的依赖度过大,90% 的中小企业得不到银行贷款。

另外调查显示,中小企业税种繁多,除营业税、所得税、增值税之外,还需城建税及教育费附加、房产税、土地税、印花税、工会经费、残疾人就业基金等,加上各种收费,实际综合税负已经超过 30%。

资料来源:中国行业研究网

第四节　建立现代企业制度与我国国有企业改革

一、现代企业制度的含义与内容

(一)现代企业制度的含义

现代企业制度是适应市场经济要求的、依法规范的企业制度。其典型形式是现代公司;其基本特征是"产权明晰,权责明确,政企分开,管理科学"。

这个定义包括了四个层次的含义:

(1)现代企业制度是一个时间概念。它是相对于古典企业制度而言,即相对于个人业主制企业和合伙制企业而言的。

(2)现代企业制度又是一个空间概念。这种企业制度并不是某一个国家所特有的,而是现代市场经济国家中普遍采用的符合国际惯例的企业制度。

(3)现代企业制度是现代市场经济体制的基础。

(4)现代企业制度就是现代公司制度。即公司制度是现代企业制度的典型形式。

1993年11月党的十四届三中全会通过的《关于建立社会主义市场经济体制若干问题的决定》中明确指出,要把建立现代企业制度作为国有企业改革的方向。具体地说,我国所要建立的现代企业制度,就是适应社会主义市场经济发展的要求,以规范和完善企业法人制度为主体,以有限责任制度为核心的新型企业制度;它是既符合国情,又能与国际惯例接轨的具有中国特色的现代企业制度。这是我国建立社会主义市场经济体制的中心环节。

(二)现代企业制度的内容

现代企业制度的基本内容主要包括三个方面:现代企业产权制度,即公司法人产权制度;现代企业组织制度,即公司组织制度;现代企业管理制度,即公司管理制度。

1. 现代企业产权制度

市场经济是发达的商品经济,各经济主体通过市场结成等价交换的商品经济关系。进入市场的各经济主体必须首先明确其产权主体及界区,才可能建立真正的商品经济关系。如果某交易主体的产权关系本身具有不确定性,那么真正的商品交换就不可能出现,因为任何经济主体都无法用不明确归属于自己的财产参与市场交换。不仅如此,市场经济的运作机制是价格机制,而市场价格也只有在交易双方的产权主体、界区明确时才可能形成。显然,作为市场经济基本主体的企业,必须明确其产权主体和界区,这是企业进入市场的前提条件。

早期商品经济所要求的产权主体、界区的明确,是以所有制为基本形式的,如业主制企业就是以作为业主的个人财产来确定其市场主体身份的。但随着商品经济的发展,社会化大生产要求企业不断扩大规模,所有权与经营权开始分离,这时如何使企业产权界限明确,保证企业市场主体的地位呢? 公司制就是满足这一要求的企业组织形式。在公司法人制度下,出资人的原始所有权演化为股权,公司法人则获得了公司的法人财产权,公司法人可以像业主制企业一样对公司的全部资产具有占有、使用、处分的权利,参与市场交易。由此可以看出,公司法人制度的产权明晰化,使企业具备了一个对交换对象具有独占权的真正市场主体的身份,按照等价交换原则参与各类市场交易活动,这是现代企业制度不可缺少的首要内容。

2. 现代企业组织制度

采取什么样的组织制度来组织公司,这是现代企业制度包括的第二个重要内容。公司制企业是由许多投资者即股东投资设立的经济组织,必须充分反映公司股东的利益要求;同时,公司作为法人应当具有独立的权利能力和行为能力,形成一种以众多股东的个体意志为基础的组织意志,以自己的名义独立开展业务活动。公司的组织制度必须体现这些要求。

在市场经济长期发展的过程中,公司制企业已经形成了一套完整的组织制度,其基本特征是:所有者、经营者和生产者之间,通过公司的决策机构、执行机构、监督机构,形成各自独立、权责分明、相互协调又相互制衡的关系,并以法律和公司章程加以确立和实现。公司组织机构的基本框架如图7-1所示。

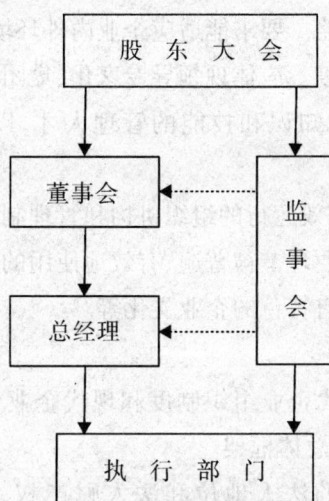

图7-1　公司组织机构框架图

公司的组织机构通常包括股东大会、董事会、监事会和经理人员四大部分。其中,股东大会及其选出的董事会是公司的决策机构。股东大会是公司的最高权力机构。董事会是股东大会闭会期间的最高权力机构。监事会则是由股东大会选举产生的,对董事会以及经理人员活动进行监督的机构。经理人员是对董事会负责的公司管理与执行机构。另外,公司的执行部门可以根据公司情况和外部环境采取直线职能制、参谋制、事业部制或矩阵式等不同的具体组织结构,并根据内外部条件的变化积极地进行组织变革,以保持企业的活力。

由此可以看出,公司组织制度既赋予经营者充分的自主权,又切实保障所有者的权益;同时,又能调动生产者的积极性,因此是现代企业制度的基本内容之一。

3.现代企业管理制度

现代企业制度的重要特征之一是管理科学,即科学的、有序的、规范的现代化企业管理,所以,现代企业管理制度也是现代企业制度的重要组成部分。必须强调,管理是科学、是生产力。

建立现代企业管理制度,就是要求企业适应现代生产力发展客观规律,按照市场经济发展的需要,积极应用现代科学技术成果,包括现代经营管理的思想、理论、技术和手段,有效地进行管理,以创造最佳经济效益。这就要求企业围绕实现企业的战略目标,按照系统观念和整体优化的要求,在管理人才、管理思想、管理组织、管理方法、管理手段等方面实现现代化,并把这几个方面同各项管理职能(包括决策、计划、组织、协调、控制、激励等)有机地结合起来。

现代企业管理制度主要包括:

(1)正确的经营思想。如质量第一观念、市场观念、时间观念等;

(2)灵活合理的经营战略。要求能适应企业内外环境的变化,推动企业发展;

(3)科学完善的领导制度。应体现领导专家化、集团化和民主化的管理原则;

(4)熟练掌握现代管理知识和技能的管理人才,以及具有良好素质的职工队伍;

(5)适合本企业特点、高效运行的组织机构和管理制度;

(6)在生产经营各个主要环节被普遍、有效地使用的现代管理手段;

(7)良好的企业形象和有特色的企业文化等。

4. 三者之间的关系

现代企业产权制度、现代企业组织制度和现代企业管理制度,三者相辅相成,共同构成了现代企业制度的总体框架。

产权制度确立了企业的法人地位和法人财产权,使企业真正作为自主经营、自负盈亏的法人实体进入市场。组织制度确立了权责明确的组织体系(治理结构),使企业高效经营和长期发展有了组织保证。管理制度则通过实施现代化管理,保证企业各项资源的充分利用,在竞争中立于不败之地。三者是缺一不可、相互影响的整体。片面强调某一方面,忽视其他方面,都是不可取的。比如,管理制度搞不好,即使产权清晰了,权责明确了,也不可能真正建立起现代企业制度;反之,只单纯抓管理,如果财产关系不清楚,权利不明确,那么管理也不可能搞好。

对我国国有企业来说,实现政企分开是建立现代企业产权制度、现代企业组织制度和现代企业管理制度的共同基础。没有政企分开,企业国有资产的投资主体就不明确,企业产权也就无法明晰,企业内部权责利就不确定,企业科学管理更无从谈起。而且,政企分开也表现在这三个方面:

(1)在产权制度方面表现为政资分开,明确国有资产投资主体;

(2)在组织制度方面表现为企业要有独立的组织体系,建立规范的法人治理结构;

(3)在管理制度方面则表现为适应市场经济要求和企业特性的科学管理,要对市场、消费者负责,而不是只对政府负责。

当然,这些方面的转变,还必须依靠政府职能的转变才能实现。

二、现代企业制度的基本形式及其异同

(一)现代企业制度的基本形式

现代企业制度的典型形式是现代公司。根据我国《公司法》规定,现代公司包括股份有限公司和有限责任公司两种形式。从国际上看,股份有限公司和有限责任公司是得到各国法律认同的、比较规范的、国际上通用的企业组织形式。尽管各国因地理环境、历史习惯和政治制度的差异,可能在对企业的具体形式选择上不尽一致,但在股份有限公司和有限责任公司的基本性质和基本内容的规定上是相同的,因此,现代企业制度的基本形式就是股份有限公司和有限责任公司。

1. 股份有限公司

股份有限公司,是指由一定数量的股东组织发起,注册资本由等额股份构成,并通过发行股票筹集资本,公司以其全部资产对公司债务承担有限责任的法人企业。

股份有限公司基本特征是:

(1)公司的资本总额分成每股金额相等的股份。股东不受资格限制,只要有钱并购买了公司的股份就可成为公司的股东。

(2)公司股东不论出资多少,只以认购的股份对公司债务承担责任。

(3)经批准在证券交易所上市的公司,其股票可以在社会上公开发行和自由转让,但不能退股抽回股金,公司股东人数和注册资本金不能少于规定的数目。

我国《公司法》规定,设立股份有限公司应当有 5 人以上的发起人,其中须有过半数发起人在中国境内有住所,股东人数没有上限,成立股份有限公司注册资本金最低限额为人民币 1000 万元;每股有一表决权,股东以持有的股份享有权利、承担义务;公司在每个财政年度终了时,应将经注册会计师审验过的财务会计报告向社会公开发布,以便使更多股东和债权人了解公司的经营情况。

2. 有限责任公司

有限责任公司,是指由两个以上股东共同出资、每个股东以其认缴的出资额对公司行为承担有限责任,公司以其全部资产对其债务承担责任的法人企业。

有限责任公司基本特征是:

(1)公司资本不分为等额股份。

(2)公司向股东签发出资证明书,不发行股票。

（3）公司股份不能自由流通。如要转让则有严格限制，即要在公司其他股东同意的条件下才可以转让，并要优先转让给公司原有股东。

（4）公司的股东人数和公司注册资本金有限额。

我国《公司法》规定，有限责任公司必须有 2 个以上 50 个以下的股东方能设立，公司注册资本金的最低限额为人民币 10 万—50 万元。

（二）有限责任公司与股份有限公司的异同

1. 有限责任公司与股份有限公司的共同点

有限责任公司与股份有限公司主要有如下共同点：

第一，这两种公司的全部注册资本都是通过股东以股份形式出资形成的，因此，可以把它们都看成为股份公司。作为现代企业制度主要形式的公司指的就是股份公司。

第二，各国法律（包括我国《公司法》在内）都公认它们具有法人资格，都是法人企业。

第三，当公司破产后，全体股东都只对公司债务承担有限责任。

2. 有限责任公司与股份有限公司的区别

有限责任公司与股份有限公司的主要区别是：

第一，前者一般规模较小，股东人数较少，且有上限；而后者一般规模较大，股东人数较多，且无上限。

第二，前者股份转让有严格限制；后者股份可自由转让，有的还可上市交易。

第三，前者股东可以作为公司职员直接参与公司管理，董事由股东兼任；后者绝大部分股东不直接参与公司管理，董事也往往不从股东中选拔，而是在社会上聘任。

第四，公司注册资本金的最低限额不同。我国《公司法》规定，成立有限责任公司注册资本金最低限额为人民币 10 万—50 万元。成立股份有限公司注册资本金最低限额为人民币 1000 万元。

三、我国国有企业公司制改革

（一）我国国有企业公司制改革的形式

我国国有企业改革的方向是建立现代企业制度，而现代企业制度的典型形式是现代公司制企业。因此，当前国有企业改革主要趋势就是公司制改革，即根据现代企业制度的要求和《公司法》的有关规定，将现有的国有大中型企业逐步改造为以完善的企业法人治理结构为核心的现代公司制企业。但是，我们在选择国有企业公司改造的具体形式时，不能搞"一刀切"，而应根据行业性质和企业规模的不同选择不同的公司形式。

1. 有限责任公司或股份有限公司

对于大量的竞争性国有大中型企业,可以改造为有限责任公司或股份有限公司。这类企业广泛存在于工业、商业、建筑业、服务业中,自改革开放以来一直是国有企业改革的重点。其中大部分将改造为有限责任公司;小部分改造为股份有限公司。具备条件的股份公司可以申请股票上市,成为股票可以上市交易的股份有限公司。其中有的可以申请在国内上市,又可分为人民币股(A 股)和外币股(B 股);有的可以申请在香港上市(H 股)及其他国家上市。

2. 国有独资公司

对于提供公共产品和特殊产品的国有企业可以选择国有独资公司模式。这主要是指国防设施、邮电、铁路、道路桥梁等以及某些稀有国有企业。这类行业的社会效益目标较为突出,对国民经济整体的有效运行具有重要的意义。一般存在着投资大收益小、私人企业不愿进入、没有实力进入或政府禁止进入的特点。

3. 国有控股公司

在某些行业特别是基础产业中,居于垄断地位的国有大中型骨干企业宜采取国有控股公司模式。在国民经济的某些重要领域,必须保证国有经济的主导地位。这类领域中居于垄断地位的国有企业可以吸收部分自然人或法人投资,组成股份制公司,但国家应保持对企业股权拥有绝对优势。

4. 其他形式

对于国有小企业可以采取改组、联合、兼并、股份合作、租赁、承包、托管、出售等多种形式推向市场。

国有小企业一般规模小,竞争力弱,在国民经济中的重要性相对较低。保持国家对国有小企业的绝对控制,常常会造成企业变成国家包袱的后果。当然,这绝不是国家不重视小企业的发展。恰恰相反,这样做更有利于小企业运用市场机制,适应市场变化,灵活经营。小企业可以用多种方式参加与大企业的配套协作,把竞争关系变成协作关系;可以更好地发挥吸纳就业、经营灵活、满足工农业生产和城乡人民生活多方面需要的优势。

(二)我国国有企业改革与发展的新趋势和要解决的难题

1. 新时期我国国有企业改革与发展的历史趋势

我国国有企业的改革,始于 20 世纪 70 年代末改革开放之初,迄今已有 30 多年。前后历经了"放权让利"、"推行承包经营责任制"、"转换企业经营机制和建立现代企业制度"三个阶段。从 1993 年 11 月党的十四届三中全会做出《关于建立社会主义市场经济体制若干问题的决定》,提出"转换企业经营机制,建立现代企业制度"起,也有 20 年了。依照《决定》的精神,国务院有关部门和各省、市、自治区逐步把全国性以至某些地区性的行业总公司改制为控股公司,把若干国有大型企业改组为企业集团,发展了一批以公有制为主体以产权联系为主要纽带的跨地区、跨行业的大型企业集团。到 2012 年 10 月份,国有企业资产总值为 21 万亿元,上缴税金 33496.3 亿元,等于全国 50 万家"三资"企业、35 万家民营企业上缴税金之和。由此可见,国有大型企业和国有控股企业在促进结构调整、提高规模效应、加快技术进步、增强国际竞争力方面无不发挥着重要的作用。

2003 年 10 月 14 日党的十六届三中全会通过的《中共中央关于完善社会主义市场经济体制若干问题的决定》指出:"产权是所有制的核心和主要内容,包括物权、债权、股权和知识产权等各类财产权。建立归属清晰、权责明确、保护严格、流转顺畅的产权制度,……是构建现代企业制度的重要基础。"这进一步为包括国有大型企业在内的整个国有企业深化改革指明了方向,标志着国有企业,特别是国有大型企业改革进入到一个新的阶段。

那么,在新的历史阶段,我国国有企业改革与发展的历史趋势如何呢?

在新的历史时期,我国国有企业改革与发展的历史趋势是:

趋势一,党中央国务院将会继续把深化国有企业改革作为经济体制改革的中心环节,坚持建立现代企业制度的改革方向不动摇;坚持国有经济有所为有所不为、国有企业有进有退的战略方针不动摇。

趋势二,越来越多的国企(含国有商业银行)将根据产权清晰的原则进行股份制改造。在股份制改革中,国有独资公司的比例将大幅度下降,而国家控股、多元持股的股份有限公司或有限责任公司的比例将大幅度上升。在国家控股的国有企业中,国家绝对控股的比例会进一步下降,而国家相对控股的比例则会进一步上升。在上市的国有股份公司中,不仅公众股上市交易,而且国有股和企业股也会上市交易。

趋势三,实行公司制改造的国有企业,公司的治理结构将进一步规范和完善,按《公司法》规定的股东会、董事会、监事会(新三会)的地位和作用将得到完善和加强,而企业中的党委会、工会、职工代表大会(老三会)的作用,将会在公司的现代治理结构中得到进一步的规范和完善。

趋势四,由于我国现实的国有企业在国民经济中所占比例太大,随着国有经济有所为有所不为、国有企业有进有退战略方针的贯彻执行,国有企业在全国企业总数中的比例会进一步趋向下降,国有经济将主要在非竞争领域、社会公共经济领域、关系国民经济命脉和宏观调控的领域存在和发挥积极作用。同时,国有经济对国民经济的控制和导向作用也会得到巩固和加强。

趋势五,随着全球化时代的到来和中国加入 WTO,越来越多的外国企业会"走进来",我国也会有越来越多国有企业"走出去"。我国的跨国公司会加快发展的步伐,企业的规模也会越来越大,进入世界 500 强的企业也会逐渐增多。

2.我国国有企业公司制改革和建立现代企业制度亟待解决的难题

我国国有企业公司制改革和建立现代企业制度亟待解决的难题主要有:

(1)债务沉重严重影响企业改制。据发改委抽样调查的 11 万家企业表明,国有企业的债务率在 75% 以上,其中还不包括企业之间的三角债。企业改制需要清产核资,首先面临着债务问题如何解决:要企业归还贷款,显然超出企业的承受能力;注销企业长期拖欠造成的呆账死账,又与商业银行的企业地位不相符;银行要求财政拿出一部分资金来注销银行呆账死账,但国家财力又不允许。对企业债务问题,至今仍在进一步深入探索。

(2)企业破产难。对一些长期资不抵债的企业实施破产,不失为一个盘活国有资产和减轻财政、银行包袱的办法,但实际操作不是那么顺利。就目前来看,企业破产遇到以下困难:第一,银行对企业破产并不积极。因为破产企业都是长期资不抵债的企业,对破产企业实施清算,损失最多的是银行。这等于注销了一批企业债务,对银行来说还不如先挂起来为好。第二,职工就业问题。如果对企业实施破产,大量的职工没有出路。原来有些破产方案提出可以发一次性失业费、待业费 3 万至 7 万元,但企业对此很难操作。如果企业给每人发 3 万至 7 万元失业费,1000 人的工厂就得发 3000 万至 7000 万元。企业如果有这么多资金,就根本不需要破产。实际操作中,有的企业给每个职工一次性发 1 万元失业费都很困难。所以,现在对企业实施破产除了对厂房设备拍卖外,还要对土地使用权拍卖,土地拍卖所得首先用于安置工人生活。由于国家财力紧张,不可能对破产企业拨入更多的失业救济金。因此,实施破产的企业是极少数,对大多数企业来说则是如何盘活存量资产。

(3)企业负担过重。首先,是企业冗员造成的负担过重,相当一部分企业的冗员占在职员工的 30% 左右,形成了一大批在职失业。其次,一些老企业冗员加离退休职工占职工总数的 40% 至 50%,企业每年要拿出相当一部分的资金用于发放离退休职工的工资。最后,企业的负担沉重,承担了本不应由企业承担的社会责任。沉重的社会负担使企业的大量资金不能用于生产经营,厂长经理为了集体福利和社会服务而疲于奔命,与他们的主要职责相差甚远。

(4)社会保障制度不健全。传统体制下企业职工的生老病死、教育和就业由国家统包,现代企业制度要求职工自己和社会共同解决这些问题。社会保障制度的建立需要遵循社会统筹和个人账户相结合的原则,国家拿一部分,社会统筹一部分,平时从职工的工资中固定抽出一部分,以此累积形成失业救济金、退休金、医疗保险金。因此,社会保障制度需要多年才能建立起来。而长期由国家和企业包惯了的人们对建立社会保障制度并不踊跃,企业破产和工人失业的风险很大程度上依然由国家负担。

(5)产权明晰难。产权明晰是建立现代企业制度的核心。以"转换企业经营机制,建立现代企业制度"为目标的国有企业改革,不能回避、淡化和绕开产权清晰问题。一方面,在改革的理论探讨中,争议和分歧最大的是产权变革;另一方面,在改革的实践中,取得成就最大的也是产权变革。

可以说,产权改革是我国整个经济体制改革的"珠穆朗玛峰"和"马里亚纳海沟",即在经济体制改革大的系统中,"高不过产权变革,也深不过产权变革"。我国经济体制改革的成功,首先取决于产权变革的成功。

【案例与思考】 菲利普·莫里斯公司的发展特点

菲利普·莫里斯公司为一家大型跨国公司。它既是当今世界上第一大烟草制造商,同时也是世界上第二大食品制造商。菲利普·莫里斯公司主要经营烟草、食品、啤酒、金融房地产等业务,拥有五个主要经营子公司及在世界各地的100多家各种类型公司,业务遍及世界180多个国家和地区。2012年在全球的雇员达到17.8万人,营业收入(Operatingrevenues)高达1803.56亿美元,经营利润(Operatingincome)达到146.79亿美元,净收入(netearnings)为85.1亿美元。2012年财富世界500强排行榜排名第355位。

1. 建立高素质的员工队伍

现代企业的竞争是人才的竞争,现代企业的发展是人才的发展。菲利普·莫里斯公司认为,企业员工的素质是其经营成功的关键。为了建设和保持一支精明能干、具有创造力、结构多元化的员工队伍,他们采取的主要措施有:(1)建立和实施了一套完整的员工培训制度。从普通雇员开始到中高级市场和经营管理人员都要接受各种不同形式的定期培训;(2)建立一个完善的经营评估系统,及时而客观地鉴定雇员,尤其是中高级管理人员的经营成果和效率;(3)实施一些具体的项目,帮助其员工"通过发展获得组织领导能力",该公司85%的经理人员都是从公司内部雇员中提拔的;(4)重视吸引国际社会上的高级管理人才。

2. 创立和维护国际著名商标的信誉

除人以外,名牌商标是菲利普·莫里斯公司最重要的财产,是公司与客户、消费者之间最宝贵的关系纽带。PM在卷烟、咖啡、奶酪、饮料、啤酒等领域,都拥有一批著名的国际畅销牌号。其"万宝路"是世界上最畅销的卷烟,"Miller Lite"是美国低度酒精的啤酒之王。另一方面,用高超的广告和具有吸引力的促销活动把自己的产品质量向公众传播。此外,公司还长期实施一系列具体项目,来建立良好的产品销售环境。如建立各类销售俱乐部,与批发商、零售商建立良好的合作关系,并不断简化交易手续,扩大直销范围,与顾客共享市场信息资源。

3. 通过兼并收购,保持公司增长潜力

通过收购、兼并、合资、战略联盟等手段,不断实施着其市场地域的扩张。仅1992年该公司就投资30亿美元,在14个国家21个公司新建或扩建其产品生产线,推出了200多个新产品。20世纪90年代中期,PM在俄罗斯及东欧、亚洲的泰国、印度、印尼、马来西亚、越南等国家和地区投入巨资进行收购、兼并或开办新卷烟厂,扩大市场占有。近几年在烟草市场扩张难的情况下,又在南美、西欧、东欧通过收购兼并大力度扩张其食品工业。该公司在1976年经营总额只有51.9亿美元,到1992年其经营额达到了591.3亿美元,15年来年平均增长率是17.6%。到2012年销售收入达到了1803.56亿美元。

4. 实行经营业务的全球一体化

PM公司经营业务的全球一体化战略,具有两层含义:一是其生产和销售活动完全从全球的角度出发,寻求生产要素的最优配置和最佳的市场组合;二是在其跨国公司内部形成专业化的国际分工。为了实现这一全球化战略,该公司的主要做法,一方面是通过购买、合资、战略联盟、许可证生产等手段,在一切可能的地区和国家直接生产和销售公司已有国际牌号,或者生产和销售公司已经购买的当地名牌商标产品。1992年该公司在澳大利亚、斯洛伐克、墨西哥等国购买了奶酪、糖果、饮料多个当地的名牌商标。另一方面在生产要素利用上,该公司越来越多地依靠国际人才和智力。公司建立了烟草、奶酪、咖啡、饮料、调味品等主要产品的国际发展战略委员会,既把在美国成功经营的经验应用到其他国家去,也把其他国家可取的经验应用到美国;既把发达国家经验应用到发展中国家,也把发展中国家的经验应用到发达国家中去,实现公司内信息、经验、软件智力的全球一体化。

5. 重视建立公司良好的社会形象

树立良好的社会形象,是企业发展壮大的必要条件,而对主要从事烟草经营的企业来说就更为重要。PM公司每年都拿出几千万的美金,在美国或者美国以外的地区有计划地实施着一系列长期的或短期的社会公益项目。通过对教育、科学基金、环保、防灾抗灾、流行病防治、抗饥饿等社会公益项目捐助,树立具有社会责任感的形象,这对烟草企业来说具有特殊的重要意义。

资料来源:官网百科[引用日期2013-02-17]

案例思考:菲利普·莫里斯公司的发展壮大对我们有什么启示?

【复习思考题】

1. 市场经济条件下的企业有哪些基本特征？为什么企业必须具备这些特征？
2. 企业经营机制的含义和内容是什么？
3. 为什么说公司是最适合于现代大企业的企业组织形式？
4. 试述现代企业制度的含义和基本内容。
5. 试述深化国有企业改革的基本思路和亟待解决的难题。

第八章　产业经济

产业作为经济单位,它是具有某种同类属性的企业经济活动的集合。它既不属于宏观经济所指的国民经济,也不属于微观经济所指的企业经济活动或居民消费行为,而是介于宏观经济和微观经济之间的中观经济。

本章主要介绍产业的含义与分类、产业经济学的研究对象以及产业经济学的学科体系。

第一节　产业的含义与一般分类

研究产业经济首先要理解和把握产业的含义。产业是一种社会分工现象,它随着社会分工的产生而产生,并随着社会分工的发展而发展。产业一词在不同历史时期和不同理论研究领域有不尽相同的含义。产业作为一个经济单位应该如何理解和把握,是研究产业经济首先要解决的问题。

一、产业的含义

(一) 产业是社会分工的产物

产业是社会分工的产物,它随着社会分工的产生而产生,并随着社会分工的发展而发展。在远古时代,生产工具极其原始,生产力水平极其低下,人类只能过着群居生活。他们共同劳动,共同生活。狩猎(野兽等)和采集(野果等)几乎是他们所有的生产活动,没有社会分工,不存在不同的生产部门,产业无从谈起。随着旧石器时代向新石器时代的缓慢发展,人类的生产工具有了逐步的改进,人类的生产力水平有了逐步的提高。人类狩猎野兽和采集野果的数量在增多,他们开始饲养未吃完的野兽和开始种植未吃完的野果的种子。这时,农业从人类的狩猎和采集活动中分离出来,人类的生产活动出现了重大转折,社会分工开始出现。农业成为那时人类决定性的生产部门。

随着生产工具的不断进步和生产力水平的不断提高，又相继发生了三次社会大分工。按照恩格斯的观点，第一次社会大分工发生在原始公社的新石器时代，畜牧业从农业中分离出来；第二次社会大分工发生在原始公社末期至奴隶社会初期，手工业从农业中分离出来；第三次社会大分工发生在奴隶社会初期，商业逐渐从农业、手工业中分离出来，这一时期，专门从事商品买卖的商人阶层逐渐形成，商业开始独立出来。三次社会大分工之后，实际上已形成了农业、畜牧业、手工业和商业等产业部门。

随着生产力的进一步发展，社会分工进一步深化。18 世纪 60 年代，爆发于英国的第一次产业革命使英国的各主要工业部门先后出现了从手工生产过渡到机器生产的趋势。从此，机器生产的大工业逐渐取代了农业成为社会经济发展的主导力量。接着在 20 世纪初又爆发了第二次产业革命，表现在铁路、钢铁工业的快速发展上，工业的主导地位进一步巩固。社会分工也进一步向深度发展，表现为新兴产业部门不断出现和产业分工越来越细。马克思曾经从物质生产的角度阐明社会分工有三种形式：一般分工、特殊分工和个别分工。按照马克思的这一观点，三次社会大分工分离出来的农业、工业、商业等大类为一般的分工；将农业进一步细分为种植业、种养业、畜牧业，或将工业细分为冶炼、钢铁、石油、化工、机器制造，或将商业细分为零售业、批发业、对外贸易等行业，均为特殊的分工。即将农业、工业、商业内部细分出来的各行业再进行细分下去，叫特殊的分工；而企业、工厂内部的具体分工就叫作个别的分工。

可见，产业是一般分工和特殊分工的表现形式，一般分工是特殊分工的基础。

（二）产业是社会生产力不断发展的必然结果

生产工具的进步是生产力发展的主要标志。在石器时代之前，人类使用的生产工具是直接取自自然的天然工具，工具水平相当落后，生产力水平极其低下，还没有社会分工。在石器时代，人类使用经过加工和制作的生产工具，生产力水平比以前有了很大的发展。随着社会生产力水平的提高，新的工种开始出现，畜牧业从农业中分离出来，形成了独立的产业部门。在青铜器和铁器时代，人类开始使用金属制成的生产工具和生活用具，大大促进了生产力的发展，金属冶炼、工具制作成了新的产业部门。随着生产力的不断提高，专门从事商品买卖的商业部门又独立出来，形成了又一新的产业部门。同时，手工业部门也出现了分工不断深化的现象，制盐、制酒、丝绸、棉纺等手工业不断发展，成为新的细分产业。在机器时代，机器取代手工工具成为人类新的生产工具。机器的使用大大提高了劳动生产率，促进了社会生产力的迅速发展，也促使新的产业部门不断发展。1733 年"飞梭"织布机和 1765 年珍妮纺纱机的发明大大促进了棉纺织业的发展,使棉纺织业成为当时经济发展的主导力量。这些工作机器的发明引致机械师瓦特试制成功蒸汽机。蒸汽机的推广应用促使第一次产业革命的出现。

20 世纪初,以钢铁、铁路、石油、化学工业为代表的第二次产业革命又大大促进了社会生产力的发展,又产生了一批新的产业部门。

20 世纪 50 年代信息技术的产生和发展掀起了第三次产业革命的高潮,促进了社会生产力的进一步提高。信息技术的广泛应用给农业、工业和服务业领域带来了翻天覆地的变化,促使各产业内部分工进一步细化,新的产业部门大量涌现出来。

可见,社会生产力的不断提高促成了产业的产生和发展。

【相关链接】 英国产业革命的影响

1. 社会经济后果

从 18 世纪 60 年代开始的英国产业革命,到 19 世纪 30 年代末 40 年代初基本完成。其主要标志是以使用机器生产为基础的近代工厂,取代了以手工劳动为基础的家庭手工业和手工工场,在国民经济中占了统治地位。作为英国当时最主要工业部门的纺织工业,到 19 世纪 40 年代基本上实现了机械化,工厂制度占据了优势。由于使用机器生产的工厂工人的劳动生产率几倍甚至几十倍于手工工场工人,因此,机器大工业在纺织工业中已建立了统治地位。在产业革命中才兴起的冶金工业、煤炭工业、机器制造业等,更是建立在机器大生产的基础上。英国产业革命的胜利,标志着人类开始从农业社会进入了工业社会,从手工生产进入了机器生产。

2. 社会面貌

产业革命的发展,使英国的社会面貌发生了深刻变化。产业革命以前,英国工业主要集中在以伦敦为中心的东南部地区。产业革命过程中,伦敦地区作为全国政治经济中心的地位进一步提高,但工业的重心越来越向北部地区转移,兰开夏成了棉纺织工业的主要中心,苏格兰也出现了以格拉斯哥为首的新工业区,曼彻斯特、利物浦、伯明翰、博尔顿、普雷斯顿等新兴工业城市蓬勃地成长起来。农村人口大量向城市迁移。1770 年曼彻斯特只有 1 万居民,1821 年达到 18.7 万人,而到 1841 年竟达 35.3 万人。英国全国人口在 1750 年约为 700 万人,经过 100 年,到 1850 年猛增到 2750 万人,增加近 3 倍。

3. 阶级结构

随着资本主义大工业的发展,社会阶级结构也发生了深刻变化。工业资产阶级的人数和经济势力不断增长,他们不仅在整个国民经济中占据了统治地位,而且通过1831年议会改革,在议会中也占据了大多数席位,取得了对整个国家和社会的统治权。与此同时,工人阶级的队伍不断壮大,到19世纪20年代,英国工业和运输业中的工人已达200万人。机器的大规模使用,一方面使大量工人失业,另一方面又使大量妇女和儿童加入到工人队伍。1839年英国的42万工厂工人中,妇女占24.2万人,18岁以下的童工占19.3万人。大量失业工人的存在和廉价女工、童工的使用,使工人的工资不断下降。随着工人阶级队伍的壮大和贫困化的加深,他们的团结和斗争日益加强。

4. 经济面貌

产业革命使英国的经济面貌和地位发生了深刻变化。产业革命使英国生产力得到了迅速发展。1770—1840年的70年中,英国工人的每个工作日的生产率平均提高了20倍。英国成为世界上最强大的工业国。1840年,英国工业生产在世界工业生产中占45%,而法国占12%,美国占11%。英国不仅是当时最富有的国家,而且成为世界各国的商品供应者,世界各国则成为英国的原料供应地。1801—1850年间,英国的出口额增加了6倍,并掌握了世界贸易总额的20%。当时英国生产的棉织品的80%销售到国外,而所消费的棉花又全部依靠进口。英国不仅是世界各国工业消费品的主要供应者,而且也是工业生产资料的主要供应者。19世纪上半期,煤、铁、机器的输出不断增加。英国作为"世界工厂"的地位确立后,在对外经济政策上就逐步从保护关税政策过渡到了自由贸易政策。自由贸易政策,一方面使英国的先进技术和生产方式在世界得以传播,另一方面也为英国进一步大规模殖民扩张创造了条件。

资料来源:http://gljx.sdut.edu.cn/newshi/shownews.asp? newsid=175

(三)产业是具有某种同类属性的企业经济活动的集合

从以上分析可以看出,同一产业的经济活动均具有这样或那样相同或相似的性质。在今天的现代经济活动中,产业的这一特点也同样存在。根据这一特点,我们可以对产业的定义进行界定,即产业是具有某种同类属性的企业经济活动的集合。它既不是指某一企业的某些经济活动或所有活动,也不是指部分企业的某些或所有经济活动,而是指具有某种同一属性的企业经济活动的总和。

一个产业可以由多个企业甚至一两个企业(例如在单独垄断和双头垄断的市场条件下)的同类经济活动所组成;一个企业也往往不只是从事某项单一经济活动而可能从事包括多种类型的经济活动,即从事多产业(即跨行业)经营。例如,把直接从自然界获取产品、直接依赖自然的农作物栽培和牲畜饲养等生产活动称为农业;把采取自然资源,制造生产资料、生活资料,或对农产品、半成品等初级产品进行加工生产活动称为工业。这些产业的生产活动各自都有其共同的属性或特征。例如农业的共同特征就是直接从自然界获取产品。

产业应该具有以下某种同类属性或特征：

第一，从需求角度来说，是指具有同类或相互密切竞争关系和替代关系的产品或服务。

第二，从供应角度来说，是指具有类似生产技术、生产过程、生产工艺等特征的物质生产活动或类似经济性质的服务活动。

产业应该具有的活动是专指具有经济性质（即为一定的经济目标服务）的各项活动，不包括政治、社会等活动。同时，产业应该具有的经济活动是指具有某种同类属性的所有经济活动，而不是某些经济活动或部门经济活动。

（四）产业是介于宏观经济与微观经济之间的中观经济

产业作为经济单位，它既不属于宏观经济所指的国民经济，也不属于微观经济所指的企业经济活动或居民消费行为，而是介于宏观经济和微观经济之间的中观经济。

宏观经济的研究对象主要是指国民经济的总量，例如国民生产总值、国内生产总值、国民收入、总投资、总消费、国际收支、货币发行量、通胀、失业、经济增长率等，以及总量的变化规律和相互关系。

微观经济的研究对象主要是企业和家庭的经济行为，例如，企业如何利用有限资源，获取利润的最大化；消费者或家庭如何利用有限的收入购买商品和服务，以获取最大的满足。

产业经济的研究对象是具有某些共同特征的企业经济活动组成的集合以及集合与集合之间的关系。具体来说，就是研究产业与产业之间各种技术经济关系、联系方式等。

（五）产业的含义具有多层次性

产业的含义具有多层次性。产业是与社会生产力发展水平相适应的社会分工形式的表现，是一个多层次的经济系统。在社会生产力发展的不同阶段，社会分工的主导形式的转换和社会分工不断向深层次的发展形成了多层次的产业范畴。

在社会生产力水平比较低下的历史阶段，社会分工以一般分工为主导形式。这种分工形式只能将人类的生产活动分成比较简单的大类，例如农业、工业等，形成产业的第一层次。

随着社会生产力水平的提高，社会分工不断深化，特殊分工成为主导形式。这种特殊的分工在第一层次分工的基础上进行细分，例如将工业细分为基础工业、制造业、建筑业等业种，这些大类下的业种构成产业的第二个层次。

随着社会生产力的进一步提高,社会分工越来越细,新兴产业不断出现,特殊分工的主导形式不断复杂化。这种特殊分工在第二层次分工的基础上进一步细化,例如将制造业细分为食品、纺织、造纸、化工、制药、冶金、机械等业种,形成产业的第三层次。这样,产业还可以继续细分下去,直至不能再分为止。

（六）产业的内涵不断充实,外延不断扩展

产业在文学作品中常指家产、财产。在经济理论研究中,随着社会生产力水平的不断提高,产业的内涵不断充实和丰富,外延则不断扩展。

在重农学派流行时期,由于手工业依附于农业,尚未形成独立的经济活动,产业主要是指农业。

在资本主义工业产生以后,工业的发展对每一个社会经济的发展起着举足轻重的作用,产业主要是指工业,而且产业常常等同于工业。

随着社会生产力的飞速发展,服务业的发展越来越引人注目。而且,服务业部门的分工越来越细,出现了许多新兴服务部门,例如商业、运输业、邮政、家政、咨询、金融、贸易、航运、信息等。这时,产业的含义也在扩展,由重农学派流行时期专指农业,扩展到资本主义工业高度发展时期主要指工业,再扩展到近代以后可以包括农业、工业、服务业三大产业及其细分各产业。

到了今天,凡是具有投入产出活动的产业和部门都可以列入产业的范畴。产业不仅包括生产领域的活动,也包括流通领域的活动;不仅包括物质资料部门的生产、流通和服务活动,也包括非物质资料部门（服务、信息、知识等）的生产、流通和服务活动;不仅包括生产部门,也包括流通部门、服务部门甚至文化教育等部门。

二、产业的一般分类方法

产业分类就是人们为了满足不同需要而根据产业的某些相同或相似特征将企业的各种不同的经济活动分成不同的集合。所以,产业研究和分析目的不同,产业的分类方法也就有所不同。最常见、最常用的产业一般分类方法如下:

（一）关联方式分类法

关联方式分类法就是将具有某种相同或相似关联方式的企业经济活动组成一个集合的分类方法。它又可以根据不同的关联方式分为多种分类法。

1. 技术关联分类法

技术关联分类法就是按照一些比较密切的技术关联关系,划分企业的经济活动。

这些企业的经济活动的集合要么具有技术、工艺方面的相似性,要么具有相类似的生产工具、生产流程和管理技术等。这一类产业的企业必须在产品的主要生产技术或制作工艺上具有相似的特点。相当多的企业经济活动都存在着这样或那样的密切的技术关联关系,如制造业、建筑业、冶炼业、运输业等产业均具有各自密切的技术关联关系。

2. 原料关联分类法

原料关联分类法就是按照具有相同或类似的原材料、性能相似的投入物或活动对象相类似为依据,对企业经济活动进行归类的一种划分方法。

这种分类要求产业具有相同的原材料,例如棉纺工业、化纤工业、钢铁业、木材业、卷烟业;或具有相类似的原材料,例如造纸业、纺织业、服装业、印刷业、冶金工业等;或具有性能相似的其他投入物,例如电力、煤气、供水等;或活动对象相类似的产业,例如采石业、矿业、渔业、伐木业等。

3. 用途关联分类法

用途关联分类法就是将具有相同或相似商品用途的企业经济活动组成一个集合的分类方法。

这类行业的产品具有相同或相似的用途,例如自行车制造业、造船业、汽车制造业、仪器工业、软饮料业、烟草业、制药业、橡胶轮胎业等。

4. 方向关联分类法

方向关联分类法是以产业间的关联方向为标准对产业进行分类的一种分类方法。产业间的关联方向包括单向关联、双向关联和环向关联。单向关联包括前向关联、后向关联和侧向关联;双向关联包括纵向关联和横向关联,其中纵向关联是指前向关联和后向关联的纵向关联,横向关联是指侧向关联的横向关联;环向关联包括单环关联、双环关联和多环关联。因此,按照这种关联方向对产业进行分类,可以有如下多种产业:前向关联产业、后向关联产业、侧向关联产业、纵向关联产业、横向关联产业、单环关联产业、双环关联产业和多环关联产业,等等。

5. 战略关联分类法

战略关联分类法是指按照在一国产业政策中的不同战略地位划分产业的一种分类方法。按照不同战略地位划分的产业主要有:

(1)主导产业。根据罗斯托的阐述,主导产业是指能够依靠科技进步或创新获得新的生产函数,能够通过快于其他产品的"不合比例增长"的作用有效地带动其他相关产业快速发展的产业或产业群。他认为,所谓主导产业,应同时具备如下三个特征:能够依靠科技进步或创新,引入新的生产函数;能够形成持续高速的增长率;具有较强的扩散效应,对其他产业乃至所有产业的增长起着决定性的影响。主导产业的这三个特征是有机整体,缺任何一个特征都不可成为主导产业。这类产业往往既对其他产业起着引导作用,又对国民经济起着支撑作用。

（2）先导产业。它是指在国民经济体系中具有重要的战略地位,并在国民经济规划中先行发展以引导其他产业往某一战略目标方向发展的产业或产业群。这类产业对其他产业的发展往往起着引导作用,但未必对国民经济起支撑作用。

（3）支柱产业。它是指在国民经济体系中占有重要的战略地位,其产业规模在国民经济中占有较大份额,并起着支撑作用的产业或产业群。这类产业往往在国民经济中起着支撑作用,但不一定能起到引导作用;同时,往往先由先导产业发展壮大,达到较大产业规模以后就成为了支柱产业,或先成为对其他产业的发展既起引导作用又对国民经济起支撑作用的主导产业,然后再发展成为对其他产业的发展不再起引导作用而只对整个国民经济起支撑作用的支柱产业。

（4）重点产业。它是指在国民经济体系中占有重要的战略地位并在国民经济规划中需要重点发展的产业。重点产业的概念比较含糊,缺乏科学性。它可以包括主导产业、先导产业、支柱产业、先行产业、瓶颈产业、基础产业等。

（5）先行产业。其内涵有狭义与广义之分。狭义的先行产业是指根据产业结构发展的内在规律或自然规律必须先行发展以免阻碍其他产业发展的产业,这类产业包括瓶颈产业和基础产业。另一类先行产业是指根据国民经济战略规划的需要人为地确定必须先行发展以带动和引导其他产业发展的产业,即先导产业。广义的先行产业包括狭义的先行产业和先导产业。

关联方式分类法是最常见的产业分类方法。除上面几种关联方式分类法外,它还可以按其他关联方式进行划分,这里就不一一进行介绍了。

（二）三次产业分类法

三次产业分类法是由新西兰经济学家费歇尔首先创立。他在 1935 年所著的《安全与进步的冲突》一书中系统地提出了三次产业的分类方法及其分类依据。他认为,在世界经济发展史上,人类经济活动的发展有三个阶段:在第一阶段即初级生产阶段上,人类的主要生产活动是农业和畜牧业;第二阶段开始于英国工业革命(18 世纪 60 年代开始的第一次产业革命),以机器大工业的迅速发展为标志,纺织、钢铁及机器等制造业迅速崛起和发展;第三阶段开始于 20 世纪初,大量的资本和劳动力流入非物质生产部门,包括商业、旅游、运输、贸易、娱乐、文化艺术、教育、科研、保健和政府的活动中。欧、美、澳的一些工业发达国家已率先进入第三阶段。费歇尔将处于第一发展阶段的产业称为第一产业,处于第二发展阶段的产业称为第二产业,处于第三发展阶段的产业称为第三产业。但是,费歇尔没有在此基础上进一步总结出三次产业的结构变化与经济发展的密切关系。

英国经济学家、统计学家克拉克在继承费歇尔研究成果的基础上,采用三次产业分类法对三次产业结构的变化与经济发展的关系进行了大量的实证分析,总结出三次产业结构的变化规律及其对经济发展的作用。这一研究成果开拓了产业结构理论研究的新领域。他于 1940 年发表的《经济进步的条件》一书详细地阐述了他的观点。从那时起,三次产业分类的理论很快被澳大利亚和新西兰两国的经济学界和政府部门所接受,并首先正式应用于这两国的政府统计中。随后,三次产业分类法很快流行于世界许多国家。这种分类方法从深层次反映了社会分工深化与产业结构演进的关系,成为目前研究产业结构理论的一个最主要的分类方法,并得到广泛应用和普及。由于费歇尔和克拉克在研究三次产业分类法中所做出的贡献,两人一起被公认为三次产业分类法的创始人。

三次产业分类虽然得到了广泛的应用和普及,但各国在实际应用上的具体划分标准还不完全一致,与费歇尔原先的分类依据也有较大差异。今天,三次产业分类法更多地以经济活动与自然界的关系为标准将全部经济活动划为三大类,即将直接从自然界获取产品的物质生产部门划为第一产业,将加工取自自然界的产品的物质生产部门划为第二产业,将从第一、二产业的物质生产活动中衍生出来的非物质生产部门划为第三产业。根据这一划分标准,第一产业是指广义上的农业,一般包括种植业、畜牧业、渔业、狩猎业和林业;第二产业是指广义上的工业,包括制造业、采掘业和矿业、建筑业以及煤气、电力、供水等;第三产业是指广义上的服务业,包括运输业、通信业、仓储业、商业贸易、金融业、房地产业、旅游业、饮食业、文化、教育、科学、新闻、传播、公共行政、国防、娱乐、生活服务等。

虽然三次产业分类法是一种有效的产业经济理论分析工具,并成为最主要的产业分类法之一,为经济学界和许多政府部门广泛应用,但是随着科学技术的迅速发展和人类经济活动的日益复杂化,这种分类法的缺陷就越来越明显地暴露出来。首先,有些产业的归类尚存在争议。例如,第二产业的采掘业和矿业是直接从自然界获取产品,是直接依赖对自然资源的开发和利用来进行的生产活动,并且在自然资源所在地进行,按理应该划入第一产业;第二产业的煤气、电力、供水等产业归入第二产业或第三产业似乎均有道理。其次,第三产业的内容过于繁杂,难于科学地总结它们的特点和发展规律来为政府制定政策服务。第三产业的不同行业差别悬殊,可以包括最简单的修鞋、补衫到最复杂的航天、科研;可以包括从技术要求最为简单的劳动密集型产业如理发业、餐馆业等,到技术要求最为繁杂的高知识密集型产业如信息业、生物工程等;也可以包括从企业商贸部门到公共行政事业单位和国防部门。这种传统的三次产业分类法已经很难适应当今经济发展的需要,探讨一种新的更适合的产业分类法已成为产业理论界的一项迫切任务。尽管如此,由于它的实用性,三次产业分类法仍具有很强的生命力。世界银行等国际组织和许多国家的政府部门和产业研究部门仍广泛采用这种分类方法。

（三）国家标准分类法

国家标准分类法，是指一国（或一地）政府为了统一该国（或该地）产业经济研究的统计和分析口径，以便科学地制定产业政策和对国民经济进行宏观管理，根据该国（或该地）的实际而编制和颁布的划分产业的一种国家标准。

这种分类法具有如下一些特征：

第一，它是由一国或一地的政府或其技术标准管理部门编制和颁布，而不是由个人或产业研究机构自己编制的，因而具有整体性、广泛性和权威性的特征。

第二，它是一国或一地的国家标准，在运用上具有强制性和代表性。

第三，它具有明确的目的性，它的目的就是为了统一统计口径和分析口径，以便科学地制定产业政策并对国民经济进行宏观管理。

第四，它具有特殊性，它是针对一国或一地的具体实际编制的，只适用于该国或该地的产业分类，其他国家只能参考和借鉴。

第五，它具有较高的科学性，能够较好地反映该国或该地的产业发展和变化情况，也比较能适应其产业发展和变化的需要。

世界上许多国家都有各自的国家标准分类法。例如，美国于1972年编制和颁布了它的国家标准分类法。美国的分类法设有7位数字的编码。第一位数字代表产业部门，前两位数字代表产品类，共99种主要类，然后再层层细分，一直细分到7位数字，共分为7500种不同的产品类型。英国编制的国家标准分类法有27个主要产业种类，181个产业分类。

中国也有自己的对产业进行科学分类的国家标准，即由中国国家标准局编制和颁布的《国民经济行业分类与代码》。它把中国全部的国民经济划分为16个门类、92个大类、300多个中类和更多的小类。这16个门类依次是：

A. 农业、林业、渔业、畜牧业（含5个大类）；

B. 采掘业（含7个大类）；

C. 制造业（含30个大类）；

D. 电力、煤气及水的生产和供应业（含3个大类）；

E. 建筑业（含3个大类）；

F. 地质勘查业和水利管理业（含2个大类）；

G. 交通运输、仓储及邮电通信业（含9个大类）；

H. 批发和零售、贸易、餐饮业（含6个大类）；

I. 金融、保险业（含2个大类）；

J. 房地产业（含3个大类）；

K. 社会服务业（含9个大类）；

L. 卫生、体育和社会福利业(含 3 个大类);

M. 教育、文化、艺术和广播电影电视业(含 3 个大类);

N. 科学研究和综合技术服务业(含 2 个大类);

O. 国家机关、党政机关和社会团体(含 4 个大类);

P. 其他行业(含 1 个大类)。

(四)国际标准分类法

国际标准产业分类法是联合国为了统一世界各国的产业分类,于 1971 年编制和颁布的《全部经济活动的国际标准产业分类索引》。

国际标准产业分类法实际上同三次产业分类法是一致的,且比后者更细致。它与三次产业分类法保持着稳定的相关联系,其分类的大项很容易组合成三个部分,因而与三次产业分类法的三次产业相对应。例如,第一大项为第一产业;第二至五大项为第二产业;第六至十大项为第三产业。因此,根据国际标准分类法所作的统计有很高的可比性,为产业经济问题的研究提供了很大的方便,并被广泛运用。

联合国 1971 年颁布的国际标准产业分类法将全部经济活动分为大、中、小、细四个层次,并规定了相应的统计编码。它先将全部经济活动分成 10 个大项,再将各个大项细分为若干个中项,然后将各个中项细分为若干个小项,最后将各个小项细分为若干个细项。其 10 个大项是:

1. 农业、狩猎业、林业和渔业;

2. 矿业和采石业;

3. 制造业;

4. 电力业、煤气业、供水业;

5. 建筑业;

6. 批发与零售业、餐馆和旅店业;

7. 运输业、仓储业和邮电业;

8. 金融业、不动产业、保险业和商业性服务业;

9. 社会团体、社会及个人的服务业;

10. 不能分类的其他活动。

例如,它又将第三大项"制造业"细分为 9 个中项,它们是:

3—1 食品、饮料、烟草;

3—2 纺织、服装、制革;

3—3 木材与木制品;

3—4 造纸与纸制品、印刷与出版;

3—5 化工产品和药品、石油加工、煤炭加工、橡胶制品、塑料制品；

3—6 非金属矿产品(除石油、煤炭加工产品以外)；

3—7 冶金工业；

3—8 金属制品、机械和工业设备；

3—9 其他制造业。

同理,它还可将以上各中项继续细分下去,直至细项为止。

(五)两大部类分类法

两大部类分类法是马克思为了揭示资本主义生产的本质和剩余价值产生的秘密而对社会再生产过程进行剖析所采用的一种产业分类方法。

马克思在分析社会资本简单再生产和扩大再生产的实现条件时,根据产品在再生产过程中的不同作用,在实物形成上将社会总产品分为两大部类,即将生产生产资料的部门划归第 I 部类,将生产消费资料的部门划归第 II 部类；在价值形成上将社会总产品分为不变资本(C)、可变资本(V)和剩余价值(M)三大部分。

马克思说:"社会的总产品,从而社会的总生产,分成两大部类:

I . 生产资料:具有必须进入或至少能够进入生产消费的形式的商品。

II . 消费资料:具有进入资本家阶级或工人阶级的个人消费的形式的商品。

在这两个部类中,每个部类拥有的所有不同生产部门,总合起来都形成一个单一的大的生产部门:一个是生产资料的生产部门,另一个是消费资料的生产部门。"

两大部类分类法是马克思研究资本主义再生产过程的理论基础。他利用这种分类方法深入地研究了怎样使社会总产品既实现价值补偿又实现实物补偿等问题,深入地分析了社会资本简单再生产和扩大再生产的实现条件,深刻揭示了资本主义生产的本质和剩余价值产生的秘密。所以,在这一方面两大部类分类的提出和运用具有非常重要的意义。

如果将两大部类分类法运用于产业结构的分析,则有一定的局限性。这主要表现在:

(1)它没能涵盖所有产业,不利于对产业经济的全面分析。这种分类法只包括物质生产部门,非物质生产部门如商业、运输业等均没有包括在内。这样,运用两大部类分类法来分析产业经济问题就很不全面。

(2)许多商品难于归类,给产业经济的研究工作带来困难。大部分商品都具有多种用途,既可用于生产资料的生产,又可用于消费资料的生产。这些商品很难归属到第 I 部类或第 II 部类,因为归属到任何一个部类都有道理。这在实际运用中会出现在划分范围上的重复问题,给产业经济的分析研究带来不便。

(3)这种分类法不够细化,不能深入地分析产业结构变化对经济增长的影响。

影响经济增长的结构因素非常繁杂,只研究两个部类的结构变化无法从深层次揭示经济发展的内在规律性,不能达到产业经济研究的预期目的。

(4)这种分类法在方法上与其他分类法相差甚远,分析口径不统一,而且不够细化,其分析结果很难进行比较。这给经济统计工作带来不便。在信息经济快速发展的今天,它更难适应经济分析工作的需要。

所以,在产业经济的研究和分析工作中,两大部类分类法较少被运用。但是,它在这方面的局限性是由它的目的性决定的。也就是说,它是主要被用来分析和揭示资本主义生产的本质的。因此,它在用于产业经济研究中存在一些局限性是正常的。

(六)农轻重产业分类法

农轻重产业分类法就是将经济活动中的物质生产部门分成农业、轻工业、重工业三大部门。

其中,农业包括种植业、畜牧业、林业和渔业等;轻工业包括纺织、服装、食品、饮料、印刷、家具、制革等工业部门;重工业包括冶炼、钢铁、煤炭、电力、石油、化工、机械等工业部门。

这种分类法具有直观、简便、易行的特点。它在研究和安排工业化发展进程方面具有很大的实用价值,例如研究重化工工业化进程。

这种分类法来源于苏联,在社会主义国家曾被广泛应用。中国在新中国建立后至改革开放之前的相当长的一段时期内,曾长期使用它作为制定国民经济发展规划的最主要的产业分类工具。农轻重分类法也是马克思两大部类分类理论在实际工作中的应用,是对两大部类的改进和提高,比两大部类分类法应用更加广泛。到今天,不但社会主义国家普遍应用它,资本主义国家和许多国际组织也常常使用它。

尽管如此,它也和两大部类分类法一样存在着一些局限性。这主要表现在:

(1)它仍然是针对物质生产领域的,没有涵盖非物质生产部门,不利于对产业经济问题进行比较全面系统的研究。

(2)随着科学技术的快速发展,传统的农轻重界线越来越模糊,相当多的产业特别是新兴产业难于归类到哪一部门。

(3)农轻重分类法也不够细分,一方面很难从深层次揭示农轻重结构变化对经济发展的影响,另一方面也难于对统计结果进行比较,这都给产业经济的分析和研究工作带来困难。

由于农轻重分类法存在这些方面的局限性,它只适合于工业化程度较低的发展阶段,不适合于工业化程度较高的发展阶段。随着产业结构的不断高度化,农轻重分类法在实际中的应用将越来越少。

（七）生产要素分类法

生产要素分类法就是按照劳动、资本、知识等生产要素的比重或对各生产要素的依赖程度对产业进行分类的方法。

任何种类的经济活动都要投入一定的生产要素，包括土地、资本、劳动、知识等。由于不同种类的产品其原料构成不同、技术要求不同、特征不同、性能不同，其所投入的生产要素的比重也不同。因此，不同种类对各种生产要素的依赖程度也不同。

根据所需投入生产要素的不同比重和对不同生产要素的不同依赖程度可以将全部生产部门划分为劳动密集型产业、资本密集型产业和知识密集型产业三类。

劳动密集型产业是指在其生产过程中资本、知识的有机构成水平较低，活劳动特别是体力劳动所占的比重较大的产业。例如，纺织、制革、服装、食品、零售、餐饮等产业都属比较典型的劳动密集型产业。

资本密集型产业是指在其生产过程中活劳动、知识的有机构成水平较低，资本的有机构成水平较高，产品物化劳动所占比重较大的产业。例如，交通、钢铁、机械、石油化学等基础工业和重化工业都是典型的资本密集型产业。

知识密集型产业是指在其生产过程中对知识的依赖程度大，即知识含量高、脑力劳动所占比重比较大的产业。这里的"知识"是指广义的知识，包括技术等在内。例如，航天、生物、高分子材料、信息、电子计算机等都属这种类型的产业。

生产要素分析法能比较客观地反映一国的经济发展水平，例如，知识密集型产业的比重越大，就说明该国的经济发展水平越高；劳动密集型产业的比重越大，则说明该国的经济发展水平越低。另外，生产要素分类法也反映了产业结构的高度化趋势，即由劳动密集型产业占主导地位的产业结构向资本密集型产业占主导地位的产业结构过渡，最后过渡到知识密集型产业为主导的产业结构。这有利于一国根据产业结构变化的这种趋势制定相应的产业发展政策。所以生产要素分类法也得到了广泛的应用。

但是，生产要素分类法也有它的局限性。这主要表现在：

（1）它的划分界限比较模糊，也比较容易受主观因素影响。

（2）技术进步越快，知识老化也越快。原来是知识密集型产业，随着知识的老化，也会变为劳动密集型产业。所以，资源的密集程度是相对的，也是动态变化的。

（八）产业的其他分类方法

除了上述产业一般的分类方法外，还有如下一些特殊的产业分类方法：

1. 四次产业分类法

它是在原有三次产业即第一产业、第二产业、第三产业的基础上增加一项产业即第四产业的产业分类方法。

到目前为止,四次产业分类法主要有以下两种不同的观点:

一种观点是由美国经济学家马克·波拉特提出的四次产业分类法,即把所有经济活动部门分为农业、工业、服务业和信息业。波拉特四次产业分类法是第二次世界大战之后信息技术和信息经济快速发展的结果。

另一种观点是由中国的王树林提出的四次产业分类法。他主编的《21世纪的主导产业第四产业》一书对此进行了详细的阐述。王树林认为,第三产业属于物质产品再生产总过程的领域,而第四产业则属于精神产品再生产总过程的领域。他认为第四产业的内容应该包括这几种行业,即:科学研究行业、信息服务行业、咨询服务行业、新闻出版行业、广播电视电影行业、文化行业、民间公证行业、法律服务行业。

2. 产业发展阶段分类法

它是按照产业发展所处的不同阶段进行产业分类的一种方法。按照这种分类法划分的常见产业有:幼小产业、新兴产业、朝阳产业、夕阳产业、衰退产业、淘汰产业等。

由于划分产业发展阶段的标准有很多,所以处于不同发展阶段的产业的界限并不是很明确,只能是大概的划分。

3. 生产流程分类法

它是根据工艺技术生产流程的先后顺序划分产业的一种方法。生产流程处于前头工序的产业为上游产业,处于后头工序的产业为下游产业,处于前头工序与后头工序之间的产业为中游产业。

4. 霍夫曼分类法

它是由德国经济学家霍夫曼在对工业化过程进行分析和考察时运用的一种分类方法。他出于研究工业化发展阶段的需要把产业分成三类,即:消费资料工业、资本资料工业和其他工业。

其中,消费资料工业包括纺织业、制鞋业、服装业、食品业、家具业等;资本资料工业包括冶金及金属制品业、一般机械工业、运输机械业、化学工业等;其他产业包括木材加工业、造纸工业、橡胶工业、印刷工业等。

5. 钱纳里—泰勒分类法

它是美国经济学家钱纳里和泰勒在考察生产规模较大和经济比较发达的国家的制造业内部结构的转换和原因时,为了研究的需要,将不同经济发展时期对经济发展起主要作用的制造业部门划分为:初期产业、中期产业和后期产业。

初期产业,是指在经济发展初期对经济发展起着主要作用的制造业部门,包括食品、纺织、皮革等;中期产业,是指在经济发展中期对经济发展起主要作用的制造业部门,包括非金属矿工业、橡胶工业、木材与木材加工业、石油工业、化学工业、煤炭工业等;后期产业,是指在经济发展后期对经济发展起主要作用的制造业部门,包括服装和日用品、印刷出版、粗钢、纸制品、金属制品和机械制品等。

除了以上介绍过的产业分类法以外,在实际应用中还有其他的一些分类法。例如,中国在改革开放之前运用的 MPS 分类法,即物质产品平衡表体系分类法,把物质生产领域分成农业、工业、建筑业、运输业、商业五大领导领域;又如"日本产业结构审议会"使用的生产结构分类法,将日本全部经济活动分为如下七类:基础材料产业、加工组装产业、生活消费品产品、建筑业、商业、服务业和其他产业。分析和研究产业经济的目的不同,其划分方法也不同。每一种划分方法都是为一定的目的服务的。

第二节　产业经济学的研究内容

一、产业经济学的含义

在现实经济生活中我们经常会遇到诸如个人的消费、企业的生产、产品价格的波动、市场的均衡等经济现象,涉及生产成本、产品价格、生产要素的价格、供给、需求等经济变量,这些基本属于微观经济学的研究范畴;在现实经济生活中我们也会遇到诸如经济增长、经济周期、利税调整、财政赤字、通货膨胀或通货紧缩等经济现象,涉及国民生产总值、国民收入、总供给、总需求、货币的总发行量、经济增长率等经济变量,这些主要属于宏观经济学的研究范畴。另外,我们在现实经济生活中还会遇到一些生产类似产品企业之间的竞争与合作、具有某些共同特征的经济组织集团之间的联系及其互动发展、这些经济组织集团本身的演进发展及其在各个地区的分布等经济现象,对这些经济现象及其行为规律的研究就是属于产业经济学的研究范畴。所以,产业经济学是研究具有某些相同特征的经济组织集团的发展规律及其相互作用规律的学科。

产业经济学是一门融合了经济学、管理学与文化学基本理论的中观应用型经济学科。就学科性质而言,它属于应用经济学的范畴。其中,经济学主要研究资源的有效配置问题以实现经济的发展,其解决方式主要是市场机制;管理学则主要研究如何将组织内的有限资源进行有效整合以实现既定目标,其解决方式主要是行政指挥。在现实经济生活中,产业经济领域里的经济管理行为,如产业组织领域中的产业规制由来已久,研究产业经济学也正是要寻找管理产业发展的科学方法,以便在更为直接的基础上,更有目的地促进经济的进步和发展。因此,经济学和管理学是产业经济学直接的理论基础。另外,各个国家产业经济的发展规律除遵循普遍的产业经济规律外,其表现形式都是寓于特定国家或地区的特定的发展阶段之中的,必然包含着自身特有的特征,这些特征都是与该国家、地区的文化传统有着密切关系的。在具体研究某一国、某一时段的产业问题时必须考虑到该国自身的文化传统的特点,要将一个国家、地区的产业及产业之间的关系与该国的资源、人口、经济状况、文化传统等一系列特有的因素决定的特点相联系。比较分析各个国家之间的这种联系从而得出相关的结论和经验教训,对发展本国的产业经济是非常有益的。所以,文化学也是产业经济学的理论基础之一。

产业经济学是一门新兴的应用经济学科,目前仍在不断发展和完善之中。虽然其完整的学科体系基本确立的时间很短,但其思想的形成则是源远流长,甚至可以追溯到我国古代的春秋战国时代。比如战国初期的著名政治家李悝就已经提出"重农抑商"的观念,而商鞅、荀子等则更是明确提出了"农本工商末"的思想,反映了我国古代思想家对农业与工商业这两个经济组织集团之间关系的认识。现在产业经济学的各方面理论已经得到了巨大的发展,随着对其研究的不断深入,它的应用范围也在不断扩展,产业经济对经济发展的作用已越来越大,对产业经济学的研究与应用已越来越得到世界各国的重视。

现在世界各国政府已越来越注重利用产业经济的手段来推动本国经济的发展,比如我国政府近年来就相继颁布了《90 年代国家产业政策纲要》《汽车工业产业政策》《水利产业政策》等一系列产业政策,并明确提出机械电子、石油化工、汽车制造和建筑业等是我国的支柱产业,用以带动我国的经济发展。所以,对产业经济学的研究与学习将有助于我们全面理解现实生活中的经济现象及其发展规律,有助于我们正确利用经济规律来进行经济实践。

二、产业经济学的研究对象

产业经济学的研究对象顾名思义就是产业。那什么是产业呢?

　　我们知道,整个国民经济是一个复杂的大系统,由许许多多的子系统组成,这些子系统就是我们所说的各种产业。根据这些经济活动集合或系统所具有的不同的同类属性,可以将它们划分为不同层次的产业。因此,产业经济学的研究对象就是这些不同层次的具有某种同类属性的经济活动的集合或系统。

　　由于产业是一些具有某些相同生产技术或相同产品特征的经济活动组成的集合或系统,那么,这些经济活动和行为就既不同于单个企业的经济活动和行为,也不同于整个国民经济宏观经济的活动和行为,而是介于单个经济主体和国民经济整体的中间层次。也就是说,产业经济学所研究的,既不是属于宏观经济研究领域的国民经济总量,尽管产业经济学的研究也会涉及国民经济总量;也不是属于微观经济研究领域的单个经济主体,例如企业、家庭或个人,尽管产业经济学的研究也会涉及单个经济主体;而是介于宏观领域和微观领域的中观领域,即产业。所以,产业经济的发展规律就既不同于宏观经济学所揭示的宏观经济的发展规律,也不同于微观经济学所揭示的单个经济主体的发展规律,而必定有其自身所特有的规律。产业经济学的研究正是从产业出发来揭示产业的发展变化、产业内部企业之间的相互作用和产业与产业之间的相互联系等诸如此类产业本身所特有的经济规律。产业经济学通过对这些问题的研究,回答了宏观经济学和微观经济学都没有回答的问题,即在再生产过程中各产业之间中间产品的复杂交换关系等问题,从而对社会再生产过程的全貌有了一个比较完整的描述。

　　针对产业经济本身所具有的不同层次的具体规律,产业经济学又有不同的具体研究对象,主要包括产业组织、产业结构、产业关联、产业布局、产业发展、产业政策,等等。

　　产业组织,是指生产同一类产品(严格地说,是生产具有密切替代关系的产品)的企业在同一市场上集合而成的同一产业内各企业之间的相互作用关系结构,该结构决定了该产业内企业规模经济效益的实现与企业竞争活力的发挥之间的平衡。

　　产业结构,是指产业与产业之间的数量关系结构及技术经济联系方式,产业结构的变化主要是由需求结构、生产结构、就业结构和贸易结构及其关联机制的变化体现出来的。

　　产业关联,是指最终产品产业与生产这些最终产品所投入的中间产品产业之间以及这些中间产品产业本身之间的技术经济和数量结构联系,是产业结构最主要的表现特征之一。产业结构的关联过程是判断产业结构和宏观经济结构均衡与否的主要观察对象。

　　产业布局,是指一国(地区)的产业生产力在一定范围内的空间分布和组合,产业布局是产业的空间结构,其合理与否将影响到该国家或地区经济优势的发挥及经济的发展速度。

产业发展,是指某一单个产业从诞生到被淘汰或进一步更新的全过程以及其对其他产业演变的影响过程,包括产业本身的发展规律、发展周期、产业发展的影响因素等。

产业政策,是指国家或地区政府为了实现一定的经济目的或社会目的,应用产业经济学的原理,以全产业为对象所实施的能够影响产业发展进程的一整套政策的总称。产业政策是产业经济学的应用及研究目的之一。

需要强调的是:研究产业经济要坚持以"人为为人"的指导思想。阐述产业经济发展的关键在于"人为为人"。一切经济行为首先是人的行为,所以对人的行为规律的研究也就成了现代经济管理中的核心问题,产业经济学也不例外。"人为学"是一门正在迅速兴起并得到广泛重视的研究经济管理中人的行为规律的科学,"人为学"的核心观点是"人为为人"。在研究任何一个产业或任何一个部门经济的发展规律时,首先要着眼于研究本产业、本部门的特殊规律,致力于怎样将本产业、本部门搞好,但更要研究本产业、本部门与其他产业及部门的联系,研究如何与其他产业互为支持、协同发展以使整个产业系统协调发展。在产业内部企业激烈的市场竞争中,也要遵循"人为为人"的思想,以实现有效的协作型竞争,避免恶性竞争或竞争过度,以实现经济效益最大化。所以"人为为人"是指导产业经济学研究的根本方法论和最终落脚点,是实现社会经济效益最大化这一研究产业经济学最终目标的根本途径。另外,必须明确阐述产业经济发展的目的是在于获得最大的社会经济效益。

三、产业经济学的学科领域

产业经济学从产生到现在已经得到了巨大的发展,其学科体系已经比较完善。从国内外学者对产业经济的研究来看,与产业经济学研究的各个具体对象相对应,产业经济学的学科领域一般包括以下六个方面:

(一)产业组织理论

产业组织理论的研究对象就是产业组织。

这个概念大约在20世纪六七十年代逐渐得到公认,作为专指产业内部企业之间的关系范畴。这里的企业关系包括企业之间的交易关系、资源占有关系、利益关系和行为关系等,这些关系的变化与发展不仅影响企业本身的生存与发展,而且还影响着产业的生存和发展,当然也影响到该产业对国民经济发展的贡献。

产业组织理论主要是为了解决所谓的"马歇尔冲突"的难题,即产业内企业的规模经济效应与企业之间的竞争活力的冲突。传统的产业组织理论体系主要是由张伯伦、梅森、贝恩、谢勒等建立的,即著名的市场结构、市场行为和市场绩效理论范式(又称 SCP 模式)。

该理论认为:①市场结构是决定市场行为和市场绩效的基础;②市场行为取决于市场结构,而市场行为又决定了市场绩效;③市场绩效受市场结构和市场行为的共同制约,是反映产业资源配置优劣的最终评估标志;④市场行为和市场绩效又会反作用于市场结构,影响未来的市场结构。

SCP 模式奠定了产业组织理论体系的基础,以后各产业组织理论学派的发展都是建立在对 SCP 模式的继承或批判基础之上的。

产业组织理论主要包括理论演变、企业、市场、竞争四部分内容。

（二）产业结构理论

产业结构理论主要研究产业结构的演变及其对经济发展的影响。

它主要从经济发展的角度研究产业间的资源占有关系、产业结构的层次演化,从而为制定产业结构的规划与优化的政策提供理论依据。产业结构的研究一般不涉及过于细致的产业分类及产业之间的中间产品的交换、消费、占有问题,所以可以被看作产业经济学的"宏观"部分。

产业结构理论一般包括:①对影响和决定产业结构的因素的研究;②对产业结构的演变规律的研究;③对产业结构优化的研究;④对战略产业的选择和产业结构政策的研究;等等。

产业结构理论除了讨论上述各国产业结构演化的一般规律外,还涉及产业结构规划和产业结构调整等应用性的研究。

产业结构理论主要包括理论发展、关联、优化、布局四部分内容。产业结构优化是研究产业结构的目的。

（三）产业关联理论

产业关联理论又称产业联系理论,较产业结构理论而言,它更广泛细致地用精确的量化方法来研究产业之间质的联系和量的关系,属于产业经济学的"中观"部分。

产业关联理论侧重于研究产业之间的中间投入和中间产出之间的关系,这些主要由里昂惕夫的投入产出方法解决。

投入产出法主要运用投入产出表和投入产出数学模型,把一个国家或地区在一定时期内从事社会再生产过程的各个产业部门间,通过一定的经济技术关系所发生的投入产出关系加以量化,以此分析该国或地区在这一时期内社会再生产过程中的各种比例关系及其特性。它的特点就是能很好地反映各产业的中间投入和中间需求,这是产业关联理论区别于产业结构和产业组织的一个主要特征。产业关联理论还可以分析各相关产业的关联关系(包括前向关联和后向关联等)、产业的波及效果(包括产业感应度和影响力、生产的最终依赖度以及就业和资本需求量)等。

(四)产业布局理论

产业布局理论主要研究一国或地区的产业布局对整个国民经济的影响。

一国或地区的产业发展最终要落实到一定经济区域来进行,这样就形成了产业在不同地区的布局结构。产业布局是一国或地区经济发展规划的基础,也是其经济发展战略的重要组成部分,更是其实现国民经济持续稳定发展的前提条件。所以,产业布局也是产业经济学研究的重要领域。

产业布局理论主要研究:①影响产业布局的因素;②产业布局与经济发展的关系;③产业布局的基本原则;④产业布局的基本原理;⑤产业布局的一般规律;⑥产业布局的指向性以及产业布局政策;等。

(五)产业发展理论

产业发展理论就是研究产业发展过程中的发展规律、发展周期、影响因素、产业转移、资源配置、发展政策等问题。

产业发展规律主要是指一个产业的诞生、成长、扩张、衰退、淘汰的各个发展阶段需要具备一些怎样的条件和环境,从而应该采取怎样的政策措施。

对产业发展规律的研究有利于决策部门根据产业发展各个不同阶段的发展规律采取不同的产业政策,也有利于企业根据这些规律采取相应的发展战略。例如,一个新兴产业的诞生往往是由某项新发明、新创造开始的,而新的发明、创造又有赖于政府和企业的支持研究与开发的政策和战略。一个产业在各个不同发展阶段都会有不同的发展规律,同时,处于同一发展阶段的不同产业也会有不同的发展规律。所以,只有深入研究产业发展规律才能增强产业发展的竞争能力,才能更好地促进产业的发展,进而促进整个国民经济的发展。

研究产业发展要本着科学发展和可持续发展的观点,对产业发展的根本内在动力作深刻探讨,根据现代经济学的研究,技术、知识是经济发展的根本动力,以知识为基础的经济是产业经济发展的基本趋势。

(六)产业政策研究

产业政策的研究领域从纵向来看包括产业政策调查(事前经济分析)、产业政策制定、产业政策实施方法、产业政策效果评估、产业政策效果反馈和产业政策修正等内容;从横向来看包括产业发展政策、产业组织政策、产业结构政策、产业布局政策和产业技术政策等几个方面的内容;从其作用特征来看包括秩序型(或称制度型)产业政策以及过程型(或称行为型)产业政策。

　　秩序型产业政策是指与产业经济行为有关的规则性产业政策,它一般通过制定规章制度、法律或者通过诱导、说服和规劝等方式对产业活动进行干预。

　　过程型产业政策是指对产业活动的具体过程进行干预的政策,它的作用机理是对产业经济活动过程中的具体产业要素或产业关系进行定量的变更或调整,以改变具体的经济变量,从而保证产业政策目标的实现。

　　产业政策的适用范围无论是从纵的还是从横的方面来看都是相当广阔的。例如,产业发展政策就可以包括新技术和新发明的鼓励政策和扶持政策、产业进入政策、产业退出政策、产业转移政策、产业资源配置政策、产业保护政策、产业竞争政策、产业环境政策等。

　　产业经济学完整的理论体系虽然形成较晚,但其思想源远流长,甚至可以追溯到中国古代的春秋战国时代。现代产业经济学的理论基础则来源广泛,遍及马克思主义经济学、西方微宏观经济学、新制度经济学等各个经济学领域。

　　在当代中国,产业经济学在邓小平理论的指导下又有新的发展。

第三节　产业革命及其影响

一、产业革命的含义

　　产业革命,一般是指由于科学技术上的关键性突破,使国民经济的产业结构发生重大调整,进而使经济、社会等各方面在结构上产生新的变化。

　　在人类产业历史上,自工业革命以来,共完整地经历了两次产业革命,即工业革命和服务业革命。每次产业革命都开始于人类科学理论的关键性创新,伴随着科学技术的进步及其生产率的提升,深深地影响了人类生产的分工贸易方式,带来了剧烈的经济变革。所以,虽然历次产业革命的具体内容不尽相同,但是它们具有相同的演进路径,从而形成了各自不同的基本范式。

　　当今世界正在经历着第三次产业革命,全球生产组织的形成开始由企业微观行为决定,而企业行为的改变必然改变整体产业的主体结构。随着全球生产组织微观体系的建立,世界产业国际化的趋势趋于明显,生产国际化的程度愈加深入,形成了较大地理范围和完整经济体系的全球生产网络(Global Production Networks)。由于全球生产组织与全球生产网络的形成以及“离岸外包”活动的盛行,第二次产业革命所形成的产业格局发生了较大的变化,有学者称第三次产业革命为"外包革命"(Blinder,2006)。但是,有一个至为关键的问题被学界所忽视,那就是"外包革命"是否和以往两次产业革命具有相同的演进路径,从而和它们属于同一内涵范畴和同等级别的经济概念。对于这个问题,学界没有进行更为深入的研究。要解决这个基本的核心问题,必须从以下三个层次的基本逻辑来解释。首先,产业革命的一般演进路径是怎样的;其次,"外包革命"的演进路径是否符合一般意义上产业革命的本质特征;最后,"外包革命"产生的经济背景如何,其基本范式如何界定,并且其形成的经济影响如何。

"外包革命"在基本的生产方式和分工贸易层面有两个十分显著的特点:生产非一体化(Disintegration of Production)和贸易一体化(Integration of Trade)。由此,世界范围内的产品的生产开始出现三个特征:一是产品的工序开始复杂化,工序数量开始增加;二是产品生产跨越国界,两个或多个国家为产品价值形成提供生产服务;三是至少一个国家在工序生产中运用了国外进口投入品,并且一部分生产出的最终产品或者中间产品出口到别国。其中,第一个特征描述了现代产品生产具有很强的工序分割性,一般称之为"片断化生产"(Fragmented Production),这是"外包革命"的生产技术方式;第二个特征说明现代生产的组织方式需要借助外部市场进行协作,即经济学意义上的"离岸外包"(Offshoring),它是"外包革命"的生产组织方式;最后一个特征刻画了现代生产分工贸易的特征是以工序和中间产品为主的贸易分工形式,经济学家把它称之为"工序贸易"(Tasks Trading)或者"中间产品贸易"(Intermediate Goods Trade),这是"外包革命"的分工贸易方式。

"外包革命"具有和人类历史上前两次产业革命相同的演进路径,而且具有相近形式的经济变革,是21世纪世界产业革新的主要经济形式,是人类历史上的第三次产业革命。"外包革命"的出现是在世界经济、技术和制度多种维度变革的条件下发生的,具有广泛的社会经济基础。而生产片断化、离岸外包和工序贸易分别刻画"外包革命"的生产技术方式、生产组织方式和分工贸易方式三个核心内涵,所以成为了"外包革命"范式的基本要素。而"外包革命"的产生和发展从宏观经济、中观产业和微观企业三个层面对世界总体经济、发展中国家经济和发达国家经济产生了巨大的动力和影响,成为全球经济发展和变革的主要动因。

"外包革命"是当今世界产业发展的现实变革和未来趋势。欧美国家利用第一次和第二次工业革命的机遇,调整产业结构,扩展经济发展空间,从而成为世界的经济大国和强国。中国现在面临着和当时欧美国家相似的历史环境,如何利用"外包革命"的变革机遇,发展我国产业,提高经济质量,以及和世界经济建立联系,成为我国产业持续发展和实现"强国"目标的关键因素。

二、产业革命的一般演进路径

产业革命不是一个孤立的经济活动,而是和其他经济社会活动相联系的。所以,对于产业革命的研究不能仅仅局限于产业革命本身,而应该从产业革命产生的前因后果入手,全面分析其演进的一般路径,这样才能抽象出各次产业革命的共同特质,从而规范产业革命的阶段划分。产业结构的调整是产业革命的核心内容之一,在某种程度上它可以代表产业革命的基本特质。所以,对于产业革命演进路径的研究应该从产业结构变化的现实基础和时序变革入手,分析各种产业比例关系的变化诱因、条件和结果,通过对产业结构和主导产业变化及其经济效应的分析,构建出产业革命演进的一般路径。

产业革命开始于科学技术的创新,表现为生产方式的转变以及生产组织方式的变革,最终导致生产分工贸易模式的整体变革。由此,撇开自然科学演进逻辑,就产业革命本身的经济实质而言,产业革命的核心内容和生成逻辑在于生产技术方式的转变和与之相适应的生产组织方式的变革以及由此形成的分工贸易方式。所以,产业革命的一般范式可以总结为"生产技术方式"→"生产组织方式"→"分工贸易方式"三个层面。生产技术方式是科学技术革命在产业革命中的具体作用体现,它规定了产业革命的内涵本质,是生产力层面的范畴;生产组织方式是在生产技术方式变革情况下,生产单位对生产的管理组织形式做出的调整,它设定了产业革命的外延制度,属于生产关系范畴;分工贸易方式是在产业生产技术方式和组织方式变化后,市场中的分工协作和贸易交换行为产生的相应变化,它是产业革命的具体经济表现,属于市场具体行为范畴。由此,以上三个方式是规范产业革命特征的主体维度,对其本质的界定和判断是确定产业革命基本范式的主要手段。

"技术经济范式"(Technoeconomic Paradigm)的理论认为,科学技术的先行革命及其导致的科技革命的完成,是人类任何经济社会革命的起始路径。科学范式的创新和科学理论的进步推进生产技术产生了本质的变革,导致在已有社会经济要素下出现了新的生产函数;通过生产要素更有效率的配置促使劳动生产率得以实质性的提高,使社会的经济绩效大幅提升,最终产生一系列的经济社会的重大变革。就产业革命而言,科学理论的创新和生产技术的进步导致已有传统主导产业的生产效率大幅提高,这为新的产业出现提供了基本的物质和要素保障;同时,科技革命在产业革命产生之后继续发展,形成了稳定的科学范式和技术结构,从而在保证原有主导产业持续发展的前提下使得新的主导产业迅速扩张,最终形成新的产业层次,引发产业革命的继续和完成。

产业革命的形成、发展和完成必将使得基本的经济层面上产生巨大的变化和波动,而经济层面的波动将进一步强化产业革命的影响范围和变革深度,所以由产业革命导致的经济革命同样是产业革命演进路径中不可忽略的层面。产业革命首先促使了传统生产方式的改变,促进了新兴产业的发展,提高了产业的生产效率,从而导致要素在产业间形成新的配置均衡;而各国生产方式和产业结构的变化直接影响世界贸易方式的变革,同时在需求层面上引导总体消费结构的调整和新型消费形式的出现。而经济革命进一步推进产业革命演进,为产业革命的持续提供动力。由此,产业革命的演进路径是一个从"科学革命→技术革命→产业革命→经济革命"的完整过程。四次革命以"产业革命"为核心,在一定程度上互为因果、相伴而生,从而构建出完整的产业革命过程。

三、三次产业革命基本经济情况比较

(一)第一次产业革命

第一次产业革命始于18世纪中期。

它使得力学理论得以完善,电磁理论开始产生与发展。由于机械化生产技术的引入,农业开始进入以机械动力为主要生产方式的现代农业时期,农业生产率开始大幅提高。这使得在农产品产出数量增加的情况下,大量的农业剩余人口开始出现,这些剩余农村劳动力成为第一次产业革命中必需的要素条件,发达国家的资本主义工业开始迅速发展。而工业的规模生产效应高于农业的规模经济,工业制造业的规模迅速超过农业成为国家经济的主导产业和经济发展的核心动力,经济社会也从以前的农业社会向工业社会逐步过渡。

第一次产业革命大大解放了劳动力,提高了劳动效率。而工业制造业的兴起,使得劳动要素和资本要素从传统的农业大量流向现代制造业部门,城市人口开始增加,"大都市圈"开始形成。同时,由于生产效率的提高,人们的收入开始增加;加之制造业生产能力的提高,可以为人们提供更多的制造业商品,所以经济社会的消费结构开始由以前的以农产品食物为主的消费习惯逐步转向以消费制造品为主的消费模式,恩格尔系数较之前的农业社会开始下降。此外,由于制造业的迅速扩张,在开放经济条件下,工业品贸易开始代替之前的农产品和初级产品贸易成为国际贸易的主体形式,产业间的贸易成为国际贸易的主要形式,国际贸易的总量也迅速扩张。

(二)第二次产业革命

第二次产业革命在第二次世界大战后开始启动。

由于电子化技术和人工智能技术的发明以及电子计算机的问世,制造业的生产效率大幅提高,这使得制造业开始出现包括劳动力在内的要素剩余;大量要素开始向附加值更高的服务业转移,服务业开始迅速发展。

服务业的发展使得包括劳动力在内的大量要素从传统的制造业部门向服务业部门积聚,服务业特别是消费性服务业开始成为社会经济要素聚拢的行业。服务业的发展使得人们的消费中服务消费的比例开始扩大,恩格尔系数逐步降至50%以下,人们的生活水平显著提升。与此同时,在开放经济下的服务贸易成为世界贸易增长中的主要动力,一些比较容易跨境消费的服务项目开始越过国境出口到别的国家,服务产品在第二次产业革命中成为增长最快的贸易客体。同时,制造业生产效率极大提高,形成了显著的规模经济。此外,生产能力的提高使得各国开始生产具有异质性的同类产品。而人均收入相近的发达国家具有相似的偏好,服务业内的产业间贸易也开始盛行,产业间贸易成为第二次产业革命中贸易的主体形式。

(三)第三次产业革命

第三次产业革命开始于20世纪和21世纪之交。

这场革命已初具雏形,方兴未艾。互联网技术使得全球信息交换的速度加快,信息交换的空间扩大,知识传播的效率上升,这些都直接导致全球生产效率的提高和生产空间范围的扩展。发达国家国内的服务业和制造业开始国际化,利用全球资源的外包产业成为这些国家经济发展的核心动力。而发展中国家开始承接国外的服务外包及工序外包,在全球价值链中寻求"嵌入"地位成为发展中国家经济发展的重要战略。

学术界把这种通过供需外包和服务外包而形成的跨越国界的生产方式称之为"片断化生产"(Fragmented Production),这种生产方式扩大了制造业生产的要素使用范围,增加了可贸易服务的数量(Tradable Services),使得大部分的制造工序和更多非个人的服务产品(Impersonal Services)开始实现离岸外包。这时,作为第三次产业革命先驱的发达国家的要素开始从低端制造工序产业向高端制造工序产业以及从非个人服务部门向个人服务部门流动。在国际贸易层面,以工序贸易和服务离岸外包贸易为形式的产品内分工贸易开始成为世界贸易增长的主要动力。由于全球化生产,制造业劳动效率的提高,国内个人服务业规模迅速扩张,人们消费结构中食品等必需品的开支比例进一步减少,恩格尔系数降至40%,甚至30%以下。由于网络平台的搭建,人们可以通过网络协作进行消费品的自我生产,消费模式开始转变为生产型消费者(Prosumers)模式,消费和生产活动的边界趋于模糊,由"外包革命"引致的"消费革命"开始凸现。

由此可见,虽然三次产业革命各自的侧重点和基本内容稍有相异,但是三次产业革命的演进路径基本符合我们之前设定的产业革命一般路径。由此,"外包革命"是继"工业革命"和"服务革命"之后出现的第三次产业革命的核心内容,以"外包革命"作为第三次产业革命的基本表述符合产业革命的演进逻辑和产业革命的历史经验,同时也符合新世纪产业革命的内在特质。

【相关链接】   美国在第二次产业革命中崛起对我们的启示

世界上主要资本主义国家在经济发展中存在强弱交替变化的历史。第一次产业革命于 18 世纪 60 年代发生于英国,以珍妮纺纱机、蒸汽机等为主要标志。对于这次产业革命,19 世纪时历史学家称之为"英国的世纪"。

在 19 世纪 30 年代发生的第二次产业革命中,美国逐步取代了英国的霸主地位,开创了电气时代。美国之所以在这次产业革命中崛起,主要是在实现工业化过程中,抓住了这次产业革命的机会,大力发展新兴产业的结果。日本从 1868—1936 年,用了 70 年左右时间,走完欧美老牌资本主义国家上百年的发展历程。二战后,日本迅速恢复了经济,到 1968 年日本的 GDP 就已跃居发达资本主义国家的第二位。

历史证明,实现跨越式发展的可能性是存在的。关键是政策导向和发展新兴产业的问题。当然,说明能否实现跨越还有许多方面,这里就不再列举。需要指出的是,中国应从美国走向信息化的经验与日本经济衰退的教训正反两方面得到启示,使自己少走弯路。特别是中国在市场经济模式的选择与完善上,要适应时代的要求,并有利于企业活力的增强和竞争力的提高。大力推进信息化的进程,以实现中国社会生产力的跨越式发展。

主要借鉴作用:(1)重视科学技术的发展。第二次工业革命中许多发明与技术更新都来自美国。(2)积极引进人才。第二次工业革命中美国吸收大量欧亚移民,提供了劳动力,带来了技术与经验。(3)加强农业的发展和区域间经济的协调。美国的西进运动和优越的地理环境是第二次工业革命发展的重要因素。(4)保证政治稳定。美国的南北战争结束为第二次工业革命发展提供了政治保障。(5)重视工业的发展。美国在第二次工业革命之后成为世界第一大帝国主义国家,工业产量居世界首位。(6)积极引进外国资本。这不仅使美国在第二次工业革命中迅速发展,还集中了资本,使其进入垄断资本主义时期。

资料来源:http://zhidao.baidu.com/question/41905720.html

四、产业革命的影响

国内外发展的实践证明,历次产业革命都会对世界及其各国的科技、社会、经济、生活、文化、教育、军事等方面产生重大影响。

(一)物质生活的进步

产业革命推动工业革命和工业化发展,而工业化又以其强大的动力,促进了西方社会资产阶级民主政治的进一步完善和成熟,近代经济的高速发展,自然科学的胜利进军,教育的普及和提高,人们生活方式的日新月异,最终给西方近代文化的全面繁荣,奠定了牢固的物质基础。

（二）资本主义的发达化

与工厂制度的产生有关。工业革命以工厂制度取代了传统的手工作坊和手工工厂,结果产生了两个新的阶级:工业资产阶级和无产阶级。工业资产阶级是工业革命的骄子,财富和数量使它成为社会中的领导因素。无产阶级从工业革命所创造的财富中仅仅得到微薄的一份。共同的困苦和不幸在无产阶级中间灌输了一定程度的团结思想,使他们对自己的命运表示了一致的关注,这在西方文化发展中出现了引人注目的变化,即无产阶级文化的诞生。

工业成为国家富强的基础。自此以后,世界上任何国家的兴起,都与机械化工业的发达有关。

（三）社会发展城市化

工业革命使有限的土地面积能够供养更多的人口,刺激了欧洲人口在19世纪的快速增长。从1800—1914年,欧洲人口由1.9亿发展到4.6亿;同期美国人口从500万增加到约1亿人。与人口成长紧密相连的是,越来越多的人涌向城市,西方社会不断城市化。在德国,1840年人口有10万左右的城市只有2个,到1910年则达48个。英国1901年的人口统计表明,从事农业的人口只占工业企业雇佣的人口的20%左右。美国在1915年有40%左右的人居住在工业地区。

（四）新职业与新学问产生

工业革命使科学的意义和作用更为突出,对于近代自然科学尤其是19世纪自然科学的全面发展,起着巨大的推动作用。在工厂手工业时代,技术和工艺的进步更多地依赖于工匠的娴熟技巧。在机器大工业时代,技术进步如果得不到科学的指导就会遇到难以克服的障碍。因此,一方面科学要自觉地以技术上的要求作为自己研究的课题,走在生产的前面,加速科学的物化;另一方面,生产的发展,技术上的进步更直接推动科学研究的深入和科学理论的发展。布莱克(Joseph Black,1728—1799年)的热学理论对于瓦特改进蒸汽机有巨大的指导意义;提高热机效率也是19世纪热力学研究的中心课题。无机化学、有机化学和分析化学的发展,同化学工业的发展和要求密切相连。电磁理论的研究成果对电气技术的发展起了巨大的先行指导作用。同样,电气技术的广泛应用也向电学提供了许多研究课题,如电子和放射性现象的发现等。因此,工业革命在促进自然科学的发展,使科学性成为近代社会的基本特征方面,扮演了一个极其重要的角色。工业革命也促进了教育的普及和发展。

为了适应工业的进步、科学的发展和资产阶级民主政治的深化,西方国家的政府把兴办教育、开发智力、培养各方面人才作为基本的国策。许多国家拨出大量经费用于发展教育。1900 年,英法德三国的教育经费分别占各国国民生产总值的 0.9%、1.3% 和 2.9%;德国 1913 年的教育经费占国家财政支出的 16.8%,占国民生产总值的 24%。美国从 19 世纪 60 年代起大力发展教育事业,林肯(Abraham Lincoln,1809—1865 年)总统制定《摩雷尔法》,划出大量国有土地作为创办大学的用地和经费。美国在 19 世纪末 20 世纪初每年平均为每个人口所支付的教育经费为世界最高。各国普遍实行了初级义务教育制,发展中等专业和技术教育,重视大学教育和科学研究,普遍提高了国民文化素质。法国的文盲率从 1865 年的 34% 下降到 1896 年的 6.8%;德国的文盲率从 1865 年的 5.52% 下降到 1896 年的 0.33%。多层次和多样化的教育,不仅培养出能适应近代经济发展需要的劳动者、科学家、商人和管理人员,更重要的是它普遍提高了人民的文化水准,为西方近代文化的全面繁荣奠定了丰厚的文化基础。

(五)新社会问题的产生

这主要包括新阶级的形成、劳工问题、失业问题、人口问题(如何增加粮食以谋求解决民食,如何创造就业机会以使增加人口安居乐业)。

城市化一方面使人们摆脱了农村孤立、单调和平凡的劳动与生活,摆脱了愚昧和原始的社会习俗。但是,另一方面大多数人又变成了资本的工具和牺牲品。他们生活在肮脏破烂的贫民窟中,时时受到生产过剩而导致的失业威胁。

(六)各种社会经济学说的产生

1. 古典经济学的自由主义学说

他们主张自由放任的经济政策,自由订约、自由竞争、自由贸易等,其代表人物亚当·斯密(Adam Smith)提出了著名的理论——无形的手。17 世纪中叶至 19 世纪上半期是资本主义社会产生和发展的时期。古典经济学家反映了这个时期资产阶级的利益,反对封建贵族的特权和过时的重商主义以及商业资本所维护的各种垄断,提出了自由放任的口号,反对国家干预经济生活,力图证明自然的永恒的市场规律支配着经济活动,国家的干预将破坏这些客观规律,并给社会带来不幸和灾难。

2. 凯恩斯的国家干预学说

1929—1933 年世界经济大危机,使得古典经济学关于资本主义是一架能自行调节的机器、不会出现严重失业的神话被打破。这场大危机后,西方国家为了解决失业问题,日益加强政府对经济生活的干预——有形的手。在此形势下,英国剑桥大学的约翰·梅纳德·凯恩斯(1883—1946 年)于 1936 年出版了《就业、利息和货币通论》(简称《通论》),标志着宏观经济体系的形成。因此,凯恩斯被称为当代宏观经济学之父,他的基本观点是:①失业的根源是有效需求不足。在资本主义经济生活中,社会总需求不是经常与社会总供给相等的,其中总需求不足是资本主义经济时常存在的现象,而总需求不足就会导致失业。②要放弃自由放任原则,实行国家对经济生活的干预和调节。政府应当担任起调节社会总需求的责任,运用财政政策和货币政策刺激消费,增加投资,以保证社会有足够的有效需求,实现充分就业。

3.萨缪尔森的混合经济学说

二战后,西方各国加强了国家对经济生活的全面干预,凯恩斯主义得到了大力的推广和发展。在此过程中,以美国经济学家保罗·萨缪尔森为主要代表的一些凯恩斯主义经济学家,将凯恩斯主义的宏观经济学与新古典经济学的微观经济学"综合"在一起,形成了新古典综合派,对凯恩斯主义做了重大发展。其基本观点是:以市场经济为主,通过价格机制来调节社会的生产、交换、分配和消费;同时,政府必须根据市场情况,通过财政政策和货币政策来调节和干预经济生活,以烫平经济的波动,保证宏观经济的平衡增长。

4.新自由主义经济思潮的兴起

20世纪60年代末70年代初在西方各国出现了经济停滞和严重通货膨胀并存的所谓"滞胀",使得认为经济停滞和严重通货膨胀不会同时出现的凯恩斯主义陷入窘境。在此形势下,已蠢蠢欲动多年的新自由主义经济思潮便开始复兴,不少学者提出新的观点和政策主张,出现了对传统宏观理论进行抨击责难的不同学派,主要代表有:弗里德曼的货币主义和芝加哥学派、拉弗的供给学派、罗宾逊夫人的新剑桥学派、卢卡斯的理性预期学派、哈耶克的新奥地利学派等。他们的基本观点是:国家的干预是西方国家经济形成滞胀的根源,因此,应该实行一些经济自由化的政策,减少政府干预。

另外,伴随着产业革命和工业化,农业生产也有了新的改进。除生产技术的改良外,农业的经营方式也随之改进。

【案例与思考】　　　新一轮技术革命对中国挑战大于机遇

第三次工业革命是否会如里夫金在《第三次工业革命》中预言的那样如期到来?第三次工业革命究竟会在多大程度上影响中国今后的经济发展?对中国是机遇还是挑战?我们准备好了吗?……这些问题不但政府和企业关心,广大学者和研究部门专家也在深深思考,寻找答案。

作为对产业经济和技术经济有着深刻研究的权威专家,国务院发展研究中心产业经济研究部部长冯飞研究员不但参与了《"十二五"国家战略性新兴产业发展规划》相关问题调研和文件起草工作,而且曾经两次走进中南海,担任中共中央政治局集体学习主讲人。近日冯飞研究员接受了《经济参考报》记者的专访。

《经济参考报》:对于里夫金在《第三次工业革命》中提出的建立在互联网、新材料、新能源相结合基础上的第三次工业革命即将来临的观点,您有什么看法?您认为,当前世界和中国的产业发展处于什么阶段?

冯飞:2008年金融危机之后,世界各国都在寻找迅速走出金融危机阴霾的解决方法和新的经济增长点。当时我们的判断是,全球经济正处在新一轮技术革命和产业革命的前夜。虽然没有考虑是第几次革命的问题,但是已经明显看出世界经济正在孕育新的变革。

从英国工业革命开始至今已逾200年,期间曾经历了一轮又一轮的重大技术变革。自上世纪90年代信息技术革命之后,一些科学家和研究人员都感觉到会有一轮新的技术革命呼之欲出。有专家就曾经预言,到了2025年,全球经济将进入生物经济的时代;还有新一代互联网产业,或者称为新一代信息技术产业,IBM提出的智慧地球物联网云计算等都属于这种新产业。另外,一些与气候变化相关的产业也获得了高速增长,全球向低碳经济转移也成为了大趋势。

世界各国在技术研究上已经积累了多年,具备了丰富的经验和知识。一些科学领域的创新为技术创新和推进产业化奠定了相当的基础。比如,实际上风能、太阳能经历了几十年的知识积累,从知识的创造到技术的创造再到产业化,这些重大创新到了产业化突破的临界点。

从我国自身来说,改革开放以来,我国的综合国力有了明显的提高,在一定程度上具备了参与新一轮科技竞争的能力和条件。通过发展新兴产业,对于缓解我国面临的资源、能源和环境压力,改变粗放的发展方式,稳定增长,带动就业,具有重要意义。

当前,科学技术正处在革命性变化过程的观点逐步被政府决策部门、学术界和企业界所接受。至于说,是第几轮工业革命,由于不同学者和研究人员分析问题的角度不一样,归纳总结主线不一样,划分也就不一样。《经济学家》的封面文章认为制造业数字化是本轮工业革命的特征。我理解,它的这种总结是以生产方式变革为主线。还有一种方式是从主导技术和新兴产业角度来归纳总结。比如,从蒸汽机到电气,从IT技术到互联网,等等。还有人是从科学技术突破角度来讲,比如中科院就有科学家认为,现在是第六次科技革命,其中四次是技术革命,两次是科学革命。

《经济参考报》:普遍接受的观点是从瓦特制成改良型蒸汽机开始第一次工业革命到现在的第三次工业革命,期间世界经历了几轮技术革命和科学革命浪潮的冲击,那么您认为,里夫金提出的第三次工业革命与前两次工业革命相比具备了哪些新的特点?

冯飞:我认为,这一轮新技术革命和产业革命归纳起来有三个主要特点。

第一,新兴技术的群体涌现,协同融合。和前几轮工业革命,也就是蒸汽机、电气、IT,这些以某一项工业技术占主导的情况不同,这一轮工业革命需要协同融合。比如,我们认为,信息化浪潮并没有终结,仍然方兴未艾,出现了以信息技术深入应用为特征的新信息化浪潮,或者叫第三次信息化浪潮。第一次浪潮是个人电脑的出现,第二次是互联网,第三次是以物联网、云计算、信息技术深度应用为特征的浪潮。信息技术对其他产业和新兴技术的促进作用非常明显,有很强的催化作用。生物技术也是如此,生物能源与新能源之间还产生了耦合效应。

第二,新兴经济体积极参与到新技术革命中。在金融危机之后,世界各国都非常重视新兴产业的发展。2009年年底,美国出台了"重塑美国制造业框架"的政府文件,其中涉及六大产业,绝大多数都跟我国的"七大产业"有相似性;欧洲出台了"2020年可持续与包容性的智能发展战略";日本也出台了"日本2020年新增长战略"。

从这几大主要经济体的选择来看,对新兴技术的选择日益趋同,各国基本上都把新能源、生物技术和信息技术作为本国或本地区今后发展的重点。这些主要经济体普遍认为,在这些领域可能存在一些新的发展机遇,到了产业化突破的临界点。加上政府采取适当措施支持可以形成一个新的增长点,进而带动经济新一轮高增长。新兴经济体则试图通过重点突破的战略来发挥自身的比较优势,集中力量在一些重点领域实现突破。比如,巴西利用自己得天独厚的资源优势主要在生物能源领域展开突破。

第三,应对共同挑战。各国需要共同应对的挑战主要集中在资源、能源、环境和气候变化等方面。对于新能源汽车和节能环保等产业发展,驱动力主要来自两个方面,一个是能源安全,另一个是环境与气候变化。而且这两大驱动力也是全球共同应对挑战的问题。在这个过程中,竞争和合作是必然的。既有竞争一面,各个国家试图抢占新一轮产业发展制高点,另外必须走合作道路,共同采取行动才能应对全球面对的挑战。

《经济参考报》:当世界各国都意识到新的技术和科技领域将出现新的变革力量,并且有所行动之时,作为世界第二大经济体的中国也不能置身事外,我国政府也需要对这种新情况和新趋势以及未来可能给我国经济社会发展带来的影响加以评估和判断,那么根据您的研究和判断,这一轮工业革命对中国来说是机遇大于挑战还是挑战大于机遇?将对中国产生哪些影响?

冯飞：我认为，这一轮新的技术革命对中国既有机遇，也有挑战，但是挑战大于机遇。主要体现在几个方面。

第一，如果说数字化制造是这一轮革命的突出特点，那么将直接导致劳动力成本变得不像过去那么重要，也就是说将会出现通过资本有机构成提高来替代劳动。国外学者提出的观点主要还是在发达国家进入金融危机之后，希望寻求出路，进而提出制造业复兴和再工业化的背景下产生的。他们实现再工业化最大的困难是劳动力成本相对于发展中国家要高得多。这就需要他们能够提供更高的技术去改善效率，提高劳动生产率，来弥补劳动力的劣势，否则他们的想法就成为空话。

随着技术不断进步，美国在寻找新的出路，主要通过信息技术和智能技术的融合来弥补制造业竞争力不足的问题。现在看来，这件事正在逐渐变为现实，其中最有代表性的是3D打印机的出现。当然，并不是所有行业的劳动力成本都不重要，一些传统的劳动力密集型行业，劳动成本还是一个重要因素。

第二，新的生产组织方式使得对市场的快速反应和生产个性化的产品成为企业竞争力的核心。在许多行业，体现个性化服务会变得更加重要。这种个性化服务带来一个新问题，对市场快速反应将影响到制造设施的空间布局。工厂放在市场附近对市场需求能做出快速及时反应的地方成为重要因素，而不是放在劳动力成本低但是距离市场比较远的地方。这将大大影响产业的空间布局，市场因素的重要性越发凸显出来。能否把市场多样化的需求快速反应到产品的设计当中来满足多样化需求，将成为企业核心竞争力所在。中国在全球化过程中是最大受益者之一，如果说第三次革命对发展中国家的挑战更大的话，那么对我国的挑战尤为明显。其他发展中国家想走中国当初在经济全球化过程中走过的道路，即吸引全球制造业到某一个国家的机会已经不多。

第三，规模经济重要性降低。第三次工业革命不像上一次工业革命那样，以规模经济为主要特征。比如，从能源生产和利用角度来讲，不再由一个或者几家大的能源集团集中提供能源，能源都是分散的，每一个人既是能源的消费者又是能源的提供者。虽然有些产品仍然需要大规模生产，规模经济还是主要竞争力所在，但是越来越多的柔性制造对市场的快速反应能力和个性化服务显得更加重要。多样化、灵活性，对于企业而言是新的发展方向。

第四，决策分散化。对我国来讲，这个问题显得更加突出。由于第三次工业革命要求个性化、快速性和分散性等特点，这必将导致决策是分散性的。

总的来说，这轮工业革命对经济发展的影响还要假以时日才能看出来。我认为,这种影响在未来的五年会逐步显现出来。现在讲革命已经产生了变化为时过早。但是也引发我们的思考,不能对这种革命性变化漠视,对政策研究部门来说,宁可把挑战评估得更足一些,应对才能更加主动,准备才能更加充分,如果对这些战略长期变化视而不见日后我们就会陷入被动。

《经济参考报》:既然您认为是挑战大于机遇,那么中国应如何应对这种挑战?

冯飞:一方面,我国经济发展当中已经遇到瓶颈性问题,这些问题主要是因为我国以前要素成本低的优势近些年削弱明显,跟发达国家的成本差距在明显缩小。美国研究机构认为,对比劳动生产率调整后的综合性成本,我国的劳动力成本是美国南部州的35%左右。但是,到2015年左右,将达到60%左右,说明中国的综合成本上升速度很快,中美劳动力成本之间的差距在缩小。再加上美国在能源方面形成了价格洼地,美国的天然气和煤炭非常便宜,美国的物流成本只占到GDP的9%,而中国占到18%,综合起来,一些制造业回归美国是必然,如果再加上第三次工业革命这种技术手段的叠加,中国国际竞争力提升所面临的挑战还是比较大的。

由于中国是经济全球化主要受益者,第三次工业革命对产业发展产生的四方面影响,对中国来讲冲击还是很大的。当然中国相对于其他一些国家还具有一些综合性优势,低成本和超大规模市场的结合是许多国家无可比拟的。虽然第三次工业革命提出对市场的快速灵活反应,个性化需求,但是中国市场的规模,再加上多层次性,实际上中国还是有很多机会。

调整周期比较长,政府要适应这些趋势性的变化,企业也要捕捉发展和调整的机会,推动企业转型升级。在转型过程中,中国的特点是低成本,加工组装有很强优势。但是,要把个性化服务及时转化为产品这就要考验企业对市场的反应能力和适应能力,能否把市场需求在产品设计中及时体现出来,这是核心的东西。如果我国能把短板补齐,发挥超大规模国家多层次市场的优势,实际上我们可以把危机转化为机遇。

第二,数字化制造对人力资本的要求明显提高,必须具备驾驭这些数字化和智能化设备的人才。现在出现了人才结构供给的扭曲,应该把如何提高人力资本作为重要的国家战略来考虑。人才战略除了要关注高端的创新型复合型人才,还要着眼于培养高技能的技术人才。

第三,体制机制要变革才能抓住第三次工业革命带来的机遇。第三次工业革命带来的不是单一政策的调整,而是系统性变革问题,这种系统性变革要求顶层设计和系统性规划,这对我们是最大的挑战。

　　目前,依靠中国的综合国力,只要我们抓住在制造业当中比较好的基础,体制变革带来的活力完全可以抓住机遇。

　　《经济参考报》:我国为了应对金融危机和掌握未来世界经济发展和新一轮工业革命的主动权,也对我国未来的产业发展做了相应的规划,其中最主要的就是确定了把七大战略性新兴产业作为未来的重点发展方向和主要任务,您也参与了国家战略性新兴产业相关问题调研和文件起草工作,您能谈谈"战略性"体现在哪些方面吗?

　　冯飞:我国政府非常重视在这次工业革命中抢得先机。在《"十二五"国家战略性新兴产业发展规划》中提出了节能环保产业、新一代信息技术产业、生物产业、高端装备制造产业、新能源产业、新材料产业、新能源汽车产业七大战略性新兴产业的重点发展方向和主要任务。

　　战略性新兴产业的"战略性"主要体现在三个方面:一是能显著地提升我国的自主创新能力;二是能显著增强我国可持续发展能力;三是能让我国更深入地参与国际竞争,谋求在新一轮全球性产业结构调整和科技革命中占据一席之地。最重要的是第三点。

　　《经济参考报》:与传统产业相比,您认为战略性新兴产业有哪些新特点和新风险? 战略性新兴产业除了要担负起未来中国经济再次腾飞的任务,还有哪些新任务? 我们在发展战略性新兴产业的时候应该从以前经济发展战略中吸取哪些经验教训?

　　冯飞:战略性新兴产业目前基本上都处于起步阶段。起步阶段的特点是技术创新非常活跃,不断地产生新技术,甚至是出现一些"颠覆性创新"、突破性创新。所谓"颠覆性创新"就是一个新的技术出来,可能对一个刚刚诞生不久的技术就是一个完全的替代关系。

　　所以这个产业当中最大的特点就是技术的不成熟,充满着一些技术风险,同时也充满着一些技术的机遇。正因为有这样的特点,所谓战略性新兴产业发展是指狭窄的技术创新方面,而不应该等同于传统的产业,地方政府急于拉投资,这样的做法是带有很大的技术风险的。

　　在产业化的初期,市场是不成熟或者是在成长过程当中的。有一些领域有一个规律是供给创造需求,而不是需求拉动经济,就是有供给了才有需求,比如互联网,这是一个比较典型的案例。

　　在产品引入的初期,如果这个产品是对传统产品替代的话,会面临着一个初期成本较高的问题,比如新能源汽车,替代的是传统的汽柴油汽车。目前新能源汽车价格、成本都比较高,性能上也不如传统的汽车,所以就面临着一个市场进入难的问题。最后是整个的消费环境还有比较大的障碍。比如新能源汽车的充电设施不完善,也会制约新能源汽车大规模地应用。这是市场的特点。

从投资来看产业成熟阶段是典型的一个投资"蜂聚"现象,就是像蜜蜂一样地集中在一起,任何一个国家都出现过投资"蜂聚"现象。如果是没有政府干预的这样一种行为,投资的"蜂聚"现象是好事,如果地方政府在拔苗助长的话,就会带来很大的风险,也会造成战略性新兴产业各地盲目发展,出现一些产业雷同、恶性竞争等等问题。

战略性新兴产业的发展往往是新技术,诞生于新兴企业,很多国家都有这样的特点。比如90年代初的信息革命、信息化浪潮,微软、谷歌、Cisco,这些企业都是从无到有、从小到大,在很短的时间内成长为世界级的企业,甚至是占据这个行业的全球化地位。

战略性新兴产业的发展千万不能对新兴企业设置障碍,特别是创新型小企业,要支持发展、鼓励发展,在准入方面还需要做很多的工作。哪个产业成熟发展得好取决于技术的进步、创新的程度。

战略性新兴产业发展目前面临三大创新任务:技术创新、管理模式创新、体制机制创新。第一是技术创新。关键的问题是要把发展的精力放在技术创新能力的提高上,通过技术进步推动产业扩张,产业的成熟反过来又推动技术的进步。如果只是关注规模产业化,就会蕴含巨大的技术风险,可能被市场出现的新技术所淘汰。

第二是商业模式创新,一个产业不光是技术的创新,关键是商业模式,这个技术被市场接受,是因为有适合它的商业模式,即企业、消费者能够双赢的模式。技术创新和商业模式创新是战略性新兴产业发展的两翼,不能偏颇。

第三是体制机制创新。战略性新兴产业发展其核心是形成技术不断进步的机制,把全社会的创造力充分调动起来、发挥出来,这是完全不同于传统产业的发展方式。现在的政策、体制,比较擅长传统产业追求规模扩张的管理办法,基本上是规模赶超型,而不是创新导向型,但是要实现技术赶超,相关的制度还没有形成,而要建立与之相适应的制度,不是靠一两点可以取得突破的,从准入、行业壁垒的破除,到政府行为方式的转变,等,都需要一系列适应战略性新兴产业发展特点的机制。

资料来源:《经济参考报》2012 – 06 – 25

案例思考:中国在新一轮产业革命中面临哪些机遇和挑战?

【复习思考题】

1. 产业的含义有哪些?

2. 产业经济学的研究对象是什么?

3. 如何理解产业经济学的学科体系?

4. 简要说明产业革命的含义和一般演进路径?

5. 简要说明产业革命的主要影响?

第九章　中国产业优化与发展

从 1949 年新中国成立到 1978 年改革开放,我国产业的发展基本上完成了从无到有的历史任务。虽然在这段历史时期产业发展经历了许多曲折和失误,付出了高昂的代价,但仍然奠定了我国工业化的基础,初步形成了独立完整的工业体系。从 1978 年实行改革开放迄今 30 多年,我国产业的发展实现了从少到多的转变,消除了短缺,在生产能力和产量方面大大缩小了与经济发达国家之间的差距,新的重化工业特征初步显现,由匮乏走向了繁荣。从现在起到 21 世纪中叶,我国产业发展的主要任务就是要实现从低到高的转变,在整体素质和效率方面,缩小与发达国家之间的差距。

本章重点介绍中国产业发展的趋势、中国产业结构未来调整的方向和重点、中国优化调整产业结构的路径选择以及中国高新技术产业发展等。

第一节　中国产业发展的趋势

一、中国产业发展新现象

20 世纪 90 年代以来,我国产业发展和结构调整出现了一系列新的情况和特点,并且产业发展和结构调整的目标和任务也出现了新的变化和要求。这些新情况和特点、新变化和要求,作为新的发展现象,必将对我国今后产业的发展产生极大的影响。正确认识并把握这些新的发展现象,对推动我国产业的进一步发展,有着十分重要的意义。

(一)新的重化工业阶段特征初步显现,产业结构失衡问题短期尤为突出

新一轮经济增长是产业结构剧烈变化的过程。此次增长起源于居民消费结构升级带动的房地产、汽车产业的迅速发展。房地产、汽车作为代表消费升级方向的

终端产业,与食品、轻纺、家电等传统的终端产业比较,对重化工业和能源运输产业的需求要大得多。2002 年以来,我国宏观经济高速增长,居民收入不断提高,消费结构跃上新台阶,汽车、房地产等消费热点持续火爆。2012 年全年房地产完成开发投资 71704 亿元,比上年增长 16.2% ;全年商品房销售额 64456 亿元,增长 10% 。汽车工业增势强劲,全年汽车产量 1927.18 万辆,增长 4.6% ,其中轿车产量 1552.37 万辆,增长幅度 7.2% 。从产业关联的角度看,住房、汽车是终端产业,重化工业是中间产业,能源、运输是基础产业,相互间环环相扣,缺一不可。房地产和汽车工业的快速发展,必然对钢铁、水泥、有色金属、石化、机械装备等重化工业产生巨大需求,打破终端产业和中间产业原有的供求平衡;重化工业的加快发展也必然对煤电油运产生巨大需求,并打破中间产业和基础产业之间原有的供求平衡。相对贫瘠的自然资源无法支撑高资源浪费的重化工业发展。而且,粗放型的增长和低水平投资以及经济增速的加快,对投资和物质投入的依赖加大,已超出经济承受能力,某些行业的过热增长使得“瓶颈”制约加剧。2012 年,中国 GDP 占世界的9.5% ,然而,这一 GDP 的实现所消耗的石油占世界的 11.4% ,原煤则为 31% 。煤电油运出现紧张的局面。全国有十几个省、区、市出现拉闸限电的情况。铁路日均申请用车满足率不到 50% ;目前,铁路以 90% 的运力保重点,70% 的车皮运煤炭,不少地区出现了物资积压、停运限运的问题。水运压船压港现象也较严重。粗放型的增长方式,使能源、原材料供应紧张和环境问题加剧。我国资源使用效率远低于世界平均水平,8 个主要高耗能行业的能源消费,占工业部门能源消费总量的 70% ,单位产品能耗平均比世界平均水平高 47% 。从资源消耗强度看,我国单位 GDP 消耗的钢材、铜、铝、铅、锌分别是世界平均水平的 5.6 倍、4.8 倍、4.9 倍、4.9 倍和 4.4倍。同时,由于产业结构不合理、技术装备落后、“三废”排放治理力度不够等原因,环境污染严重,有的地区到了难以承受的地步。新一轮产业结构失衡导致新的市场供求缺口,并引起价格上涨,形成利润丰厚的发展空间,刺激相关产业迅猛增长。重化工业、能源运输产业都是资金密集型产业,其加快发展必然导致投资高速增长。原有的产业结构和市场供求关系的剧烈变化带来新的发展机遇,在很大程度上,这一轮投资高增长是对新出现的市场供求矛盾的适应性调整。同时也要看到,如果缺乏完善的信息环境和政策导向,各类市场主体的适应性调整可能付出过高代价,从而加剧产业结构失衡,导致未来几年出现新的市场供求矛盾,不利于经济平稳增长。当前宏观经济运行中出现的问题,突出反映了原有的产业均衡被打破、新的产业均衡尚未形成的结构性矛盾。

值得注意的是,中国经济正在进入重化工业发挥特殊重要作用的阶段,这样的特征并不是随机和短期的,而是具有中长期意义。从中国经济发展所处的阶段看,新的重化工业阶段特征也初步显现。同国际经验显示的一样,中国经济的快速增长与经济结构的剧烈变动密切相关,典型形态是在不同时期有不同的主导产业为经济增长提供动力。20世纪80年代起主导作用的是轻工、纺织等行业,90年代初中期,高增长行业转为基础产业和基础设施、新一代的家电(电视、冰箱、洗衣机等)和房地产(当时泡沫较大)等。1997年以后经济增长速度放慢,实际上就是90年代初期起来的高增长行业开始乏力,而新的主导行业又没有出现,形成了主导产业的"断档期"。这种局面直到2002年下半年才发生了实质性变化。

(二)体制缺陷容易导致盲目投资和低水平扩张

国家统计局公布的数据表明,2012年第一产业增长4.5%,同上年度持平;第二产业增长8.1%,比上年度增加了2.5个百分点;第三产业增长8.1%,比上年度下降了0.8个百分点。2012年GDP比上年度增长的7.8个百分点中,第二、三产业占了7.01个百分点,贡献率达到89.9%。这种新的形势下,一些地方政府很敏锐地感觉到了新的趋势,于是纷纷提出要发展重化工业,如上海市和北京市都强调要发展以汽车产业为代表的现代制造业,深圳市也提出了"工业适度重型化"的思路,浙江省一些地区提出要向重化工业升级,东北三省则利用"老工业基地改造"的机遇,要重振重化工业的雄风。但这存在很大问题。政府是独此一家,且拥有行政权力,地方政府直接介入某类产业发展会干扰市场竞争秩序,如对重化工业实行倾斜政策必定会损害其他产业的公平竞争权利,支持国有企业发展重化工业必定会损害民营企业或中小企业的国民待遇。此外,由地方政府及其代理人来主导重化工业发展,很可能会出现好大喜功、超前发展、过度投资、不顾未来市场后果的情况。如:地方政府可能利用自身的权力,组织国有银行的贷款,圈占大片土地,不顾市场需求搞重化工业的大项目甚至超级项目。这是因为土地开发成本很低,土地通常以协议方式转让,不能通过市场化交易反映真实地价,征地、拆迁补偿标准不健全或不能严肃执行,一些地区甚至以零地价进行招商。环境和资源的使用成本也很低。环保和资源利用方面缺少必要的准入标准和补偿标准,建设项目几乎不计环境、资源的使用成本。我国矿产资源税目前还是按照实物量征收,在煤炭等资源价格大幅上涨时,对资源开采的补偿明显偏低;而且煤、电价格脱节,资源型产品价格的上涨没有相应传导到最终产品。凡此种种,难以形成相应的替代、节约资源的激励和约束机制。经济运行和投资扩张成本低的背后,潜伏着一系列体制缺陷,如地方政府干预过多,企业的投资主体地位不稳固,市场机制不健全,价格不能反映生产要素的稀缺性,投资风险约束不到位,等,这些将严重影响产业发展的可持续性。

因此,要达到保持宏观经济稳定、优化经济结构和提高增长质量的预期目标,不仅需要加强宏观调控,更需要协调推进市场导向的各项经济体制改革,为促进结构升级和增长方式转变打好制度基础。应进一步转变政府职能,抑制地方政府直接介入重化工业发展的冲动,抓紧落实《行政审批法》和《国务院关于投资体制改革的决定》,减少地方政府直接干预产业发展的手段和途径。如果政策引导得当,体制和机制创新能够跟进,则有利于促进产业结构优化升级,增强新一轮经济增长的可持续性。

(三)产业发展和结构调整的方式由以行政和计划手段为主转为以市场机制为主

在20世纪80年代的几次产业结构调整中,主要依靠的是政府行政的力量和计划的手段,这在当时的体制下是比较有效的。1992年以来,随着我国社会主义市场经济体制的逐步建立和完善,我国经济运行的方式发生了根本性的变化。

首先,由于投资主体的多元化,政府对各类投资主体投资行为的行政约束力弱化,因而必须转向主要依靠经济手段进行引导。

其次,价格体系基本理顺,价格形成机制已基本市场化,价格信号成为调节供求关系的重要杠杆。

再次,随着非国有经济的迅速发展和国企改革的不断深化,企业生产什么、不生产什么以及生产多少,已主要由市场供求关系来决定。这就决定了我国现阶段产业发展和结构调整的主导方式必然由行政、计划转向市场,产业发展和结构调整的主体也必然由政府转向企业。

今后,我国产业的发展和结构的变化,将更多地取决于企业的投资行为、技术创新的速度和广度,以及城乡居民的收入水平和需求结构的变化,即我国产业发展和结构调整的方式已进入主要不取决于行政和计划的安排,而取决于市场机制的新时期。

(四)产业发展和结构调整面临着日益加剧的国际竞争压力

随着对外开放程度的不断扩大,我国已广泛参与国际分工和国际交换。到1996年,我国对外贸易出口额已占整个国民生产总值的20%,经济发展对国际市场的依赖程度在逐步增强。事实上,近年来对外出口的持续增长已成为我国经济增长的一个强大推动力量。

然而,由于以下几方面原因,我国产业的进一步发展将面临日益加剧的国际竞争的压力:

(1)随着产业的发展和工业化水平的提高,我国在技术、劳动力与资源成本等方面与其他国家的差异在逐步缩小,正在逐渐丧失过去发展所依赖的比较优势。

(2)随着大量"三资"企业纷纷在我国开业设厂,国内市场也面临着国外公司的直接竞争,出现了国际竞争国内化的局面。

(3)随着经济全球化进程的不断推进,尤其是2001年我国加入世贸组织后,必将大大减弱国家保护国内市场的能力。例如,汽车市场进口关税从 80% ~ 100% 降至 25% ,农产品市场进口关税将从 22% 降至 17.5% 。

所以说,当前我国产业发展所面临的国际竞争不仅存在于国际市场,而且也存在于国内市场;不仅是商品数量的竞争,更重要的是技术、质量和效率的竞争。但是,由于我国参与国际分工的比较优势正在弱化,同时由于现阶段我国还是一个后发国家,在新兴产业领域尚没有形成竞争优势,因此,在竞争中我国企业所具备的优势很少,甚至完全处于下风。如果我们不立即着手努力提升我国的产业素质,推进我国产业结构的升级,从而提高我国产品和企业的竞争力,就会有越来越多的产品在竞争中被击败,被迫退出国内外市场,最终必将威胁到我国民族产业发展的安全乃至整个国家经济发展的安全。总之,日益加剧的国际竞争是今后我国产业发展必须面对的一个非常严峻的新的挑战。

二、中国经济发展趋势及其对产业发展的影响

上面所描述的众多新的发展现象,既是我国产业发展到现阶段的历史性结果,又为我国产业的进一步发展提出了必须要解决的新课题。它只是从一个侧面反映了我国经济发展的历史进程,同时从产业的角度提供了在今后很长的一段时期内我国经济进一步向前发展的基本线索。改革开放 30 多年中国经济发展的实践表明,推动中国产业发展和工业加速增长的主要因素之一是市场机制的引入和不断强化。经济体制改革、产业组织变迁和政府经济政策的调整,已经成为我国解放社会生产力、推动经济发展的根本动力。因此,不断推进经济的市场化,是现阶段乃至今后很长一段历史时期我国经济发展的一个重要趋势。另外,工业化和城市化是一个国家现代化过程中不可分割的两个部分,然而随着我国工业化程度的不断提高,城市化的发展水平却远远滞后,造成了我国社会经济发展过程中城乡结构不合理的“城市短缺”的现象,已成为制约国民经济持续健康发展的重要因素。所以,大力推进城市化进程也将成为今后我国经济发展的又一个重要趋势。同时,当今世界经济已经出现经济全球化和知识化的发展趋势,如何应对经济全球化和知识化所提出的挑战,顺应世界经济发展的潮流,是当前和今后我国经济发展所面临的重大课题。

毋庸置疑,未来中国经济的发展必将沿着“市场化、城市化、全球化、知识化”四个主要发展趋势演进。这些不可逆转的经济发展趋势对我国今后的产业发展必将产生重大而深刻的影响。

（一）市场化趋势及其影响

改革开放 30 多年来,中国经济总量的 90% 已经市场化,市场化趋势是十分明

显的。截至 2012 年底,统计资料表明:全国 90% 以上的生产资料价格、93% 以上的工业产成品价格、95% 以上的生活资料价格已由市场调节;企业所有制结构实现了多元化,国有经济在全国工业产值中所占的比重已下降到 31.2%,集体经济上升为 37.4%,非公有经济上升为 31.4%(商业流通行业的 3/4 左右为非国有经济);在 278121.9 亿元的社会总投资中,国家投资仅占 4.3% 左右,各生产和经营单位已成为主要的投资主体,投资资源主要由市场机制进行配置;全国 30 多万家国有企业中,绝大多数已实现了经营市场化,14000 多家国有大中型企业中,1/3 以上实行了公司化改革,国有小企业完成改制、改组的已达 60%~75%。而且,今后随着国有企业改革的不断深化和社会主义市场经济体制的不断完善,中国经济、社会的市场化程度将不断提高。

市场化趋势对产业结构的调整和优化及产业发展的影响是相当深刻的。政府主动提出全面的产业结构调整目标,规定产业结构调整的方向和政策,进而直接配置资源、调整产业结构的做法,将逐步由市场取代。市场将成为决定产业结构变动和产业发展的基础性、主导性力量。但是,市场并不是万能的,它也有自身的弱点和局限性,完全依靠市场的自发调节,并不一定能使产业结构达到资源配置的理想状态。例如,在某些社会效益高于经济效益的产业和领域,市场调节就难以达到预期的社会目标,从而导致"市场失灵"。由于存在着市场失灵,在市场经济条件下政府也要对产业结构的变动和产业发展施加影响。

特别是在现阶段,我国市场经济体制还没有完全建立起来,市场失灵会以放大的效果呈现在我们面前。在这种情况下,政府对产业结构变动和产业发展的作用主要表现在以下两个方面:一是对于存在市场失灵的产业,如水利、交通等基础设施以及公用事业、社会事业,要依靠政府直接掌握的预算资金、各种建设基金、政策性贷款等予以扶持或由政府直接投资建设;二是对于即使不存在市场失灵,但完全靠市场难以迅速成长的战略性产业,如信息技术、生物工程等新兴产业,政府应通过实施产业政策及利益诱导机制,引导社会资金投向,促进其高速、超常规发展,从而影响产业结构的变化和产业的发展。

(二)城市化趋势及其影响

在我国 30 多年的工业化高速发展过程中,城市化发展一直相对滞后。据有关专家测算,我国目前的城镇人口比重至少落后于同等收入水平国家 6—8 个百分点,第一产业比重明显高于人均 GDP 水平相当的国家,第三产业比重远低于人均 GDP 水平相当的国家。近年来,我国城市化的速度又有放慢趋势。1979—1990 年间,我国城镇人口占总人口的比重平均每年上升 0.7 个百分点;而 1991—1997 年间,平均每年只上升 0.5 个百分点,其中 1995—1997 年间平均每年只上升 0.4 个百分点。

国家统计局发布的全国人口变动情况抽样调查推算结果显示,2011年底我国城镇人口超过6亿,占总人口比重51.27%,城镇人口比重继续提高,但人口城镇化速度减缓。

城市化水平滞后带来了一系列矛盾和问题,阻碍了我国的经济和社会发展:

第一,人口结构和资源占用结构不合理。2011年我国城镇人口和乡村人口占全国总人口的比重分别约为51.27%和48.73%,而城乡居民的年末储蓄存款余额却分别约占总量的83.2%和16.8%。这在一定程度上表明了我国社会财富分配的城乡差别程度。

第二,就业结构与产值结构不对称。2011年我国第一产业增加值占GDP的比重只有10%,而第一产业劳动力占总劳动力的比重却高达34.8%。目前,我国农村剩余劳动力接近2亿人。再不尽快改变这种状况,我国农村的就业压力将进一步增大。

第三,限制了第三产业的发展。国际经验表明,在城市化水平滞后前提下第三产业不可能有正常的发展。我国的实际情况也说明了这一点。2000年以来,国家加大了产业结构调整的力度,努力推动第三产业的发展,但效果并不明显:2000—2010年间,尽管第三产业从业人员占全国从业人员的比重由27.5%上升到35.7%,上升了8个多百分点,但第三产业增加值占GDP的比重只由39.0%上升到43.4%,增加了不到4个百分点。以上分析充分说明,我国城市化发展滞后,已经限制了第三产业的正常发展,使大量农村剩余劳动力转移的门路变得十分狭窄。再不改变这种局面,必将危害我国现代化事业的顺利发展。因此,加快我国城市化进程,是未来我国经济发展急需解决的一个重要任务。

我国城市化的任务是有计划地塑造大中小城市并举、以中小城市为主的城市群体网络,引导形成具有专业化分工的城市功能系统,使大量农业剩余劳动力及其派生的非农产业群,由农村逐步转移到城市。

城市化趋势对产业发展和结构调整的影响主要体现在以下两个方面:一是通过农业剩余劳动力的逐步转移,提高农业的边际劳动生产力,实现农产品的规模经济,使城市与农村的分配关系趋于合理;二是通过来自流动性的效应及城市集约效应的实现,降低工业和相关产业的劳动成本,提高非农产业的劳动生产率,进而增加国民经济在生产可能性曲线之内的总产出水平。

总之,城市化的实质是使越来越多的人拥有享受现代文明的机会,可以说它的发展程度是我国现代化的重要标志。

（三）全球化趋势及其影响

20世纪80年代后期,特别是90年代以来,外商直接投资（即跨国公司的对外直接投资)的剧增,导致全球经济逐渐走向一体化。见表9-1、表9-2。

表9-1　1973—2010年全球贸易与总产值的年平均增长率(%)

时间 项目	1973—1980	1980—1992	1992—2001	2001—2010
全球贸易	3	5	8.2	11.1
全球总产值	2.5	2	2.8	3.2

表9-2　2001—2010年全球的外商直接投资与GDP和国内投资的年平均增长率(%)

时间 项目	2001—2005	2006—2010
外商直接投资	15.4	26
GDP(按市场价格)	4.5	5.2
国内总投资	22.4	25.68

表9-1和表9-2表明,1973—2010年间世界贸易的增长速度超过了生产的增长速度,2001—2010年间外商直接投资的增长速度超过了贸易的增长速度,而2006—2010年间,外商直接投资翻了两番多,平均每年增长26%。外商直接投资如此地发展,结果自然是导致经济全球化。早在80年代末,全球外商投资企业的销售额就几乎是世界出口总额的两倍。

经济全球化至少有以下三个特征:

第一,资源配置国际化。2000—2011年,世界出口贸易量年均增长9.6%,远高于1973—1992年的4%。乌拉圭回合谈判结束后,进一步推动了贸易的全球一体化:产成品的关税平均降低了1/3以上;非关税壁垒再次大幅度降低,多边贸易原则被推广至农业和服务的贸易中。信息业的发展扩展了可贸易商品的范围,几年前还被认为是非贸易品的许多服务,正在各国间积极地交易。可以说,服务国际化是经济全球化的核心,它促进了商品、服务及资本市场的国际一体化,使资源在整个世界的范围内得以有效配置。

第二,跨国公司全球扩张。目前全世界跨国公司的产值已相当于世界总产值的50%,并且它已经成为国际技术转移的主体,相当于国际技术转让经营总额的75%。发达国家对发展中国家技术贸易的90%是通过跨国公司进行的。而且,跨国公司海外生产的增长大多数超过了其国内生产的增长。同时,跨国公司的生产、管理、科研、融资、销售以及售后服务等,都向本地化发展,致使市场和竞争也趋向全球化。

第三,经济全球化带来新的国际分工。经济全球化展开的是一场以发达国家为主导的世界范围的产业结构调整,即劳动和资源密集型产业向发展中国家转移,少数发达国家实现技术和资本密集型的产业升级。新的国际分工不断深化,已经开始由"产业分工"向"产业内部分工"转变,掌握先进知识和发达信息的国家成为国际分工中处于支配地位的"大脑",而不掌握先进知识和信息的国家只能扮演"手脚"的角色。广大发展中国家以低技术含量、低附加值、资源和劳动密集型的产品去换取少数发达国家高技术含量、高附加值、知识密集的产品,将处于十分不利的地位。

经济全球化趋势对我国产业发展的影响将是非常巨大的。目前,我国产业发展的水平较低,适应经济全球化的能力差,主要表现在以下几个方面:

第一,高技术产业,特别是信息产业的发展不能适应全球经济一体化的要求。据专家测算,目前中国出口的高科技产品仅占工业品总额的11%,而发达国家则在40%以上。

第二,国际竞争力处于中等偏下水平。据瑞士洛桑国际管理发展学院1996年对46个国家国际竞争力比较权威的评估,中国居第26位。并且,在金融环境、基础设施、科技、人口素质及管理方面我国的位次在第28~40位之间。

第三,人口素质低,使知识经济的发展受阻,将对我国未来适应经济全球化产生深刻影响。

第四,创造良好的投资环境以吸引更多的外资尚需进一步努力。

此外,在保护好国内市场和占领国际市场两方面都存在问题。如果我们在上述几个方面不加强努力、缩小差距的话,我国民族产业的发展必将受到经济全球化的巨大冲击而难以为继。

（四）知识化趋势及其影响

在整个世界的范围内,随着社会生产力迅速提高和社会分工日益深化,知识技术要素在国民经济投入中所占的份额越来越大,在各生产要素对经济增长的贡献中逐步占据主导地位,并进一步将大规模的工业化生产推向更高层次的经济形态,即以智力技术为基础的知识经济时代。传统产业的知识化是知识经济兴起的预兆。20世纪80年代以来,随着全球范围内市场竞争的加剧以及跨国公司全球经营战略的实施,使企业特别是制造业企业面临着更为严峻的生存环境。为了能够生存下去并长期发展,企业开始自发性地进行创新活动。技术创新使企业不断利用新设备、新技术,从而能生产出高技术含量的新产品,以在激烈的市场竞争中立于不败之地。这样,不但有关产品创新的研究开发变得越来越重要,而且为企业提供信息服务的咨询业以及资金支持的风险投资业也变得发达起来。

知识经济兴起的背景是:在工业文明中的物质生产和经济技术达到一定水平

后,经济增长比以往任何时候都更依赖于知识的生产、扩散和应用。知识密集型产业在整个经济中的地位与作用日益突出,知识作为生产和经济增长投入要素的重要性与日俱增。

经济知识化趋势主要表现在:

第一,知识成为创造财富的资本。在农业经济时代,土地和劳力是资本;工业经济时代,货币和自然资源是资本;而到了知识经济时代,智力和知识将成为生产要素中最重要的组成部分,资产投入无形化。以美国微软和英特尔公司为代表的知识产业的兴起,正在取代工业经济时代的制造业而成为新的经济支柱。

第二,知识密集型的高新技术产业成为新的经济增长点。资料表明,高新技术产业对美国经济增长的贡献率已达55%以上。人们越来越清楚地看到,科技创新和技术进步对促进经济发展的基础性作用愈益显著。美国信息产业的产值已超过制造业,表明传统产业的比重在下降,而高科技产业的比重在迅速提高。

第三,技术密集、智力密集产业的就业比重显著上升。目前,美国在信息业和其他服务部门工作的人员占就业总人数的比例已达80%,20世纪90年代以来新增加就业机会的90%来自服务业,就业机会主要倾向于智力密集型群体。

第四,知识消费的需求势头迅速上升。在OECD(经济合作与发展组织)国家中,人们对计算机软件的购置费用自80年代中期以来每年以12%的速度递增,现已超过了对硬件的购置费。无论是发达国家,还是发展中国家,用于教育的经费都在不断增加,专利和技术贸易成为增长速度最快的贸易业务之一。

总之,社会生产、分配和消费方式的结构性变迁,意味着以知识为基础的产业正在上升为社会的主导产业,预示着一个新的经济时代——知识经济时代的到来。

经济知识化趋势对我国产业的进一步发展将会产生极其重要而深刻的影响。一方面,随着知识经济的日益逼近,我们与发达国家的差距可能会被进一步拉大,经济发展将面临更为严峻的挑战。例如,由于经济发展的不平衡和基础的不同,美国可能已经从后工业社会开始向知识经济过渡,而我们还必须为实现工业化和现代化而奋斗。另一方面,知识经济的发展和知识产业的兴起又给我们带来了千载难逢的经济发展机遇。早在1955年,法国发展经济学家费朗索瓦·佩鲁就根据不平衡动力学,提出了著名的"发展极"理论。这一理论的核心是,在一个国家或地区的经济中,应由某些主导部门和创新行业聚合起来,形成一种资本集中、技术集中、经济规模大、自身增长迅速的"发展极",并通过它的优先增长,带动相邻产业的共同发展,就有可能实现经济的跳跃式发展。如果我们能够集中全社会的力量,大力发展信息、生物工程等高新技术产业及其他相关的知识产业,并用现代化的技术知识加快对传统产业的改造,尽快提升其技术含量和知识含量,就有可能极大地促进我国产业结构高级化的进程,迅速缩小我国与发达国家之间的差距,实现经济的跳跃式发展。

第二节　中国产业优化调整

一、中国优化调整产业结构的出发点

（一）中国经济增长格局的特征及其影响

1. 中国经济增长格局的主要特征

当前,中国经济增长格局的主要特征是:在投资需求拉动的经济增长中,投资主要向与高消耗的土建工程相关联的产业倾斜,因而对基础产业的需求急剧扩大,刺激了基础产业的增长。这样,围绕着土建工程所产生的需求与基础产业的供给之间就形成了相互推动的内生扩张动力,成为现阶段我国经济增长的主循环。而因消费结构升级所产生的对机电设备的需求,却没有拉动高加工度产业的相应增长。由于供给能力的制约,这部分需求关联到了国外,表现为技术装备的进口持续大幅度增长。这里,主要的原因是我国企业消化吸收技术的能力和自主开发技术的能力薄弱,致使我国在这方面的进口替代进程缓慢,阻断了这些需求对国内机电产业的拉动作用,使高加工度产业与经济增长的关系趋于弱化。

总之,我国当前经济增长格局的特征可以用一句话来概括,即粗放和低度化。

2. 中国经济增长格局对产业结构调整和宏观经济运行的影响

当前,我国经济增长格局必将对我国现在以及今后产业结构的优化调整和宏观经济的运行产生较为深刻的影响。

（1）对存量结构的影响。我国当前经济的增长格局和产业结构是目前我们拥有的产业技术水平决定的。尽管巨额的机电产品进口说明存在着"技术装备的短缺和瓶颈",但是由于受投资能力和技术吸收能力的限制,虽然政府也提倡发展高新技术产业,然而投资还是更易于流入能源、原材料、交通设施等初级产品部门,因为进入这些部门的技术壁垒相对要小得多。这一现象与新中国工业成长史有直接的关系,我国的重工业就是以钢铁、电力等基础产业为中心发展起来的。从这个角度看,进入20世纪90年代后我国重工业重新占据主导地位,不过是80年代中期开始的产业结构升级势头开始减弱以后,旧的以粗放和低度化为主要特征的经济增长格局的复归。使得现有产业的存量结构进一步固化或强化,增大了产业结构调整和升级的难度。

（2）对宏观经济运行的影响。这一增长格局是近年来我国宏观经济运行中所出现的一系列问题的主要原因之一。我们知道,基础产业、基础设施都具有建设周期长、资金回收率低、物资投入强度大等特点。把向这些领域的投资作为经济增长的主要动力,就会从总体上造成建设周期延长、资金占压加剧和资金周转缓慢等一系列严重后果,最终使宏观经济效益下降。"八五"期间我国固定资产投资平均交付使用率是改革开放以来最低的,与"六五"、"七五"期间相比,下降了十几个百分点。并且,进入 20 世纪 90 年代以来,我国固定资产投资的交付使用率呈直线下降的趋势,分别参见表 9-3、表 9-4。这就意味着我国每年都有上千亿到几千亿的投入资金发挥不了经济效益,这与当前我国经济的增长格局是有直接关系的。这种以初级加工产业为主导的增长格局是我国经济高消耗、粗放式发展的最主要的原因,其结果就造成了产业结构的低级化。从长期来看,这种增长格局在资源的硬约束下将难以为继。

表 9-3　"五五"至"八五"时期我国基本建设投资固定资产交付使用率(%)

时　期	"五五"时期	"六五"时期	"七五"时期	1991—1994
交付使用率	74.6	73.8	75.4	62.3

表 9-4　1990—1994 年我国国有单位固定资产投资交付使用率(%)

年　份	1990	1991	1992	1993	1994
交付使用率	82.5	75.4	68.4	62.9	50.7

（二）中国产业结构优化调整的目标和方向

目前,针对上述我国产业结构上存在的问题,我们优化调整产业结构的目标和方向应包括以下三个方面:

1. 优化调整要有利于保持经济增长的稳定性

产业结构优化调整一定要有利于保持经济增长的稳定性,减少导致经济波动的结构性因素,并有利于加速经济运转,提高经济效益。为此就要培育多极生长点,在保持社会资本一定投入强度的前提下,加大经济性资本的比重,改变目前以扩张基础产业和基础设施建设为主导的经济增长格局。

2. 优化调整要有利于改善供给对需求的适应性和反应能力

产业结构优化调整要有利于改善供给对需求多层次、多样化结构的适应性和反应能力。正是由于供给方面缺乏对需求变化的反应能力,才造成过分依赖低度化结构来维持经济增长的局面。要使供给对需求的反应能力增强,则需要为增强产品的开发能力而建立相关的产业体系,其结果就会延长产品加工链条,提高加工度,增强产业关联度,提高生产迂回化程度,从而实现内涵型生产,摆脱增长主要靠铺摊子的方式。

3. 优化调整要有利于经济增长方式的转变

产业结构优化调整要有利于经济增长由粗放型向集约型的转变,有利于降低消耗、提高效益。在这里,关键是应做到主要依靠技术进步来提高经济的整体素质,推动经济的增长。也就是说,经济增长方式转变的关键是促进技术进步。从操作的角度看,促进技术进步的工作可分为微观和宏观两个层次:微观层次的技术进步,即作为企业行为的技术创新活动,除个别大型项目由国家组织实施外,技术创新活动的主体是企业,国家的作用则主要表现在为企业技术创新创造包括体制、技改政策在内的外部环境上;宏观层次的技术进步,即从调整结构入手提高产出和经济增长的技术含量,也就是在适应需求要求的前提下,通过扩大技术含量高、集约程度高的产业的比重,使这些技术含量高的产业对经济增长起到更为重要的作用。其实施过程就是对高新技术产业的大力扶持和培养,并利用高新技术对现有产业进行改造的过程。

(三)高新技术产业是中国未来产业结构优化调整的重点

国内外发展的实践证明,在工业经济时代,高新技术产业起先导作用,除高新技术自身的产业化外,它还担负着改造传统产业和农村经济的任务。由于高新技术的先导作用,即主要是通过提高投入生产要素的使用效率,推动劳动和资本向劳动生产率更高的产业转移,使第一产业的比重不断下降,第二产业的比重先上升一个时期,然后下降,第三产业的比重不断上升,直至实现工业化。由此可见,高新技术产业是推动产业结构高级化、提升中国产业竞争力的动力和主导力量。而且,在已见端倪的知识经济时代,高新技术产业必将成为第一支柱产业。这是因为:

1. 高新技术产业的迅速发展是知识经济时代到来的重要标志

正是由于高新技术产业的迅猛发展,才使得像美国这样的发达国家社会、经济、军事、文化教育、人民生活、国家竞争力等方面快速发展和提升,迅速走出了工业化——后工业化阶段,初步实现了信息化,并逐步步入了知识经济时代。

2. 高新技术产业是知识经济时代经济增长的核心

高新技术由于其高渗透性,在自身走向产业化过程的同时,也会带动传统相关产业的发展,通过对传统产业进行高新技术改造,使其重新焕发勃勃生机。因此,可以肯定,高新技术产业是知识经济时代经济增长的核心。

3. 高新技术产业是推动知识经济时代技术进步的动力

高新技术的产业化不仅在传统产业的基础上延伸出许多新的经济增长点,使社会财富总量迅速增加。同时,由于技术进步所带来的生产率的提高,将在单位时间里生产出比工业经济时代更多的使用价值,可以迅速降低生产产品的社会必要劳动时间,从而降低单位产品的价值量。而且由于知识更新加快,一代又一代的同类产品接续而生,从而加速了技术进步的进程,这使人们不断地得到廉价而高效的商品,从而满足了人们日益增长的物质和文化需求。

4. 高新技术产业决定着知识的生产、传播及应用的能力与效率

高新技术产业的发展使知识生产的能力和效率提高。例如,人类的科技知识在 19 世纪是每 50 年增加 1 倍,20 世纪中叶是每 10 年增加 1 倍,而现阶段则是每 3—5 年就增加 1 倍,科技转化为生产力的周期也越来越短,这正是高新技术不断产业化和发展的结果。另外,高新技术产业也决定着知识的传播和使用的效率,其迅速发展影响着企业乃至国家的管理和决策,是企业和国家具有竞争力的决定因素。

正因为高新技术产业对一国的经济发展有如此重要的不可替代的作用,因此,我们必须把高新技术产业的发展作为我国今后产业结构优化调整的重中之重,予以高度的重视。

二、中国优化调整产业结构的路径选择

世界经济发展的规律表明,经济下行时期往往为一国产业结构优化调整和产业升级提供了机遇。因此,在 2008 年国际金融危机的背景下,我国既要立足当前,扩大内需保持经济平稳较快增长,更要从战略和长远出发,加快产业结构优化调整和经济发展方式转变。

(一)走新型工业化道路,加快工业结构优化升级步伐

推进工业内部结构调整和产业组织结构调整,坚持用高新技术、先进适用技术改造提升传统产业,促进信息化与工业化融合。

振兴装备制造业,夯实工业发展基础。发展高新技术产业群,支持新能源、新材料、信息、生物、医药、节能环保等新兴产业发展,培育新的经济增长点。推进企业兼并重组,鼓励优势企业强强联合,培育一批行业龙头骨干企业,提升产业集中度。鼓励中小企业向"专、精、特、新"方向发展,增强工业发展活力。加快形成大、中、小企业结构合理,产业链上下游企业协作配套的产业组织体系。

(二)加快现代服务业发展,优化服务业结构

当前,鉴于我国第三产业过于依赖"生活型"服务业的低质结构,今后应加快发展金融、保险、咨询、物流等知识型服务业或"生产型"服务业,致力于服务业的结构升级和增强服务业的竞争力,作为调整三次产业结构的突破口。

积极发展房地产、物业管理、旅游、社会服务、教育培训、文化、体育等需求潜力

大的行业,培育新的增长点。大力发展信息、金融、保险以及会计、咨询、法律服务、科技服务等中介服务行业,提高服务水平和技术含量。

（三）加快科技创新,提高自主创新能力

抓好国家相关重大科技专项,着力突破制约工业发展的核心技术、关键技术和关键设备、零部件研发,提高产业国际竞争力。加强产业共性技术科技队伍的建设,在知识产权保护、税收优惠、研究开发资助、加速设备折旧等多个方面采取综合措施,形成鼓励创新的有效激励机制。

针对某些重要的战略性产业以及具有重大应用前景的关键技术,建立国家重大创新工程,并积极吸收企业参与,甚至国外机构、企业的参与,形成产、学、研相结合、开放式的联合攻关体系,力争局部突破,逐步摆脱战略产业受人控制的局面。

（四）引导产业集群发展,促进区域经济协作

制定和实施产业集群倡导计划,促进产业集群发展,并根据产业的经济特性,促进专业化分工和相关企业所在地域的相对集中,注重培育集群的形成、发展机制,吸引要素集聚的机制,以及促进产业集群不断创新的机制。

要加快地区间产业转移,减少重复建设与恶性竞争,推动区域经济协作。根据不同区域的比较优势,选择具有地方特色的主导产业,使特色产业成为区域经济的真正增长点。推动生产要素跨地区流动,提高要素配置效率,从而实现经济区域内的生产要素和产业的优化组合。

（五）大力发展循环经济,积极推进节能减排

积极发展循环经济,提高资源利用水平。坚持开发与节约并重、节约优先的方针,按照减量化、再利用、资源化原则,推进资源开采、生产消耗、废物产生、社会消费等环节的资源节约和循环利用。严格控制高耗能、高耗材、高耗水产业发展,加快淘汰资源消耗高的落后生产能力。

通过资源节约、清洁生产、污染治理和绿色经营等手段,在工业运行的全过程防止污染产生,推动工业发展模式从先污染后治理型向全过程预防型转变,推动工业增长方式从高消耗、高排放型向资源节约和生态环保型转变。

【相关链接】　　　英国产业结构调整的特点与经验

1. 关于产业结构调整

英国的产业结构调整始于 20 世纪 60 年代,兴于 70 年代,至今仍在进行着调整。如曼彻斯特、格拉斯哥等城市从 20 世纪中叶就紧紧围绕电子信息、计算机、生物工程、光电子等高新技术有计划地进行产业结构调整。到目前为止,这些城市以及苏格兰地区在主体上已经基本完成了产业结构调整,形成了以高新技术、金融服

务为主的产业结构。与此同时,也对传统工业进行了必要的改造,保留了部分传统产业,如石油、天然气工业。经过半个世纪的发展,传统产业在就业机会的提供、所占 GDP 的比重,从 1945 年的 80% 下降到目前的 20% 左右。如曾经以制造业为经济支撑的曼彻斯特,其制造业在 GDP 中的比重由调整初期的 60% 下降到目前的 17%,IT 制造业已上升到 10% 以上。更重要的是在产业结构调整的过程中,劳动力的文化结构也得到了相应的改变,劳动者的文化素养、综合素质都得到了不同程度的提高。在产业结构调整中,英国贸工部、投资发展署、企业发展局等职能部门发挥了重要作用。

英国产业结构的调整可以概括为三个方面、四项重点、八点经验。

三个方面:第一,充分发挥市场机制的作用,让市场这只"看不见的手"去淘汰没有竞争力的产业和企业,使一大批有特色、有规模、有跨国经营手段的企业成长起来。第二,扶持新兴的中小企业,使其与大企业实现在产业结构上的优势互补,并吸收从传统工业中淘汰出来的劳动力。第三,大力推动工业化向信息化的转轨,在推动信息化的过程中,实现政府职能的转变,使其与产业结构调整相适应。

四项重点:第一,人才培养。产业结构的调整,首先是解决人的素质问题。无论是伦敦、曼彻斯特,还是格拉斯哥、爱丁堡以及伦敦新区,所到之处,说到产业结构调整,首当其冲是人才培养。为了进行大规模、有效的劳动力队伍的培养和培训,各级政府都加大了对教育的投入。其观点非常明确,产业结构调整就是制造大量适应市场需要的新的就业机会,而制造新的就业机会的主要途径是培育大量的中小企业,特别是从事高新技术的中小企业,这类企业的成长必须依赖于大量的高素质的人才,这就必须有一个高质量的终身教育培养体系(高等教育、职业教育、继续教育)予以保障,以及面授、远程教育等多种方式予以实施,在人才培养实施过程中也推动了信息化进程。英中贸易协会在介绍伦敦东部地区产业结构的调整时,特别强调人才培养对高科技小公司保持最新技术状态、增强竞争能力的重要性以及政府对人才培养的支持(对接受高科技培训的人员每人补助 1000 英镑)。由欧盟出资 250 万英镑,在英国政府和曼彻斯特商会的支持下,曼彻斯特城市大学就业研究学院实施的在 2002 年使 3000 名失业人员达到培训要求的计划,充分地阐述了英国政府通过教育培训促进就业、保证产业结构调整得以顺利实施的思路。第二,基础建设。传统工业的更新和新兴产业的出现,使曼彻斯特这样的重工业城市面临种种问题与矛盾:交通、通信、能源等等。曼城政府首要工作就是利用行政手段与市场手段相结合的办法加以解决。如曼彻斯特已建成年吞吐量达 1850 万人次的现代化机场,拥有大西洋至英国海底光缆周转通信枢纽,又在曼城的一个科学园建设了一个 $5000m^2$ 的通讯交换中心。第三,环境营造。环境的工作主要包括以下几点：一是提供信息。比如英中贸易协会向会员企业提供各种信息，免费咨询；提供中国商贸资料，根据会员要求提供中国市场专门报告，等。二是转变观念，如英国贸工部的一个主要职责，就是通过提供信息、组团考察、技术援助等方式培养和促进中小企业的战略化思维和全球化眼光。三是生活环境。欧洲的生活环境总体上看质量都很高，即使如此，为了吸引人才，促进产业结构调整，各地仍在千方百计优化环境，特别重视环境保护，以形成舒适便利、具有特色的生活和工作环境。如格拉斯哥、爱丁堡等城市，除了具有良好的基础设施和各种精美的写字楼外，他们发现高新技术人群的生活方式、价值取向、文化娱乐都与其他产业的人群有较大差异。因此，他们在住房、娱乐、文化设施等各个方面按照市场导向，做了大量投入，在城市的舒适化、便捷化、多样化方面成为从事高科技的年轻人的首选之地。第四，城市规划。英国主要城市的产业结构调整，都是和城市规划、旧城改造紧密结合，统筹规划、分步实施。如伦敦东部原来是传统制造业、制衣业的基地，在英国中央政府的指导下利用欧盟的援助，大力创建小科技公司，加大员工培训的力度，统筹规划进行产业结构调整。格拉斯哥原来是苏格兰的汽车制造、船舶制造基地，经规划，在原造船基地上建设了科技公司、通信交换中心。

八点经验：第一，"抓小放大"，重视中小企业的发展。在英国，对大公司而言，已经具备了生存发展的能力和抗御风险的实力，无需政府继续"哺育"。为了扶持中小企业（员工少于250人，年营业额低于1200万英镑）发展壮大，英国政府一是非常重视培养中小企业的全球化观念，鼓励中小企业走出国门，海外扩张；二是提供各种咨询和信息，让中小企业从中寻求商机；三是政府提供帮助，争取欧盟支持，向金融机构推荐，提供政府软贷款等，全方位为中小企业服务；四是运用非资产性质的"捆绑服务"，使中小企业实现全球化。如英中贸易协会就是通过一些有实力、有信誉的大公司把一些没有实力和知名度的小公司介绍给客户或服务对象。第二，"五管齐下"，多渠道筹措发展资金。英国的新兴行业、新建公司的发展资金主要来自五个方面：一是欧盟的贷款或资助；二是中央政府的贷款或拨款；三是地方政府的贷款或资助；四是中介组织、风险机构投资者所提供的贷款或资助；五是企业（含海外企业）的资本投入。学校发明的新技术、新产品也是采取这种行之有效的办法，由学校向有关机构申请项目资金使学校成为孵化器，并鼓励发明人在校兼职创办自己的公司或与有实力的大公司合作，走类似我国的"产学研"相结合的路子，促进成果转化。第三，"以新改旧"，推动信息化建设。高新技术的飞速发展，传统工业怎么办？英国的主要做法，一是让有条件的公司逐步从传统领域退出；二是用高新技术改造传统产业，如加大制造业的技术含量，提高产品的性能价格比，以满足市场的需求；三是推动信息化，大力推广电子商务的运用，鼓励企业在全球范围内参与电子商务的竞争,使传统产业焕发新的活力。如在制药行业推行 Inform 的药品交易平台软件,实行 B2B 的应用。第四,"叫醒服务","鼓励中小企业拥抱高新技术"。当企业对市场变化缺乏认识的时候,英国贸工部及有关部门即通过一定方式的"提示",如发布信息公告、利用政策导向等,"叫醒"企业以适应市场变化;按规划需要在某个地区发展某个行业时,政府即通过资金和政策导向,促使投资者把资金投向这一行业或地区;政府相关部门还经常督促企业运用高新技术,他们称之为"鼓励中小企业拥抱高新技术"。第五,"承上启下",发挥中介机构在产业结构调整中的作用。英国城市基本上都有贸易会、商会、企业局等机构,这些机构均具有完全的独立性,政府对这些机构不下达任何指令,但这些机构对政府发布的经济白皮书都有较高的灵敏度。苏格兰 1980 年制定并开始实施的"城市复兴计划"实质上是结构调整计划,苏格兰企业局只负责帮助指导企业,政府不制定任何产业政策和经济行为准入政策(英国其他城市也是如此),而是强化发挥中介机构的作用,投入资金或争取欧盟支持,在老工业城市成立若干科学研究开发中心,承担提高国民素质、旧城改造及部分研究开发任务。格拉斯哥企业发展局是一个负责促进企业信息化、国际合作、科技园建设等事务的半官方性质的中介组织,其经费来自政府,战略计划由政府制定,具体运作由社会各界代表构成的理事会任命的执行总裁负责。第六,"以人为本",发展教育事业。英国高等教育比较发达,凡是高等学校比较集中的地方产业结构调整都比较顺利。苏格兰 550 万人口,拥有 13 所大学,6 个专业高等教育学院,47 个继续教育学院。其中 20 个系专门从事 IT 研究,培养了大量的创新人才,创建了大量的高科技小公司,吸引了大量的世界著名大公司。如曼彻斯特 50 万人口就有 8 所大学,每年毕业的计算机软件专业学生达 1700 人。其中有其引以为自豪的发明了世界上第一台计算机的曼彻斯特城市大学,该校在校学生达 3.2 万人。第七,营造环境,千方百计吸引投资。由于有良好的投资环境,苏格兰共吸引了 1129 个海外投资者,其中美国 343 个。IBM、COMPAQ、MOTOROLA、HP、CISCO 等世界著名公司都在苏格兰有投资。这些投资工厂雇用的员工 1996 年就有 58% 从事电子工业。1999—2000 年度,苏格兰吸引了 91 个海外投资者,投资额达 6.5 亿英镑(约合人民币 78 亿元),预计创造 1.93 万个就业岗位。这些投资者在当地产业结构调整中发挥了举足轻重的作用。第八,政企分开,规范建设项目管理。英国各级政府资助高新技术的方式与我国有所不同,共有无偿拨款、风险投资、创办实体三种方式。无偿拨款一般要企业界的投入大于 50%;风险投资采取建立投资基金(如大学的风险基金)的方式;创办实体如建立科技园公司,开发某些政府认为可以由此形成一个环境,从而吸引更多社会投资的建设项目。与我国政府投资项目由政府作为出资人参与管理不同,英国政府是拨款创立一个实体,然后委托多个机构组成董事会进行管理,由董事会任命总经理来具体负责执行。董事会成员可以来自中介机构、大学、银行、企业等社会各界。政府出资后,完全委托董事会进行管理,从而使政企截然分开。

综上所述,苏格兰的人口不足英国的9%,但高校毕业生占英国的17%,生物工程博士占英国的18%,计算机研究生占英国的21%。苏格兰有三所大学分别获得计算机、电力电子和生物化学最高荣誉,25%的大学计算机学科被评为最高等级五级。这就是苏格兰为什么能够顺利实施产业结构调整的关键所在。

2.关于电子商务及软件产业

英国的各级政府、协会、团体都十分重视信息产业,尤其是电子商务的应用、软件产业的发展,成立了专门机构,每年投入大量的资金用于人才培养和推进信息化,极大地提高了全社会对信息化的认识,从而进一步促进了信息化的进程。

据不完全统计,英国有30%~40%的家庭拥有PC,有25%的人上网,信息制造业占GDP的比重约10%。形成了以苏格兰硅谷曼彻斯特为代表的西北部软件园以及伦敦东部等IT产业的发达地区。

以苏格兰为例,人口仅550万,IT产业年营业额为20亿英镑,其中软件产业为15亿英镑。其PC产量占全欧洲的28%,全世界的7%以上,工作站产量占全欧洲的近80%,自动柜员机(ATM)产量占全欧洲的65%,笔记本电脑产量占全欧洲的29%。电子信息产业的直接雇员为40500人,提供的相关就业人员为29500人。电子、光电子占整个制造业的比重高达24%。由于IT制造业的巨大优势以及发达的教育事业,为发展电子商务和软件产业提供了得天独厚的广阔市场。

资料来源:http://gljx.sdut.edu.cn/newshi/shownews.asp

链接思考:英国产业结构调整对我国有什么启示?

三、中国未来战略产业的选择

(一)中国产业结构和发展水平的基本判断

现有产业的发展水平与结构,是一国经济发展水平和资源配置状况的综合反映。由于经济发展的连续性和继承性,一国现有产业状况既是其未来产业发展的现实基础,又是其未来产业发展方向的决定因素。所以,要选择与一国国情相适应的战略产业,首先就应对该国的产业结构和发展水平作出基本判断。

从产业结构演进的角度和世界各国经济发展过程的实际情况考察,经济发展大体可划分为五个阶段:即农业社会、工业化前期、工业化中期、工业化后期和超工业化阶段。

第一,在农业社会阶段,主要特征是农业在国民经济中起主导作用,近代工业还处于萌芽状态,产业结构处于低水平。

第二,在工业化前期阶段,国民收入中第一产业比重逐步下降,第二产业比重迅速上升,第三产业比重缓慢上升;工业发展是以轻工业为中心,并开始逐渐向重工业转化。

第三,在工业化中期阶段,国民收入和社会劳动力中,第一产业比重日趋缩小,第二产业比重比较稳定,第三产业比重逐渐上升;工业中重工业的中心地位已经确立,并开始由以发展原材料工业为中心向以发展加工工业为中心转变,即向高加工度化转变。

第四,在工业化后期阶段,国民收入和社会劳动力中,第三产业比重迅速上升,超过了第一、二产业的总和,同时第一、二产业的比重均有较大幅度的下降;整个工业均以高新技术装备起来,进入由以粗放型工业为中心向以技术集约型工业为中心的转变。

第五,在超工业化阶段,工业化过程基本结束,国民收入和社会劳动力中第三产业的比重占60%以上,开始进入信息和服务社会。

我国从1950年起到2011年为止,三次产业结构的变动情况见表9-5。

表9-5　中国三次产业结构的变动　　　　　　　　　　（单位:%）

项目 年份	产出结构			劳动者就业结构		
	第一产业	第二产业	第三产业	第一产业	第二产业	第三产业
1952	57.7	23.1	19.2	88.1	6.0	5.99
1978	28.4	48.6	23.0	70.5	17.4	12.1
1980	30.4	49.0	20.6	68.7	18.3	13.0
1985	29.8	45.3	24.9	62.4	20.9	16.7
1990	28.4	43.6	28.0	60.0	21.4	18.9
1992	23.8	48.0	28.2	58.5	21.7	19.8
1998	18.0	49.2	32.8	—	—	—
2000	15.1	45.9	39.0	50.0	22.5	27.5
2011	10.0	46.6	43.4	34.8	29.5	35.7

资料来源:《中国统计年鉴(2011)》,其中产出结构以当年GNF增加计算;1952年的数据根据《中国统计年鉴(1985)》的有关数据计算;1998年的数据根据《中华人民共和国1998年国民经济和社会发展统计公报》计算。

从表 9-5 所列资料,依据中国经济发展各阶段,尤其是工业化三个阶段的主要特征以及我国产业结构演进的具体情况来判断,目前我国经济发展基本上处于工业化中期阶段,即向高加工度化转变。

根据发达国家各国工业化的一般经验,在高加工度化阶段,资本和技术密集型的高加工工业将成为经济发展的支柱或主导产业。20 世纪 90 年代以来,我国经济进入结构升级和经济高速增长的时期。

(二)中国未来战略产业的科学选择

根据发达国家各国工业化的一般经验和我国基本处于工业化中期阶段的实际,在选择战略产业时,我们既要选择能带动结构高级化的主导产业,又要选择在新的结构下与技术水平和人们的消费需求相适应的能支撑经济长期发展的支柱产业,并对两者加以扶持,为国民经济发展培育新的增长点和支撑点,以实现经济的持续、快速和健康发展。

1. 大力发展汽车工业、建筑业等支柱产业

汽车工业是国际公认的能够带动整个经济迅速发展、最能代表一个国家工业水平的少数产业之一。汽车工业的发展需要有钢铁、机械、有色金属、石化、玻璃、电子等许多产业配合,直接关系到国民经济的工业结构、运输结构、外贸结构、就业结构和消费结构。而且汽车自诞生以来的 100 多年间,对人类生活的影响之深,超过了其他很多产业和产品。因此,人们把汽车工业的出现看作是第二次产业革命的标志,把汽车看作是人类文明进步的象征。发达国家和新兴工业国几乎都曾把汽车工业作为支柱产业,而目前我国发展汽车工业的条件也已基本成熟。所以,我们应把汽车工业作为战略产业加以扶持和发展,使之能在不久的将来成长为国民经济的支柱产业,以支撑我国国民经济的长时期快速发展。

经历了 1997—2001 年的平稳增长后,由于 WTO 效应与居民消费结构转变,我国汽车产业在 2001 年后进入快速成长期。其表现为以超过年均 35% 的速度快速增长,汽车产量迅速跨越了 400 万辆级,在 2003 年一跃成为世界第四大汽车生产国。2010 年,中国首次取代美国,成为全球汽车产销量最大国家,汽车产销突破 1700 万辆。而我国汽车产销量达到不同百万辆级所用的年限越来越短,从 300 万辆级到 400 万辆级,只用了 1 年时间。据权威部门统计,我国汽车私人消费成为主流,汽车产业的发展进入良性循环。在国内市场需求的刺激下,受汽车产业链长、产业关联大以及较高的投资回报率的影响,全国有 23 个省市将汽车产业作为地方的支柱产业,目前共有 119 家整车厂、292 个特种车厂及改装车厂、98 个车身厂、3900 多家汽车及摩托车零部件厂和配件厂。根据国家信息中心最新测算分析,当前中国整车生产能力约有 2000 万辆。但这也将出现新的问题:全国所具备的整车

生产能力将大大超过市场需求能力,出现严重产能过剩,从而形成一批分散的小规模汽车企业,使产业集中度降低,将增加企业竞争成本,并降低汽车产业的效益。

建筑业是经济增长的基础性产业,包括土木工程建筑业,线路、管道和设备安装业,建筑工程勘察设计业。其中土木工程建筑业又包括各类房屋建筑和铁路、公路、隧道、桥梁、堤坝、电站、港口、机场等各种基本设施的建设。人类一切经济和社会活动都离不开建筑产品,经济发展和人民生活水平的提高会对建筑产品提出更新的要求。因此,可以说建筑业的这一特殊地位和作用决定了它成为支柱产业的必然性。在美国,建筑业和汽车、钢铁曾并列为国民经济的三大支柱。在日本,建筑业也曾被列为骨干产业。众所周知,我国是一个人口大国,劳动力资源特别丰富,把建筑业作为支柱产业,对我国经济发展有着特别重大的战略作用。这是因为建筑业本身是劳动密集型和技术密集型相结合的产业,吸纳劳动力的能力极强。如各经济发达国家建筑业就业人员一般占全社会就业人员的 6% ~ 10%,而我国2011 年为 2.9%。另据北京市测算,每增加 10000 平方米的建筑生产任务,可直接和间接增加就业人员 1000 人。建筑业不仅自身吸收劳动力多,而且它的产品——新的企业和城镇,又能吸收大量的劳动力。所以,大力发展建筑业对解决我国日益严重的就业问题有很大作用。进入 90 年代后,我国建筑业发展很快,初步发挥了支柱产业的作用。今后,建筑业除继续扩大规模外,关键是要在提高质量上下功夫,从而继续成为支撑我国国民经济长时期扩张的支柱产业。

2. 积极扶持和推进微电子、信息等主导产业

现代产业技术最突出的特征就是微电子技术的广泛应用。微电子技术已成为所有制造业从产品、工艺装备到生产过程的控制、管理及设计开发的中枢,也是当前国外工业产品实现智能化、柔性化、微型化的基本技术手段。发达国家在 20 世纪50 年代的产业技术是以人工控制机械为特征的机械技术,到 70 年代转变为以计算机控制整个生产系统为特征的微电子技术。从发展过程看,机械技术和微电子技术两者之间存在着启承关系,但在技术的性质和功能上它们却是截然不同的两个体系。正因为如此,在微电子技术的发展和扩散过程中,推动了层出不穷的新技术产品的出现及新型产业群的建立和成长,同时,也使传统产业的面貌焕然一新,使之在装备和产品的性能、质量、档次等方面都发生了质的飞跃。与此相对照,我国各工业产业部门目前占主体的产业技术仍停留在机械技术的水平上。因此,可以说我们与工业化国家在技术上存在很大差距,并且差距仍在扩大。这一差距的实质就是机械技术体系与微电子技术体系之间的差距,主要表现在以下三个方面:微电子产品本身的制造、开发技术;利用微电子技术对各种开发过程和生产过程进行控制的自动化技术;与利用微电子技术改造传统产业相关的各种技术;等。要缩小

这些差距,就必须积极扶持、大力推进微电子业的发展。一方面需要建立新产业,另一方面应更加重视用微电子技术改造原有产业,使微电子业迅速成长为能够带动我国产业结构升级的主导产业。

信息革命是人类历史上最伟大的技术革命之一。信息技术的发展带动了一系列技术和产业的发展,并将从根本上改变整个社会和经济的运行方式以及人们的生活方式。而且,信息产业已经成为发达国家经济的龙头产业。例如,美国的信息产业不断成熟,已成为美国经济增长的新推动力。美国公司最先认识到计算机和信息技术的重要性并投下巨资,它们在计算机上的投资占世界的 40% 以上。与西欧公司相比,美国公司在信息技术上的人才花费多两倍以上,为全球平均水平的 8 倍。据美国商务部和美国电子协会 2012 年 10 月份公布的统计,过去 10 年内,信息产业为美国创造了 2000 万个就业机会,美国经济增长的 40% 以上归因于信息技术。信息产业已取代传统的汽车、石化和建筑业成为美国经济增长的新的推动力。因此,我们可以说信息产业代表着我国未来产业结构升级的方向。从现在起,我们就应该积极培育、扶持信息产业的发展,使之逐渐成为我国经济的新增长点及带动产业结构进一步升级的主导产业。

第三节　中国高新技术产业发展

科学技术是经济发展的重要动力,是人类社会进步的重要标志。现代国际社会的竞争,说到底是综合国力的竞争,其中关键是科学技术的竞争,而高新技术及其产业又是整个竞争的焦点。二战后,世界科技进步取得了新的重大发展,科技与经济之间的结合更加紧密。以信息技术、微电子技术、自动化技术、生物技术、新材料、新能源等为代表的高新技术及其产业,在世界范围内蓬勃兴起,逐步汇成了新技术革命的浪潮。正如上面所分析的那样,发展高新技术及其产业,应是我国经济发展的一项长期战略。我们要牢牢把握历史机遇,大力发展高新技术及其产业,不断增加科技进步在经济增长中的贡献份额,促进国民经济增长方式的转变。

一、高技术产业的概念与特点

(一)高技术与高技术产业

高技术这一概念源于美国的有关文献,迄今尚无严格的定义。它与单项的先进技术或新兴技术不同,不具体指某项技术本身。高技术总是与产品和产业相联系,是对产品或产业中技术含量和水平的评价。产品或产业中高技术所占的比例超过一定标准时,才能称为高技术产品或高技术产业。高技术的含义可概括为:当代先进技术群体或尖端技术系统,并且总是与当代高、精、尖的产业相联系,是对现代高、新产品和产业中先进技术含量和水平的评价。在我国,一般情况下高技术与高新技术这两个概念是互相通用的。由于现阶段我国还是一个发展中国家,在科学技术领域与发达国家相比,还存在着很大差距。我们之所以要在高技术的概念中加上一个"新"字,就是为了强调对发明或引进填补我国空白的技术的重视。

目前,在国际上常用的高技术产业的概念一般是指用当代尖端技术(主要指信息技术、生物工程和新材料等领域的技术)生产高技术产品的产业群。具体来说,高技术产业系指必须以利用计算机、超大型集成电路等最尖端科技产品为基础,并投入巨额研究与开发费用从事生产的智慧密集型产业。可见,高技术产业应具备的基本条件是:产品的技术性能复杂,科技人员在职工中的比重大,设备、生产工艺建立在尖端技术的基础上,工业增长率和劳动生产率高。其中,高的劳动生产率也是发展高技术产业的重要目的之一。世界各国之所以纷纷大力推进高技术产业的发展,一方面是为了抢先占领竞争的制高点,另一方面就是想通过利用先进的技术改造传统的产业,减少经济活动中人、财、物的投入,从而极大地提高劳动生产率。还需说明的是,由于同样的原因,在我国,高技术产业与高新技术产业这两个概念也是互相通用的。

从定量的角度来界定高技术产业,一般有两个指标,即研究与开发经费占总销售额的比值(研究与开发经费密度)和专业技术人员占总就业人数的比值(专业科技人员密度)。美国劳动统计局用研究与开发经费密度和专业科技人员密度分别两倍于全部制造业该项密度的平均值来定义高技术产业。同时,也有很多研究论文却倾向于这样的观点,即这两项密度指标均超过全国制造业平均值的那些产业都可算作高技术产业。另外,美国学者丹宁和波斯则利用所谓"三分法"来对产业进行分类,即研究与开发密度超过2.8%者称为高技术产业,1.1%~2.8%者称为中技术产业,低于1.1%者称为低技术产业。

(二)高技术产业的特点

高技术产业一般具有以下几个方面的特点:

1.知识、技术密集

高技术产品实际是人类大量新知识和高级技术劳动的结晶,高技术产业发展的关键是知识和人才。有资料表明,国际上高技术产业中的科技人员数是成熟的低技术工业中科技人员数的5倍;高技术产业中所需的技术工人比传统制造业多75%。

2.资金密集、风险性大

一项科研成果要转化成商品,需要先投资进行研究与开发和试生产。而高技术科研成果要推向市场,则需要更多的研究与开发经费,一般平均为非高技术产品的10—12倍。同时,无论对高技术新产品的市场预测做得多好,在投资时总要承担风险。

3.产品更新快、竞争性强、信息的作用大

高技术产业中,技术创新具有不确定性,产品更新很快,竞争激烈。因此,为了减少生产的冒险性和提高企业的竞争能力,信息正成为高技术产业的一种重要资源。

4.高度的创新精神

高技术产业要得以发展,除了各种外部条件和客观因素外,还需具备内在的主观因素,这就是创新精神。人们迸发出的创新激情会构成一种创新气候,创新气候一旦在某一地区形成,创新活动就会在这里聚集,高技术企业就会不断"裂变",从而形成高技术区。

二、中国高新技术产业发展历程与现状

(一)中国高新技术产业发展历程

新中国建立以来,我国政府一贯重视高新技术和高新技术产业的发展。

1951年,创建了航空工业。1955年1月,毛泽东主席做出了发展我国核技术和核工业的决定。1956年,周恩来总理主持制定了《1956—1967年科学技术发展远景规划纲要(草案)》,确定了原子能、火箭和喷气技术、电子计算机、半导体、自动化、精密机械、仪器仪表等高新技术领域57项重点任务,提出了"重点发展,迎头赶上"的方针,把国防现代化放在突出的地位。

党的十一届三中全会以后,全国工作重点转向以经济建设为中心。1978年召开了全国科学大会;1981年制定了"把为经济建设服务作为科技工作的首要任务"的新方针;1985年3月又做了《关于科技体制改革的决定》,进一步明确了"经济建设必须依靠科学技术,科学技术必须面向经济建设"的战略方针;1986年3月,在一批著名科学家的倡导下,根据我国高新技术及其产业发展的实际情况和世界新技术革命的特点,相继制定了国家《高新技术研究发展计划纲要》,即"863计划"及其产业化实施方案的"火炬计划",并在全国建立和发展了52个高新技术产业开发区。

"863计划"共确立了5个高技术研究开发领域的15个主题、94个专题、560多个课题。"七五"期间先后投资10亿元,到2000年总投资已达到100亿元。"863

计划"旨在从"九五"期间开始到 2010 年使我国能够在几个最主要的高技术领域里积极跟踪并追赶国际先进水平,以缩小我国同世界水平的差距,并力争在我们有优势的领域里有所突破。

"火炬计划"是发展我国高新技术产业的一面旗帜,它在"863 计划"的 5 个重点发展领域中,优先选择能出口创汇、能替代进口、技术先进成熟、具备批量生产、经济效益高、投入产出比在 1∶5 左右、利税大于 25% 和投产周期不超过 3 年的项目进行投资。项目总投资达 15 亿元,创汇节汇 7 亿美元。

国家级高新技术开发区的建设是"火炬计划"的一个重要组成部分,也是我国高新技术产业化的主要途径。目前在这些开发区内已初步形成科研院所、高等院校、军工企业和民办高科技企业四路高技术产业大军,并基本形成了一些科研、开发、生产、经营、销售和服务一体化的高技术产业。

(二)中国高新技术产业发展现状

经过多年的发展,目前我国的高新技术产业已经初具规模,有了一定的基础,初步具备了进行国际竞争的能力。主要体现在以下几个方面:

1. 奠定了门类齐全的高新技术产业基础,取得了一批高技术研究成果

50 多年来我国已经建立了包括航空航天、核能、微电子和计算机、生物工程、光电子及通信工程、海洋资源开发、新材料、自动化、精密仪器仪表等工业在内的高新技术产业。在高技术领域我国主要依靠自己的力量,取得了许多重大的成就,如原子弹和氢弹、人造地球卫星、人工合成牛胰岛素等。

2. 出现了一批效益比较好的高技术企业,部分高新技术产品打入了国际市场

例如,深圳蛇口科技开发公司从 80 年代末开始生产的合成式温盘磁头的产量已占世界总产量的 25%;中外合资的深辉技术有限公司的液晶显示器全部出口,销售已占世界市场同类产品的 15%。此种状况还在继续发展。

3. 组建了一批高技术企业集团,形成了明显的群体优势

20 世纪 80 年代末,我国成立的熊猫电子集团,就是早期组建的这样的企业集团之一。它是一个以名牌电子产品为龙头,包括元器件生产企业、整机生产企业以及大专院校、科研单位、金融、商业、物资在内的产业集团,现有固定资产 10 亿元以上,职工 10 余万人(其中科技人员近 2 万人)。到 90 年代初,熊猫集团生产电视机已达 400 万台左右,还有相当生产规模的各种收录音机和通信设备,工业总产值达 60 亿元以上,实现利税总额 5 亿多元,出口创汇 3000 多万美元,其产值及利税额约占我国电子工业的 1/8。

4. 建立或正在建立一批高新技术开发区或科学工业园区,为高新技术产业的发展提供了智力依托

2012 年全国国家级高新技术开发区已有 91 个。这些开发区的建设和运行将促进科研机构和大专院校的研究成果转化为高新技术产品,从而推动我国高新技术产业的发展。

5. 培养了一支高新技术产业队伍

经历了 60 多年的锻炼和成长,培养了一支拥有 1073.6 万多人的高新技术产业队伍,其中包括许多优秀的科学家和工程师。在这些科技人员当中,又涌现出了一批企业家。这支队伍是我国高新技术及其产业之所以能够在国际竞争中占有一席之地的最重要的原因之一。

6. 积极推进科技兴贸战略,高新技术产品出口大幅增加

为把握住新形势下全球高新技术产业转移的机遇,提升我国外贸出口和高新技术产业向更高层次和水平发展,科技部、商务部等 9 个部门形成联合工作机制,共同推进科技兴贸战略。这一战略的实施有力地促进了我国科技成果的研发和产业化,优化了产业经济结构升级,对我国科技、产业、贸易的发展都产生了深远影响。2011 年,我国高新技术产品对外贸易始终保持高速增长态势,占全国进出口总额的比重逐月提高,对外贸增长的带动作用日趋明显。2011 年我国高新技术产品进出口总额达到 3180.6 亿美元,占全国外贸进出口总额的 16.8%。

三、中国高新技术产业的发展

(一)中国发展高新技术产业的意义

为了实现我国国民经济的长期稳定快速增长和经济增长方式的转变,加快发展高新技术产业刻不容缓,意义重大。否则,必将延误民族振兴的大业。

1. 可以大幅度提高我国的劳动生产率,减少资源消耗

据统计,2011 年高新技术产业人均产值达 124 万元,为当年全国工业企业全员劳动生产率的 10 多倍。例如天津每年生产 600 万辆自行车,其重量足有 10 万吨,但就其价值来说仅相当于 3 架波音飞机,而后者的重量仅 450 吨。换句话说,天津产的自行车就单位重量的价值而言,不到波音飞机的 0.5%。可见,高技术产业不仅劳动生产率高,而且能节约物料、能源。这表明高技术企业的附加值比较高,而能耗、物耗却比较低。我国能源、原材料、交通运输都很紧张,按照老办法发展经济,不依靠高技术,不仅经济搞不上去,能源、交通等的紧张状况也根本无法缓解。

2. 利用高技术产业改造传统产业和基础产业,可以迅速提升我国的产业结构,推动经济协调稳定发展

目前我国高新技术产业虽有蓬勃发展之势,但毕竟在整个国民经济中只占有非常小的份额,传统产业仍是我国国民经济中无可争议的主体。高新技术产业和传统产业一起,共同构成了完整的产业结构体系。高新技术产业的发展必然要建立在传统产业的基础上,由传统产业为其提供资金、人才和设备支持。单纯地发展高新技术产业,对于整个国民经济的协调发展、产业结构的高级化是无济于事的。只有充分利用高技术产业强大的带动和推动作用,对传统产业进行渗透,利用高技术对其进行技术改造,促使其提高技术含量,才能迅速提升我国的产业结构,推动整个国民经济协调、稳定地向前发展。

3. 大力发展高新技术产业,可以迅速提高我国企业的竞争力,增强综合国力

第二次世界大战后,国际争夺和国际竞争已经由军事霸权逐步让位于以经济、科技实力为中心的综合国力的竞争,其中高技术及其产业占据着极其重要的位置。一般来说,衡量一个国家的综合国力,包括三种能力、九项要素等几十项指标。三种能力是指国际贡献能力、生存能力和强制能力;九项要素是指经济实力、科技实力、政治安定、教育水平、军事力量、外交能力、文化、人口和国土。当衡量我国的综合国力时,我国的人口、文化和国土等要素,别人是不敢轻视的,但经济、科技和军事等要素却是较弱的。显然,一个国家的综合国力如何,高技术产业占据非常重要的位置,对我国来说其作用尤显突出。

(二)中国发展高新技术产业的环境与制约因素

高技术产业是一种新兴产业,同传统产业的区别在于,它是一种技术密集型产业,其技术产生于科学研究的最新成果。如今,高技术已广泛地渗透到社会政治、军事、经济、科学、教育、文化生活等各个领域,并同这些领域产生了密切的联系。而一个国家要发展高技术产业,必须具备一定的宏观环境和微观环境,前者主要是指整个社会环境,后者主要是指高新技术产业开发区本身。

1. 宏观环境方面

概括地说,在我国高技术产业发展的宏观环境方面,是利弊兼有。

(1)国际合作。一方面,由于当前国际形势已从紧张趋向缓和,从对立走向对话。和平的国际环境加上在发达国家中出现的产业"空心化"和高技术产业向国际化发展的趋势,为国际合作和利用外力发展我国的高技术产业提供了有利条件。另一方面,随着和平环境的发展,世界的主战场正从军事转向直接的经济争夺,国际市场竞争空前加剧,贸易保护主义更加盛行,从而给我国寻求发展机会带来重重困难,使我们面临的挑战也更加严峻。但总的来讲,国际形势对我国有利。

(2)政治和政策。我国国内形势也包括有利的一面和困难的一面。有利的一面主要是:第一,在国家改革开放总方针的指引下,经济、科学、教育和政治体制的改革全面展开并已取得初步成效;第二,确定了依靠科学技术发展经济的方针,将发展高技术产业纳入国策,并参加国际大循环;第三,制定了"863计划"和以促进高

新技术成果商品化、产业化为宗旨的"火炬计划",并开始组织实施国家重大新产品试生产计划。这些都是政府为改善国家宏观管理环境所做的努力。不利的一面主要是:由于政策不配套,法制还不够健全,新旧体制转换造成许多空白等原因,使各种改革未能根本触动社会深层结构的变化。上述计划、法令、政策和措施在推行中遇到种种困难,没有真正形成对高技术产业发展有利的宏观环境。总的来看,我国高技术产业发展的序幕已经拉开,高技术产业发展的前提条件已经具备。但是,我国经济、科学、教育和工业基础等社会硬支撑结构方面还十分落后,对此我们必须充分重视。

(3)经济。在经济方面,主要存在以下两大问题:一是我国虽然经济发展很快,但人均国民生产总值还很低,人民生活还不富裕,薄弱的经济基础对于我国高技术产业的发展起了一定的制约作用;二是许多经济关系尚未理顺,社会主义市场经济尚未步入健康发展的轨道。这两个问题是互相影响、互相关联的,它们的存在势必会在一个相当长的时期内影响我国的投资环境、市场和企业活力。

(4)科学与教育。一般认为,我国的科学技术水平相对于生产力水平是超前的,同发达国家比较,比其他领域的差距要小,但依然存在以下一些不利因素:第一,由于我国过去的政策导向偏重于科研,重视在实验室取得研究成果,忽视将成果向生产力转化,致使许多研究成果未能在国民经济发展中起到应有的作用。第二,我国现时的科研机构设置、人员结构和经费分配均不适应高技术产业的发展。第三,大专院校的教育体制僵化,研究力量相对薄弱,科研与教学脱节,学科设置单一,不利于组织跨学科研究工作;再加上闭门办学思想的影响,同科研院所和生产企业联系很少,这样的大专院校不可能形成为培养高技术产业发展所需人才的教育系统。第四,我国目前基础研究工作有萎缩的趋势,大学教育受到不同程度的影响;由于科技人员老化和某些社会环境一时得不到改善,致使人才大量外流。第五,我国科研、教育经费投资强度不够,同高科技产业发展的需求很不相称。例如,韩国是后发展较快的国家,在80年代初,其科研投资已占国民生产总值的2%,而同期我国科研投资仅占国民生产总值的0.6%~0.8%,相差甚远,直到近几年才有了显著的增长。

(5)工业基础。新中国成立60多年来,已经建立起了一个庞大的部门齐全的工业体系。其中沿海地区工业比较发达,重工业有了相当规模,技术密集型产业也有所发展,而且大部分城市工业已经达到亚洲新兴工业国家和地区的水平。这方面存在的主要问题如下:第一,企业数量虽多,但组织结构不甚合理,基础产业同高技术产业之间的联系十分薄弱,大型骨干企业所占比重小;产业内部结构也不尽合理,一些高新技术长期停留在研究开发阶段,无法形成产业。第二,虽有少数设备先进的大企业,但大量传统产业的中小型企业装备陈旧,技术落后;职工队伍虽然庞大,但素质不高;生产能力不小,但开发能力差,产品单一,质量不高,效益低,在国际市场上缺乏竞争力。第三,由于市场经济尚未充分发展,劳动力市场、技术市场、信息市场、资金市场、生产资料市场都不发达,极大地抑制了企业的经营活动,以及采用新技术生产新产品的动力和进行技术开发的能力,企业难以承担高技术产业发展主体的角色。

(6)文化。历史悠久的中华文化,具有吸纳百川并融于一体的深厚底蕴。也就是说,它吸收新事物的能力特别强,这是其有利的一面。消极的一面主要是其创新意识、开拓精神不够强,从而不利于高新技术产业的发展。

2.微观环境方面

由于各个地区自然条件、地理位置等各不相同,再加上我国的地区发展极不平衡,虽然各地政府均十分热衷于创办高新技术开发区,但全国各地已有的高新技术开发区所提供的微观环境不尽相同、有好有坏。其中,大部分高新技术开发区由于条件并不十分具备,其微观环境并不理想。只有少数几个由于条件比较成熟,形成了一些有利于高技术产业发展的区域环境,即具有优势的微观环境。

例如,北京的中关村地区,其智力密集程度极高,到目前已有中国科学院、中央各部委和北京市所属独立科研机构百余个,高等院校几十所(其中30%为全国有名的重点院校)及所属科研机构269个,拥有科技人员(含高校教师)8万余人,加上在校研究生近10万人,占海淀区居民总数的18%左右。这里科研设备精良,技术储备丰厚,信息密集。已核定的新技术企业300多家中,科技企业有70多家。外向型经济也有发展,已提出申请的外资企业有30多家。而我国一些大公司已着手在国外创办自己的子公司,产品也正在打入国际市场。

【案例与思考】　发达国家近年产业结构调整及其对苏南的启示

面临多种因素影响和条件约束,以及继续在江苏发挥率先和引领效应,苏南新一轮产业结构调整已箭在弦上。而近二三十年来,主要发达国家的产业结构调整呈现出许多新的特点,如产业结构逐步转向"高服务化",服务业向独立化、自动化、标准化方向发展,尤其是以美国为首的发达国家已开始向第四产业——知识产业为重心升级;工业化发展快速从重化工业化向高精深加工化、知识技术集约化阶段转型,产品由高附加价值向更高附加价值演进,等等。这些过程中的经验和做法,对苏南下一阶段的产业结构调整具有重要的借鉴意义。

一、近年来发达国家产业结构调整的主要做法

1.美国产业结构调整的主要做法

20世纪80年代,面对日、德经济的挑战和自身竞争力的相对下降,美国首先确立了以发展高新技术产业为突破口的经济转型与发展战略。90年代以后,美国高技术产业发展突飞猛进,经济呈现持续良好的发展态势,产业结构调整获得了巨大成功。

其主要做法包括:一是确立以产业结构调整为主要手段的竞争力提升战略,以重新获得国际竞争优势,保持和扩大美国的世界市场份额。二是加大对研究和开发的投入,特别是加大对半导体、电子、信息、航空航天、新材料等产业的投资,大力发展高技术产业。1994年美国研究与开发投资已占国内生产总值的2.6%,超过日本和德国两国研究和开发投资的总和。三是政府十分重视和大力扶植高技术企业的成长,通过税收优惠政策,政府购买等市场支持政策,信贷支持和关税保护政策,帮助高科技企业从事开发和创新,提高开拓市场能力。四是运用高技术改造传统产业,运用信息技术革新企业的生产、销售等环节的管理模式,降低成本和加快产品开发,使经济活动处于良性循环之中,使汽车、钢铁等行业重新取得世界竞争力。五是重视教育,特别是企业重视职工的再培训。六是推动经济全球化,为经济扩张创造条件。美国的产业结构调整不但需要有大量的外围地区承接其传统产业转移,为其传统产业在国内的退出、裂变和重组提供足够的外围空间,还需要有更多的外部市场需求为其高新技术产业的蓬勃发展提供支持。因此,美国成为经济全球化和世界经济一体化的主要倡导者,支持新兴市场国家加入WTO,不遗余力地推动贸易自由化和经济一体化,也最终成为经济全球化的最大受益者。

2.日本产业结构调整的主要做法

20世纪90年代,日本长期积累的结构性问题暴露无遗。加快结构调整,迅速提高产业竞争力,已成为日本上下的共识。

其主要战略对策有:一是在制造业内加快推进企业兼并重组。二是制定科技发展的国家战略。如1997年的"高科技大国"的国家发展战略,重点是将科技发展与产业发展更紧密地结合起来,以高科技带动产业结构的调整与升级;2000—2001年的IT发展战略,把技术创新和发展高新技术产业摆在国家战略的重要地位。三是以强势带弱势寻求高科技产业发展的突破。如以超高速光纤通信为重点发展信息技术产业,以纳米技术、复合材料新技术为重点在新材料领域进行综合性战略开发。四是推动科技创新体制的组织变革,加强对基础研发经费投入,出台鼓励企业研发与创新的配套政策措施。

3.英国产业结构调整的主要做法

一是重点支持高技术中小企业的发展。政府把发展中小型高技术企业作为政府支持高技术产业化的重点和整个经济发展的战略重点之一。高技术中小企业除能享受到所有对中小企业的优惠政策外,还能享受到专门针对高技术企业的特别优惠政策和规定。二是促进大学成为高技术产业化的技术源泉。英国政府推出了一系列计划和项目,帮助大学实现知识转移,不断建立新的科学园与孵化器,衍生出新公司,为高技术产业化提供不竭的技术源泉。三是选择生物和电子行业作为重点,制定国家战略,加快发展高科技产业群,各地区发展署则具体负责本地区产业群的发展战略与实施。四是努力营造高技术产业发展环境。如实施积极的财经、税收和贷款政策,实施小公司贷款担保计划,实行优惠的合作风险投资税;鼓励多种形式的风险投资,将风险资金分别以不同形式投入到公司不同的发展阶段;采取激励性政策吸引人才;等。

4. 韩国产业结构调整的主要做法

1997 年亚洲金融危机以后,韩国政府和企业界认识到,只有调整产业结构才能实现经济的再次飞跃。

其主要做法:一是选择合理的主导产业和战略产业带动经济发展。韩国产业结构调整政策的一个成功方面就是,随着国内外环境和世界产业分工格局的变化,能及时调整策略和选择主导产业,构筑能够吸收发达国家先进技术的高效率的产业结构体系,并积极采取产品差别化、生产当地化等战略,确保动态比较优势,促使各产业在与发达国家和发展中国家进行国际分工的过程中取得适合的分工形态、占据有利地位。二是重视科技进步的巨大推动作用。韩国实施了以鼓励产业技术开发为重点的政策,加大技术开发投资;设立了由总统直接管辖的科技开发最高审议机构"技术振兴审议会";在税收、金融等方面提供优惠政策,鼓励产业技术开发,分担企业技术开发风险。20 世纪 90 年代后期,韩国进一步实施"科技立国"战略,加快发展高等教育和高科技产业,开展全民信息化教育运动。三是分类引导,支持各类企业发展。如重视公营企业在基础和支柱产业的发展和升级过程中的重要作用;积极引导和支持民营企业做大做强,帮助大企业引进外资与先进技术,鼓励大企业和企业集团的国际化经营,支持大企业集团对中小企业的兼并等。

5. 新加坡产业结构调整的主要做法

20 世纪 90 年代初,新加坡制定了中长期经济发展战略,积极调整产业结构,将制造业和服务业作为未来经济发展的两大动力部门,把通讯业和金融业变为两大支柱产业。同时,强调高新技术发展的重要地位,鼓励本地企业的海外投资和产业转移。

目前,新加坡的制造业基本属于高附加值的先进科技产业,拥有不少具有强劲国际竞争力的尖端科技产品。新加坡被公认为东南亚地区的金融中心、运输中心和国际贸易中心,就是因为其商业服务(包括对外贸易)、交通通信、批发零售、金融服务等行业,具有较明显区域竞争优势。

二、发达国家产业结构升级的一般规律

产业结构的调整与升级,实际上是主导产业以及以此为核心的产业体系不断更新替代的过程。世界产业发展的历史表明:每一次的产业结构调整都会带来一段时期内的经济繁荣,连续性的产业结构升级往往能使一个国家或地区经济发展在较长一段时间内保持高速、持续和稳定的发展。并且从长期看,尽管每一个国家或地区的经济基础、技术状况、法律和制度环境各不相同,但产业结构的演进确实存在着一个不以人的意志为转移的发展趋势和变化规律。

产业结构演进的规律一般包括以下几方面:一是三次产业结构特征顺次变化,由"一、二、三"向"二、一、三"、"二、三、一"转变,最终进入"三、二、一"的"高服务化"阶段。目前,以美国为首的发达国家已开始向第四产业——知识产业为重心升级。二是产业内部结构也发生相应的变化。工业发展一般要经历轻工业化、重化工业化、高精深加工化、知识技术集约化等四个阶段;服务业向独立化、自动化、标准化方向发展,并随着社会分工和服务需求的变化,可能逐步从一、二次产业中分离出来,不断产生新的服务行业,也可能再次与其他产业融合。三是从生产要素的密集度上看,则表现为"劳动密集、资本密集、技术密集、知识密集"的演进顺序。四是从产出效率来看,由低附加价值向高附加价值,并向更高附加价值演进。

三、借鉴经验,加快苏南产业结构新一轮升级

1. 始终以产业结构调整作为主要手段,促进产业竞争力提升和经济发展

产业结构调整过程是经济微观主体的优胜劣汰过程,是有活力的经济得到新生的过程,是经济活力得到再生的过程。产业结构调整的目标就是要形成一批具有很强国际竞争力的产业群和企业群,并使经济发展始终处于良性循环的轨道之中。20世纪,美国在80年代前后,日本在90年代后期,英国从80年代开始,韩国在1997年亚洲金融危机以后,都通过结构调整来重振经济和提升竞争力。

当前及今后相当长的一段时期,苏南地区将面临提升产业国际竞争力和经济持续发展的问题,尤其在当前苏南着手推进从"国际加工"向"国际制造"再向"国际创造"转变的关键时期,应当紧抓结构调整这一根本手段,促进产业竞争力提升和经济可持续发展。

2. 要以长远眼光和全球视野进行产业结构调整,有预见性地选择和扶持一批重点行业和新兴行业做大做强

准确把握科技进步和世界经济发展趋势,选准主导产业、支柱产业和新兴产业,对一个国家或地区经济发展的成败和经济安全至关重要。产业结构调整是一个持续永恒的动态过程,既有确定性,又有难以把握的特点,这就要求政府与市场

必须有效互动,追随经济发展、技术进步、国际环境的新变化而不断进行调整。这方面,美、英、德等国的成功经验,日本的经验教训,韩国和新加坡的做法,都值得认真分析和借鉴。

苏南在未来很长一段时期内,都需要合理利用国际分工体系的变化,抓住全球新一轮结构调整和国际产业转移的新机遇,选择合理的主导产业、支柱产业和新兴产业,加快发展如知识密集型服务业等"短板"产业,形成独特和完整的产业结构体系、技术分工体系、产品结构体系,让"世界制造业基地"在全球范围内利用资源、组织生产、获得竞争优势。

3.要重视技术创新,建立创新体系,发展高新技术产业群

知识经济的生命和源泉在于创新。苏南企业应当不断引进新技术,重视技术的再创新,提高自主创新能力。政府应当努力推动创新体系建设,构建起包括技术创新、知识创新和知识传播、知识应用在内的完整创新体系和新的创新机制,建立健全高新技术的风险投资体制,尽快形成有利于技术创新的机制和环境,重视与新兴产业发展关联度大的基础研究,不断培育新的科技源头。

对苏南来说,高新技术产业尤其是信息及相关产业已具有相当规模,形成了多个产业集群区域,但这些高技术产业大多为外商投资,产品附加值低。因此,当前及今后一段时期,最紧迫的任务是采取措施,推动企业进行技术开发和创新,增加创新活动,提高创新的主动性和能力,把苏南的高新技术产业从规模化扩张引向内涵提升,不断提升创新的规模和质量,形成真正的高新技术产业发展群。唯有如此,才能从根本上推动苏南的产业结构升级。

4.积极用高新技术改造传统产业,加快结构调整和产业升级

苏南要积极利用高新技术对传统产业进行改造,提高其信息化、知识化和技术化水平,加速产品的更新,通过创新获得市场竞争优势。利用高新技术改造传统产业的另一方面则是,在传统的劳动密集型产业中增加技术密集的成分,促进劳动密集型产业在较高的水平上保持后劲,并不失时机地向资本技术密集型转变,实现科学发展和持续增长。

5.政府应努力为产业结构调整创造灵活宽松的政策与体制环境

产业结构调整是一项长期的、艰巨的和复杂的过程,政府既不能无所作为,也不能主动取代市场和企业做出强制性安排。这是目前各国政府所得出的比较一致的意见和经验。

在苏南地区,外资企业和本土民营企业是产业结构调整的主要主体,这些企业需要公平、公正、高效的市场环境,这也为产业结构调整增加了难度。政府在通过目标、规划、政策和服务引导产业升级时,应避免各种政策效应互相抵消、部门或地

方利益造成产业政策"中梗阻"的现象。政府职能要有合理定位,重点是为产业结构调整营造一致、宽松、灵活的体制与政策环境。政府的政策引导更多是政策激励,把政策激励和市场竞争机制有机结合起来。

6. 大力发展教育,重视就业培训,增加与结构调整相适应的人才供给

为促进产业结构调整,发达国家都把全民教育和职业培训放在政策的重要位置上,并给予大量财政投入。一般认为,劳动力转移和人才流动对产业结构调整具有重要影响,劳动力供给结构变化跟不上产业结构变化,就会对产业结构升级产生严重阻碍。对迫切需要实现产业结构升级的苏南来说,这一经验具有重要的启示意义。

7. 重视中小企业的发展,促进中小企业的技术创新

英、德等国政府对中小企业发展,尤其是对高科技中小企业的发展,都给予了不遗余力的支持和鼓励,甚至把发展高科技产业群的希望寄托在高科技中小企业的身上。苏南地区同样存在大量的中小企业,经济发展的活力和后劲也取决于中小企业的发展状况。尤其是,大型高科技企业的根植性很强,很难通过招商引资得到,更多的是在当地从小培养和扶持。因此,重视中小企业发展尤其是高科技中小企业发展的经验与思路,尤其值得借鉴。

8. 调整产业结构,政府不能急于求成或过于自信

对于像苏南这样的区域经济体来说,新加坡政府在这方面的经验和教训值得认真总结和研究。作为一个小的区域经济体,在政府产业政策的引导下,产业结构调整过程和总体趋势比较容易符合世界产业发展和结构调整的一般规律,但在促进产业结构调整过程中,政府不能急于求成,或过于自信,否则会产生严重违背市场原则和经济规律的冒进行动,导致结构调整陷入困境,给经济发展带来阻碍。

资料来源:李桂芹,张超,葛守昆.中国论文下载中心.2009.10.13

案例思考:联系实际,谈谈发达国家近年产业结构调整及其对你们地方的启示?

【复习思考题】

1. 简述今后我国产业的发展面临哪些新的发展现象。

2. 简要分析我国经济发展的趋势及其对产业发展的影响。

3. 选择汽车工业和建筑业作为我国支柱产业的原因是什么? 选择微电子、信息产业作为我国主导产业的原因又是什么?

4. 当前我国经济增长格局的特征是什么? 它对我国今后产业结构的调整和宏观经济的运行有哪些影响?

5. 简述中国产业结构优化调整的路径选择。

6. 今后我国产业结构调整的目标和方向是什么?

7. 为什么说大力发展高新技术产业是我国今后产业结构调整的重点?

8. 什么是高技术? 什么是高技术产业? 简述高技术产业的特点。

9. 简要论述我国发展高新技术产业的意义。

10. 简述我国发展高新技术产业的环境与制约因素。

第十章　区域经济

　　本章将在企业微观经济、产业中观经济分析的基础上,重点介绍区域经济的基本概念、区域经济产业结构与产业选择、区域经济的增长与发展理论、区域经济发展战略与政策规划以及国家国际区域经济与合作等问题。

第一节　区域经济概述

一、区域经济的基本概念

（一）区域的概念

　　区域是一个多侧面多层次、相对性极强的概念。目前,影响较大的一种定义是由美国区域经济学家胡佛(E. M. Hoover)于1970年界定提出的,他说"区域是基于描述、分析、管理、计划或制定政策等目的而作为一个应用型整体加以考虑的一片地区。它可以按照内部的同质性或功能一体化原则加以划分"。也就是说,不同的学科对于区域的划分是不同的。

　　作为区域经济学研究的区域,它是指拥有多种类型的资源,可以进行多种生产性或非生产性社会经济活动的一片相对较大的空间范围。区域的规模根据所研究问题范围和类型可大可小,大到跨国跨洲的区域,小到一个小的居民点,从一个村一个县到一个国家一个国际自由贸易区等。

　　一般说来,区域经济学研究的区域主要包括三大类:即一国范围内特定的区域、全国国土和跨国界的特定区域。

（二）区域经济的概念

　　区域经济有广义和狭义之分。狭义的区域经济也就是地域经济,主要用来描述国内各地区经济发展的。本书所涉及的区域经济主要指广义的概念,既可以表示国家内某地域的经济活动,也可以在国际经济研究中视作一国经济,甚至多国组成的经济共同体或经济圈。因此,我们认为,区域经济是指某一特定经济区域内部的社会经济活动和诸种经济要素相互关系的总和,是地域性综合经济体系。

相对于国民经济和企业经济而言,区域经济具有综合性、区域性和不平衡性的特点。从其形成和发展过程看,区域经济具有客观性、发展阶段性和继承性的特点;从其经济发展能力上看,区域经济具有较强的资源动员和配置能力、风险承付能力和抗扭曲诱惑的能力,同时还具有有效的经济调控和改革创新的能力。

(三)区域经济增长和区域经济发展

区域经济增长,是指一个国家或地区在一定时期内为其人民提供产品和劳务的生产能力的扩大。其实质是规模不断扩大的社会再生产过程和社会财富的增值过程。

区域经济发展,是指一个国家(地区)不断进步着的经济演化过程,其基本要素主要包括经济增长、结构变迁、福利改善等。

区域经济增长和发展存在着许多重大的区别:

第一,从范围上看,增长仅指经济总量的持续增加;而发展不仅包括经济结构的改善和优化,经济质量的改进和提高,还包括区域内人民传统文化,价值观念的变革。所以,发展的内涵更为深刻全面。

第二,从性质上看,增长是数量概念,发展是质量概念。区域经济增长意味着更多的产出,区域经济发展还包括技术与制度的创新。

第三,从原因上看,增长是由于投入量的增加或生产效率的提高所导致的;而发展不但具有这些因素,还包括产品构成的变化和生产过程中各种投入量所做贡献的相对变化。

第四,从时间上看,增长是一个静态结果;而发展是一个动态过程,具有连续和渐进的特征。

二、区域经济问题的研究及其发展历程

(一)区域经济学

区域经济学是研究各种经济现象在地理空间上发展变化一般规律的一门应用性很强的边缘科学。它不是以单一经济现象作为研究对象,具有很强的综合性。

由于区域经济学是处于发展中的学科,因此,迄今为止,在国内出版的区域经济学著作中,关于其研究对象存在着不同的看法。

归结起来,主要有以下三种:

第一种观点认为,区域经济学研究的是人类经济活动的地理分布、空间组织、

经济的空间秩序或组织规律。目前,在我国区域经济学界和经济地理学界,多数学者偏向于此观点。

第二种观点认为,区域经济学侧重于各区域内的经济发展、生产效率和发展规律等。

第三种观点认为,区域经济学强调区域差异和区域关系的研究。但值得注意的是,这一观点并不是把区域限制在国内,既可以是国内的区际关系,也可以是跨国界的区际关系。

虽然有这些不同观点的存在,但随着研究的深入,对区域经济学研究对象的认识也逐渐趋于一致。我国著名经济学家李京文在主编的《走向21世纪的中国区域经济》一书中写到:综观学术界对区域经济学的种种认识,结合区域经济研究现状,我们认为,从本质上看,区域经济学就是研究区域经济发展的科学。这里所谓的发展,既包含了单个区域经济的增长和发展,也包括了区域经济学的经济联系和相互制约的关系。

(二)区域经济研究的发展历程

区域经济研究的理论渊源最早可以追溯到19世纪初开始创立的区位理论。20世纪30年代,尤其是二战后,西方国家区域问题开始暴露出来。各国政府都加强了对区域经济活动的干预。一般认为,区位论的研究发展经历了以下两个阶段:

1.第一阶段:古典区位论(起始于19世纪20年代)

古典区位论研究的对象是第一产业和第二产业;追求的目标是成本最低;理论特色为微观的静态平衡。

区位理论,最早可追溯到德国的经济学家杜能,以后经过德国经济学家韦伯、德国地理学家克里斯泰勒以及德国经济学家寥什的进一步发展,到20世纪40年代形成较为完整的理论体系。

区位是指厂商经营生产活动的位置。如何确定最佳位置就是区位理论所关注的核心问题。杜能最早注意到运输费用的影响,指出距消费市场的远近对农作物的布局有重大影响,并以此为依据,把假设的孤立国划分成不同的同心农业区。

韦伯继承了杜能的思想,认为运输费用决定着工业区位的基本方向,理想的工业区位是运距和运量最低的地点。但除运费以外,韦伯又增加了劳动力费用因素与集聚因素,认为由于这两个因素的存在,原有根据运输费用所选择的区位将发生变化。如果工资成本节约和集聚而产生的生产成本节约之和小于运输成本之和,则原有区位不变;如果前者大于后者,则应当把工厂迁至工资较低的地方或集聚区域。韦伯是第一次把工业区位理论系统化,综合分析运输费用、劳动力费用和集聚效应的学者,他把由此所决定的最小生产成本作为厂商选择最优区位的标准。

韦伯以后的区位论学者认为,生产成本最低点并不是厂商最优区位的选择点,因为生产成本的低下不一定意味着利润最大。他们认为现代经济活动中市场对生产活动起越来越大的作用,这样提出了以市场为中心的,以取得最大限度利润为目的的区位理论。其中,做出很大贡献的学者为克里斯泰勒。他在德国南部进行调查后认为,组织物质财富的生产与流通的最有效的空间结构为以中心城市为中心,由相应的多级市场区组成的网络体系。在此基础上,克氏提出了正六边形的中心地网络体系。与克氏的中心地理论可以相提并论的是德国经济学家廖什的市场区位论。他在详细考察市场规模和市场需求结构对生产区位的影响基础上,提出了一套有多因素变动分析的动态区位模式。他的理论特点是把企业的生产区位与其市场结合起来,并把生产和消费放在市场区中去进行研究。廖什也把寻求最大利润作为工业区位决策的出发点。在此前提下,对每一假定离散的生产和消费点,分别建立消费分布和资源分布的距离函数,并认为每个企业的生产和市场范围是由资源供应范围和消费市场需求范围共同决定的。特定的市场需求确定了可能吸收的劳动力及其他资源的空间分布范围,特定的资源范围也可以确定特定的市场范围,这两个范围就是厂商的生产区位和市场区位。

2.第二阶段:现代区位论(起始于 20 世纪 30 年代)

现代区位论的研究对象是第二产业和第三产业;追求目标是市场最优;理论特色是宏观的静态平衡。

二战后,区位论的研究与战前有一些不同的特点:一是从单个厂商的区位决策,发展到地区总体经济结构及其模型的研究;二是从抽象的纯理论模型的推导,变为力求接近区域实际的、可具有应用性的区域模型;三是区位决策客体除工业、农业、市场外,又加进了包括运输、商业、服务业、银行、保险、旅游、度假等的第三产业;四是区位决策不仅考虑节约生产成本、实现利润最大化目标。同时也关注人们居住、采购、出行、游乐等行为的效用最大化目标。

对区位论及区域模型研究做出较大贡献的是以艾萨德、贝里、伯顿、D·M·史密斯、C·A·史密斯等为代表的美国学者;其次是以巴兰德尔、加里森、盼里斯为代表的挪威、瑞典学者,以奥特伦巴、博芬特尔为代表的德国学者,以哈格特、哈米尔顿为代表的英国学者。与德国学者提出的古典区位理论体系所不同的是,现代区位论主要是由美国学者来进一步发展和延伸的。因为德国为战败国,经济的发展受到很大影响,而美国实现了大规模的社会经济发展,客观上也要求在实践中进一步应用和发展区位理论。其中,艾萨德对区位理论的全面发展所做出的贡献最大。他从 20 世纪 40 年代开始研究区位论,在初期阶段,由于受传统区位论的影响较深,侧重于部门区位的理论和应用研究,发表了一系列著作。从 20 世纪 50 年代开始,根据区域经济及社会综合发展的客观要求,把研究的重点从部门的区位论转向区域综合研究与分析。他把单个厂商的最佳区位模型加以扩展,把它转变成区域的综合模型。在他的区域科学模型中,包括了生产企业、商业流通、运输、社会政策、环境生态等各种部门,并在定量分析基础上加以定性评价。可以说,艾萨德研究的目的是建立区域空间的总体的均衡模式,为工业等各种投资项目提供咨询。可以看出,艾萨德的研究已超出了传统区位论局部均衡、纯经济要素的研究范围,追求的是区域总体的均衡以及各种要素对区域总体均衡的影响。战后,北欧国家成了区位论研究的又一中心,他们研究的特征是涉及一些新的课题,如信息、技术创新的扩散以及计量地理学研究等。

二战后,区位论的研究发展,形成了两个相互联系而又有区别的方向:

一是区域科学方向。它是自 20 世纪 50 年代末至 70 年代中期发展而来的介于区域经济学和经济地理学的一个新的研究领域,创始人就是艾萨德。在他领导的区域科学协会中,有经济学家、地理学家、生态学家、人类学家以及城市规划、区域规划等方面的学者,区域科学的研究对象以区域经济综合开发和组织为主,常用计量经济学、系统分析的方法,编制区域总体模型。

二是人文地理学的区域分析方向。它是二战后美国的贝里、瑞典的赫格斯特兰、德国的巴尔特尔斯、英国的哈格特等人把区位论与地理研究结合而发展起来的。从地理区域的角度,考察区域系统结构和内部机制,模拟和预测区域的发展过程。常用的方法为计量统计、投入—产出分析、线性规划等数学方法,其方法论的重要成果之一,是计量地理学的产生。

三、现代区域经济学及其主要流派

(一)新经济地理学派

以克鲁格曼等学者为代表的新经济地理学派,形成于 20 世纪 90 年代。其宗旨是将经济地理学,即区域经济学带进主流经济学的殿堂。正是从这点出发,分析区域问题的模型框架,基本上是以经济学为基础的,其理论的基石建立在三个命题之上:

第一,收益递增。由于生产规模的扩大带来产出的增加,从而带来生产成本的下降。各国或区域间通过发展专业化和贸易,提高其收益。集中是规模经济的反映,地理上的集中形成人力型的聚集地区,其规模优势远远大于某一个部门或产业的集中优势,从而为地区获得竞争优势创造了前提。

第二,不完全竞争模型。由迪克西特或斯蒂格利茨创立的不完全竞争模型,被克鲁格曼引入到区域经济的分析当中。例如,由于不完全竞争的存在,当某个地区的制造业发展起来之后,形成工业地区,而另一个地区则仍处于农业地区,两者的角色将被固定下来,各自的优势被"锁定",从而形成中心区与外围区的关系。

第三,运输成本。假设以保罗·萨缪尔森引入的"冰山"理论的形式存在,即假设只有制成品有运输成本,任何制成品的价格在运输途中都有一部分丢失了,而不是设计一个单独的运输业的存在。由这三个基石,设计出区域经济的"中心—外围模型"。克鲁格曼指出,中心—外围均衡的条件,依赖于制成品在支出中的份额、运输成本和均衡规模经济。应当说,这个模型是新经济地理学派对区域经济学的主要贡献。

新经济地理学派认为,区域经济学有五大传统理论,并依照这五个方面向前发展:

(1)区位理论。它分为两个部分:一是韦伯的工业区位论。它主要分析厂商的决策问题。二是中心地理论。这个理论由山克里斯塔勒和廖什提出,它主要分析了制造业和市场营销中心的定位和作用,并认为中心地方应当是层级的。"中心地理论"及其模型化是区域经济学今后研究的方向之一。

(2)城市地理学。在城市地理学中,人们借助于物理学的公式,来描述城市地理现象,如"城市位次规模法则"、"城市地理联系"、"城市市场潜力模型"等。城市地理学是区域经济学理论模型化的具体体现。

(3)积累因果关系理论,即超发展理论。这个理论是由缪尔达尔、赫布曼等人提出来的一种发展经济学理论,其中心是"积累循环因果关系"的概念,艾伦·普里德将其应用到分析地区增长问题中去。克鲁格曼认为,超发展理论的思想在区位问题中的应用比在发展经济学中更合适。例如,公司往往趋向于市场规模较大的地区,而市场的扩大又与公司的数量增加相关,这样因果积累,市场规模越来越大,集中的趋势越来越明显。集中问题是区域经济学研究的重点之一。

(4)当地外部经济。马歇尔所表述的外部经济,其含义是指生产者聚集在一个特定区位有许多优势,而这些优势反过来又可以解释这种聚集现象。外部经济对地区发展的影响作用很大,但这方面的研究还很不深入,它是区域经济学的一个重要研究方向。

(5)地租和土地利用,即杜能的农业区位论思想。杜能设想了一个从中心到外围地租不断下降的模型。克鲁格曼认为,这个模型涉及均衡理论、价值理论、土地价格理论等,具有广阔前景。但这个模型只揭示了从中心到外围的扩散效应,而没有揭示同时存在从外围到中心的聚集效应。这也应是区域经济学研究的重点方向。

(二)新制度学派

新制度学派,又叫"区域政策"学派,其研究的中心是将制度要素引入到区域分析当中,研究政府及其体制对区域发展的影响,通过制定相应的区域政策,协调区域发展。所以,新制度学派的中心是研究区域政策问题。

1. 区域政策主要解决区域问题和协调区域利益

约翰·弗里德曼认为,"区域政策处理的是区位方面的问题,即经济发展'在什么地方'。它反映了在国家层次上处理区域问题的要求。只有通过操纵国家政策变化,才能对区域经济的未来做出最有用的贡献"。

区域政策的主要特征是积极的区域倾斜和集中化,因而区域政策的内容主要包括:

(1)通过政府的干预而导致生产的空间转移。政府可以选定可支持的部门,由这些部门的分布来影响空间结构,从而提高地区的经济竞争力,改善贸易平衡,发展自身的 R&D 等。

(2)产业和部门规划是区域政策的重要组成部分。国家通过制定援助规划,促进某些产业和部门的发展,或是延缓其衰退的过程。

(3)缩小区域差距是区域政策最直接的内容。国家通过财政政策、金融政策等实现转移支付帮助落后区域的发展以缩小地区差距,或者抑制地区差距的扩大。

2. 区域政策的主要目标

区域政策的主要目标可概括为:

(1)提高区域内现有资源的利用水平;

(2)更有效地在区内各种用途间分配资源;

(3)实现区域内最佳增长;

(4)在区域间有效地再分配生产要素,以使总收入与总增长最大化;

(5)区域间增长率的均等化;

(6)区域间收入的均等化;

(7)为缓解通货膨胀压力而缩小区域差异;

(8)减少区内拥挤而造成的外部成本,形成最佳空间结构。

上述目标在许多情况下是不相容的,所以必须依据不同的区域和不同的发达程度做出选择。

(三)区域管理学派

区域管理起源于人们对 20 世纪 50—60 年代区域发展和区域问题的认识,由于落后地区和发达地区的对立,人口大量从落后地区流向发达地区,而发达地区的产业部门却很难向落后地区转移,产业结构升级受到阻碍,要解决这一问题,人们认识到,仅有政策和规划是不够的,还必须借助管理学的方式,把区域作为对象进行管理。如日本的国土开发、美国的区域再开发等,都是著名的范例。

区域管理观点主要由以下三部分内容组成。

1. 区域经济发展管理

区域经济发展管理面对的主要是宏观经济问题,其面临的两大挑战是经济增长和充分就业。区域经济发展管理是在公平竞争的前提下,通过对区域内经济资源的有效协调,使区域经济能够健康有效地发展。

区域经济管理的主要方法:一是管理学的方法;二是法律的方法;三是行政的方法。其方法中既包括指导性的手段,也包括强制性的手段。

2. 区域人口管理

区域管理的基本目标是服务于人,人口管理是区域管理的基本问题。区域人口的适度主要应考虑区域内的资源状况、经济发展基础和人口就业的形势。通过对人口的管理和人力资源开发,使区域的发展能够上到一个新的台阶。人力资源开发是近年来颇受重视的一个区域发展的研究课题。

在知识经济时代,人力资源已逐渐成为创造财富的主体资源,区域的发展状况,很大程度上取决于这个区域人口的教育水平、科技开发能力和技术创新精神。所以,人力资源开发正成为区域管理的重要组成部分。

3. 区域环境管理

区域环境管理正在成为区域管理的主要内容。近年来,一些学者提出区域环境管理应当是造就一种发展的模式,在对环境进行严格控制的前提下,创造一种经济发展的良好空间环境。

"环境经济模式"观点认为,"环境经济模式"是指以区域或城市的区位优势和环境优势为前提条件,发展相应的经济中心,带动周边地区的发展。这种模式将区域或城市视为最大的产品,以城市自身形象为品牌,吸引投资者,促进区域和城市发展。由于这种模式的行为主体是地方政府,所以,它更能够突出其环境管理的功能,引起的累积效应也就更大。

第二节　区域产业结构与产业选择

一、区域产业结构

区域产业结构主要是研究区域产业部门的分类、区域产业部门的结构演化,以及随着经济发展各个产业部门的成长规律,为合理配置资源提供科学依据。

按照不同的要求区域产业结构可以划分为不同的大类:

(一)三次产业分类法

在实际应用中,三次产业分类法受到各国的普遍重视,它们多从本国实际出发来划分具体范围。

1. 第一产业

第一产业又称第一次产业、第一部门。它是对自然界存在的劳动对象进行收集和初步加工的部门。通常是指生产工业原料或生产不需经深度加工即可消费的产品部门。

一般而言,第一产业主要包括种植业、林业、畜牧业、渔业和矿业。

2. 第二产业

第二产业又称第二次产业、第二部门。它是对第一产业产品进行加工创造或精炼的部门。第二产业最初仅包括制造业,以后各国结合各自情况,对其所包含的范围做过一些调整。

我国规定的第二产业主要包括采掘业、制造业、自来水、电力、蒸汽、煤气、建筑业等。

3. 第三产业

第三产业又称第三次产业、第三部门。它是指再生产过程中为生产和消费服务的部门。

我国统计局规定的第三产业主要包括下列四大部门:

(1)流通部门,包括交通运输业、邮电通信业、商业、饮食业、物资供销和仓储业。

(2)为生产和生活服务的部门,包括金融保险业、地质普查业、房地产业、公用事业、居民服务业、旅游业、咨询信息服务业和各类技术服务业。

(3)为提高科学文化水平和居民素质服务的部门,包括教育、文化、广播电视业、科研事业、卫生、体育和社会福利事业。

(4)为社会公共需要服务的部门,包括国家机关、党政机关、社会团体以及军队和警察等。

(二)产业功能分类法

按照各产业在区域经济发展中的功能分类,可以将区域的全部产业划分为主导产业、协作配套产业和基础结构。

1. 主导产业

主导产业,是指区域产业部门结构中的核心和骨架产业。它决定着某个区域在地域分工体系中的地位和作用。

一般而言,不同区域其主导产业也是不同的。例如,山西省煤炭资源丰富,开采条件优越,煤炭、能源为其主导产业;辽宁省煤铁资源丰富,为典型的煤铁复合体型省份,黑色冶金为其主导产业;江苏省农产资源丰富,轻纺工业历史悠久,技术实力雄厚,所以轻工和机电为其主导产业。

2. 协作配套产业

协作配套产业,是指围绕着主导产业而发展起来的相关的辅助产业部门。一般可以分为后向关联产业、前向关联产业和侧向关联产业。

后向关联产业又称上游产业,指由于主导产业的"上"行联系而形成的产业部门。这些产业主要是为主导产业部门提供基础性服务的。

前向关联产业,又称下游产业,它是指利用主导产业的产品做原料或者加工利用"三废"所形成的部门。

侧向关联产业与主导产业部门无直接联系,它是指以满足当地居民消费需要为目的的部门。但是,由于其参与提高国内人民生活水平,因此,对主导产业部门有间接影响。

3. 基础结构

基础结构,指为上述基本的生产部门和保证生活供应而提供公共服务的部门、设施和机构的总体。

它主要包括生产性基础结构、生活性基础结构和社会性基础结构三部分。

(三)生产要素密集程度分类法

这种分类法是随着技术的进步和资本有机构成的提高而出现的。

按生产要素密集程度分类,就是根据各个生产要素在不同生产部门中的密集程度和所占比例,可以把社会生产分为:劳动密集型产业、资金密集型产业和技术密集型产业。

劳动密集型产业,是指投资较少、资本有机构成低而所需劳动力较多的部门。

资本密集型产业,是指投资大、资本有机构成高而所需劳动力较少的部门。

技术密集型产业,是指机械化、自动化、知识人才密集程度较高的产业,即"低能耗、低物耗、低污染、高附加值、高创汇"的产业。

这一分类对于反映不同技术水平、合理分配社会劳动、充分发挥各生产要素的经济优势,对社会资源最佳配置和利用具有重要意义。

二、区域产业结构演变的规律

随着经济的发展,区域产业结构会发生相应的转换和演变,而且这种结构演变往往表现出一定的规律性。西方一些经济学者和专家,如配第、克拉克、库茨涅兹、霍夫曼等,都对产业结构演变规律进行过研究,并做出了较大贡献。

下面通过介绍他们的主要研究成果,来认识区域产业结构的演变规律。

(一)配第—克拉克定理

英国经济学家威廉·配第在他的名著《政治算术》中就指出:"制造业比农业,进而商业比制造业能够得到更多的收入。在经济发展中,这种不同产业之间相对收入上的差异会促使劳动力向能够获得更高收入的部门移动。"

科林·克拉克对此问题做了进一步研究,他的研究是在下面三个前提下进行的:

(1)对产业结构演变规律的探讨,是以若干国家在时间的推移中发生的变化为依据的。这种时间序列是与不断提高着的人均国民收入水平相对应的。

(2)使用了劳动力这一指标,考察了伴随着经济的发展,劳动力在各产业中的分布状况所发生的变化。

(3)以三次产业分类法,即将全部经济活动分为第一次产业、第二次产业和第三次产业为基本框架。

根据上述这三点,克拉克搜集和整理了若干国家按照年代的推移,劳动力在三次产业之间移动的统计资料,得出了如下的结论:随着经济的发展,即随着人均国民收入水平的提高,劳动力首先由第一产业向第二产业移动,当人均国民收入水平进一步提高时,劳动力便向第三次产业移动。劳动力在产业间的分布状况为:第一次产业将减少,第二次、第三次产业将增加。这就是所谓的"配第—克拉克定理"。

(二)库茨涅兹的产业结构演变规律

库茨涅兹在配第和克拉克研究成果的基础上,对产业结构演变规律做了进一步的深入研究。他从国民收入和劳动力在产业间的分布两个方面,对伴随经济大发展的产业结构变化做了分析,把产业分为"农业部门"、"工业部门"、"服务业部门"。

首先,农业部门实现的国民收入随着时间年代的延续,在整个国民收入中的相对比重与农业劳动力在全部劳动力中的相对比重一样,处于不断下降之中。

其次,工业部门实现的国民收入的相对比重,大体来看是上升的,然而,工业部门劳动力的相对比重,大体不变或略有上升。

最后,服务业部门的劳动力相对比重几乎在所有国家都呈上升趋势。但是,国民收入的相对比重却未必和劳动力的相对比重的上升空间同步。

(三)霍夫曼定理——工业结构重工业化

霍夫曼是第一个对工业结构重工业化规律进行研究的学者。他根据近20个国家的时间序列数据,分析了制造业中消费资料工业和资本资料工业的比例关系。

这个比例关系就是消费资料工业的净产值和资本资料工业的净产值之比,即所谓的"霍夫曼比例"。

用公式可表示为:

霍夫曼比例 = 消费资料工业的净产值/资本资料工业的净产值

所谓"霍夫曼定理",就是在工业化的进程中霍夫曼比例是不断下降的。用表10 – 1表示。

表10 – 1 霍夫曼工业阶段指标

	消费资料工业的净产值/资本资料工业的净产值
第一阶段	5(±1)
第二阶段	2.5(±1)
第三阶段	1(±0.5)
第四阶段	1 以下

在表10 – 1中,以霍夫曼比例数值的5左右、2.5左右、1左右和1以下为依据,霍夫曼把工业化过程分成以下四个阶段:

在工业化的第一阶段,消费资料工业的生产在制造业中占统治地位,资本资料工业的生产不发达。

在工业化的第二阶段,与消费资料工业相比,资本资料工业获得较快的发展,但消费资料工业的规模,显然还比资本资料工业的规模大得多。

在工业化的第三阶段,消费资料工业和资本资料工业的规模达到了大致相当的状况。

在工业化的第四阶段,资本资料工业的规模大于消费资料工业的规模。

三、二重结构与产业结构的高级化

(一)二重结构的内涵与表现

二重结构有相互联系的两个方面的含义:

一是从量上讲,指在产业结构中,一方面存在着少数处于垄断地位的大型企业,一方面存在着数量和比重很大的中小型企业。

二是从质上讲,指在产业结构中,一方面是少数占垄断地位的现代化大型企业,一方面则是带有前资本主义特征或自然经济特征的中小型企业。

二重结构的主要表现是:

(1)从劳动力市场状况看,存在着两个平行的劳动力市场。一是为现代化大企业提供劳动力的市场,劳动力主要是有文化、有技术的青年。二是为中小加工业提供劳动力的市场,劳动力主要是文化低、技术低的中老年。

(2)从企业规模构成看,两极化很明显。一极是雇用几百人、几千人的大企业;另一极是劳动力人数很少的小企业。前者占企业总数的比重极小,后者占的比重特大。这两极在工资待遇、劳动时间、技术装备、劳动生产效率等方面,都有很大差距。

这种二重结构对区域经济的发展产生了多方面的消极影响:

第一,地方经济不能与中央企业有机协作,不能为中央企业提供扎根、开花、结果的必要土壤。

第二,区域的自我改造自我发展能力薄弱,地方财政受中央企业"上划"、"下放"的影响特别明显。

第三,就地消化中央企业留下的原材料的能力差。

第四,技术力量富裕和技术力量贫乏的地区、企业之间,难以形成技术辐射和扩散机制。这严重影响了技术的横向转移和组合,技术开发成果难以被地方经济接受利用,导致整个地区的综合技术水平低于全国的平均水平。

(二)产业结构的高级化

产业结构的高级化是一个随着经济发展而变化的过程,这种变化表现出有序的阶段性。产业结构的高级化,就是向促进速度、效益更高一级产业结构的推进。实践中,在改造二重结构和促进产业结构高级化的过程中形成了一套理论。代表性的理论观点主要有:

1.动态比较费用论

日本经济学家提出了"动态比较费用论",该理论认为,产品的比较成本是可以转化的。从某一时点看(即静态看),在国际贸易中一时处于劣势的产业,从发展眼光看,却有可能转化为优势产业。关键是对那些发展有潜力、对国民经济有重要战略意义的产业采取扶植政策。通过政府的扶持和保护,经过一定时期的发展后,这些产业可以发展成为一国有竞争能力的出口产业。

这个理论的核心是在重点发展传统的具有相对优势但技术层次较低的产业的同时,必须扶持有发展前途的新兴产业,使之逐渐发展成为主导产业。

2.雁行形态说

在经济技术还比较落后的国家,如何实现产业结构的高级化问题。日本经济学家提出了"雁行形态说",认为后进国家的产业,应该遵循"进口→国内生产→出口"的模式,相继更替发展,促进产业结构的高级化。这个进展过程,在图 10-1 上像三只大雁在飞翔。

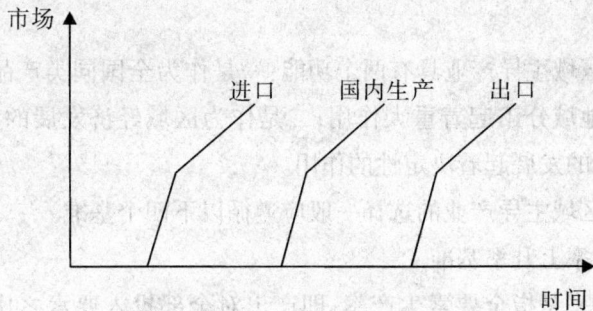

图 10 - 1　产业结构雁行形态

第一只雁是进口的浪潮,第二只雁是进口所引发的国内生产浪潮,第三只雁是国内生产发展所促进的出口浪潮。这是雁行形态的基本模型。

3. 产品循环说

该学说是以本国工业开发的新产品在国内市场上的出现为出发点的。

第一个过程,新产品推出,扩大市场直至饱和;

第二个过程,产品出口到国外,开拓国际市场;

第三个过程,随着国外市场的形成,出现了资本和技术与当地廉价劳动力及其他资源的结合,在输入国发展了这种产品;

第四个过程,国外生产能力的形成,又会使这种产品以更低的价格打回到本国市场,使得原先开发这种产品的国家不得不放弃这种产品的生产而转向更新的产品开发。

4. 非平衡增长论

该理论认为,在产业结构的演进中,应选择好带头的先导产业——战略产业,加以重点扶持发展。以先导产业——战略产业的优先发展带动整个国民经济的发展。

战略产业选择应遵循一定的原则,我们将在下一部分具体介绍。

5. 相关分析法

产业结构的演进,既是产业系统内部结构的相互调节,又是与其他因素相互作用的结果。为了研究其复杂的内在机制,就需要采用相关分析法来揭示产业间的关联性以及产业结构与其他结构之间的动态关系。也就是说,研究产业结构,不仅要研究产业系统内部各产业间的动态关系,还要综合考察产业结构与就业结构、教育结构、投资结构、进出口结构、空间结构等各种结构变动的相关性。

四、地区主导产业的选择和发展

(一)地区主导产业的选择

区域主导产业的选择作为区域经济增长的重要支柱产业,对一国经济的发展起着很大的作用。

一般认为,区域主导产业具有两个功能:一是作为全国同类产品的主要生产基地,为全国劳动地域分工起着重大作用;二是作为区域经济发展的支柱,能够通过关联效应对区域的发展起着决定性的作用。

因此,对于区域主导产业的选择一般应遵循以下四个基准。

1. 产业生产率上升率基准

这里的生产率是指全要素生产率,即产出对全部投入要素之比。全要素生产率的上升主要取决于技术进步。所以,按生产率上升率选择主导产业,其实质就是选择那些技术进步最快、产品附加值最高的产业做主导产业。

2. 产业关联基准

在产业关联链中,存在着一些与其前向产业和后向产业关联系数较大的产业,这些产业的发展对其前、后向产业的发展具有较大的影响。我们应该首先发展那些产业关联度大的产业,以此为主导产业来带动其他产业的发展。

产业关联度,是指产业间技术经济联系的密切程度,可以通过计算各产业的影响力系数和感应度系数来判断。

3. 需求收入弹性基准

需求收入弹性,是指需求增长率与收入增长率之比,表示需求增长对收入增长的依赖程度。对需求收入弹性大于 1 的产业,其需求增长速度高于收入增长速度;而对需求收入弹性小于 1 的产业,其需求增长速度低于收入增长速度。

显然,如果选择需求收入弹性较大的产业作为主导产业,则该产业在未来的产业结构中将会有较大的市场,对进一步推动经济的增长将起到更大的作用。

4. 过密环境基准和丰富劳动内容基准

过密环境基准要求选择能满足提高能源的利用效率,强化社会防止和改善公害的能力,并具有扩充社会资本能力的产业作为主导产业。丰富劳动内容基准要求在选择主导产业时要考虑到发展能为劳动者提供舒适安全和稳定劳动场所的产业。

总之,区域主导产业的选择,或以开发区域自然资源的优势为主,或以发挥区域内资金优势,或以利用区域内人才与技术的优势等等。选择怎样的主导产业,应考虑到区域本身的优势所在,还应考虑全国其他地方类似产业的基本情况,并对此做深入的对比分析,以利于做出科学合理的选择。

(二)地区主导产业的发展

主导产业发展的规模和水平在一定程度上决定着整个区域经济发展的规模和

水平,正确选择并努力发展主导产业是每个区域经济发展中的重大问题。实践中,应注意解决以下问题:

1. 选择先进的技术武装主导产业

主导产业的发展是否成功,关键在于其技术水平和产品竞争力。只有用最先进的技术武装的主导产业,才能在市场竞争中立于不败之地。作为主导产业的产品至少在全国应该是一流的,不论经济效益指标还是技术指标都应该是最好的。

2. 培育大型企业集团作为主导产业发展的载体

主导产业的发展需要及时获得国内外同行业的最新信息,需要不断地实现创新和产品换代,需要多方面跨区域的经济技术合作,而这一切中小企业难以胜任。只有资金雄厚、技术先进的大型企业集团,才能够及时掌握国际国内的技术动态,投入足够的资金进行研发,从而为主导产业的发展提供条件。

3. 扶持有发展潜力的幼小先导产业,为未来主导产业的升级和更替做准备

主导产业既然是代表区域发展方向的产业,那么区域经济发展必然要求主导产业逐步升级扩散,要求压缩已有的技术层次较低的主导产业。但要注意,当新兴主导产业还不成熟,缺乏市场竞争优势时,政府应给以大力支持,以免下一轮产业结构升级受阻。

第三节　区域经济增长与发展

一、区域经济增长

(一)区域经济增长的基本理论

1. 均衡增长理论

均衡增长理论,是指由于不发达地区存在着生产与消费的低水平的均衡状态,这些地区的经济要增长就必须打破这种均衡状态,使整个区域的经济同时得到增长。这个理论适用于落后地区的经济增长。

纳克斯认为,恶性循环的根源在于资本的不足,而外来资本的缺乏在于本地区缺少有效需求。只有在整个区域范围内对各个部门平衡地进行投资,使各部门间相互形成需求并尽可能促使资本进入,才能促进区域的经济增长。

罗森斯坦·罗丹的大推进理论,与纳克斯的均衡增长观点是一致的,他的贡献

在于提出了大推进的三个理论基础:即生产函数的不可分性、需求的不可分性和储蓄供给的不可分性。由于这三个的不可分,部门间的增长只有相互协调,经济才有可能增长。大推进理论主要是强调在一个足够大的外部资本的推动下,增长在区域的各个部门间推进,形成部门之间的相互需求,从而促进区域的经济增长。

2. 非均衡增长理论

非均衡增长理论与均衡增长理论的现实基础是一样的,都是不发达地区的低水平均衡现象,但其主张打破这种均衡的方法和路径是不同的。

非均衡增长主张发展某一类或几类有带动作用的部门,通过这几类部门的发展带动其他部门的发展。非均衡增长认为,由于落后地区资本的有限,不可能大规模地投向所有部门,而只能集中起来投入到有带动性的部门,这样可以更有效地解决资本不足的问题。美国经济学家赫希曼是非均衡增长理论的代表,他认为如果是政府投资,则应选择公共部门,特别是基础设施建设,创造良好的外部发展环境;如果是私人资本,则应投入到具有带动作用的制造业部门。

非均衡增长理论提出了著名的连锁效应的概念。连锁效应主要包括前向关联效应、后向关联效应和旁侧关联效应。

3. 新增长理论

由于发达地区的经济发展出现了许多新的特点。例如,知识在经济发展中日益重要、有形投资流向高技术商品生产和服务、R&D投入越来越多、人力资源开发成为经济增长的基石等。由此产生了许多新的经济发展理论,主要包括以下几种:

(1)外部性与经济增长理论。具有代表性的是阿罗模型,他用技术的外部性来解释经济增长。阿罗假定技术进步或生产率提高是资本积累的副产品,即投资所产生的溢出效应,进行投资的厂商不仅可以通过积累生产经验提高生产率,而且其他厂商也可以通过学习来提高生产率。这样,技术进步就成了内生变量。

(2)收益递增和经济增长理论。由于发达地区的经济增长主要是依靠技术进步和人力资源的投入,即以知识为基础的增长,而知识本身是不断积累、不断丰富、具有自我学习自动更新的一种要素。所以,知识投入带来经济增长的收益是不断递增的。

(3)创新与经济增长理论。美国经济学家熊彼特的创新理论是发达地区经济增长理论的基础。在人力资本成为经济增长的主要因素后,创新就成为左右经济增长的关键性行为。事实上,人力资本的开发主要是通过创新表现出来的,这种创新可以反映在熊彼特指出的五个方面:即使用一种新的技术、开发一种新的产品、运用一种新的工艺、开拓新的市场和尝试一种新的组织形式。

(二)区域经济增长模式

1. 重工业优先发展模式

重工业优先发展模式,是指在经济发展过程中,采取各种经济的和非经济的措施,优先发展重工业,从而带动整个国民经济的高速增长。它是一种非均衡发展模式。

重工业优先发展模式的基本特征是:

(1)它是一种以高速度经济增长为主要目标的赶超发展模式。

(2)它以重工业部门作为经济发展的中心和动力。

(3)这种发展模式的实现是以高积累、高投入为保证。

为此,实行这种发展模式的国家都制定了含有较高经济增长率的经济发展计划,期望以高速增长为条件,在经济、技术水平上尽快缩小或赶上甚至超过发达国家。

为了实现国民经济的高速增长,实行重工业优先发展模式的国家往往都将重工业的发展作为整个经济发展的中心。生产资料生产是各部门中增长最快的,而生产资料生产的优先增长主要表现为重工业的优先发展。同时,重工业本能的脱离农业和轻工业而孤立发展。为了实现重工业的高速增长,就必须将有限的资源配置于重工业。

任何国家要实现国民经济的高速增长,都必须积累数额巨大的资金,尤其是资本密集型的重工业的发展对资金的需求更为庞大。

2.进口替代发展模式

进口替代发展模式,主要是指发展中国家通过建立和发展本国的制造业和其他工业,替代过去同类制成品的进口,以带动其经济增长,实现国家工业化。

进口替代发展模式的主要目标是:

(1)减少进口,以缓解经济对国外的依赖。

(2)节省外汇,平衡国际收支。

(3)发展本国幼稚工业,实现现代化。

(4)发展制成品的生产和出口,改善贸易条件。

(5)实行保护措施,扶持本国工业品的生产和出口。

(6)增加工业部门劳动就业,改变二元经济结构等等。

实行进口替代发展模式一般需要经历以下两个阶段:

第一阶段:发展一般的最终消费品工业,以替代这些消费品的进口。例如,收音机、自行车、一般家用电器、食品加工、服装等一般消费品。在此阶段,由于发展中国家缺乏必要的资本、机器设备、原材料、中间产品和技术等生产要素,需要从国外进口这些投资品,加之缺乏管理经验,采取了保护措施,生产规模也较小,因而往往出现产品成本高、质量差、缺乏规模效益、外汇使用过度、国际收支困难、产品价格高于进口价格等问题。但随着进口替代的幼稚工业逐步发展、成熟,这些问题便会得到解决,并趋近预期目标。

第二阶段:当最终消费品的进口替代发展到一定阶段,有关消费品可以基本满足国内市场需求时,进口替代工业就应升级换代,从最终消费品的生产转向国内需要的资本品、中间产品的生产。

3.出口导向发展模式

出口导向发展模式,是指使工业生产直接面向国际市场,并以制成品的出口逐步替代过去的初级产品出口。

实行出口导向发展模式具有以下基本目标:

(1)利用本国或本地区自然条件优越、劳动力价格低廉等优势,发展劳动密集型、技术先进型的产品,通过扩大出口来带动整个国民经济的发展。

(2)出口的扩大可以增加就业,提高人均收入水平,促进工业基础的加强和经济现代化,还可以提高技术水平和劳动生产率,使产业结构高级化。

(3)由于出口导向发展模式主要是发展加工工业和制成品工业,扩大出口有利于改善贸易条件。

出口导向发展模式一般要经历以下两个发展阶段:

一是以具有比较优势的劳动密集型轻工业制成品出口为主的第一阶段。这个阶段,重点发展其增长主要由出口需求所决定的一般加工工业,如食品、服装、纺织品、洗衣机、电视机等家用电器,这些产品的生产方法相对较简单,技术易于掌握,投入要素容易获得,而且出口的市场潜力较大,产品的国外需求弹性较高,因而比较容易发展,风险也相对较小。这些出口导向产品发展到一定阶段,尤其是当其中某些产品的市场容量日趋饱和或生产与外贸条件已变得不利时,就转向第二阶段。

二是以具有动态比较优势的技术密集型轻、重工业制成品出口为主的第二阶段。在这个阶段,主要发展以机器设备、机床、电子仪器、机械工具、高技术产品等技术密集型产品为主的出口导向工业,这些产品的增长基本上是由供给决定的。事实上,第一阶段属于出口导向,第二阶段带有进口替代的性质。因为只有通过出口导向→进口替代→再出口导向→再进口替代发展过程,才能提高产业结构层次和工业的发展水平。

4.农业发展模式

农业发展模式,是指农业在国民经济发展中占据重要的地位,通过农业发展带动其他相关产业的发展,进而推动整个国民经济的发展。

农业在经济发展中有着非常重要的作用：

（1）为工业化和经济发展提供农产品。只有当农产品以一个适当的比率增加时，使用农产品作为原料的工业部门增长率才能提高，因此，工业化的速度是以农产品增长率为条件的。对于发展中国家而言，随着经济发展及人口的持续增加，对粮食等满足人们最基本生存的农产品会产生较高的需求增长率。

（2）为经济增长提供资本和劳动力。发展中国家的工业化和经济发展需要大量的资本投资，而在工业化初期，工业部门比重很小，依靠工业部门自身的积累来筹措发展资金是远远不够的。因此，规模巨大的农业部门必然成为资本积累的一个重要源泉。农业对工业化的劳动力贡献是显而易见的。当经济发展处于高涨时期，非农经济活动对劳动力产生较大需求，农业可提供劳动力以满足其需求；当经济处于不景气时期，农业又可吸收非农经济活动释放出的劳动力。

二、区域经济发展

（一）区域经济发展的内涵

经济发展，一般是指国家或地区随着经济增长而出现的经济、社会和政治的整体演进和改善。

通常，经济发展的内涵主要包括以下三个方面：

一是经济数量的增长。即一个国家或地区的产品和劳务通过增加投入或提高效率获得更多的产出，构成经济发展的物质经济基础。

二是经济结构优化。即一个国家或地区投入结构、产出结构、分配结构、消费结构以及人口结构的协调和优化，这是经济发展的必然环节。

三是经济质量的提高。即一个国家或地区经济效益水平、社会和个人福利水平、居民实际生活质量、经济稳定程度、自然生态环境改善程度的提高以及政治、文化和人的现代化，这是经济发展的最终标志。

对区域经济发展而言，经济发展的内涵主要表现在以下五个方面：

（1）生产的增长。这在经济发展中占中心地位，但并不是经济发展的全部。

（2）技术进步。主要包括工具和机械的发明改良、生产技术方面的知识增加、新产品的开发、劳动生产率的提高等。

（3）产业结构的改进。区域经济发展的历史就是区域产业结构演变的历史。要促进区域经济的发展，就要适时的培育和扶持新兴产业，使产业稳步的向有利于发挥地区优势、增加区域经济竞争力的方向发展。

（4）资本积累。把新创造价值的一部分转换为生产设备的资本积累，引起技术进步和产业结构变化并由此扩大生产的必要条件，即经济发展的必要条件。

（5）与外界经济关系的改善。与周边地区、与国外有稳定的协作关系，既是一个地区经济成熟的标志，也是发展的重要保障。

（二）区域经济发展理论

区域经济发展的理论很多，主要有以下几种：

1. 区域空间投资理论

区域空间投资理论，主要是研究总投资的空间分布、提高布局效益的理论。其基本出发点为：一定区域内的不同地区往往处于不同的发展阶段，而不同的发展阶段所需要的投资是不同的。区域空间投资理论的目的就是靠合理的空间投资布局来处理效益和均衡两大矛盾，通过对不同地区的不同投资，使整个区域的效益达到最佳。

2. 循环累积因果理论

由瑞典著名经济学家 Gunnar Myrdal 首先提出来的"循环累积因果"理论，是较早阐述区域经济不平衡发展原因的区域发展理论。

该理论还提出了"扩散效应"和"回流效应"的概念，创建了"地理上的二元经济"结构。在此基础之上，说明了经济发达地区优先发展对其他落后地区的促进作用和不利影响，并相应提出了既能发挥发达地区的带头作用，又能刺激落后地区的发展，最终达到缩小发达与落后之间差距的若干政策主张。

3. 区位理论

区位论最初的出发点是要降低产品的成本，而产品的成本主要取决于三个因素：即运费、劳动力费用和集聚因素。

古典的区位论认为，上述三者总费用最小的地方就是区位最佳的地方，因此，又称之为"成本决定论"。

现在人们对区位的观念已有一定的变化，如人们更注重环境的优美、气候的宜人或信息的交流等等。

因此，最好的区位并不一定是成本最低或利润最大的地方，而是多种因素综合优势最佳的地方。

4. 核心—边缘理论

英国著名学者 J. Friedmann 认为，发展是通过创新的一种不连续但逐步累积的过程而实现的。创新变革的主要中心被称之为"核心区"，特定空间系统内的其他地区则被称之为"边缘区"。也就是说，核心区是具有较高创新能力的地域社会组织子系统，边缘区则是根据与核心区所处的依附关系而由核心区机构决定的地域社会子系统,核心区与边缘区之间的相互关系是核心—边缘理论的主要内容。

按照核心—边缘论的表述,区域经济发展一般经历四个阶段:即工业化前阶段、工业化起始阶段、工业化成熟阶段和后工业化阶段。

5.地域分工理论

不同区域的"生产要素禀赋"各不相同,因而其生产要素的价格也就不同,地域分工与交换则可以最有效地利用不同区域的生产要素。因而劳动力丰富的区域,可发展劳动力密集型的产业;技术力量强的区域,则可发展技术密集型的产业等等,这是静态的地域分工理论。

动态的地域分工理论则认为,所谓的"生产要素禀赋"伴随着时间的推移而变化,原先的优劣势是可以相互转化的。如朝阳产业可以大力扶植等,因此,此理论又称为"扶植幼小产业说"。

(三)区域经济发展的综合评价

区域经济实力的综合评价方法主要有两大类:单项综合指标法和多项指标综合评价法。

单项综合指标法是选用一个有代表性的综合指标进行综合评价,这种方法比较直观,经济含义明确,但用单一指标取代多种因素影响下的地区综合经济实力,不可避免地带有片面性。因此,通常采用多项指标综合评价方法。

多项指标综合评价方法主要是通过区域经济发展指标进行的,具体的区域经济发展指标有22种之多,大体可分为如下四个类型:

(1)人力资源。根据新经济增长理论,人力资源的区域差异则会对区域经济发展产生重要影响。

(2)技术要素。各种经济发展理论都将技术作为推动经济发展的一个关键要素,但具体衡量技术要素却很困难。因此,只能选用地方财政科技三项费用这项指标来加以度量。

(3)资金要素。资金是决定经济增长的基本要素。这里主要选取人均财政支出、人均新增固定资产投资、人均全社会固定资产投资和人均资本形成总额来度量资金要素。

(4)交通运输条件。交通运输条件可被认为是推动区域经济市场化的一个重要条件。这里用铁路货运密度、航道货运密度、公路货运密度来对其加以度量。

另外,还可以用投入绩效指标体系对区域经济发展进行综合评价。通常主要评价资源投入产出的成果、经济效益、区域开放度和环境治理能力。

资源投入的产出成果,主要包括人均国内生产总值、城乡居民人均可支配收入和农村居民家庭人均纯收入等。

资源投入经济效益,主要包括全部国有工业企业全员劳动生产率、全部国有工业企业成本费用、利润率等。

区域开放度,主要是用外贸依存度、外资总投资比重来度量。

环境治理能力,主要是选用了工业废气处理比例、工业废水处理排放达标比例、工业固体废物综合利用率等指标评价一个区域可持续发展的能力。

【相关链接】　　　　中国区域经济发展的四种模式

进入 21 世纪以来,在改革开放已 30 多年的中国内地,在长三角、珠三角、浙江以及福建沿海地区,区域经济的活力丝毫不弱于任何小"龙"小"虎"。

1.温州进入"凯恩斯主义"时代

曾是中国民营经济发展教科书式范本的"温州模式"正在悄然发生转变。温州这个令人惊叹的地方,生产出了占全国市场份额 10% 的服装、20% 的鞋、60% 的剃须刀、65% 的锁具、80% 的眼镜、90% 的金属外壳打火机和 90% 的水彩笔。电器、泵、拉链、五金制品、汽摩配件、文教具等产业在国内也有十分重要的地位。

1986 年,著名社会学家费孝通教授以"小商品、大市场"6 字概括了"温州模式",称其重要意义在于激活了一个民间自发的、遍及全国的大市场,并直接在生产者和消费者之间建立起了流通网络。

近年来,温州盛名之下其实难副,"前面的标兵越行越远,后面的追兵咄咄逼人",传统产业的低技术含量和低附加值,成为影响温州竞争力和成长性的重要因素。

"温州模式"扬名世界的三件"利器"也出现了钝化的迹象:一是温州价廉物美的轻工产品频繁遭遇国际贸易壁垒,出口受阻;二是温州资本难寻出路;三是温州第一代创业者的市场精神在第二代接班人中已难觅踪迹。

温州市政府在经济发展初期的施政理念为温州民营经济的自由发展开辟了道路,但政府的公共服务职能在"无为"的旗帜下受到削弱。

2005 年之后的温州经历了政府职能的一次巨大转变,从一向奉行的"无为"到"有为",从"不管"到"强管",招商引资成为这个地级市的"一号工程"。温州市委书记王建满表示:"如果没有外来资金的投入,没有先进设备的引进,没有先进智力的引入,温州要实现又快又好发展,难度很大。"

凯恩斯主义的出现标志着西方自由放任经济时代的结束,温州在经过 20 多年的自由发展之后,是否也进入了某种意义上的"凯恩斯主义"时代呢? 一个强势的政府又会将"温州模式"引入怎样一条道路?

2.苏州模式只长骨头不长肉

"只长骨头不长肉",对于多年来中国最耀眼的城市经济明星苏州而言,可能是最具争议的一种评价了。

所谓"苏州模式",实际上是类似于早年日本和韩国"政府主导型"的一种经济发展模式,但又有自己的特色。政府除了提供制度和政策环境外,还通过制定非常明确的发展规划和战略来吸引外资。有外商笑称,"在苏州办事,找厂长、经理没有用,要找局长、找书记"。

在苏州经济中,外资一直是发展主力。在苏州新加坡开发园区的示范带动下,苏州掀起了一阵园区经济热潮。有一个在当地流传很广的笑话,说在深圳一个椰子掉下来会砸到4个总经理,而在苏州,你往四周一指每一处都是开发区。

在"与狼共舞"的过程中,苏州人的翅膀逐渐硬了起来。如今,中方在中新苏州工业园区开发有限公司已经取得控股权,学到了城市建设和公共管理的基本经验。苏州的工业也迅速壮大了自己的实力。

据统计,2012年苏州GDP突破了1.2万亿元,同比增长10%,苏州的经济实力为全国地级市之首,紧逼北京、上海、广州、深圳。然而,与这些彰显政绩的高指标形成强烈反差的是,其在反映老百姓富裕程度的许多指标上却处于相对落后的尴尬状态。由此,一些人开始质疑"苏州模式"。

对于外界的种种质疑,江苏省发改委经济研究所所长顾为东表示,外资的大量涌入对苏州的经济增长、人气积聚、管理理念与技术水平的提升起了非常重要的作用,苏州经济的科技含量明显高于许多城市。

说苏州是"只长骨头不长肉"难免有失公允,但必须看到,苏州"神话"的背后也有"短腿":一是自主创业的民营经济与浙江等地相比明显落后。多年来,苏州一直是苏南集体经济的典型,承受着比别的地方更大的"保红旗"压力,在很长一段时间内,缺少民营经济发展的必要养料和生存空间。二是第三产业的发展相对于其工业化进程明显滞后。"苏州模式"的弊端无可回避,转变势在必行。

2010年,苏州确定了"三足鼎立"的方针:外向型经济、民营经济和具有自主知识产权的规模经济。近两年,苏州经济发展出现了外资与民资双轮驱动的新局面。据苏州市统计局统计,今年上半年苏州市个体私营投资达到354.12亿元,首次超过外资,跃居各种投资类型之首。

科技创新在苏州也有了很大起色。苏州工业园区近年来投入上百亿元,建设了国际科技园、独墅湖高等教育区、风险投资基金等科技创新载体,相信会有好的收效。

3.从"东莞制造"走向"东莞创造"

"不管在世界上什么地方下订单,都在东莞制造",这一形象的说法曾令东莞人颇为自得。20多年间,东莞发展成为年总产值超2000亿元的"全球加工制造业中心",外贸总量名列全国大中城市第三,居全国地级市之首,成为中国经济发展最快的地区之一。

东莞的发迹是"天时、地利、人和"之说的最佳版本。东莞毗连港、澳、穗、深,又是著名的侨乡,港澳同胞和海外侨胞近百万人。20世纪八九十年代是港台劳动密集型产业向享有投资优惠政策的大陆沿海地区转移的第一次浪潮,东莞成了外商们在珠三角的首选之地。

东莞的成功源于"三来一补":通过由东莞提供土地、厂房,中国内地四川、湖南等省提供廉价劳动力,外资提供资金、设备、技术和管理的要素组合模式,对国际产业转移进行承接。

这种模式在特定的历史条件下推动了东莞经济的大发展,但如今这种发展模式所释放的增长能量已接近极限。

东莞的外源型经济绝大多数是加工制造环节,处于国际垂直分工的下游和末端,产品附加值十分有限,只能分得微薄的利润份额。比如,一个鼠标在美国市场的售价是24美元,渠道商能赚8美元,品牌商赚10美元,而贴牌加工厂商只能赚0.3美元。

据测算,改革开放以来东莞市生产总值每增1个百分点,就要消耗1200亩左右土地。如果按此速度计算,十几年内东莞的土地后备资源将消耗殆尽。

东莞的困境是珠三角乃至全国先发地区面临的普遍性问题,其转型无疑也备受瞩目。

东莞市委常委江凌说,在过去20年里,是外来资本选择了东莞,东莞抓住了机遇,如今东莞要自己选择外资。从"引资"到"选资"一字之差,体现出东莞现在看重提高利用外资的水平和质量。东莞还提出要创新利用外资的方式。同时,科技也正加速取代资本和土地而成为支持经济发展的首要资源。位于东莞常平镇的高宝集团建立了全国首家镇级博士后工作站,斥资近亿元建成全国一流的实验室。从今年起,东莞市财政每年将投入不少于10亿元,连续5年共投入50亿元以上,资助引导企业建立研发机构等,打造科技东莞。

4. 晋江告别简单集群模式

1994年,在中国农村发展道路研讨会上,当晋江与温州、珠三角并列作为中国乡镇经济发展典范时,很多人不以为然:一个县级市发展经济的"标本"意义究竟有多大? 十几年过去了,晋江交上了一份令人满意的答卷。

一个集群中的关键性企业被喻为第一粒树种,一旦入土,就可能长出一片森林。浔兴拉链就是一颗这样的"树种"。20年前,浔兴拉链从1.6万元起步,1995

年组建集团,2002年成立SBS浔兴拉链科技股份有限公司,成为集模具开发、拉链生产、电镀、染色为一体的拉链专业化公司,有200多家企业为之配套,形成了产业集群,如今产值已达10亿元。

以发展产业集群来实现工业化、带动城市化的路子,就是今日立足于区域经济发展的现代版"晋江模式"。

在晋江,这些集群共聚集企业6000多家,年产值600多亿元,占全市工业总产值90%以上。"晋江模式"的带动效应,令产业集群风一度在中国东部地区盛行。

"晋江模式"无疑是成功的,但并非完美无缺。晋江经济能有今天,主要依靠的是民营企业,而这里的多数民营企业仍面临三大"软肋":家族式经营、科技竞争力较弱和缺乏品牌保护意识。而且,当产业发展到一定的规模,产品品质和市场规模就将进入平稳期,也就意味着停止增长。这就是如今晋江人面临的难题。

于是,精明的晋江人开始走另外一条道路。晋江企业家深谙品牌的力量。从仿样加工到贴牌生产,再到打响自有品牌,晋江逐步塑造出"品牌之都"的雏形。晋江现拥有中国驰名商标37枚、中国名牌产品24项、国家级品牌63个。晋江企业擅长以明星代言、媒体广告来打造品牌,近年来每年广告投入高达7亿多元,有人戏称中央电视台体育频道成了"晋江台"。

同时,政府也在设法促进"晋江模式"新的变革。晋江市委书记杨益民说,目前已有相当一部分产业集群告别简单的"扎堆"聚集阶段,开始依托自身优势品牌引入新的经营模式。政府还将大力促使企业从家族体制走向股份合作制,通过资本纽带形成新的集群。

资料来源:http://jiangsu.china.com.cn

第四节 区域经济发展战略与规划

一、区域经济发展战略

(一)区域经济发展战略的含义和特征

1.区域经济发展战略的含义

区域经济发展战略,一般简称区域发展战略,指根据区域各个因素条件和可能的发展趋势,对区域发展中带有全局性、长远性和决定性的问题所做的总体部署和谋划。

一般说来,它应包括三个方面的发展战略:即宏观区域发展战略、行政区域发展战略和经济区域发展战略。通常把包括三者在内的称为广义的区域发展战略,仅包括后两者的称为中义的区域发展战略,而经济区域发展战略则是狭义的区域发展战略。

宏观的区域发展战略是对区域方面的问题做全国性的全局性部署与谋划,它主要包括:全国范围内如何划分经济区域、各区域在全国宏观经济中的地位与作用、在全国总体发展中各个区域之间的相互联系、各区域间的分工协作与联合,以及各区域的开发步骤等。

广义的区域发展战略则是从各区域(地区)本身的角度来研究区域发展的全局,研究区域性的区域发展战略必须根据全国宏观区域发展战略的要求,要有全国性的区域发展战略的眼光。

狭义的区域经济发展战略实际上是指经济区域的经济发展战略,它与行政区域的经济发展战略即地区发展战略的关系实际上是区域经济与地区经济的关系。区域经济相对于产业经济而言是指经济上有较多共性、彼此间经济技术联系密切、地理毗邻、在一定空间内的社会再生产活动。

2. 区域经济发展战略的特征

区域经济发展战略作为发展战略的一种,它既有一般发展战略的共性,又有自己鲜明的特征。我们主要从不同的发展战略的关系中来分析区域发展战略特征。

(1)与全国发展战略比较,它具有任务双重性的特征。全国战略是宏观战略,是作为子系统的各区域的总体战略,其基本内容覆盖了所有的区域,而有些内容又是超出区域的。区域发展战略离不开全国的宏观战略,但区域的发展又是全国发展的基础。

(2)与部门或产业发展战略比较,它具有更大的综合性和适应性特征。区域战略与部门战略又有很大的差异,具有更大的综合性,因为一个区域战略所包括的范围比部门更为广泛,它不仅包括经济发展,而且还包括除此之外的社会生活和社会关系。

(3)与企业发展战略比较,它具有复杂性的特征。任何区域都包括众多的企业,企业也总在一定的区域环境中开展经济活动,因而区域战略比企业战略高一个层次。由于企业层次的经济较为单一,经济活动的范围和内容较区域层次简单,因而区域发展战略与之相比则显示出复杂性。

(4)不同区域的发展战略也各具特色。即表现为区域发展战略的多样性和差异性特征。由于区域间自然条件和经济社会条件呈现明显的不同,不同区域的发展往往形成很大差异,各个区域发展都有各自鲜明的特色,因而每个区域的发展战略也就表现出明显的多样性和差异性特征。

(二)区域经济发展战略的主要内容

1. 区域经济发展的指导方针

正确的指导方针和指导思想,是制定区域经济发展战略的出发点。全国应有一个总的全国性的指导方针,作为某一特定地区经济发展的指导方针,不能简单地照搬照套,而是要立足于本地区的特点,将全国性的指导方针与本区的实际结合起来,找到制约本区发展的症结所在,看清本区面临的形势,抓紧推进本区经济"更上一层楼"的关键环节与契机。

指导思想是对战略目标、战略重点和战略对策的系统概括。作为某一特定地区经济发展的指导方针,同样要把全国性的指导方针与本区的实际相结合,提出既体现全国指导方针的思想,又充分反映本区区情特点的具体指导方针。

2. 区域经济发展的方向和目标

根据区域发展的现实基础,内外部联系和在全国或大区劳动地域分工中的作用与地位,进一步转变发展思想,对区域发展在大区发展、国家发展,甚至国际发展中所占据的地位、所起的作用、所承担的功能做出准确判断和勾画,这是制定区域发展战略的关键所在和难点所在。

在确定区域发展方向时,一般要注意以下几个方面:

(1)方向定位一定要有层次性,要以劳动地域分工理论为基础,由大到小层层定位。

(2)方向定位一定要以市场为导向,以最大限度发挥区域综合竞争优势为重点,以提高区域整体发展实力和核心竞争能力为目标。

(3)方向定位的内容应包括经济定位、社会定位、交通定位、政治定位、科技文化定位等。

(4)方向定位类型应包括经济发展性质定位、经济发展功能定位、经济增长阶段定位和经济发展阶段定位等。

(5)定位力求准确、精练、全面、通俗、顺口、直观,易于理解,易于记忆和贯彻实施。

区域发展的战略目标主要包括三大部分:

一是经济发展目标,主要包括经济总量目标、经济增长目标、经济结构目标、经济运行质量目标。

二是社会发展目标,主要包括基础设施发展目标、人口发展目标、科技教育发展目标、生活质量目标、社会保障目标等。

三是资源环境发展目标,主要包括资源开发利用目标,环境保护目标等。

每一项目标都可以通过一系列具体指标来度量。例如,经济结构目标可用三大产业结构比例、霍夫曼系数、产业结构相似系数和变化系数、区域二元结构水平指数、空间结构集中程度指数等度量;生活质量指标可用恩格尔系数、医疗卫生指数、社会福利保障指数、精神文明指数等反映。

按照时间尺度分析,每一项具体战略目标又包括近期目标、中期目标和远期目标。

3. 区域经济发展的战略重点、战略布局和战略步骤

一般来说,重点产业的安排主要涉及两类问题:一是瓶颈产业,一是战略产业。

重点抓瓶颈产业,旨在体现和实现产业之间平衡和协调发展的要求,通过发展短线产业,克服瓶颈,使长线产业的闲置能力充分发挥。

战略产业是指对一国或地区经济长期发展,即对产业结构的升级转换和经济持续增长起根本性、全局性作用的产业。

战略产业分为先导产业、主导产业和支柱产业。其中,先导产业是指规模不大,但技术水平高,对区域经济将来发展有重要作用的产业;主导产业是指在经济起飞或产业结构转换时期,对结构转换起主要推动作用的产业或产业群;支柱产业是指在较长时期内支撑国民经济发展的产业或产业群,是国民经济的主体和国民收入的主要承担者。当然,先导产业、主导产业和支柱产业并不是固定不变的,资源禀赋情况也对支柱产业的形成有一定影响。在产业结构的战略安排上,既要有重点倾斜,又要适时调节、协调发展。

战略布局旨在安排经济发展的空间配置问题。对不发达地区,首先是培植增长极,提高增长极的实力与功能,形成支撑与带动整个地区经济发展的据点与核心区。其次是在核心区已具相当实力后,要充分依托核心区,向外围区扩展、推进,使经济布局有序展开。对于产业和人口过分密集的地区,战略布局的重点应发挥其扩散效应,促使中心区传统产业和部分人口向外围地区扩散,实现产业和空间重组,形成等级有序的城镇体系,既能缓解中心区"过密"引起的诸多矛盾,又能推进外围地区的发展。

战略步骤是从时间序列对实现战略目标的阶段划分,主要表现在安排各阶段间的转移与衔接。一般说,不发达地区,首先要安排好启动阶段,形成区内自身积累的初步能力,再逐步转入正常增长阶段。对其他地区,第一步通常是理顺各种经济关系,实现产业结构协调化,焕发区域经济的活力;第二步在协调化的基础上,进一步实现结构升级和优化。

二、区域经济政策

(一)区域经济政策的范畴

在一个国家所实施的各项经济政策中,有一部分是由这个国家的中央政府及其所属的有关机构,为实现其区域经济布局战略和调节若干个不同区域之间的经济关系,以及促进国家某些特定地区的经济发展而制定的。这部分经济政策往往只适用于一部分地区,而不适用于这个国家的所有地区,我们把它们归入区域经济政策范畴。

根据制定区域经济政策的政府机构等级和适用范围的不同,可以把区域经济政策分为国家区域经济政策和地方经济政策两大部分。

国家区域经济政策,是指由一个国家的中央政府及其所属的各有关机构,如财政部、税务总局、中央银行、计划发展部等部门制定的国家级区域经济发展政策。通常它可以适用于这个国家之内具有某些相同特征的若干地区。

地方经济政策,是指由一个国家的一部分级别较高、被授予了一定的经济管理权限的地方政府负责制定的地方经济发展政策。它一般只能适用于这个地方政府所管辖的行政区范围内。

(二)区域经济政策目标

当前,在世界各国实行的各项区域经济政策,基本上都是围绕着以下三个主要目标:即区域发展援助、区域均衡发展和区域优先发展。

1. 区域发展援助

由于影响每一个地区经济发展的内部条件和外部条件,一般在短时间内都是不可能被改变的。因此,一旦某个地区在经济发展方面遇到了严重障碍,仅仅依靠经济系统自身的调节及地方政府的努力,是很难解决这个地区的经济发展问题的。在这种情况下,中央政府必然要通过制定相应的国家区域经济政策,采取一切可能的手段来对这些地区的经济发展进行援助。

由此,也就形成了国家区域经济政策的主要目标之一——区域发展援助。

从世界各国来看,中央政府将区域发展援助作为制定国家区域经济政策主要目标的情况十分普遍。但是,在经济发展水平仍然比较低以及经济发展方面存在着严重障碍的地区,中央政府由于其所要解决问题很多,而可以采取的宏观经济调控手段又相对有限,一般不会将区域发展援助作为制定国家区域经济政策的主要目标。

2. 区域均衡发展

几乎在所有的国家,不同地区之间的经济发展水平都存在着差异。不同地区之间经济发展水平差距的扩大,常常被人们认为是一件不好的事情。一是认为产业和人口的高度集中既带来了严重的"城市病",又制约了其他广大地区的发展;二是认为产业和人口的高度集中会使得原料产地与制造业中心在空间上产生较大的距离,不利于整个国民经济的发展;三是认为不同地区之间经济发展水平的差距过大,会带来社会的不稳定;四是认为产业和人口的高度集中容易在核战争中遭到沉重的打击,不利于国家的安全。

于是,有一些国家的中央政府从实现区域均衡发展的角度出发,对国内经济发展水平较高的地区的经济发展采取了限制措施,同时给予国内经济发展水平较低的地区优先发展的权利。

这就形成了国家区域经济政策的主要目标之二——区域均衡发展。

3. 区域优先发展

一个国家要实现国民经济的迅速发展,必须顺应世界经济全球化的潮流,加强国际经济联系,扩大对外贸易。而许多国家的中央政府原先所采取的国家宏观经济政策是以实现内向型经济发展为主的,往往把重点放在了国内自然资源的开发及相关产业的建立上,对经济增长的推动作用主要依赖于扩大内需,而对充分利用国际市场,实现国民经济发展的问题考虑得不够,很难适应形势发展的需要。因此,必须要用新的以实现外向型经济发展为主要目标的国家宏观经济政策来代替,使得国家区域经济政策的主要目标也发生了相应的变化。

于是,国家区域经济政策的主要目标之三——区域优先发展开始形成。

三、区域经济规划

(一) 区域经济规划的概念和任务

区域经济规划,是指对地区社会经济发展和建设进行的总体部署。它分为狭义和广义两种。

广义的区域规划主要包括:自然规划(自然地理规划、土壤改良规划、水资源开发利用规划、动植物资源开发利用和环境保护规划、能源、矿产资源的采掘规划等);人口规划(出生率、结婚年龄、未来人口的数量和人才需要、培养、引进、输送等);社会规划(文化、教育、卫生、社会福利、政府管理等);城乡建设规划(城市数量、规模、功能,乡村与城市之间的分工与合作等);基础设施规划(水、路、电、通信设施建设等);经济规划(农业、工业等的发展规划、产业结构调整与生产布局规划等);科技规划(科研、技术推广等)。

本书介绍的是狭义的区域经济规划,一般是指经济规划、科技规划、能源规划、基础设施规划、人口规划和环境规划等。

区域经济规划的主要任务是：有效地开发、利用资源，合理布局生产力和城镇居民点体系，使各项建设在地域分布上相互协调配合，提高社会经济效益，保持良好的生态环境，顺利地进行地区开发、整治与建设。

（二）区域经济规划的内容

在制定不同类型的区域发展规划时，往往因具体特点和规划任务的不同，而在确定规划内容时有所增减和侧重。但其基本内容仍是较为稳定的，主要包括四个方面：

一是通过对区域资源开发和区域发展的外部环境分析研究，确定规划区域的发展方向；

二是研究确定区域各产业的合理发展与布局；

三是确定合理的城镇体系和交通能源等基础设施的布局及配套发展；

四是进行综合平衡，提出综合性的规划方案和实施建议。

在实践中，确定区域经济规划一般应注意以下几个具体问题：

1. 区域产业结构规划

区域产业结构是一个动态的开放系统，随着生产力的发展、区域条件的变化以及外部环境的演变，始终处于不断地发展变化过程中。在一个时间段选好主导产业是区域产业结构规划的重点。

2. 产业结构的优化和调整

区域产业结构优化的目标就是要形成一个以区域主导专业化部门为核心，由区域所有的产业组合而成的一个由生产、分配和技术联系结合起来的部门间比例协调的相辅相成的有机整体，以最大限度地发挥区域优势，获取集聚效应。

3. 区域产业结构规划的创新

在新的发展阶段，区域产业结构规划应改变原有的规划思路，增强规划的有效性和适应性。具体而言，应从以下几个方面进行创新：

（1）区域产业结构规划的重点是研究各生产要素在行业中的优化配置；

（2）区域产业结构规划应从区域所处的发展阶段、发展的条件与潜力出发，确定本区域的主导产业；

（3）区域产业结构作为一个动态系统，是不断发展变化的，规划中要注意优势产业群、优势产品的系列开发，以增强区域产业结构的应变能力。

4. 区域产业竞争力研究

区域经济的发展过程,就是充分利用区域条件,形成具有竞争优势的产业或产业群,并取得最佳综合效益的过程。可见,具有竞争优势的产业或产业群的形成是区域经济发展的核心。如果一个区域的产业竞争力长期下降,会危及该区域经济的健康运转,极大地影响该区域人民经济福利水平的提高。

20 世纪 90 年代以来,我国学术界有部分学者开始涉及城市、区域和产业的竞争力研究。经济全球化和新的科技革命是信息经济革命的基本动力,它们给区域产业竞争力提高既带来了机遇,更提出了严峻的挑战。

【相关链接】 长江三角洲地区区域规划

长江三角洲地区包括上海市、江苏省和浙江省,区域面积 21.07 万平方公里。该地区区位条件优越,自然禀赋优良,经济基础雄厚,体制比较完善,城镇体系完整,科教文化发达,已成为全国发展基础最好、体制环境最优、整体竞争力最强的地区之一,在中国社会主义现代化建设全局中具有十分重要的战略地位。当前,长江三角洲地区面临着提高自主创新能力、缓解资源环境约束、着力推进改革攻坚等方面的繁重任务,正处于转型升级的关键时期。《规划》的实施有利于这一地区进一步消除国际金融危机的影响,加快转变发展方式,不断提升发展水平,带动长江流域乃至全国经济又好又快发展。

2010 年 6 月,国家发改委在其网站上发布消息,正式印发长三角区域规划。该规划的规划期为 2009—2015 年,展望到 2020 年,根据规划,长三角将形成以上海为核心的"一核九带"空间格局。

"一核九带":以上海为核心,沿沪宁和沪杭甬线、沿江、沿湾、沿海、沿宁湖杭线、沿湖、沿东陇海线、沿运河、沿温丽金衢线为发展带的空间格局。长三角将开展一系列重大改革试验,包括对具备一定条件和较大规模的城市赋予立法权;根据国家有关部署开展环境税试点,探索开征物业税。

依据《规划》,长江三角洲地区发展的战略定位是:亚太地区重要的国际门户、全球重要的现代服务业和先进制造业中心、具有较强国际竞争力的世界级城市群。发展目标是:到 2015 年,率先实现全面建设小康社会的目标;到 2020 年,力争率先基本实现现代化。其中,全球重要的现代服务业中心定位是首次提出。

规划细化了长三角发展目标,提出到 2015 年,率先实现全面建设小康社会的目标,人均地区生产总值达到 82000 元(核心区 100000 元),服务业比重达到 48%(核心区 50%),城镇化水平达到 67%(核心区 70% 左右);到 2020 年,力争率先基本实现现代化,人均地区生产总值达到 110000 元(核心区 130000 元),服务业比重达到 53%(核心区 55%),城镇化水平达到 72%(核心区 75% 左右)。

区域规划的最大亮点也是最核心之处,是明确了长三角的区域布局。规划提出,按照优化开发区域的总体要求,统筹区域发展空间布局,形成以上海为核心,沿沪宁和沪杭甬线、沿江、沿湾、沿海、沿宁湖杭线、沿湖、沿东陇海线、沿运河、沿温丽金衢线为发展带的"一核九带"空间格局,推动区域协调发展。在此基础上,规划详细阐述了各个城市的产业发展重点,试图破解长三角城市在产业分工与定位上的"同构"困局。

在长三角区域范围被明确为"上海市、江苏省和浙江省"后,区域规划将沪苏浙25 个城市又划分为核心区和辐射区,其中原有的 16 个市为核心区,并明确了各个城市的城市功能和定位。引人注目的是,"泛长三角"亦被写入规划。规划要求加强泛长三角合作,并表示,长三角周边的安徽等地区具有区位、自然资源、劳动力资源的比较优势,与长三角地区经济联系紧密,是长三角地区产业转移和直接辐射区。规划明确建立健全泛长三角合作机制,编制南京都市圈、淮海经济区区域规划,加快南京都市圈建设,建设杭州都市圈。

江苏省社会科学院副院长、中国社会科学院中国城市发展研究中心长江三角洲区域研究中心主任张颢瀚提出,区域规划其实覆盖了长江流域、大沿海、泛长三角等几个大的国家战略带范围,将整个长三角与泛长三角、中西部发展联系起来。其中沪宁线是中国大中城市最密集的地带,将成为"世界级城市群"的主轴线,也是长三角发展的重中之重,而南京则是这个向长江中上游辐射的主轴线的门户城市。

在完善和提升各类城市功能方面,规划明确提出"提升上海核心地位",进一步强化上海国际大都市的综合服务功能,充分发挥服务全国、联系亚太、面向世界的作用,建成具有国际影响力和竞争力的大都市。

规划提出,完善区域性中心城市功能,进一步提升南京、苏州、无锡、杭州、宁波等区域性中心城市的综合承载能力和服务功能,错位发展,扩大辐射半径,带动区域整体发展。而在 2006 年版本的区域规划中,上述 5 城被称为"副中心城市","表明城市地位明显提高"。同时,无论是核心区城市还是辐射区城市,均被赋予明确定位,"这些定位充分发挥了各个城市自身优势,各具特色、功能互补,有效避免了城市间的恶性竞争"。

资料来源:http://www.china.com.cn

第五节　国家、国际区域经济与合作

一、国家区域经济

（一）国内区划的区域经济

1.区域的类型划分

经济区的类型划分是对区域经济进行比较研究的重要内容。根据划分经济区的目的和内容，可以划分出多种经济区类型。概括起来有类型经济区和综合经济区两大类。

（1）类型经济区。类型经济区是为了认识各区域的经济分布现状和经济结构特征，研究经济现象区域分布规律，根据区内的同一性和区际的差异性的基本原则，确定不同的区域划分指标，划分各种类型的经济区。它主要包括：部门经济区、加工业经济区、农业经济区、交通运输经济区、商品流通经济区等等。

（2）综合经济区。综合经济区是一个以中心城市为核心，以交通通信网络系统为脉络，上下级城市密切联系、城乡结合，拥有某些方面优势和一定经济发展实力，可以为实现更高一级（直至国家）总的发展目标，独立承担一个方面任务的连接成片的区域。综合经济区的划分是以区内经济结构的非同一性，即差异互补和相互联系为前提，强调区域功能的整体性与区内各部门各个下级区域间经济联系的紧密性，在全国宏观经济战略布局中，形成相对完整的经济结构和体系。

2.分级综合经济区划

经济区在客观上存在着从大到小、由上而下的等级差异。因此，经济区域划分应反映这种客观存在的等级差异，进行多级划分。各级经济区域划分服务对象不同，要求繁简程度各异，但上下之间必然彼此衔接，力求从全国到地方形成一个网络和一个完整体系。

实践中，一个国家经济区划分级系统的确定，主要是根据国家领土的大小、区域自然条件、经济条件的差异和生产力发展水平。各国国情不同，经济区的分级体系应有自己的特色。此外，同一国家经济发展的不同历史阶段，经济区的分级体系不会也不必始终如一。一个经济区域划分方案总是和一定时期的国民经济长远计划相结合，计划实现了，相应的区域划分方案也就完成了自己的历史使命，又朝着远景时期的计划目标修改和制定新的经济区域划分方案。因此,经济区域的划分有着历史的继承性和发展的远景性。

（二）特区经济

经济特区,是指一个国家或地区划定一定的范围,在对外经济活动中采取较国内其他地区更加开放和灵活的特殊政策的特定地区。

通常,经济特区主要是通过减免关税、降低土地使用费以及提供良好的投资环境等优惠政策和条件,来吸引外商前来投资和从事各种经营或生产等业务活动,以达到提高土地使用效益、促进对外经济贸易发展和加快本国或本地区经济发展的目的。

根据经济特区的特点和功能,可以划分为:贸易型的经济特区、工业型的经济特区、工贸结合型的经济特区、科技型的经济特区、金融型的经济特区、旅游型的经济特区、综合型的经济特区等七种具体的类型。

设立经济特区的目的和作用主要有:

（1）扩大本国的对外贸易;

（2）引进更多的国外资金、先进技术和管理经验;

（3）增加就业机会,扩大社会就业;

（4）加快特定地区经济发展与经济开发的速度,形成新的产业结构和社会经济结构,对全国（地区）经济发展形成吸纳和辐射作用;

（5）获得更多的土地出售、出让与出租收益等。

在我国,经济特区主要是指中国政府允许外国企业或个人以及华侨、港澳同胞进行投资活动并实行特殊政策的地区。在经济特区内,对国外投资者在企业设备、原材料、元器件的进口和产品出口,公司所得税税率和减免,外汇结算和利润的汇出,土地使用,外商及其家属随员的居留和出入境手续等方面提供优惠条件。

从特征上讲,经济特区是我国采取特殊政策和灵活措施吸引外部资金,特别是外国资金进行开发建设的特殊经济区域;从功能上讲,经济特区是我国改革开放和现代化建设的窗口、排头兵和试验场。这既是对经济特区特殊政策、特殊体制、特殊发展道路的概括和总结,也是对经济特区承担的历史使命和实际作用的概括和总结。中国建有深圳、珠海、汕头、厦门和海南省五大经济特区。

（三）科技工业园区的区域经济

20世纪,在科技产业化方面人类最重要的创举就是创办科技工业园区。这种把产业发展和科技活动相结合的创新发展模式,彻底解决了科技与经济相脱离的世界难题,为人类的发明或发现迅速转化为生产力提供了一个极好的模式。这些科技园区以它们所创造的增长奇迹,向世人证实了在科技智力高度密集的地区蕴藏着多么大的发展潜力。它们所实现的突发式、跨越式、跳跃式的超常规的发展模式,使区域经济的能量早已超出了常规的界限,传播于世界的四面八方。例如,美国的硅谷、日本的筑波、中国台湾省的新竹和江苏的苏州等,正是具有世界意义的区域经济发展的代表。

科技园区由于其对地区经济、国家经济甚至世界经济强烈的拉动作用,它的发展必然受到各级政府和社会各界的密切关注。

二、国际区域经济

(一)区域经济一体化的含义与目的

当代世界经济的一个重要特征是国际经济一体化。在国际经济一体化的进程中,区域经济一体化趋势日益加强。作为生产力高度发展的产物,区域经济一体化以区域经济集团化的形式在世界经济活动中发挥着重要作用。

区域经济一体化,是指地理上邻近的国家或地区,为了维护共同的经济利益和加强经济联系与合作,相互间通过契约和协定,在区域内逐步消除成员国间的贸易壁垒,进而协调成员国间的社会经济政策,形成一个跨越国界的商品、资本、人员和劳务等自由流通的统一的经济区域的过程。

区域经济一体化的目的是为了通过区域经济组织,在成员国之间进行分工协作,更有效地利用成员国的资源,获取国际分工的利益,促进成员国经济的共同发展和繁荣。

(二)区域经济一体化的组织形式

区域经济一体化组织的形式多种多样,按其一体化水平可分为以下几种:

(1)自由贸易区。这种形式取消了各国之间的贸易限制,在一体化组织内部实行商品免税流通,但各自保持对成员国以外国家的独立的关税壁垒。对内政策也是独立的。自由贸易区不存在超国家的权力机构。

(2)关税同盟。这种形式不仅要求成员国相互取消外贸限制,而且要规定统一的外贸税率和实行共同的外贸政策。因而关税同盟具有超国家调节的因素。

(3)共同市场。这种形式既包含成员国关税同盟的内容,又要求资本、劳动力等生产要素能在共同体内自由流动,即在共同市场内,商品市场和生产要素市场是互相结合的。

(4)经济同盟。这种形式不仅包括共同市场的内容,而且要求成员国在货币、财政以及其他政策方面实行一定程度的协调。资本、劳动力的自由流动要求实行这种协调。因此,超国家的经济调节超出了商品流通领域而达到生产领域和整个国民经济领域。

(5)完全的经济一体化。它要求成员国在贸易、货币、财政等政策上完全一致,以便让商品、资本、劳动力能在共同体内真正做到完全的自由流通。

国际经济一体化的不同形式,反映了经济一体化不同的发展阶段,在这些不同的形式和发展阶段之间,并不存在前一阶段要向后一阶段过渡,后一阶段定要经过前一阶段的必然性。在不同的一体化形式中,一体化的目的不同,决定了权力让渡程度的不同。成员国向共同体让渡权力越多,共同体对成员目的经济影响就越强。

(三)区域经济一体化组织的可能影响

区域经济一体化组织对于世界经济的发展既可能产生积极的影响,也可能产生消极的影响。其积极影响主要表现在:

1. 有利于区域内部贸易的发展

区域经济一体化组织的建立,区域内取消种种不利于商品流通和其他生产要素流通的限制,成员国之间相互开放和扩大市场,大大提高了贸易量的增长,有利于促进区域内部贸易的自由化。

2. 有利于提高区域集团的国际竞争力

区域经济一体化会促进各成员国之间的国际分工和专业化生产,从而有利于提高劳动生产率和降低产品成本,提高国际竞争力。同时,在激烈竞争的压力下,企业必须采用最新的科技成果,生产新产品,努力改进经营管理,从而带动和促进世界科技开发水平的提高。

3. 有利于各成员国产业结构的调整和资源的合理配置

在区域经济一体化组织中,生产力发展水平不同的国家的经济互补将不断增强。同时,由于区域内各成员国之间壁垒的消除,有利于资源的跨国界流动,也就必然导致资源在区域范围内更有效和更合理的配置。

此外,区域经济一体化还有利于使各成员国以联合的力量,采取一致的行动共同对外,扩大和加强同区域经济一体化组织以外各国和地区的经济联系。

当然,区域经济一体化对世界经济的发展也存在一定的消极影响。一方面区域经济一体化组织具有区域化直接利益的独享性和"对内自由,对外保护"的排他性,这两种特性若不加遏制,任其发展,必然形成对外壁垒,导致国际竞争加剧,贸易保护主义抬头和世界市场的分割,不利于经济全球化的发展;另一方面,随着区域经济一体化组织的增加,扩大和发展而形成区域化组织之间的竞争同国与国之间的竞争相比,交锋更多,层次更高,范围更广,内容更复杂,程度更激烈,其结果会影响世界经济的稳定和发展。

（四）区域经济一体化组织的发展趋势

近几十年来,区域经济组织的数目增长很快。归纳起来,区域经济组织的发展主要沿着以下三个轨迹:

1. 现存的区域经济组织的深化

原有的区域经济组织从对如制成品和农产品关税和配额的硬约束转到对如卫生和环境标准问题的软约束。其中比较突出的是欧盟,从原来的共同市场性质的欧共体变为欧洲联盟,从关税同盟向单一市场转变,将目标定为经济联盟,拥有单一货币。

2. 现存的区域经济组织的扩展

原来不是成员的国家纷纷加入进去。比较突出的是北美自由贸易协定,将墨西哥纳入到美加自由贸易区中。一些欧洲自由贸易协定的成员加入到欧盟也是一样。

3. 订立新的区域贸易协定,或者沉寂多年的区域经济组织苏醒

最突出的是南方共同体,其他的如中美洲共同体。

三、区域经济合作

（一）区域经济合作的含义和因素

区域经济合作,指不同地区的经济主体,依据一定的协议章程或合同,将生产要素在地区之间重新配置和组合,以便获取最大的经济效益和社会效益的活动。

在区域经济合作中,如下三方面的因素起着最重要的作用:合作主体,合作的对象及合作的效益。这就是区域合作的三要素。

区域经济合作的主体日益呈现出多元化的趋势。作为合作主体,可以是企业、事业单位和自然人,也可以是地方政府乃至主权国家及国际经济组织。各经济主体虽然在经济实力和地位上存在有巨大差异,但在区域经济合作活动中,双方的地位是对等的。

区域经济合作的对象是生产要素,主要包括资金、技术、劳动力、信息等等。这些生产要素通过商业行为在区际之间发生位移与组合,都构成区域经济合作的范畴。因此,区域经济合作实质上是区域之间的非物质商品贸易,是区域贸易的特殊形式。与此相适应,纯粹的物质商品贸易不属于区域经济合作的范畴。

区域经济合作效益涵盖的内容也较为广泛。区域经济合作效益的衡量因合作主体的不同而不同。根据区域经济合作目的的不同,可以把合作主体分为两大类,

即企业与政府。企业的合作活动以追求经济利益为主,政府的合作活动则同时追求社会效益。当企业作为合作主体时,通常把获取长期的经济效益作为主要目标;而政府的出发点则不同,政府更多的是要通过生产要素在区域之间的有效流动,谋求地区之间的协调发展,提高本区域在更高一层次区域中的地位。从总体上看,企业是区域经济合作中最重要的主体。但是,在广大的发展中国家,政府在区域经济合作中占有十分重要的地位。

(二)区域经济合作的类型

根据不同的划分标准,可以对区域经济合作做如下的类型划分:

(1)根据区域经济合作范围的不同,可以划分为不同主权国家之间的国际经济合作和一国范围内不同地区间的区际经济合作。

国际经济合作与区际经济合作在经济内容上没有太大的差别,所不同的是相对于区际经济合作而言,国际经济合作是一个更为复杂的协作活动,它除了要考虑一般的区域经济合作规律外,还需要考虑不同国家的政治制度、国家之间的关系以及国际通行的游戏规则等等。

(2)根据区域经济合作双方提供生产要素水平的不同,可以划分为水平合作与垂直合作。

水平型区域经济合作是指合作双方经济发展水平大致相当,企业生产商品在产业生命循环阶段上所处层次大体相同,双方提供生产要素的技术含量基本一致的协作活动。比如,各个汽车零部件企业相互配合,为总装厂生产汽车零部件。垂直区域经济合作是指合作双方经济技术水平差距较大,所提供生产要素的加工深度和技术层次不同的合作活动。比如,制造业企业与初级产品生产企业之间的合作。

(3)根据区域经济合作对象和内容的不同,可以划分为生产合作、资金合作、劳务合作、技术合作、信息合作等等。

(4)根据区域经济合作主体的不同,可划分为民间合作、官方合作和官民合作。

【案例与思考】　　　　　奥兰治的区域经济发展

奥兰治位于美国西部大城市洛杉矶的南部,面积2066平方千米,人口超过200万。起初,奥兰治只是西部一个默默无闻的郊县。而随着"阳光带"的兴起,奥兰治也开展了区域经济开发工作,并围绕如何更好地发挥大城市郊区独特的区位优势,如何更好地利用本地优越的自然条件及阳光带的优势,采取了一系列区域开发措施,取得了十分显著的成就,经过20余年的努力,奥兰治一跃成为美国最富裕的郊县之一。

奥兰治开发的成功经验主要有以下几点：

(1)利用地区区位优势,发展旅游业。奥兰治紧邻美国西部的大城市洛杉矶,利用这一有利的区位优势,奥兰治制定了发展旅游业的经济起飞战略。

奥兰治发展旅游业的有利条件除区位条件以外,该地气候条件优越,气候温和,阳光充足、降雨适度。其不足之处是缺少秀丽迷人的自然景色。针对这种情况,奥兰治采用了发展人文景观吸引旅客的旅游业开发战略。

1965 年,奥兰治阿纳海姆建成了一座大型的现代化游乐中心——迪斯尼乐园,并使其一举成为世界著名的游览胜地,极大地刺激了当地旅游业的发展。此外,围绕这些游乐场所兴建的旅馆、餐馆、停车场、出租汽车公司和银行等,也使相关服务行业得到了蓬勃发展。阿纳海姆因此成为著名的旅游城市。无疑,旅游业发展的巨大成功,为奥兰治经济起飞积聚了大量的资金,成为地区经济发展的先导产业。

(2)大力发展技术密集型和知识密集型的尖端工业。奥兰治在发展旅游业的同时,也十分注意制造业的发展。奥兰治地处阳光带,有晴朗的天气,同时该县位于洛杉矶和圣迭戈两大城市之间,具有劳动力、资金和市场等发展工业的优势,加之美国经济向西部阳光带转移,为当地工业发展提供了有利的时机。奥兰治在充分发挥地区优势的基础上,制定了发展高新技术产业的工业战略。

奥兰治一直致力于发展宇航工业,宇航工业的发展又为电子计算机及其相关产业的发展奠定了基础。20 世纪 70 年代末,电脑工业已在奥兰治初具规模。由于高新技术产业的高利润回报,吸引了大城市的财力和人力向该地区转移,同时还吸引了许多相关的科研机构及公司在此落户,以高精尖技术为主导的工业在奥兰治得到了迅猛的发展,并使其一跃成为美国最重要的新兴工业中心之一。

(3)注重城市规划,创造良好的投资环境。奥兰治虽是由一些中小城市组成,但城市规划都做得十分精细,各城市职能特色鲜明。如阿纳海姆为旅游中心,新港小城为工业中心和经济中心等。特别是新港小城,是 20 世纪 70 年代发展起来的崭新城市,集工业、行政、商业等多功能于一体,城市规划合理具有新意,成为吸引区外投资的重要场所。新港的建设规划,对奥兰治经济的进一步发展起到推动的作用,使该县经济又上了一个台阶。因此,合理规划,创造良好的投资环境也是奥兰治经济起飞的成功经验。

资料来源:www. taodocs. com/p. 1178891. html

案例与思考:美国奥兰治的区域经济发展对我国有哪些启发意义?

【复习思考题】

1. 什么是区域经济、区域经济增长、区域经济发展、区域经济合作？

2. 什么是区域经济产业结构？如何选择地区主导产业？

3. 简要说明区域经济增长的基本理论和增长模式？

4. 简要说明区域经济发展的理论和综合评价？

5. 什么是区域经济发展战略？其主要内容有哪些？

6. 什么是区域经济发展规划？其主要内容有哪些？

第十一章　国民经济

　　国民经济是由社会再生产的各个环节、各个因素和各个产业部门之间所构成的统一的有机整体。研究这个有机整体的运行规律并分析解决这个整体运行中所出现的问题,是国民经济学的主要研究任务。这里所讲的国民经济主要指宏观经济,以便使之与微观的企业经济、中观的产业经济和区域经济相对应。

　　本章主要介绍国民经济的含义、性质;国民经济发展战略;国民经济决策和国民经济管理中的宏观调控体系。

第一节　国民经济概述

一、国民经济的含义与特征

（一）国民经济的含义

　　国民经济也叫国家经济,指由社会再生产的各个环节、各个因素和各个产业部门之间所构成的有机整体。国民经济从内涵到外延的内容十分丰富,但其基本含义可从以下几个方面来理解:

　　1.国民经济从空间范围上包括微观经济、中观经济和宏观经济

　　微观经济一般是指单独的个人、企业和家庭等的经济活动,这种经济活动也称为经济个量。宏观经济是指一个国家的整体经济活动。如社会的总需求、总供给、总投资、总消费、总贸易额等指标量,宏观经济并不是微观经济个量的简单相加之和,而是这些经济个量按照一定的形式有机组合而构成的经济总量。中观经济一般是指介于微观经济和宏观经济之间的产业(部门)经济和区域经济。从严格意义上讲,国民经济包含了这三个不同层次上的经济活动的全部。

　　2.国民经济按再生产的环节可划分为生产、交换、消费和分配四个环节

　　生产是厂商内部的生产经营活动,效率是生产环节的核心。但是效率能否带来效益,则取决于厂商外部的交换关系。交换是生产通向消费和分配的必经中间环节,几乎市场经济的所有矛盾都在交换领域显现出来,并反馈到生产领域和延续到分配领域及消费领域。分配关系是生产关系和交换关系的折射,生产和交换关系决定分配关系,分配关系进一步强化生产关系和交换关系,并决定了消费关系。从循环意义上讲,国民经济就是生产、交换、消费和分配的不断循环往复而构成的一个经济有机整体。

　　3. 国民经济按资源要素可划分为自然、人力、资本和技术资源要素等

　　一个国家的全部资源要素可以划分为自然资源、人力资源、资本资源和技术资源等。自然资源是客观化、自然化的自然禀赋,一定程度上表明了这个国家所拥有的长期竞争优势潜能。但这种竞争优势潜力能否充分发挥出来,主要取决于生产力与生产关系的科学组合,而这个组合的核心则是人力资源、技术资源与资本资源的有效整合,人力资源又是核心中的核心,因为技术需要人来创造和应用,资本需要人来将其流动化从而增值;同时,自然资源、技术资源和资本资源的结合状况也是由人来组织并实施的。

　　(二)国民经济的特征

　　国民经济与微观经济、中观产业经济和区域经济相对比,主要有如下特征:

　　1. 宏观性

　　宏观经济总量是以经济个量为基础的,但它不是经济个量的简单之和,而是经济个量的有机统一整体,它是国民经济始终关注的对象。

　　2. 综合性

　　国民经济研究的是一个国家(地区)的整体经济运行状况,实施的是宏观经济政策及其协调。如供给、需求、对外经济政策在同一时期如何配合才能对国民经济达到更佳的效果、各个产业政策如何配合才能使产业结构优化等,而不是研究单个经济及其政策。

　　3. 战略性

　　国民经济的范围十分宽泛,不能事事都研究,只有那些具有战略性的问题,才可能进入国民经济科学研究的视野。但要注意也不能把国民经济研究的视野放得太宽,应该兼收并蓄。国民经济重点研究的是经济发展战略问题,培养的是全国各行各业的经济发展战略家。

　　4. 对策性

　　国民经济学进行一定的理论分析是必要和必需的,但它更关注的是社会经济发展中的重大问题,并提出相应的解决对策,所以,玄妙的理论或模型不是国民经

济研究的宗旨。

5. 前瞻性

国民经济做出的任何对策和建议都要有预测性和预见性,因此,加强对社会经济发展的预测、预警和预防是国民经济的重要特色之一,运用现代数学方法对社会经济运行做出预测、预警是现代国民经济研究的主要内容。

二、国民经济管理的客观必要性

(一)市场缺陷的克服要求国民经济管理

由于市场机制功能本身客观上存在着难以避免的缺陷和失灵,单纯依赖市场机制对经济活动进行调节,对社会资源进行全权分配,根本无法实现社会资源的有效配置,更难达到经济学意义的"帕累托最优状态",因此,就必须用非市场力量(政府干预)来校正和弥补市场机制的缺陷。针对市场机制的缺陷和失灵,政府干预成为一种比较科学的替代性选择。

考察市场经济发展演变的历史,我们可以看到,最初校正市场机制失灵的并不是政府,而是市场主体本身。例如,市场主体以行业协会等形式自律市场行为,以避免恶性竞争,规范市场行为;消费者也成立了消费者权益保护组织以维护自身权益。但这种自律行为在市场经济的发展中仍有很大的局限性,不能从根本上消除市场机制的缺陷和失灵,因此,就必须把代表社会利益的政府推向前台,以政府为主体对宏观经济进行科学的干预、预测及预警,并保证国民经济协调、快速、持续的发展就成为国民经济管理的重要任务。

(二)市场经济条件下政府的经济职能

在现代市场经济条件下,政府的经济职能主要有:行使公有资产的所有权职能、行政管理职能和宏观调控职能等。具体表现在以下几个方面:

1. 提供公共产品

由于公共产品普遍具有非排他性和非竞争性的特点,使得由市场供给往往低于应有的效率水平。在这种情况下,为了保证社会对公共产品需求的满足,提供市场机制运行所必需的基础条件,就必须由政府出面,通过直接补贴或委托经营等方式组织和支持公共产品的生产和供给,如国防、教育、环境保护等。

2. 处理经济活动的外部性,实现外部效应的良性化

在完全竞争假设条件下,价格机制的调节作用将可能实现社会资源的有效配置和经济活动体系趋于均衡,但由于现实中外部性的存在,经常打破这一竞争均衡,使资源配置无法达到帕累托最优状态。为了提高市场机制配置资源的效率,政府必须进行适当的干预,或运用价格机制对具有负外部性效应的经济活动强行处

罚,对正外部性经济活动予以奖励;或者运用产权制度、市场手段等使外部性内部化;或者对某些耗资巨大、外部性较强的项目进行直接投资。因此,合理利用外部性,实现社会经济资源配置的效率目标是这一功能的宗旨。

3. 调节收入分配,提供社会保障

经济效率与社会公平之间的矛盾是任何实行市场经济体制的国家都必须面对的社会现实问题。实践证明,由市场竞争所导致的两极分化和社会财富分配不公平的现象,仅仅依靠市场经济本身的机制来校正与调节,根本达不到预期的效果,而分配不公的持续与激化又会引发一系列社会和政治问题,并间接的影响经济效率。因此,政府有必要有责任的对社会财富的分配进行干预,同时,建立比较完善的社会保障体系,以缩小社会贫富差距,最终满足公众对社会财富分配的目标要求。

4. 防止垄断,保护竞争,维持市场秩序

市场竞争是市场经济体系充满活力的源泉,而垄断的产生是市场处于不完全竞争状态的重要原因之一,并会降低资源的配置效率。为了建立和维护市场有效竞争制度,市场经济国家一般都采取如下措施防止垄断:一是通过立法限制垄断。如,美国《反垄断法》、《反托拉斯法》等。二是限制一些垄断企业的规模和市场占有率。例如,我国对中国电信业的肢解,将其肢解为中国移动、固定等三家通信公司以维持市场竞争,同时打破垄断企业造成的"进入壁垒",使联通、铁通等通信公司进入电信市场,从而形成比较有竞争性的市场秩序。三是直接限制价格。把价格上限限制在最低平均成本上,尽量保持 $MR = MC = P$(边际收益等于边际成本等于价格),以满足资源配置的效率条件。

5. 建立健全市场体系,提供市场信息

完善的市场体系和健全的市场功能是市场机制有效发挥作用的首要条件,但是,市场的发育成熟程度与市场体系的发展是一个长期的渐进过程,尤其是对发展中国家来说。如果市场体系残缺不全,市场功能存在缺陷,市场信息传输不畅,而不能很好地发挥作用,就可能误导市场主体的经济行为,破坏市场的供需平衡,从而使资源配置低效或无效。为了更有效地利用和配置社会有限资源,政府对市场体系发育的干预就显得十分必要,同时,加强计划引导也可弥补市场体系不完善和市场信息不充分而产生的市场失灵。

(三)政府干预的局限及其纠正

实践证明,政府的干预不是万能的,也存在一定的局限,这主要表现在:

(1)政府行为目标可能会偏离公众利益需求。从公共选择理论角度来分析,政府决策行为不同于市场决策行为,市场决策通常以个人或单个企业为决策主体,以私人产品为对象,通过竞争性的市场机制来实现;而政府决策则以政府机构和政府官员为决策主体,以公共产品为决策对象,并通过一定的政治途径来实现。而且,由于政府决策的目标函数是多元化的,例如,政府既要追求公众利益以保证公众的支持,又要追求自身的经济利益,同时在可能的情况下还要保证政府的权威性,这就使得政府的最终决策有可能偏离公众社会利益。

(2)政府行为派生负的外部性。政府干预经济活动的主要目的是纠正和弥补市场机制的功能缺陷,但是,在调节经济运行的过程中,政府在实施各种干预手段的同时,也会产生难以预料的负效应和消极后果。例如,政府往往为了投资的扩大而加大政府的投资力度,但稍有不慎就会产生"挤出效应",导致民间投资减少,从而社会总投资也减少或达不到扩大投资的目的;又如,政府寻租而滋生的腐败,使得寻租不仅不能给社会增加任何财富,而且导致社会秩序混乱和资源配置低效等等。

(3)政府干预目标具有不确定性。由于经济活动的不确定性,这必然也会导致政府干预目标具有不确定性。即使政府的行为目标是正确的,但由于各个经济政策手段之间有时会出现矛盾、相互抵消等而难以取得明显效果。例如,当经济运行出现经济衰退与通货膨胀并存时,这时如果采取紧缩性货币政策抑制通胀,就有可能带来经济的进一步的衰退;如果采取扩张性政策抑制衰退和失业,会在更大程度上刺激物价上涨,加剧通货膨胀。因此,如何选择政策搭配,政府经常处于两难境界。

(4)政府行为也存在偏好和其他外部因素的影响。例如,战争、恐怖事件、自然灾害等。

认识到市场机制和政府干预调节的局限性后,我们应该知道政府和市场都不是万能的,国民经济及其管理就是要克服这二者的缺陷,正确处理政府和市场的关系,进行合理的分工组合,充分发挥二者对国民经济的积极调节作用,以达到对社会经济资源的最优配置,推动社会经济的快速和可持续发展。按照"管而不死,活而不乱"的市场管理原则,我们应主要做好如下工作:

首先,在市场经济条件下,市场机制配置资源的作用是基础性的,政府干预的作用是补充性的。凡是市场能做到的事情就尽量让市场去做,只有市场做不到的事情才由政府去做,政府的干预活动应被界定在一个合理的范围内。

其次,政府干预经济活动的目的不是替代市场机制,而是完善市场机制,充分发挥市场机制的作用。

再次,合理划分市场和政府干预的领域,使二者各司其职又相互配合,以取得经济活动调节的最佳效果。

第四,应加强政府管理制度改革,提高政府的管理效率。只有这样才能使得政府干预社会经济活动有理有节和有利。

【相关链接】 新加坡的政府宏观经济管理模式与政府投资

新加坡不仅是一个高度自由的市场经济国家,而且政府也对经济生活进行强有力地干预,这使新加坡有自身独特的宏观经济管理模式,政府投资在这一管理模式中有十分重要的地位。

1. 政府拥有重要的经济资源

新加坡政府拥有大量的土地、劳动力和资本,并且可以根据需要进行灵活的调节和管理。在新加坡,全国土地的75%归政府所有,其余25%的土地政府仍有权力随时征用,而且征用价格比市场价格低30%。政府又是人力的最大雇主,全国就业人口的20%是政府雇员。政府还是最大的资本占有者,政府通过财政收入、公共机构收入和中央公积金等渠道,控制了国民收入的较大部分,特别是国内建设资金的主要部分。

2. 政府以投资者的身份参与社会经济生活

新加坡政府的投资活动主要通过两个基本途径实现其对社会经济的干预,一是投资于企业,二是投资于基础设施和社会服务事业。

(1)投资于某些企业。其目的在于:第一,填补民间资本的投资空白,促使经济全面发展。在新加坡,政府的投资方向首先是那些在国民经济中具有十分重要的作用,但同时或者由于利润较少,民间资本不愿投资的部门,或者由于投资批量的起点高,民间资本无力投资的部门。政府通过对这些部门的投资,实现经济的全面发展,为产业结构合理化创造条件。第二,推动新兴产业的发展,加快产业结构高级化的进程。对新兴产业的投资是新加坡政府的投资重点之一。政府通过对新兴产业的投资,并为民间资本投资提供心理保证,对民间资本的投资活动发挥积极的示范作用和领导作用,从而推动新兴产业的发展,加快产业结构的升级换代,实现经济发展的工业化、现代化和国际化。第三,为了打破垄断、保护自由竞争和增强国家经济实力、维护国家主权的目的而投资于企业。外国资本在新加坡的经济发展中发挥着支柱作用,跨国公司资金雄厚、技术先进、管理水平高,新加坡本地的私人企业很难与之竞争和抗衡,在某些经济领域有可能形成外国资本的垄断。为此,新加坡政府在某些有可能形成外国资本垄断的重要经济领域进行投资,发展国家资本,造就出能够与外国资本相匹敌的国有企业,以保护自由竞争,增强国家经济实力和维护国家主权。

新加坡政府向企业投资的方式,分为直接投资和间接投资两种。直接投资是通过政府的控股公司(淡马锡控股公司、胜利控股公司和国家发展部控股公司)向企业投资取得企业的股份,间接投资是通过政府参与部分投资的新加坡开发银行或国际贸易公司取得企业的股份。目前政府投资参与的领域涉及制造业、金融、贸易旅游等几乎所有的经济部门,其中国家资本在金融业发展最为迅速。

(2)投资于基础设施和社会服务事业。其目的在于:第一,改善投资环境,以吸引外国资本的投资。新加坡独立后,政府就意识到,要尽快实现新加坡的工业化,本地企业在资金、技术管理上都难以承担如此重任,必须吸引外国投资者前来开办企业,为此必须改善投资环境。于是,新加坡政府将大量资金投入到各项基础设施的建设中,特别是那些投资需要量大、投资回收期长、资金周转慢的基础设施,包括港口码头、机场等交通设施,水电、电仪设施,工业区所需的各种设施等等。新加坡政府还将大量资金投至医疗卫生保健、教育和建造公用住宅等方面,极力推动社会服务事业的发展。这些都使新加坡对外资具有极强的吸引力。第二,形成良好的社会环境,以协调经济与社会的发展,使经济发展与社会进步协调进行,形成良性的相互推动,避免了某些发展中国家经济发展而社会停滞不前的不良状况。

3.政府通过制定和实施一系列的政策与法令规范和调控社会经济生活

首先,新加坡政府通过调整和替换经济发展战略,引导经济发展方向和产业结构的变化。自新加坡实行自治以来,已实行过诸如"发展劳动密集型替代进口工业的战略"、"发展出口工业为主的经济战略"、"发展资本和技术密集型产业的战略"、"发展高新技术和国际服务业的战略"等等,在政府有力的调控下,这些战略基本上都得以实现。其次,政府制定财政金融政策、外资政策、工资政策等调控经济活动,实现政府的意图。最后,新加坡的财政支出按照用途分为两部分,即经常性支出和发展支出,经常性支出主要用于国防、安全、文化教育,公务员薪金等国家活动的日常支出,发展支出主要用于社会基础设施的投资,从1966年到1990年,新加坡发展支出从1.8亿新元增加到46.17亿新元,增长了25.65倍,同期经常性支出从4.4亿新元增加到95.19亿新元,增加了21.63倍。发展支出的更快增长,反映出新加坡政府极为重视社会基础设施的建设。

简要分析:在新加坡,政府的经济政策调控几乎涉及了经济生活的各个重要方面,即使是对某些自由度较高的经济活动,政府的政策也以其特定的方式发挥着积极的影响作用。例如,新加坡实行自由价格制度,但决不可就此认为政府对价格采取自由放任的政策。恰恰相反,新加坡政府虽然不直接干预价格的形成,却通过控制货币的发行、利率的调整和消费基金的支出等积极地影响价格总水平,使之保持稳定的状态。这使新加坡不仅成为"亚洲四小龙"中通货膨胀率最低的国家,而且跻身于世界范围内物价稳定国家的前列。

新加坡政府财政支出政策的一个突出特点,就是通过政府投资对企业和社会基础设施建设进行扶持,为新加坡经济的全面发展,产业结构合理化,对民间资本的投资活动发挥积极的示范作用和领导作用,推动新兴产业的发展,加快产业结构的升级换代,实现经济发展的工业化、现代化和国际化,在防止外国资本垄断,发展国家资本,保护自由竞争,增强国家经济实力和维护国家主权等方面均发挥了重大作用。同时,新加坡政府通过投资于基础设施和社会服务事业,推动社会的进步,使经济发展与社会进步协调进行,形成良性的相互推动,又避免了某些发展中国家经济发展而社会停滞不前的不良状况。

可以说,新加坡政府投资不仅为经济发展和社会进步提供了良好的基础设施环境,而且直接影响着整个社会的投资和消费,从而影响着社会经济的运行,需要说明的是,新加坡财政支出的政策重心并不是一成不变的,总体上说,在新加坡独立后的一段时间内,财政支出的重点是社会基础设施建设。近年来,随着新加坡基础设施的不断完善,财政支出的重点逐渐转向教育和科技事业。

资料来源:靳晓黎主编.外国宏观经济管理.中国物价出版社.

第二节　国民经济发展战略

一、发展战略的含义与特点

"战略"一词最早用于军事术语,是指战争的全局谋略。美国经济学家艾伯特·赫希曼在 1985 年出版的《经济发展战略》一书中,第一次用了"经济发展战略"的概念,并从战略意义上研究发展中国家的经济发展问题。此后,经济发展战略的概念得以比较广泛的运用。20 世纪 60 — 90 年代,联合国也先后制定了四个"十年发展计划"。我国自党的十一届三中全会后,随着工作重心转移到经济建设上来,经济的长远发展问题也开始成为理论和实践决策部门关注的焦点。例如,1981 年于光远就提出了"经济社会发展战略"概念及其一系列相关理论问题,这对中国发展战略研究起了重要的推动作用。

发展战略,一般是指国家和社会经济发展进程中具有全局性、长远性、根本性的重大问题的谋划和决策。依据不同的主体,发展战略可以划分为国家发展战略(国民经济发展战略)、地区发展战略、行业发展战略及企业发展战略。

本书所说的国民经济发展战略又叫国家战略,是指国民经济和社会发展的全局性重大问题的战略部署和安排。它关系到一国经济和社会发展的前景,是指导国家整体发展的重要依据。

国民经济发展战略一般具有如下特点:

(1)全局性。即国民经济发展战略的研究对象是一国经济及社会的整体,是从宏观的角度来统揽全局,体现国家的长远利益与整体利益。

(2)长期性。国民经济发展战略所涉及的是一国社会经济发展的根本性重大问题,是对这些问题的长远预见和判断,需要较长的时间(10 年、20 年或更长),同时,由于国民经济发展战略是一国最高层次的战略,是制定其他战略和规划的依据,因此,其基本指导思想和目标必须保持相对稳定,这也是长期性的一种表现。

(3)纲领性。国民经济发展战略是对社会经济发展总的方向、目标、步骤和重大方针的概括,具有纲领性。

二、国民经济发展战略的基本要素

国民经济发展战略的基本要素一般包括:战略方针、战略目标、战略重点、战略布局、战略步骤、战略措施等。它们是一个完整统一的有机体系。

(一)战略方针

战略方针,指制定发展战略的指导思想。

战略方针是对整个发展战略基本取向的高度概括,在整个发展战略中居于灵魂和统帅的地位,决定着社会和经济发展的基本准则。例如,21 世纪初我国的战略方针就是"全面建立小康社会"。

(二)战略目标

战略目标,指在较长时期内要达到的总体要求和基本任务。

通常战略目标是通过一系列定性和定量指标来体现的。例如,1995 年党的十四届五中全会通过的《中共中央关于制定国民经济和社会发展第九个五年计划和2010 年远景目标规划的建议》所给予的战略目标:"到 2000 年在我国人口比 1980年增长 3 亿的基础上,实现人均国民生产总值比 1980 年翻两番,基本消除贫困现象,人民生活达到小康水平,全面实现现代化建设的第二步战略部署,初步建立市场经济体制。"2001 年朱镕基同志在九届全国人大四次会议上所做的《关于国民经济和社会发展第十个五年计划纲要的报告》指出:"十五期间我国经济与社会发展的主要目标是:国民经济保持较快发展速度,经济结构战略性调整取得明显成效,经济增长质量、经济效益显著提高,为到 2010 年国内生产总值比 2000 年翻一番奠定基础;经济增长速度目标为 7% 左右。"

(三)战略重点

战略重点,指对实现战略目标具有关键影响的环节和因素。

由于社会经济发展本身的不平衡,必然会出现相对发达和相对落后的薄弱环节,存在相对优势领域和相对受制约领域。因此,选择战略重点时需要注意:一是依据发展目标的要求,抓住一定时期对实现发展目标具有明显作用的部门和环节,以推动一大批相关部门和环节的迅速发展,的确起到"纲举目张"的作用。二是抓住对发展目标实现具有制约作用的薄弱环节,解决发展中的"瓶颈"问题。

(四)战略布局

战略布局,指战略在空间上的考虑。

战略布局应该根据发展目标的要求,促进生产要素在区域空间上的合理调配与布局,解决发展过程中出现的区域不平衡问题。中国作为一个地域广阔、区域差异明显的发展中国家,在发展战略上更应该重视区域布局,促进不同区域的协调发展。比如,我国实施西部大开发战略就是"三步走"发展战略布局环节上的重要体现。

(五)战略步骤

战略步骤,是指战略在时间上的考虑。

由于发展战略涉及比较长的时间,从战略期的起点到终点要经过若干个相互衔接的发展阶段,而且不同的发展阶段呈现不同的特点,有不同的要求和任务,因此,就要规定发展战略实施和推进的各个阶段,以及每个阶段的目标和具体措施。一般来说,发展战略大体需要经历准备阶段、发展阶段和完善阶段。战略步骤的安排也要符合各个阶段的要求。

(六)战略措施

战略措施,指为实现战略方针和战略目标而需要采取的对策和手段。

战略措施是发展战略能否实施的关键环节。它要针对战略目标的要求而设计,同时也要结合实际情况的变化表现出相对的灵活性。另外,国家发展战略的措施不是单一的,而是多种措施的搭配和组合。如产业政策、投资政策、人口政策、资源政策、科技政策、收入分配政策、贸易政策等政策体系在不同时期的组合等。

三、制定国民经济发展战略的基本思路

制定国民经济发展战略的思路,首先要全面、准确地把握不同发展阶段的情况和基本国情;其次,要及时分析一国发展面临的国际环境。在此基础上,通过规范的组织和程序,对发展战略做出抉择。

(一)国家所处的发展阶段分析

国家发展要经历不同的阶段,各个特定的阶段又有相应的发展任务,表现出不同的特点。因此,制定国家发展战略时必须要认清国家发展的特定阶段。关于发

展阶段划分,比较有影响的理论主要有:罗斯托的经济发展阶段理论和波特的竞争优势发展阶段理论。下面我们简单介绍罗斯托的经济发展阶段理论。

美国经济学家 W·W·罗斯托在 1960 年出版的《经济增长的阶段》一书中,把人类社会发展的历史划分为五个阶段:即传统社会阶段、为起飞做准备的前期阶段、起飞阶段、成熟阶段和大众高消费阶段。后来,在 1979 年出版的《政治和增长阶段》一书里,他又增加了第六个阶段:追求生活质量阶段。这六个阶段的划分,主要是从生产发展,尤其是工业化过程的产业结构和消费水平演变的角度进行的,体现了人类历史进程的一个重要侧面。

在罗斯托的六个阶段中,"起飞"是一个中心概念,它"是一个社会发展历史上具有决定意义的过渡阶段"。罗斯托认为,起飞阶段是稳定增长的障碍和阻力得以最终克服的时期,它需要具备三个条件:一是生产性投资率提高,例如,投资率由占国民收入(或 GDP)的 5% 提高到 10% 以上;二是有一个或多个重要制造业部门有很高的发展速度;三是有一种政治、社会和制度结构存在或迅速出现,能够最大限度地调动国内资源,为今后的稳定增长开辟道路。简单地说,这三个条件是 10% 以上投资率、主导部门(产业)和保证起飞的制度。他进一步认为,主导部门的迅速增长是促进经济转变的有力且必不可少的发动机,增长是通过不同形式、不同主导部门的不断更替而进行的。由此,罗斯托从产业结构演变的角度提供了研究各国经济增长阶段的一条基本线索。

例如,中国的发展也经历了不同的阶段。按照罗斯托的阶段划分法,它把中国进入起飞的年代定在 20 世纪 50 年代,如果除去"文化大革命"的十年,中国目前正处于起飞阶段的后期。之所以做出这样的判断,是因为现阶段的中国经济发展主要具有以下特征:①中国经济正处于高速增长阶段。从国际上不同国家的比较看,改革开放以来中国的经济增长率居世界前列。据世界银行《2000 年世界发展指标》统计,20 世纪 80 年代和 90 年代,中国 GDP 增长率分别为 10.1% 和 11.2%,在世界206 个国家和地区中分别居第二位和第一位。②中国保持了较高的储蓄率和投资率。从 1978 年起,中国的投资率一般都保持在 33% 以上,有的年份甚至接近 40%。1997—2001 年,中国城乡居民储蓄率分别为 31.7%、41.5%、37.8%、29.9%、20.1%,这在世界范围内也是很高的储蓄率。③中国经济的增长主要依靠劳动和资本的投入。虽然改革开放以来技术进步对经济增长的贡献率在不断提高,但中国经济增长主要依靠资本和劳动大量投入的基本格局并没有发生根本性的变化。④中国的产业结构正经历着剧烈的变动。与 1978 年相比,2001 年中国第一产业增加值占国内生产总值的比重由 28.1% 下降到 15.2%,第二产业比重由 48.2% 提高到 51.1%,第三产业比重由 23.7% 提高到 33.6%。目前,工业已成为推动国民经济发展的主要力量,第三产业也展示出巨大的发展前景。⑤中国经济体制和社会结构正发生深刻的变革。尤其是1992年以来,围绕建立社会主义市场经济体制的目标,中国在国有企业改革、投融资体制改革、金融体制改革、社会保障体制改革、政府职能转变等方面都取得了重大进展,初步建立了社会主义市场经济体制。同时,改革也在行政体制、司法体制等领域展开与深化,社会主义民主政治建设也在不断得到加强。

当然,还有一些对中国经济发展阶段的观点。如工业化的中后期、重工业化阶段、由低收入向中等收入水平过渡阶段、"六化"阶段(收入中等化、结构工业化、人口城镇化、经济体制市场化、经济循环国际化、经济增长集约化)等。这些划分度都从不同的角度揭示了中国经济发展的阶段性特征。

(二)国家发展的国内条件分析

1.国内发展条件的一般分析

国内发展条件的分析,主要指要认清国内社会经济发展的优势和劣势,以寻求一个比较合适本国的发展战略。

美国战略学家菲利普·科特勒在分析国家繁荣或衰退的原因时,提出了"国家内在能力"理论的基本框架。科特勒认为,国家的繁荣或贫困并不完全取决于自然资源,而是取决于国家的内在能力,影响一个国家内在能力的因素有很多,因此,决策者必须了解这些因素的范围和强度,认识这些因素随时间推移的替代和协同作用。

科特勒提出的影响国内能力的因素主要有:

(1)文化态度与价值观。不同的国家存在着文化背景的差异,这种差异会渗透到国家发展战略、政治、社会制度的选择、企业家精神和家庭观念等,从而对一国的方方面面产生不可忽视的影响。

(2)要素禀赋。一个国家的天然禀赋主要包括:自然资源、人口规模、人力资本、物质资本技术及基础设施等,这些因素对加强一国竞争力都是至关重要的,尤其是人力资本和先进的技术等因素,决定着一个国家达到最高境界的竞争优势的可能性和成功率。

(3)社会融合性。财富分配、权力分配、文化同种性等都会影响一国的融合性,如果所有的集团和阶层都对国家尽心尽力,全力以赴,无疑会使国家繁荣和发展。

(4)产业组织机构。产业竞争的激烈程度、竞争与垄断的关系处理、企业组织形式的选择,都会影响企业的竞争力。如何找到适合本国的产业组织形式,是提高国家竞争力的关键。

(5)政府领导。一个国家领袖的远见卓识、政府的战略扶持、行政效率、政策连贯性、政局的稳定性等,都会对一国发展起到不同的作用。如果政府缺乏远见、腐败严重、资源配置不合理、政局不稳则会影响发展的内在能力。

2. 现阶段我国发展面临的国内条件分析

21世纪初,中国发展面临的条件,从国内看,既有发展的有利条件,同时也存在许多困难与严峻的挑战。

(1)中国发展的有利条件主要有:第一,广阔的国内市场前景。作为世界上人口规模最大的发展中国家,中国的国内市场容量巨大,同时人均消费水平的提高,消费结构的不断升级、城乡居民消费结构的差异性等,均为各产业的发展提供了广阔的市场。从基础设施到制造业、服务业等领域都有极大的发展空间和潜力。第二,较高的储蓄率和投资率。1997—2001年,中国城乡居民存款率分别为31.7%、41.5%、37.8%、29.9%、20.1%;从1978年起,中国的投资率除1981年为32.5%以外,其余年份都在33%以上。据专家分析论证预测,我国未来10—20年的高储蓄、高投资状况还将持续。第三,技术进步对经济增长的贡献将有所提高。目前,我国经济增长的主要贡献靠劳动力和资本要素的投入,技术进步的贡献率与发达国家比有一定差距。但随着竞争机制的进一步引入,企业运用新技术提高劳动生产率积极性的进一步提高,将推动技术进步,同时中国有选择先进技术的后发优势,这也会提高技术对经济增长的贡献率。第四,产业结构优化与升级为经济增长提供了广阔的空间。我国目前第一产业比重过大,第三产业比重太小,在未来的发展时间里,第三产业大力发展空间很大,随着国家产业结构调整力度的不断加强,产业结构的优化和升级是必然的,这也会进一步导致经济的发展。第五,渐进式改革推进的政局稳定。我国的经济体制改革采取的是渐进式改革路径,比较好地处理了改革与稳定的关系,从而为经济和社会的发展创造了良好的政治环境。

(2)中国发展面临的严峻挑战主要有:第一,人口基数大,增长速度快,就业压力大。第二,生态环境脆弱,资源相对短缺。随着我国工业化的推进,环境污染问题日益突出,生态环境恶化对经济及社会发展的影响日益增大。水土流失、固体废弃物污染、水污染已成为比较严重的问题。同时,我国人均资源量低于世界平均的人均资源量水平,如耕地、水、石油等,都是如此。随着经济的进一步发展,资源短缺与经济发展之间的矛盾将进一步暴露。第三,地区和城乡发展的不平衡。20世纪90年代以来,中国的地区发展和城乡差距有不断扩大的趋势,在未来的几十年里,东部在产业结构升级和新技术的运用方面的优势还将保持,经济快速发展的势头比较明显。西部地区在大开发战略影响下,尽管在基础设施、产业特色等方面会有较大的发展,但与东部比较,差距扩大的趋势还是存在。城乡差距方面,由于工业资本有机构成的提高、产业结构升级、农村劳动力转移等原因,城乡二元经济结构的格局将进一步强化,城乡收入差距将进一步拉大。第四,经济体制改革面临新的挑战。随着经济体制改革的进一步深化,满足社会主义市场经济体制的要求,必须对一些难点问题进行进一步的攻坚,例如,国有企业改革的进一步深化、金融体制改革的全面深层次进行、社会保障制度的建立,等等,这些问题的解决,都会涉及很多更复杂的利益关系调整,触动一些利益集团的既得利益,从而使改革的难度进一步加大。

总之,在中国的经济社会转型期间,各种矛盾和利益冲突都会出现,甚至会激化,战略决策者应对此有充分的认识,才能在战略决策中有一个正确的选择。

（三）国家发展的外部条件分析

对发展面临的外部条件分析,主要是从世界经济发展趋势中找出给本国经济社会发展带来的机遇与威胁,趋利避害。21世纪国际格局继续向多极化发展,和平与发展仍是主旋律,经济、科技竞争在国际经济关系中的重要性继续提高等,世界经济发展趋势将从三个方面影响我国发展战略。

1. 经济全球化的不断加强

经济全球化的核心是资源配置的全球化和市场的一体化。在经济全球化过程中,各国都十分关注这一趋势,并积极采取措施应对,中国作为发展中国家里的大国,在面临机遇的同时也面临挑战。

（1）机遇。首先,经济全球化使贸易壁垒减少,国际贸易迅速发展,为中国贸易发展提供了广阔的市场前景。尤其是2001年加入世贸组织以后,我国面临更大的国际市场,可以利用非歧视原则和公平竞争原则保护自己的权利,利用拥有制定规则的机会保护自己的利益,为中国企业在国际竞技场上获得公平竞争的机会。其次,经济全球化使国际资本的流动规模扩大,为中国弥补资金不足提供了机会。再次,经济全球化使国际间的技术交流频繁,技术传播速度加快,从而为我国利用先进技术和适用技术提供了更多的选择。

（2）挑战。全球化使生产要素流动更加自由,商品市场和服务市场的竞争更加激烈,这使我国面临的竞争风险和市场风险加大。全球金融市场一体化使国际资本流动频繁、使中国内外平衡之间的矛盾日益突出,也加大了宏观调控的难度。

2. 新技术革命成为显著的特征

以信息技术、生物技术为代表的新技术革命,为各国发展开辟了新的领域和空间,技术创新能力成为衡量综合国力的关键因素。对中国来说,一方面可利用新技术带来的机会,发挥后发优势,加快经济发展的步伐,缩短与发达国家的经济发展差距;另一方面,新技术革命使竞争的优势更倾向于拥有技术创新能力的国家,发达国家通过占领技术创新的制高点来获取丰厚的利润,我国如不尽快增强技术的自我创新能力,在新技术浪潮里占有一席之地,将有可能拉大与发达国家的差距,对经济发展十分不利。

3. 全球范围结构调整的进一步深化

由技术革命引起的结构调整,其范围是多方面的。它主要包括产业结构、经济体制、发展战略等方面,其核心是产业结构的调整和优化。为了提高本国的国际竞争力,各国都力求将经济发展的重点转移到具有竞争优势的高科技产业上,并运用先进技术改造传统产业,全面提高产业素质。在体制上,更加灵活高效的市场经济体制成为各国的追求目标,在处理政府与市场关系上也更加理智,政府的宏观调控能力得到改善,市场配置资源的效率在不断提高。

四、我国经济发展的战略选择

中国的战略转变与选择真正开始于 1978 年。1978 年党的十一届三中全会后,我国才意识到应从高度集中的粗放式的只注重速度而忽视效益的计划经济体制,转向速度与效益并重、各种手段共同协调的市场经济体制,才意识到要实施发展战略的转变。邓小平最初提出了中国经济建设分"三步走"的战略。第一步,实现国民生产总值按 1980 年不变价格计算,比 1980 年翻一番,解决人民温饱问题。第二步,到 20 世纪末,使国民生产总值再翻一番,人民生活达到小康水平。第三步,到 21 世纪中叶,人均国民生产总值达到中等发达国家水平,人民生活比较富裕,基本实现现代化。这时,中国新的发展战略基本形成。

1995 年中国提前实现了国民生产总值比 1980 年翻一番的目标。1997 年党的十五大又提出了新的"三步走"战略:第一步,从 2000 年到 2010 年,国内生产总值翻一番,使人民的小康生活更加富裕,形成比较完善的社会主义市场经济体制;第二步,从 2010 年到 2021 年,即建党 100 周年时,使国民经济更加发展,各项制度更加完善;第三步,从 2021 年到 2050 年基本实现现代化,建成富强、民主的社会主义国家。

第三节　　国民经济决策

一、国民经济决策概述

(一)国民经济决策的内涵与特点

国民经济决策是决策概念在宏观经济领域的具体运用。它是指国家关于未来宏观经济过程如何发展所做的选择和决定,是国家对社会经济发展目标、发展规划、行动方案、方针政策等一系列问题进行研究、选择、拟定、编制的过程。

国民经济决策的特点主要有:预见性、指导性和择优性。

预见性是指国民经济决策在行动之前对国民经济应向何处发展、如何发展就已做出安排。

指导性是指国民经济决策对国民经济活动有直接的指导作用。

择优性是指对未来经济活动的目标及实现目标的多种途径做出符合客观规律的合理抉择。

(二)国民经济决策的内容

国民经济决策的主要内容包括:

(1)确定国民经济与社会发展的战略目标。即在国民经济范围内,通过各产业、各部门、各地区的共同努力所应达到的国民经济总体发展的战略目标。

(2)确定实现这一目标的一整套方针政策、战略重点、战略步骤和战略措施。

(3)编制国民经济发展的远景规划和计划。

二、国民经济决策的程序和方法

国民经济决策是在掌握大量信息的基础上,通过系统研究、分析论证、思考判断后做出的。它要按照一定的步骤、程序和方法来进行。

(一)国民经济决策的程序

国民经济决策程序是指对国民经济决策过程所做的制度规定和组织安排。科学的决策程序一般包括以下几个方面:

1.确定目标

确定目标是决策的首要问题,为此,要全面调查、了解国民经济内部条件及外部环境的所有资料,系统分析国民经济发展的历史、现状,预测未来可能的发展趋势,指出具有全局性的要害所在。

确定目标在国民经济中居于主导地位。目标确定必须明确、具体,并规定具体的实施时间及目标实现程度的衡量指标。

2.拟订方案

任何一个问题的解决,客观上存在着许多解决的途径和办法,决策的实施在于选优。如果一种方案只有一个被选方案也就无所谓决策。同时,不同的方案可以给人以不同的启发,能使我们兼听则明,有利于正确决策。

3.方案的评估和选优

决策的评估是指对拟订的各种被选方案的可行性及可能存在的问题进行分

析、权衡和论证。方案的评估是为选优做准备,选优要在全面权衡各方面的利弊得失、反复比较、正确评估的基础上进行。实际决策中不必刻意追求详尽所有被选方案的最优目标,而应以寻求次优目标或满意选择为目的,并且采取渐进方式去实现理想的决策方案。

一般来说,一项涉及国民经济重大决策问题的决策需要不少于三个被选方案,其选择的结果可能有两个,或者是其中比较适中的方案被选中,或者是在所有被选方案的基础上进行重新加工和补充,形成比较满意的方案。

4.决策的实施与监督

决策被做出以后就要付诸实施,决策实施取决于执行者对决策意图的透彻理解,因此,应把目标落实到每一个执行者,明确责任,同时对决策的执行过程进行监督、检查,以便及时发现实际情况与决策目标的不符合,采取相应的措施加以调整。

决策是一个连续的动态过程,每一个步骤、每一个环节都不能越位和不到位,同时,由于社会经济活动的实际变化难以预测,因此,对决策做出适当的调整也是有必要的。

（二）国民经济决策的方法

正确进行国民经济决策需要有多种决策的方法,一般主要有:

1.综合平衡法

综合平衡法,指在经济决策中,从国民经济的整体出发,全面考虑各项国内外因素及其联系,对各项决策进行总体协调和统筹安排,使其保持一致的方法。综合平衡法的基本形式是编制国民经济平衡表,用以建立国民经济各个方面的比例关系。

2.投入产出法

投入产出法也称部门平衡联系法,是指在一定理论指导下,通过投入产出表和相应的数学模型建立,分析和研究国民经济各部门之间直接和间接的数量依存关系,进行经济预测、决策论证和综合平衡的一种数量分析方法。

3.可行性研究

可行性研究,是指对某一项目所有的方面进行尽可能详细的调查研究,从技术、经济参数方面进行系统分析、论证及效益评价,从而判断这个项目是否可行并提出建议。

4.线性规划

线性规划,是指运用运筹学的原理,来研究在现有人力、物力、财力的基础上,如何寻求目标函数的最优化。

事实上,国民经济决策的方法有很多,在实践过程中需要我们灵活的运用与组合,只有如此,才可能使国民经济决策科学、合理、实用。

第四节　国民经济的宏观调控体系

政府对国民经济进行宏观调控是现代市场经济的一个基本特征,也是国民经济管理的主要手段之一。宏观调控是指以国家为主体对整个国民经济进行的调节与控制,以达到社会经济的快速、协调、稳定和可持续发展。宏观调控体系主要包括宏观调控的目标、方式、手段、政策等。它们是一个不可分割的有机整体。

一、宏观调控的目标

在市场经济条件下,政府宏观调控的目标主要包括:保持国民经济的稳定快速增长、物价总水平的基本稳定、充分就业、国际收支平衡、重大经济结构的优化、收入分配公平等。其中,经济增长、物价稳定、充分就业和国际收支平衡是宏观调控的四大主要目标。

宏观调控各个主要目标之间的主次顺序,在不同的宏观经济形势下是不同的,而不是固定不变的。要根据具体国民经济的运行状况中需要解决问题的轻重缓急来确定。宏观调控各目标之间既有互补关系也有替代关系。在确定某一时期宏观调控政策所要达到的最主要目标时,往往会同其他目标的实现发生不同程度的矛盾,甚至冲突,会在其他目标的实现上付出不同程度的代价。例如,经济增长与物价稳定、物价稳定与充分就业之间的替代关系等。而有些目标之间则是相互促进的互补作用关系。例如,保持国民经济的快速增长有利于充分就业目标的实现。因此,要根据实际情况关注各种宏观调控政策的搭配和相机抉择。

需要强调的是,经济增长是指一国生产的商品和劳务总量的增加,即国民生产总值(GNP)的增加。它通常用国民生产总值(国内生产总值)或人均量来衡量。但经济增长并非经济增长速度越快越好,而是要控制在一定的合理范围内,要与国家的各种要素禀赋状况及社会承载能力相匹配。

物价稳定,是指价格总水平的基本稳定。一般用价格指数(同一组产品及劳务在各年的价格与它在某一基年的价格相除所得的比率)来表示价格水平的变化。价格稳定,不是说每种商品的价格在不同时期都不变动,而是指价格指数的相对稳定,既不出现比较严重的通货膨胀,又将物价指数保持在与国民经济的增长,尤其是消费和投资增长相适应的水平。

充分就业,指不存在非自愿性失业的状态,而不是说社会就没有失业了。实际上,任何国家经济发展过程中从来就没有 100% 的就业率。因为,现实社会中总有劳动者出于各种原因而不愿意工作。当然,保持适度的失业率也有利于竞争,有利于提高劳动生产率。

随着世界经济全球化趋势的加强,国际间经济往来的日益频繁,如何平衡国际收支也成为一国宏观经济政策的主要目标之一。一国的国际收支平衡状况不仅反映这个国家的对外经济贸易往来的情况,而且也会对国内经济发展形成冲击,影响国内的就业水平、价格及经济增长。

二、宏观调控的方式和内容

(一)宏观调控的方式

政府对国民经济宏观调控的方式有多种,主要有间接调控和直接调控等方式。

间接宏观调控方式,是指政府运用经济手段调节市场,通过市场机制来引导企业,使企业的生产经营活动大体符合国民经济的发展目标。政府的主要精力是解决战略性和政策性的问题上,营造良好的宏观环境,实现国民经济的良性循环。

直接宏观调控方式,是指以市场为基础,以粗线条的有弹性的计划指导国民经济发展。计划指导的任务是进行社会经济发展的预测,确定国民经济发展战略,为微观经济决策和政府制定政策提供信息。其方法主要是通过计划制定过程中的信息交流、计划的发布、计划的实施情况披露来实现计划的指导作用。

(二)宏观调控的内容

宏观调控的基本内容主要是保持国民经济的总量平衡和结构平衡。

总量平衡,是指社会总供给与总需求的基本平衡。

由于东西方国民经济核算体系的不同,社会总供给与总需求也有不同的界定,我们一般采用国民生产总值来界定。总需求是指一国在一定时期内所有部门的最终产品和劳务的有支付(购买)能力的需求量。总需求 = 净投资需求 + 消费需求 + 政府支出 + 出口需求。总供给是指一国在一定时期内社会所有部门提供的可用于最终消费的产品和劳务总量。总供给 = 消费 + 储蓄 + 政府收入 + 进口。

结构平衡,是指国民经济在各部门、各地区、各产业的大体平衡以及它们之间的平衡。

当然,在现实经济生活中,不论是国民经济的总量平衡,还是其结构平衡都是非常困难的,而经常表现的是国民经济的不平衡(失衡),这也是宏观调控的必要性之一。

三、宏观调控的手段

在市场经济中,政府进行宏观调控的手段主要有:经济手段、法律手段、行政手段和计划手段。

(一)经济手段

经济手段,指政府利用社会各利益主体对自身经济利益的考虑,通过经济杠杆来调节和影响社会经济生活,实现经济总量的基本平衡和经济发展的预定目标。它是市场经济条件下政府进行宏观调控的主要手段。

经济手段的实质是以物质利益为引力、动力或压力,通过物质利益的得失、增减变化来引导商品生产者和经营者的经济行为。经济杠杆主要包括:价格、信贷、利息、税收、工资和汇率等。

由于各种经济杠杆的活动范围、作用方向和作用程度以及局限性各不相同,因此,在许多情况下,单独运用一种杠杆往往不能达到预期目的,必须相互配套,综合运用,充分发挥其综合效能。这就要注意以下问题:一是方向的一致性。对同一对象,在运用经济杠杆时,不能相互掣肘、互相抵消,而是要方向一致,形成合力。二是主次分清,搭配成套。采取某一杠杆为主,其他经济杠杆配合。这就要建立协调机构,由政府牵头,会同物价、税务、银行、劳动工资等部门进行协调、统筹安排。三是有相同的外部条件。如市场主体的塑造,市场体系的完善,市场信息的畅通等。

经济手段中的经济政策主要包括:财政政策、货币政策、产业政策、收入政策、区域政策和人力政策等。有关经济政策的内容我们将在后面详细介绍。

(二)法律手段

法律手段,指政府在宏观调控过程中运用法律手段来管理社会经济活动的总称。它包括一系列有关经济活动的法律、法规、条例、章程等。

运用法律手段的核心在于确定经济主体的权利、责任和义务关系,调整国家机关、企事业单位、社会团体和公民之间的经济关系,维护市场正常秩序,保证国民经济正常运转。

法律手段的特点是一种超经济的国家强制。即通过国家颁布相关的规定、准则来支持、肯定或纠正、否定某种经济行为,保证社会各方面的正常权益,控制和维护正常的经济活动。

法律手段的主要内容有经济立法、经济司法和经济仲裁。

经济立法,指国家立法机关制定各种经济法规,使各种经济活动有法可依。经济法规的制定要以客观经济规律为依据,按客观经济规律的要求,以法律形式表现出来,反过来成为保证人们严格按客观经济规律办事的有力工具。我国的立法机关是全国人民代表大会及其常务委员会。

经济司法,指国家司法机关按照经济法律规定的制度和程序,对经济案件进行检察和审理的活动。我国的司法机关是人民检察院和人民法院。

仲裁,也叫公断。经济仲裁,指仲裁机构依照法定程序对当事人在经济活动中所产生的经济争议居中调解或进行法律性质裁决的一种具有约束力的司法活动。在市场经济条件下,人们的经济联系日益广泛;与此同时,各种各样的经济争议越来越多,如商标纠纷、合同纠纷、专利纠纷、著作权纠纷以及涉外纠纷等等。在这些经济争议中,大量的是经济合同纠纷,当事人双方应当及时协商解决;如果双方协商不成,应根据合同中订立的仲裁条款或纠纷发生后达成的仲裁协议向仲裁委员会申请调解或仲裁;也可以直接向人民法院起诉。通过仲裁活动,阐明事实,分清是非,明确责任,及时解决合同纠纷,保护当事人的合法权益,保障社会主义市场经济的健康发展。1994 年 8 月 31 日我国八届人大九次会议通过了《中华人民共和国仲裁法》(简称《仲裁法》)。《仲裁法》是指处理平等主体的公民、法人和其他组织之间发生的合同纠纷和其他财产权益纠纷的法律规范的总称。《仲裁法》规定:"仲裁委员会可以在直辖市和省、自治区人民政府所在地的市设立,也可以根据需要在其他设区的市设立……"

实践中,经济立法、经济司法和经济仲裁构成了一个国家完整的经济法律体系,它是规范经济活动,保证宏观调控目标实现不可缺少的重要工具。

(三)行政手段

行政手段,指政府在宏观经济管理过程中,凭借其政权力量或生产资料所有权,依靠行政组织,运用行政指令,按照行政方式对社会经济活动进行直接的干预。

行政手段干预的特点是权威性、垂直性和无偿性。这主要包括:对某些公害排放量大,且影响环境的企业,强制性实行的关、停、改、转;当国际市场发生较大变动时,为了保护国内经济,由政府控制汇率与外汇额度;当国内经济面临紧急状态时,如通货膨胀率急剧,则可以宣布冻结物价、利率和工资;在战争时期或特殊的紧急局势下,政府也可以宣布某些企业可以转为国有企业,等等。

为了有效地组织和管理国民经济,政府发布一些符合实际的行政命令,下达某些指令性计划,提出一些带有强制性的要求,是完全必要的和必需的。但是,也要看到,过分依靠行政手段管理国民经济,也会产生主观臆断性、滥用职权等副作用。例如,我国改革开放前传统的经济管理体制的主要弊端就是过分依赖行政手段来管理经济活动。所以,必须明确,在社会主义市场经济中,行政手段只能是在必要的范围内使用的一种宏观调控手段。

（四）计划手段

在市场经济条件下，计划并没有丧失其存在的必要性，计划手段仍然是宏观调控的一种重要手段。

计划手段，指政府通过对客观经济现象的历史和现状的分析，揭示和预测未来的发展趋势和规律性，来引导市场各经济利益主体的经济决策和行为，以实现国民经济中长期的发展目标。

在市场经济条件下，宏观调控的计划手段的实施必须与经济手段中的各种经济杠杆、经济政策，法律手段中的法律、法规及必要的行政手段协调配合，在相互制约中共同引导和调节国民经济的高效运行。党的十六届三中全会指出，"国家计划明确的宏观调控目标和总体要求，是制定财政政策和货币政策的主要依据"。

必须明确，在市场经济条件下，宏观调控的各类手段中主要是经济手段，而宏观财政政策与货币政策在经济手段中占有重要的地位。

四、宏观调控政策

宏观调控政策是指国家为了达到经济政策目标而采取的方法，主要包括政策工具和政策的实施方法。宏观调控政策主要有需求政策、供给政策和对外经济政策三大类。

（一）需求政策

需求方面的宏观调控政策，主要有财政政策和货币政策。

1. 财政政策

财政政策，是指政府通过对财政收入和财政支出总量及结构的调节来影响社会总需求，使之与总供给相适应的经济政策。财政政策包括财政收入政策和财政支出政策。其特点是：能直接影响社会的消费和投资总量，从而影响社会总需求。

（1）财政收入政策。又叫税收政策，是指政府通过减税、增税、调节税收的起征点、免征点和对税率、税种的调整来达到控制总收入进而控制支出的方法。当社会总需求小于社会总供给时，要提高总需求水平，避免经济衰退，政府应采取减税政策，包括免税和退税政策。因为通过减税，居民的可支配收入增加，就会有更多的货币用以消费购买，使社会总消费量增加。同时，减税在其他条件不变情况下还使企业利润增加，这会引致投资增加。这样，社会消费和投资需求的增加，社会总需求水平就会提高，这将有助于克服经济衰退和减少失业人口。反之，当社会总需求大于社会总供给时，就要降低总需求水平，以避免过度需求引起的经济过热和通货膨胀，政府应采取增税政策。通过增税，居民的可支配收入减少，随之对消费的需求就会减少。同时，由于增税导致企业利润下降，企业就会减少投资或延缓投资。

这样,社会消费和投资量就会下降,从而降低总需求,有助于经济的降温和通货膨胀的消退。另外,财政收入政策还会产生乘数效应。

(2)财政支出政策。它是指政府通过对公共工程、商品及劳务购买、转移支付等项目的调整来调节总需求的方法。当总需求小于总供给时,要提高需求水平,克服经济衰退,政府应采取增加支出的政策。财政支出主要包括增加公共工程投资、增加政府购买及增加对居民的转移支付。政府支出的增加会使企业生产恢复和生产规模的扩大。同时,政府对居民转移支付的增加会增加居民的消费购买,从而提高社会总需求水平,克服经济衰退。反之,当总需求大于总供给时,要降低总需求水平,避免经济过热和通货膨胀,政府应采取减少支出的政策,包括减少政府对公共工程投资、政府购买和转移支付。这样,可以限制企业的投资和压缩居民消费,从而降低总需求,有助于过热经济的降温和控制通货膨胀。另外,财政支出政策还会产生乘数效应。

财政政策还可分为紧缩型、扩张型和平衡型三类,具体采用哪一种财政政策或配套使用各类财政政策,要视具体的宏观经济形势而定。

2.货币政策

货币政策,是指中央银行通过调整货币的流通量进而调整利率,再通过利率的升降来调节引导投资和消费,从而影响社会总需求和总供给,并使二者趋于一致的经济政策。

中央银行调节货币量的工具主要有:法定准备金率、再贴现率和公开市场业务。

法定准备金率,是指商业银行必须按照一定存款比率保留法律规定数量的准备金以应对存款人的随时提款,这一比率叫法定准备金率。法定准备金率的具体运用:在经济高涨时,央行往往会调高法定准备金率,这样商业银行能放出去的贷款就少一些,派生货币量也随之减少,市场上的货币供给量就减少,在其他条件不变时,利率就会上升。利率上升就会抑制投资需求,同时,利率上升会促进消费者的储蓄意愿,从而减少消费,抑制需求。这样,总需求的膨胀就会得到抑制。反之,在经济衰退时,中央银行可调低法定准备金率,使货币供应量增大,从而引发利率水平下降,刺激投资和消费的增长,使总需求得以增长。

再贴现率,是指商业银行向中央银行借款时所支付的利率。在经济衰退时,中央银行为刺激总需求的增加,降低再贴现率以刺激商业银行向中央银行的借款,从而降低利率,扩大商业银行对企业的贷款规模,扩大社会投资需求。同时由于利率降低,又会降低消费者的储蓄热情,刺激消费,从而使总需求扩大。反之,在经济高涨时,中央银行会调高再贴现率,使过度需求和通货膨胀得以抑制。

公开市场业务,指中央银行在公开市场上通过买卖政府债券来调节货币量,从而影响利率,再影响总需求的宏观调控方法。在经济衰退时,中央银行在公开市场上买进政府债券,投放货币。这样从个人和企业来讲,卖出政府债券,获得货币,也会增加商业银行的存款,使利率下降,增大流通中的货币,从而促进投资与消费的增加。反之,在经济高涨时,中央银行则在公开市场上卖出政府债券,货币回笼,产生与上述相反的后果。

3. 相机抉择——财政政策与货币政策的配合使用

相机抉择,指政府在进行需求管理时,可以根据市场情况和各种调节措施的特点,灵活地决定和选择哪一种或哪几种宏观调控政策。

在一般情况下,财政政策和货币政策是配合使用的。可以使扩张的财政政策与扩张的货币政策搭配使用;也可以使紧缩的财政政策与扩张的货币政策搭配使用;也可以把紧缩的货币政策与扩张的财政政策配合使用。这样,不同的搭配可以产生不同的政策效果,以便在刺激需求的同时避免引发通货膨胀;在刺激供给时避免引发经济过热,更加有利于经济平衡。

(二)供给政策

供给政策主要包括收入政策、人力政策、产业政策和区域政策。实践中,这些政策对需求也有影响,但主要是对供给方面的影响,因此叫供给政策。

1. 收入政策

收入政策,指政府依据宏观调控的目标,规定个人收入总量、收入结构变动方向,以及政府调节收入分配的基本方针和原则。通常它主要是通过控制工资与物价来防止通货膨胀的政策,因其控制的重点是工资,故称收入政策。

收入政策一般有三种形式:①工资—物价冻结。政府采用法律手段禁止在一定时期内提高工资与物价。这种措施一般是在特殊时期(例如战争时期)采用的。但在某些通货膨胀严重时期,也可以采用这一强制性措施。例如,1971 年美国尼克松政府为了控制当时的通货膨胀,就曾宣布工资与物价冻结 3 个月。这种措施在短期内可以有效地控制通货膨胀,但它破坏了市场机制的正常作用,在长期中不仅不能制止通货膨胀,反而还会引起资源配置失调,给经济带来更多的困难。所以,一般不宜采用这种措施。②工资与物价指导线。政府为了制止通货膨胀,根据劳动生产率的增长率和其他因素,规定出工资与物价上涨的限度,其中主要是规定工资增长率,所以又称"工资指导线"。工会和企业要根据这一指导线来确定工资增长率,企业也要根据这一规定确定物价上涨率。如果工会或企业违反规定,使工资增长率和物价上涨率超过了这一指导线,政府就要以税收或法律形式进行惩罚。这种做法比较灵活,在 20 世纪 70 年代以后被西方国家广泛采用。③税收刺激计划。以税收为手段来控制工资的增长。

政府在实施收入政策时,需要注意以下几个问题:一要考虑收入差距的社会承受力,在公平与效率之间做出科学选择;二要考虑国民经济总量的平衡,通过收入总量的变化调节需求;三要考虑劳动力这一生产要素的供给价格,通过收入政策的调节,防止产生成本推进的通胀,稳定物价。

2. 人力政策

人力政策,又称就业政策或劳工市场政策,是指政府依据宏观经济调控目标,通过对劳动力的供给结构、转移、素质要求等提供信息引导或培训,以实现充分就业目标的政策。

人力政策是一种旨在改善劳动市场结构,解决失业与职位空缺并存矛盾,以减少失业的政策。其主要措施有:①人力资本投资。由政府或有关机构向劳动者投资,以提高劳动者的文化技术水平与身体素质,适应劳动力市场的需求。从长期来看,人力资本投资的主要内容是增加教育投资,普及教育;从短期来看,是对工人进行在职培训,或者对由于技术不适应而失业的工人进行培训,增强他们的就业能力。②完善劳动市场。失业产生的一个重要原因是劳动市场的不完善,例如,劳动供求的信息不畅通,就业介绍机构的缺乏,等等。因此,政府应该不断完善和增加各类就业介绍机构,为劳动的供求双方提供迅速、准确而完全的信息,使工人找到满意的工作,企业也能得到他们所需要的工人。这无疑会有效地减少失业,尤其是降低自然失业率。③协助工人流动。劳动者在地区、行业和部门之间的流动,有利于劳动的合理配置与劳动者人尽其才,也能减少由于劳动力的地区结构和劳动力的流动困难等原因而造成的失业。对工人流动的协助包括提供充分的信息以及必要的物质帮助与鼓励。

3. 产业政策

产业政策,是指国家规划、干预、引导产业形成和发展的一种政策措施。产业政策的目标在于引导资源在各产业之间及产业内部的优化配置,建立高效、优化、均衡的产业结构,以利于国民经济的持续和稳定发展。

产业政策的主要措施有:政府直接干预,主要包括直接投资、调配物资、强制性的行政管理等;经济措施,主要包括差异性的财政、金融政策、价格政策等;法律政策,即通过法律程序干预产业结构及规模等。

4. 区域政策

区域政策,是指政府运用多种政策措施和经济杠杆,协调和促进各地区的经济发展,实现地区间的优势互补。

政府运用区域政策的主要措施有:利用计划加强地区经济发展的宏观规划和

引导,从国民经济的整体利益出发,实现资源的区域合理配置;利用财政政策和货币政策促进地区之间的分工与协作,加快地区网的形成与发展;利用产业政策调整不同地区产业结构和本地区经济结构的偏差,实现经济整体的均衡发展。

（三）国际经济政策

现实中,每一个国家的经济都是开放的,各国经济之间存在着日益密切的来往与相互影响。一国的宏观经济政策目标中必然包括国际经济关系的内容（即国际收支平衡）,其他目标的实现不仅有赖于国内经济政策,而且也有赖于国际经济政策。因此,在宏观经济政策中也应该包括国际经济政策,或者说政府对经济的宏观调控中也包括了对国际经济关系的调节。

在开放经济中,对外经济政策要实现各国内在均衡与外在均衡,不仅需要财政政策、货币政策这些国内政策,而且还需要以下对外经济政策。

1. 对外贸易政策

对外贸易政策可以分为两类:一类是自由贸易政策,另一类是保护贸易政策。从总体上看,自由贸易有利于实现世界范围内的资源最优配置,从而达到全世界经济福利最大化。但实际上,全世界的经济福利最大化并不一定是各国本身经济福利的最大化。因此,自由贸易往往要受到限制。在不同的时期,不同的国家都是自由贸易与保护贸易交替,或不同程度上的结合。

当前,许多西方发达国家都采取了保护贸易的政策,这种政策有利于实现国内充分就业和经济增长,改善国际收支状况。保护贸易政策主要包括:①关税壁垒措施。指通过一国海关对货物所征收的关税,起到限制进口、保护国内市场作用、增加本国财政收入的措施。这是保护贸易的主要工具之一。但一国在运用关税措施时,常会引起其他国家的报复,从而不利于本国产品的出口。②非关税壁垒措施。指用关税以外的工具来限制进口的措施。这是一种运用非常广泛的保护贸易手段。目前,据不完全统计,各国运用的非关税壁垒有3000多种。但常用的非关税壁垒主要包括:进口限配额、进口许可证、补贴、技术性壁垒、环境壁垒等。非关税壁垒这种政策工具对保护国内市场是非常有效的,但也有其副作用。一是同样会引起其他国家的报复;二是会引起官员的腐败,那些拥有配额分配权或其他权力的官员会利用这种权力受贿赂。这种现象在许多发展中国家尤为突出。

2. 汇率政策

汇率变动不仅影响对外贸易与国际收支,同样也影响国内经济。因此,在对外经济政策中,汇率政策十分重要。通常,汇率政策主要包括:①汇率贬值政策。在固定汇率制度下,贬值可以提高进口品的相对价格,降低出口品的相对价格,从而增加出口,减少进口,既增加了国内就业,又有利于减少国际收支赤字。但是,汇率贬值对外贸的影响并不如此简单。许多经济学家认为,贬值对经济的影响是先不利而后才有利。这是因为汇率贬值后,绝大部分贸易按原来签订的合同交易,在按新汇率结算时,会使以本币计算的出口商品收汇减少,而以外汇支付的进口商品的数额却不变,于是就在短期内使国际收支状况恶化。只有过一段时期后,随着出口增加,进口减少,对经济才会有有利的影响。②汇率管制政策。在浮动汇率之下,政府也要运用买卖外汇的方法对汇率进行干预,避免汇率的大幅度波动。这是因为汇率的波动会影响人们对未来的预期,使人们对经济持悲观态度,从而影响经济的稳定性。特别是汇率的过分贬值还会使国内通货膨胀加剧,不利于物价稳定的目标。有时为了经济与非经济目标,也需要通过干预,维持较低或较高的汇率。

3. 对外投资政策

在当代,资本输出入对各国有着重要的意义。在国际经济关系中,有些国家要吸引外资,有些国家要输出资本。对西方发达国家来说,资本输出更为重要,因此,我们重点介绍鼓励对外投资的政策。

鼓励对外投资主要是采用下列一些手段:①通过国家的对外经济援助和其他政治、经济,甚至军事手段,为私人对外投资开辟道路。②利用纳税优惠政策鼓励和支持私人的对外投资。其中主要包括可以在应交纳税中扣除在国外已纳税金的国外纳税减免,避免双重纳税;在国外投资收入汇回之前不予征税的延期纳税等。③对私人对外投资实行担保和保险。这样可以减少私人对外投资的风险。④制定保护海外私人投资利益的法律。例如,对没收或征用本国海外投资的国家停止经济援助或实行其他经济惩罚等。⑤利用各种渠道对私人对外投资提供资金上的支持。

4. 国际经济关系的协调

各项对外经济管理政策在实质上都是损人利己的,这往往会影响各国之间的经济关系,甚至引起各国之间的冲突。但从长远看,各国的利益又有其一致性,即各国的经济是共同繁荣的,损人利己最终也会给自己的经济发展带来困难。这就需要调整各国之间的经济关系。

国际上各种经济关系错综复杂,有这样一些主要的关系:发达国家之间的关系,发达国家与发展中国家的关系(南北关系),以及发展中国家之间的关系(南南关系)。在发达国家与发展中国家中又有不同的利益集团。这些关系在不断发生变化。从国际范围来看,对各种经济关系的协调主要有这样一些途径:①建立各种国际经济组织,通过这些组织来协调各国经济关系。其中最主要的是世贸组织和国际货币基金组织。②建立地区性经济一体化组织,加强本地区经济发展,协调本地区的经济关系,共同对付其他国家。其中最著名的是欧盟。它在维护欧洲国家利益,协调各国关系方面起了重要的作用。③各国各集团之间进行双边或多边谈判,各方做出相应的让步。在现实中,经济关系与政治、军事等关系是交织在一起的。因此,经济关系的协调还涉及许多其他问题。这些问题已经超出了经济学的研究范围,本书不予论述。

【案例与思考】　　　　　　"电荒烤热煤炭业"

1.华东电力供应亮红灯

2003 年入冬以来,主要靠外购电力满足全省用电的浙江省,遇到外购电量骤减的难题。为保证电网正常运行,杭州城在 12 月 1 日被迫分线路分片拉闸限电,首次拉闸限电超过 25 万千瓦,限电线路达 38 条。

"电荒"警报在华东各地拉响:浙江缺电 300 万千瓦! 上海缺电 200 万千瓦! 江苏的供电缺口达 350 万千瓦! 中国电力企业联合会统计信息部 11 月发布的报告显示,全国年电力需求增长率将达到 14% ~ 15%,用电量将达到 18680 亿千瓦时。这个数字,创下了改革开放以来年用电增长速度最快的纪录。

浙江省的缺电,已从高峰时段蔓延到半夜时分。这个全国缺电最严重的省份,如果气温持续下降,天气依然干燥无雨,今冬浙江电力缺口可能超过今夏高峰时段的 500 万千瓦。

江苏省电力部门面临的是伴随冬天来临的 365 万千瓦电力缺口,仅南京市电网供应最高负荷在不限电的情况下将达到 326 万千瓦,最大电力缺口达 67 万千瓦。

警报同样在福建省响起。虽然 1—9 月份的发电量比上年同期增长了 16.54%,加上福建每天向省外购入 400 多万千瓦电量,但高峰时段的电力供应仍捉襟见肘。

入冬以来,山东省用电负荷猛涨,仅 12 月 2 日,用电负荷就达 1740 万千瓦,接近夏季历史最高点 1752 万千瓦。据悉,山东全省电厂发电能力总共 2270 万千瓦,可用发电能力只有 2000 万千瓦左右。进入 10 月以后,山东发电用煤供应吃紧,19 家网上电厂的燃煤储备在 70 多万吨徘徊,大大低于燃煤储备警戒线。11 月下旬以来,燃煤供应更加紧张,一些电厂因缺煤被迫关闭发电机组。

刚刚熬过夏季"电荒"的上海,又面临入冬后的缺电困境。为解决 200 万千瓦的缺口,每天有超过 2600 节货车皮的煤炭运入上海,以解决部分电厂的燃"煤"之急。

2.煤炭供应紧张与宏观调控

去年入冬以来,我国部分地区的许多大中城市相继出现了煤炭供给紧张的局面,许多电厂、电网的电煤供应频频告急。据统计,2004 年全国用电增长速度为 12% 左右,电煤消耗量将比 2003 年增加 9000 万吨以上,在许多电厂,今年夏季高峰期的库存电煤被提前消耗,部分电厂煤炭库存仅够用两三天,远低于正常的库存警戒线。

煤炭库存紧缺,价格飞涨,当市场把矛头指向煤炭企业的时候,中国煤炭协会的专家们却提出了不同看法:煤炭紧缺并非产量不足,2003年,中国煤炭开采量已达到17亿吨,比上年增长24%,创出历史新高。

市场需求的暴涨是造成煤炭供应紧张的重要原因。2003年我国的国内生产总值增长了9.1%,机械、汽车等重工业发展速度惊人,同时,一些地方盲目投资钢铁、电解铝和水泥等高耗能的企业,加剧了能源紧缺的局面,造成煤炭需求更加旺盛。

一边是煤炭产量已经不断提升,一边是煤炭缺口仍在扩大。专家认为,造成这种局面的根本原因,就是固定资产投资规模的过快增长,它导致煤、电、油、运各个环节的紧张和供给矛盾。因此,在此次宏观调控的政策措施中,控制固定资产投资过快增长,正是缓解煤炭供应不足的一剂对症的良药。

看来出现煤荒,病根并不在煤矿本身。缓解煤炭紧张的压力,也不可能靠单纯的增加产量。最近,国家发展与改革委员会对电解铝、铁合金、电石、烧碱等6个高耗能行业按照国家产业政策的要求,实行差别电价。电监会也在对全国电力情况做进一步调查,为以后对症下药寻找依据。只有过热的经济降温,眼下的这场煤荒才能真正过去。

案例分析:无论是电荒还是煤荒都是商品供给与需求的失衡,这在市场经济条件下是正常的现象。但是,我们国家目前面临的这些问题的却有很多值得在经济发展战略上进行反思的地方。

商品供需平衡尽管有赖于人们对市场经济条件下供求规律的充分认识和经济发展中的其他条件配合,但我国目前的电力问题还涉及政府和市场的关系问题。在我国,电力的供应完全是由国有资本垄断的,市场的力量至今还没有进入进来。当需求迅速膨胀时,如果有一个供给迅速满足它就不会出现电荒。如果电力行业有大量的民间资本存在,就会使电力行业变得更加富有弹性,从而使供需的衔接变得更加富有弹性,可以在很大程度上减少电荒的机会,至少可以减少电力的供需缺口。单纯的政府调节会造成政府与行业、政府与政府之间的利益关系扭曲。当供大于求时,大家都想方设法把能力储备的责任转嫁给别人,当供不应求时,为了保护自己,就把相互统筹的要求放到一边,这样就导致了供需失衡情况的被放大。

资料来源:华东新闻.2003.12.8,央视经济半小时.2004.7.4

案例与思考:1.“电荒烤热煤炭业”对我们有什么启示?

2.从案例情况看宏观调控的作用,并提出你对抑制我国当前煤电荒的建议。

【复习思考题】

1. 简述国民经济管理在社会经济发展中的重要性。

2. 简述宏观调控的必要性。

3. 谈谈 2008 年以来我国货币政策及执行情况。

4. 从案例情况看宏观调控的作用,并提出你对抑制我国当前煤电荒的建议。

5. 试述宏观调控的目标及其相互关系。

第十二章　经济全球化与对外经济

本章将从经济全球化和一国对外开放的视角,对经济全球化与多边贸易体系、对外贸易的基本原理、利用外资、海外投资、国际承包租赁、劳务合作以及中国的对外开放与对外经济贸易发展等问题进行全面的论述。

第一节　经济全球化与国际经济技术合作

一、经济全球化概述

(一)经济全球化的含义与特征

冷战结束后,由于经济发展成为时代的主旋律、国际贸易与投资的大发展;市场经济发展大环境和市场机制的作用、现代科学技术的飞速发展和生产力的巨大进步、国际经济组织协调作用的不断增强等原因,都有力地推动了世界经济全球化。

经济全球化,是指商品、劳务、技术、资本在全球大量流动,使各国(地区)(下同)经济紧密联系,日益互相依赖的经济现象。经济全球化是社会生产力和社会分工发展到一定历史阶段的产物,是资本追求利润最大化的结果。

从以上概念的界定可以看出,经济全球化至少具有以下内涵:经济资源跨越国界在全球范围内自由流动;经济资源在全球范围的流动是全面的,即包括商品、劳务、资本、技术等各种资源在内,同时也是大量的,即流动速度快、规模容量大;世界各国经济日益相互联系和依存。

经济全球化显著的特征是贸易的自由化、生产的全球化、金融全球化等方面的急剧发展。

(1)贸易全球化。这主要表现为:一是全球贸易增长迅速,对世界经济拉动作用明显;二是服务贸易增幅加快,发展迅速;三是制造业产品的国际贸易方兴未艾,增长迅速;四是区域自由化正成为全球现象等。例如,1978 年,世界贸易总额占GDP 的比重仅为 9.3%,到 2003 年,世界贸易总额占 GDP 的比重上升为 57.9%,达到了举足轻重的地步。目前,国际贸易对世界经济的拉动作用日益增强,贸易已成为全球经济增长的一大原动力,世界贸易总额在 2009 年已达到全球 GDP 总额的50% 以上。世贸组织总干事拉米认为,在目前的经济形势下,消除壁垒、开放贸易能够促进全球经济复苏和可持续发展,这也是世贸组织及其前身 60 年前的创立宗旨。

(2)生产全球化。这主要表现在两个方面:一是与全球生产体系的发展相适应,跨国公司如雨后春笋般发展起来,以跨国公司为主要载体的生产基地和生产工序的全球分布;二是国际产业分工进一步深化,传统的国际分工正在演变成世界性的分工。据联合国投资报告统计,至 20 世纪末,世界已有 6.3459 万家跨国公司,跨国公司海外子公司约 70 万家,控制着全球 1/3 的生产,有世界 90% 的对外直接投资,2/3 的国际贸易和 70% 以上的专利与技术转让,以及 90% 的世界技术开发经费。

(3)金融全球化。这主要表现为:一是大量的金融业务跨国界进行,金融市场日趋国际化;二是在国外设立金融机构,使金融机构进入国际金融市场并成为世界性的金融机构网络;三是金融运行规则国际化;四是全球金融领域的国际协调日臻完善(如汇率和利率、国际资金流动、金融政策、金融监管等金融问题都通过国际协调和国际合作进行)。金融全球化不仅意味着资本流动的全球化、金融证券市场的全球化和融资的国际化,同时,也意味着金融机构的跨国化和金融信息的全球化。金融全球化主要有三大标志:一是全球跨国直接投资高速发展;二是大量国际游资快速流动;三是金融衍生工具及其交易的蓬勃发展遍及全球,构成游资流动的一个重要途径。

可以说经济全球化已经使当代世界上绝大多数国家日益融入了整个世界经济运行发展的体系之中,并对世界经济贸易的发展产生了重大的影响。一方面,它使得各种生产资源突破了国家和地域的界限而在全球范围内进行流动和配置,更多的资金、更低的成本、更新的技术、更新的信息等,都使得市场经济所要求的利润最大化原则成为可能,就像一句话所形容的:"以世界为市场,以国家为企业。"另一方面,经济全球化在为各国经济发展带来巨大发展机遇的同时,也带来了巨大的风险。换句话说,在经济全球化带来的巨大利益面前,各国并不是平等的。相对来说,经济全球化对于发达国家来说是利益大于风险,而对广大发展中国家则是利益与风险并存。其风险具体体现在金融(如金融危机的爆发)、由于经济秩序不合理而带来的风险(两极分化加剧甚至是丧失部分经济主权)、市场风险以及产业结构不合理的风险等。

总之,经济全球化是一把"双刃剑",应当正确看待,对我国来说,既要紧紧抓住机遇,又要做好防范风险挑战的准备。

(二)多边贸易体系

1947 年诞生的关贸总协定(GATT)以及 1995 年取而代之的世界贸易组织(WTO)被人们通称为多边贸易体系。这一体系的宗旨在于通过组织多边贸易谈判来增加国与国之间的贸易、规范贸易行为和解决贸易纠纷,从而使国际贸易更加自由、资源得到更有效的配置。60 多年来,无论是关贸总协定,还是后来的世贸组织都在上述诸多方面发挥了重要作用。

多边贸易体系的建立最直接的好处是简化了多国之间的贸易行为。在多边贸易体系下,需要与多国发生贸易关系的国家,可同时与多个贸易伙伴进行谈判,达成适用于各伙伴国的统一协议,而不用与各国分别达成不同协议,从而大大简化了国际贸易,促进了国际贸易量的快速增长。关贸总协定自 1948 年 1 月 1 日生效以来,已成功地进行了八个"回合"的全球多边贸易谈判,关税逐步降低、壁垒日益减少、补贴受到约束,体系所及的商品货物贸易范围也不断扩大。

与关贸总协定相比,世贸组织涵盖货物贸易、服务贸易以及知识产权贸易,而关贸总协定只适用于商品货物贸易。世贸组织以其法人地位制定市场运行规则,并对所有成员国都有法律约束力。世贸组织还定期审议各成员的贸易政策,对各成员的贸易体制和政策进行监督,并承担协调和解决贸易争端的重要使命。

多边贸易体系的建立,极大促进了国际贸易量的快速增长。2004 年世界贸易总额为 8.9 万亿美元,约是 1950 年的 20 倍。WTO 统计显示,2008 年世界贸易总额达 15.775 万亿美元,同比增长 15%。其中,德国以 1.47 万亿美元出口总额跃居首位,中国以 1.43 万亿美元列第二,美国以 1.30 万亿美元列第三。日本、荷兰、法国、意大利、比利时、俄罗斯和英国依次排名第 4 至 10 位。在进口排名名单中,美国以 2.17 万亿美元进口总额继续占据首位,德国以 1.21 万亿美元列第二,中国以 1.13 万亿美元列第三。日本、法国、英国、荷兰、意大利、比利时和韩国分列第 4 至 10 位。而进出口总额方面美国、德国、中国以 3.47 万亿美元,2.78 万亿美元,2.56 万亿美元分列前三。

据有关经济学家估算,多边贸易体系达成的贸易协定到 2009 年为止,将累计给世界经济带来 3860 亿—8860 亿美元的额外收益。

(三)经济全球化与多边贸易体系的关系

1.多边贸易体系推动了经济全球化进程

多边贸易体系一直致力于在其缔约方内推行多边贸易谈判,通过达成若干个部门贸易自由化的协议,在更广泛的领域内推动贸易自由化和经济全球化。

（1）WTO已建立起一套在贸易自由化下,减免各成员参与经济全球化可能带来的风险的方法机制,使贸易自由化置于一种可监督管理的体制之下。

（2）WTO新成员的加入是推动其成员之间贸易自由化的过程,也是将开放、自由化的贸易体制扩大到更多贸易区域的过程。而其成员的经济贸易活动本身就是经济全球化的重要组成部分。

（3）WTO通过多边贸易谈判及贸易政策审评,使各国间经贸政策加强协调,减少对抗,并加强对其他国际经济组织的合作与协调,使经贸政策决策一致,从而较好地避免因政策冲突而恶化全球经贸环境。

在经济全球化中,各国为自身经贸发展所采取的政策措施可能会损害某些国家的经济利益。在多边贸易体系下,其成员间的贸易摩擦能较公正、客观、迅速地加以解决,从而在某种意义上加快了全球化的进程。

2.多边贸易体系通过自我完善适应经济全球化的要求

经济全球化不仅是货物贸易的自由化或贸易国际化,它还从客观上反映了世界各国国际分工和社会化大生产的内在要求。为此,GATT/WTO从以下几个方面适应经济全球化发展的需要。

（1）GATT/WTO强化自身对其缔约方/成员的约束力。在1986年9月至1994年4月的乌拉圭回合中,以GATT为基础的多边贸易体制得到增强,权威性逐渐树立起来,对各成员的监督职能也逐步得到发挥,使贸易保护主义受到遏制,从而适应了经济全球化的大趋势。

（2）GATT/WTO通过将规则延伸创造良好的经贸环境。乌拉圭回合将贸易自由化原则延伸至服务贸易,规范农产品及纺织品、服务贸易管理体制,这是对世界经济产业结构调整的反应。另外,鉴于与贸易有关的投资措施、知识产权的保护对于经济全球化的重要性,乌拉圭回合中还达成了相应的协议,对各成员的相关政策措施加以规范,从而对促进生产要素和技术的国际移动起到了积极作用。

另外,1995年1月1日开始运行的世界贸易组织(WTO)还专门设立了贸易投资委员会、贸易与环境委员会加强这方面的研究,考虑在时机成熟时制定相应的多边规则,维护各成员的利益。

二、国际经济技术合作

随着国际分工的深化和国际经济合作一体化的发展,国际经济技术合作已成为国家间经济交往的重要内容,并在国际经济生活中发挥着越来越重要的作用。

（一）国际经济技术合作的概念

国际经济技术合作有广义和狭义之分。广义的国际经济技术合作,是指一切跨国界的经济往来活动,包括各国之间的商品贸易和其他各种形式的经济往来。

狭义的国际经济技术合作,是指在各个主权国家(或地区)、国家集团、国际经济组织相互之间发生的,在自愿和平等互利的基础上,侧重再生领域内所进行的各种形式的经济技术往来活动,即在资源、资本、劳务、技术、管理等领域所进行的合作活动。

(二)国际经济技术合作的基本形式

国际经济合作内容不断丰富的同时,合作的方式也越来越灵活多样。归纳起来,国际经济技术合作的基本形式有:

1. 国际直接投资

主要包括:①独资经营;②合资经营;③合作经营;④合作开发;⑤BOT 投资。

2. 国际资金借贷

主要包括:①国际金融机构贷款;②政府贷款;③国际银行投资贷款。

3. 国际证券投资

主要包括:①国际债券投资;②国际股票投资;③国际基金投资。

4. 国际技术转让和技术服务合作

主要包括:①专利技术转让;②商标转让;③专有技术转让;④技术设备买卖;⑤国际咨询和技术服务。

5. 国际工程承包和劳务合作

主要包括:①国际工程承包;②国际劳务输出入。

6. 其他投资方式合作

主要包括:①补偿贸易;②加工和装配贸易。

7. 土地资源合作

主要包括:①经济特区;②出口加工区;③自由贸易区;④经济技术开发区。

8. 国际租赁合作

主要包括:①企业租赁;②土地租赁;③设备租赁;④劳务租赁。

9. 国际发展援助合作

对于以上各类的划分,有的合作方式可以归入不同的大类,即一种方式兼有几种主要的特征。而一个合作项目也并非以单一的方式出现,有时可以多个方式结合出现。因而该分类是相对的。而随着国际经济技术合作的深入发展,各种新的合作形式还将不断涌现出来。

第二节　对外经济贸易

一、对外进口与出口贸易

对外贸易（ForeignTrade），是指一国或地区同别国或地区进行货物、服务和技术交换的活动。这是立足于一国或地区去看待它与其他国家或地区的商品与服务的贸易活动。通常我们将包括货物与服务的对外贸易称为广义的对外贸易。若不把服务包括在内，则称为狭义的对外贸易。

进口贸易与出口贸易是对外贸易的两个组成部分。出口贸易（Export Trade）也称输出贸易，是将本国生产和加工的商品（包括劳务）运往国外市场销售的贸易活动。进口贸易（Import Trade）则是将外国商品（包括劳务）输入本国国内市场销售的贸易活动，亦称输入贸易。出口贸易与进口贸易是每笔交易的两个方面。对卖方而言是出口贸易；对买方而言，就是进口贸易。此外，输入本国的货物在输出时，称为"复出口"（Re – export Trade）；反之，输出国外的货物在输入本国时，称为"复进口"（Re – import Trade）。

各国在编制对外贸易统计时，不是把所有运出国境的货物都列为出口，也不是把运入国境的货物都列为进口。列入出口和进口范围的货物，只包括因外销、外购而运出和运进国境的货物。凡不是因为买卖而运进运出的货物，都不包括在进出口之列。一国在同类商品上既有出口也有进口，如出口量大于进口量，叫做（某类商品的）净出口；反之，出口量小于进口量时叫净进口。净出口和净进口这两个指标反映一国某种商品在国际贸易中所处的地位。

二、对外贸易与经济发展

（一）经济发展的含义

经济发展，一般指一个国家或地区随着经济增长而出现的经济、社会和政治的整体演进和改善。

经济发展的内涵主要包括以下三个方面：

一是经济数量的增长，即一个国家或地区产品和劳务通过增加投入或提高效率获得更多的产出，构成经济发展的物质基础。

二是经济结构的优化，即一个国家或地区投入结构、产出结构、分配结构、消费结构以及人口结构等各种结构的协调和优化,是经济发展的必然环节。

三是经济质量的提高,即一个国家或地区经济效益水平、社会和个人福利水平、居民实际生活质量、经济稳定程度、自然生态环境改善程度的提高以及政治、文化和人的现代化,是经济发展的最终标志。

(二)对外贸易与经济发展的关系

对外贸易与经济发展之间的关系,可以从以下三个方面说明:

1. 对外贸易与技术进步的关系

技术进步,是指技术创新,以及通过技术贸易和技术外溢所带来的技术水平的提高。

一国可以通过技术贸易直接引进国外先进技术,促进本国经济发展,也可以通过产品的对外贸易,利用技术外溢,通过学习和模仿,加速先进技术的传播,促进技术进步。同时,技术进步亦可反作用于对外贸易,可优化出口商品结构、扩大贸易结构、改善贸易条件、提高产品的国际竞争力,从而进一步促进对外贸易的发展。

2. 对外贸易与工业化的关系

工业化过程,是指经济重心从农业生产转向以制造业为主的生产过程,从不发达经济向发达经济转变的过程。

从历史上看,几乎所有当今经济发达的国家都经历过以工业化为中心内容的经济发展过程,所有发达国家都是高度工业化的国家;所有不发达国家都是现代工业不发达的国家。工业化的核心是产业结构的演替、经济结构的转换,而结构演进的实现需要资金、技术等发展要素的投入。对外贸易正是从供给、需求两个方面,通过强化资本积累、加速技术进步从而提高劳动生产率等渠道,作用于工业化进程的。

3. 对外贸易与经济增长的关系

经济增长,是指一个国家或地区产品与劳务总量的增加。在现代经济学中,经济增长就意味着国民生产总值的增加或人均国民生产总值的增加。

对外贸易对经济增长的影响不仅仅局限于贸易各方从国际贸易中得到的直接利益,而且还有这种利益如何通过一系列的动态转换机制对国民收入产生乘数效应,从而带来一种可度量的社会福利的提高,对外贸易的更重要更实质的影响表现在它对经济增长潜力的影响,即通过影响技术进步、产业结构调整及制度创新等一系列经济结构中的深层次问题来促进经济的可持续发展。因而推动一个国家或地区的经济增长是对外贸易最重要的功能。同时经济增长又会反过来促进对外贸易的进一步发展。

三、对外贸易经济效益

（一）对外贸易经济效益的概念

经济效益，指投入和产出之比，即人们取得的劳动成果与所消耗的劳动之间的比例关系。同样，对于对外贸易经济效益的界定也可以归结为效益和成果同劳动耗费和劳动占用的比较。即通过商品和劳务的对外交换，以尽量少的劳动耗费获得尽量多的经营成果，或者以同样多的劳动耗费获得更多的经营成果，它反映对外贸易的职能和效益，是衡量对外贸易经济活动的重要综合指标。

对外贸易经济效益主要是通过两个方面得以实现。一方面以价值形态表现出来，主要包括通过外贸的活动，国家增加了利税收入，增加了社会财富，节约了社会劳动；另一方面通过使用价值表现出来，主要包括通过进出口实物形态的转换，改善国民经济的比例关系，满足人民物质文化生活的需要。

（二）对外贸易经济效益的分类

1. 从不同经济层次划分

从不同经济层次看，外贸经济效益包括微观经济效益和宏观经济效益。

外贸微观经济效益，就是通过外贸活动使外贸部门和企业取得的盈利，即对外贸部门和企业经营效果的评价，这一般表现为外贸的直接经济效益。

外贸宏观经济效益，则是对外贸活动对整个国民经济所起作用的全面评价，这一般表现为外贸的间接经济效益。

2. 从不同的方面划分

从不同的方面看，外贸经济效益包括出口经济效益和进口经济效益。

出口经济效益的主要内容有，尽可能以较少的人民币成本换取尽可能多的外汇；通过发展出口贸易促进生产、技术水平的提高，并给国民经济有关部门带来利润和税收。前者属于微观经济效益的内容，后者则属于宏观经济效益的范围。

进口经济效益主要包括：以较少的外汇换取尽可能多的需求性物资；进口的物资比国内生产花费较少的社会劳动；进口国民经济发展所需的生产资料促进国民经济在较高水平上取得综合平衡，提高发展速度等。前者属于微观经济效益的范畴，后两者则属于宏观层面的内容。

（三）影响对外贸易经济效益的主要因素

1. 一国劳动生产力状况

一国劳动生产力的平均水平，决定该国大部分商品的社会必要劳动量水平，进而决定该国大部分商品的国内价值量水平。国际价值是由世界平均劳动时间所决定,而又受世界平均生产力水平所制约的。因此,一种商品国内价值和国际价值的差异最终是由一国与世界之间的劳动生产力水平差异所决定。二者差异的大小,决定着国内价值和国际价值差异的大小,也就决定了获得对外贸易经济效益的高低。因而,一国劳动生产力状况也就成为影响外贸经济效益最根本的因素。

2. 进出口商品结构

进出口商品结构合理与否,影响着对外商品流通对再生产促进作用的发挥。理想的贸易格局是通过商品的交换利用国内外资源促进宏观的经济平衡,继而实现价值的增值,以达到经济效益的提高。如果进出口商品结构安排不当,出口商品集中在短线产品,而进口商品却集中在长线产品,那么虽然这种进出口商品结构可能有利于通过国内外价值差异获得价值增值,但对国内社会再生产的顺利进行却会产生不利的影响。因为它不仅没有缓解国内产业结构对经济增长的制约,反而加剧了国内产业结构的不平衡。这种进出口商品结构有可能取得一定的微观经济效益,但其社会效益却是反向的。因此,进出口商品结构对外贸经济效益的实现有着重大的影响。

3. 货币因素

价格是价值的货币表现形式,在商品经济条件下,价值增值或劳动节约必然要通过价格来衡量和表现。外贸联系着国内外的生产和流通,在每一次对外商品交换中通常都要使用两种或两种以上的货币计价,这就使得通过交换实现的社会劳动节约或价值增值的表现更为复杂。汇率必须正确反映每一单位本币和外币所代表的价值量的关系,否则对外贸易产生的价值增值不能得到正确的反映。

4. 市场机制

在市场经济条件下,对外贸易活动的国内环节和国际环节都要通过市场机制运作来完成。因此高水平的外贸经济效益的实现必须有健全的市场机制做保证。

此外,一国国民经济的发展状况、特定时期的经济发展目标、经济发展模式、国际收支状况以及贸易政策也都会不同程度地影响外贸的经济效益。

四、对外经济贸易战略

(一) 对外贸易战略的内涵

对外贸易战略,指一国或地区在经济发展战略的指引下,针对对外贸易发展的路线和目标等做出的总体性、长期性的安排和筹划。

对外贸易战略的特征一方面表现为它与经济发展战略的包容性,即它是经济发展战略的一个组成部分,影响经济发展战略的诸多因素,如经济体制、人口、资源等都会影响对外贸易战略;另一方面又表现为对对外贸易活动的全面规划,即它主要包括对外贸易活动和与之有关的经济活动的统筹安排。所以,对外贸易战略从内涵上高于对外贸易体制和对外贸易政策。

一般而言,对外贸易战略的内涵主要包括以下三个方面:

(1)贸易利益。一国或地区的对外贸易战略的制定和实施,因条件不同而对贸易利益的考虑有三种情形:即主要谋求贸易以外的利益;主要获得静态的贸易利益;主要获取动态的贸易利益。如果一国或地区从总体上无视贸易利益的话,则其对外贸易战略就成为其他战略的附属物,而不是经济发展战略的组成部分。这种贸易战略的出台,往往是某一特定时期或针对某种特定政治、经济条件而做出的选择。

(2)部门偏向。对外贸易战略的制定,需视战略重点进行筹划。一种贸易战略是强调进口替代还是鼓励出口,实际上反映了贸易战略的部门偏向。如果一种贸易战略既不歧视进口,也不偏爱出口,则是一种中性的贸易战略。

(3)政策体系。政策体系是对外贸易战略目标重点实现的手段和途径。一项贸易战略制定后,需要有相应的政策与之配套实施。政策之间相互配合形成体系,是对外贸易战略完善与否的标志和成功与否的保证之一。对有形贸易而言,边境管理政策是首要的。而对无形贸易来说,服务标准、税收政策等是主要的政策领域。同时,无论有形贸易还是无形贸易的发展战略,与贸易有关的政策也应是政策体系的有机组成部分。例如,投资政策、外汇管理政策、产业政策等都会直接或间接地影响着对外贸易战略的实施。

(二)对外经济贸易战略的形式

对外贸易战略可从多个角度进行分类。

1. 按发展对外贸易的目的划分

按发展对外贸易的目的,可将对外贸易战略分为追求贸易利益以外利益的贸易战略、追求静态贸易利益的贸易战略和追求动态贸易利益的贸易战略三种形式。

在追求贸易利益以外利益的贸易战略中,对外贸易的伙伴和对外贸易的结构和规模应根据国家整体利益进行统筹安排,对外贸易活动自身的利益则被置于次要或不重要的地位。

在追求静态贸易利益的贸易战略中,政府制定和执行战略的出发点是利用国内既定资源的比较优势,以出口换取国内不能生产的产品或国内在生产的比较成本上处于劣势的产品,从而增加本国的消费福利和产量。这种战略的实施时机一般是一个国家经济发展的初期或其经济处在开放的初期。

在追求动态贸易利益的战略中,开展对外贸易的目的已从获得静态的经济福利转向寻求产业结构和经济结构的改善、技术创新和经济组织和经济制度的完善，并以此推动国内经济的持续、稳定增长。这种贸易战略的实施，有赖于国内政府、企业和个人对国内、国际市场的尊重和对市场信息的充分掌握和正确反映。因此，这种战略通常是在一国经济发展水平达到一定程度和市场机制较成熟时采用。与前两种贸易战略相比，追求动态贸易利益的贸易战略强调对外贸易发展内在的目的性和目的的广泛性、深刻性。

2. 按经济发展的外向度划分

按经济发展的外向度不同，可将对外贸易战略划分为初级内向型战略、次级内向型战略、初级外向型贸易战略和次级外向型贸易战略四种形式。

初级内向（primary inward – looking）型贸易战略，指本国在资本品和消费品立足于自给自足、基本上不与国外进行贸易往来的贸易发展战略。这种贸易战略基本上排斥经济的外向型发展模式。

次级内向（secondary inward – looking）型贸易战略，指本国在消费品和资本品上依次寻求替代进口品，在前一阶段，通过实施贸易保护政策限制和禁止消费品的进口，有选择地进口资本品，实现消费品的替代；在后一阶段，通过培育国内的工业体系，最终实现资本品的进口替代。一般地，前一阶段是较为轻松的阶段，而后一阶段是较为艰苦的阶段。

初级外向（primary outward – looking）型贸易战略，指本国在一个较长时期内致力于发展本国的农产品和初级产品的生产和出口以换取国内所缺乏的工业制成品和资本品的战略。这种战略通常是当该国的外向型经济发展处在初期阶段是实施的。

次级外向（secondary outward – looking）型贸易战略，指本国采取贸易和金融措施，提高国内制成品工业的出口竞争力，全力发展以制成品出口为主的贸易战略。这种战略是一国经济发展水平达到一个较高程度的条件下适宜采用的战略。

3. 按贸易战略实施的重点划分

按贸易战略实施的重点不同，可将其划分为进口管制型贸易战略、出口鼓励型贸易战略和混合型贸易战略等三种形式。

进口管制贸易战略，又叫"进口替代"贸易战略。它作为一种战略包含着深刻的内容：即本国产品的生产特别是制造业的工业化是"进口替代"战略实施的前提条件；而"进口替代"的过程则需要配合实施对进口的控制，这些控制可能意味着采取较严格的贸易保护措施和倾向性的产业扶植措施，包括关税保护、配额管理以及外汇控制等；替代进口的目的通常是为了快速地实现工业化，避免发达国家出口对本国幼稚工业的冲击和在不平等的贸易条件下与之进行贸易活动。

出口鼓励型贸易战略,也称为出口导向型贸易战略。它是指本国根据国内的比较优势的状况制定和实施的,旨在促进出口的战略。从实施的条件和过程看,出口鼓励型贸易战略重视在国际市场上合理调配资源,不歧视进口品,对出口生产部门和贸易部门实施多方面的支持措施,目的是以出口增长带动产业升级和经济增长。在该战略实施的过程中,通常要经历一个"出口替代"的阶段,即由于受资源禀赋条件和比较优势现状的限制,本国初期进入国际市场的出口品一般是劳动密集型的农产品,而后转向以出口劳动密集型的工业制成品甚至是资本、技术、知识等密集的工业制成品或服务为主。

混合型贸易战略。它是指将进口管制型贸易战略和出口鼓励型贸易战略各自有效的成分结合起来,取长补短,集合而成一种新型的贸易战略。其基本内涵包括:在战略重点上既利用进口替代迅速形成能满足国内需求的独立工业化体系,又要积极地利用国际分工扩大出口;在战略措施上则既要继续实行较严格的贸易保护政策,又要实施财政和金融措施扶持本国的出口。它并不是一种中性的或开放的贸易战略,而仅仅是进口管制型贸易战略的某种修正和改良。

4. 按对外贸易竞争的基础划分

按对外贸易竞争基础的不同,可将贸易战略分为比较优势贸易战略和竞争贸易战略两种形式。

比较优势贸易战略,是指本国基于自身比较优势状况而对本国贸易格局采取的一种长期安排,即利用本国优势资源集中生产并出口利用这些资源生产的产品,放弃国内不具备比较优势的产品生产,转而寻求这些产品的进口。这种贸易战略将本国参与国际贸易的基础定位在发挥本国的比较优势上。实施这种贸易战略的关键是要筛选出本国有比较优势的产品和产业进行密集的、定向与资源配置。当然这一过程是由市场机制来完成的。

竞争贸易战略,是指本国将一切与贸易竞争力有关的因素进行整合,并以此为基础不断扩大对外贸易的规模,增加本国产品和产业在国际贸易中的份额,增强本国对国际市场的控制力。制定该战略的出发点是基于对国际市场的非完全竞争性以及对对外贸易作为一个经济系统的考虑。由于对外贸易所依托的国际市场其竞争性受多种因素的影响,因此,该战略坚信一国对外贸易发展的成效并不完全取决于该国在资源成本上的比较结果。例如,政府实施战略性补贴,可使本国商品有更多的国际市场份额从而能获取超额利润,产生规模收益。此外,本国的需求条件、与出口产业相关的产业发展状态、厂商的竞争策略等都对本国在国际贸易中的竞争地位和效果产生重大的影响。所以,将竞争力的提高作为本国对外贸易竞争的基础是与国际贸易的现实要求和本国对外贸易发展目标的实现相一致的。

第三节 利用外资和海外投资

一、国际投资与国际信贷

(一)国际投资

国际投资(International Investment),是指将资本从一个国家或地区投向另一个国家或地区的经济活动。它是国际货币资本和国际产业资本跨国流动的一种主要形式。就一国而言,参与国际投资包括引进外资和对外投资两方面。

通常,国际投资可分为国际直接投资与国际间接投资两种。

国际直接投资(Foreign Direct Investment),是指以取得或拥有国外企业的经营管理权为特征的投资,进一步可分为独资经营、合资经营、合作经营和合作开发等形式。

国际间接投资(Foreign Indirect Investment),是指国际证券(股票、债券等)投资以及提供国际中长期信贷、经济开发援助等形式的资本外投活动。具体地可分为国际股票、国际债券、国际信贷及其他国际间接投资。两者的根本区别在于:前者是伴随着对投资企业的一定控股权的投资,即投资者一般以有形或无形资产投资设立企业等实体并参与经营管理;后者通常是投资者以购买企业债券和股票等形式投资,一般不参与经营管理。

广义的国际投资包括国际直接投资、国际证券投资、国际信贷以及部分国际援助;狭义的国际投资则仅指国际直接投资和国际证券投资。

(二)国际信贷

国际信贷(InternationalCredit),也称为国际信用,是指国际间的资金信贷关系,即由一国或数国的政府、银行或国际金融组织向第三国政府、银行及其他自然人或法人提供借贷资金,实质是以偿还为条件的价值运动。

国际信贷的方式较多,但较有意义的分类是按照主体和融资目的划分的。按贷款主体划分可分为国际银行贷款、政府贷款、国际金融机构贷款;按融资目的可分为贸易信贷、出口信贷、项目贷款和金融性融资。此外,以期限划分为短期信贷、中期信贷和长期信贷的分类也较为常见。

可见,国际投资与国际信贷是密切相关的两个经济范畴:国际投资蕴含了资产的跨国运营,国际信贷则主要是货币的贷放与回收;国际投资的广义概念,常常包括国际信贷的内容。

值得注意的是,国际信贷算不算国际投资?经济学界,有些学者将国际信贷(包括短期、中期、长期信贷)全部归入国际间接投资的范畴,即认同国际信贷是国际投资;有些学者则认为短期国际信贷是短期国际资本流动,属于国际间资金融通问题,所以不应将其纳入国际投资的范畴之内,而只有中、长期的国际信贷才被视为国际投资。所以,对此争论还有待进一步商榷。

二、外资的引进和利用

外资,是指非本国来源的资金或资本。利用外资,也称引进外资,是指一个国家有选择性的使用或引入另一个国家的资金、机器设备、技术以及其他无形资产。借入国外的资金、吸收国外投资和接受国外捐助等,都是利用外资。

（一）利用外资的形式

利用外资的方式大体可以分为两类:

一类叫做间接利用外资,即外国政府或国际金融组织的贷款和国际商业贷款,也就是举借外债。这种借款,不论是政府承担偿还义务或部门、地方、企业负责偿还,也不论是用外汇偿还或用出口产品偿还,都构成国家的对外债务。

另一类叫做直接利用外资,即资金的持有者（外商）前往资金使用或引进国家或地区,以货币、有形资产或无形资产等方式,创办企业。如合资经营企业、合作经营企业、外商独资企业、合作开发资源等等,国家对这些外来投资一般不承担偿还义务,而是由参加合营的双方共负盈亏,从盈利收入中偿付外资股息、红利,这种外资不构成国家债务,但外资所获股息、红利及合营期满后收回的资金都要成为国家的外汇支出。

（二）利用外资的重要作用

利用外资对于加快东道国社会经济发展有着十分重要的作用。

1. 弥补国内资金不足

利用外资可以帮助东道国填补储蓄与投资间缺口,解决由进口大于出口所造成的国际收支逆差问题,在一定程度上可以缓解本国经济发展所遇到的资本短缺矛盾。"系统地利用外资将投资和增长提高到比国内储蓄所能达到的更高水平……外资可能用于解决由于不适当的国内政策或内外冲击所造成的国际收支不平衡所需的资金。"

2. 获得资金以外的利益

第一,引进先进技术和设备。引进先进技术和设备始终是发展中国家利用外资的重要目标。通过引进国外先进的管理技术,可提高国内的劳动生产率,增强国内企业的竞争力。

第二,发展中国家可以通过使用外国直接投资达到两个方面的效果:一是将外资企业中的辅助性产业转包给当地企业,以带动国内的经济增长;二是建立发展中国家国内同国外银行、国际市场的联系,并从国外获取新的资源,还可以从外资企业获取税收,以增加国家财政收入。

第三,利用外资可以刺激发展中国家国内市场经济的发育和市场机制的运转。这样,发展中国家既可以通过消除国内在自由贸易、要素流动方面的障碍来促使生产要素的合理流动,发展贸易往来,提高资源的利用效率,又可以通过外资企业的发展来促进国内生产的专业化,形成经济发展中的规模经济效应,提高资本在国内的获利能力,以迅速增加国民收入,促进经济增长。

此外,利用外资对于引资国扩大国内就业以及人才开发也具有重大的促进作用。

然而,外资大量流入的同时,又会对东道国经济带来一定的负面影响。比如,不合理的外资结构不仅会加大东道国利用外资的风险,而且会增加其外债偿还的困难;不加限制地盲目利用外资不仅会加重东道国的债务负担,而且会造成东道国对外资的技术依赖,不利于国内的技术创新;大量的外资进入,还会增加东道国宏观经济调控的难度,等等。所以如何有效地处理这些负面效应,显然是东道国在引入外资过程中需要注意的问题。

(三)利用外资的基本政策

从各国利用外资的经验来看,利用外资的正确战略和方针政策大致可以归纳如下:

1. 实现吸引外资"多元化"的战略

通过多种渠道和方式,注意对外资择优利用。积极争取政府和国际金融组织的中长期中低利贷款,并利用西方国家金融工业集团间的竞争,争取贷款和投资的有利条件,以摆脱受少数国家和垄断集团的控制。此外,还可利用合资经营企业、发行债券、补偿贸易和租赁贸易等方式筹集外资。

2. 吸收外资和引进先进技术相结合

利用外资的目的,不仅是获得资金,而且要借以引进外国先进的技术和设备,提高本国的技术水平。技术转让是工业发达国家剥削发展中国家的手段,往往索价昂贵。所以,一些国家一方面要积极引进先进而适用的技术,同时又要防止盲目和重复进口。日本把引进技术作为利用外资的主体,并制定了一整套审查和管理办法,印度把外国技术"印度化",把西方的先进技术,改为发展中国家适用的技术,然后再设计制造产品出口。

3.引导和掌握外资的使用方向

世界各国各地区使用外资的方向,大致可分为以下三类:

第一类,主要用于建设重工业和基础工业的大型项目。如印度、墨西哥等。

第二类,着重发展出口加工工业和有关的创汇部门。如韩国、新加坡等。

第三类,集中于国民经济最急需的战略性地区、落后部门,或经济技术中的薄弱环节。如苏联,把外资用于远东地区的资源开发和化工、机械、汽车制造、冶金等技术落后的关键部门,收效较大。

值得注意的是,有些国家和地区先利用外资集中扶持发展以加工出口为主的轻工业,同时建设为工业服务的电力、港口、仓库、铁路、公路、通讯等基础工程设施,然后把投资的重点转向重化工业和机电工业,这种"以轻养重、长短结合"的经验,可供借鉴。

4.控制借入资金的规模和速度

各国吸收外资的规模,一般是由少到多,循序渐进。引进外资的绝对数量虽不断增长,但由于本国的资金积累扩大,引进外资到一定规模以后占全国投资的比重即逐步下降。

5.加强对外资的管理和监督

不少发展中国家都建立了一个强有力的对外资管理的机构,制定一系列的方针、政策和管理办法,负责对利用外资进行统一研究和全面安排。同时,通过颁布国家的法律、法令以及详细的实施细则,明确规定鼓励和限制吸收外资参与经营的部门和地区,对投资方式、股份比例、税收、利润处理,以及给予外资的优惠条件,限制条款等,做出适当的规定,使外资处于本国政府的严密管理和监督之下,取其利而防其弊。

三、海外投资

随着世界经济一体化趋势的不断增强,参与国际投资(尤其是对外投资)已成为一国企业提高国际竞争力、实现全球范围内资源优化配置、维护与扩大垄断优势的主要形式。因此,许多国家在积极引进外资的同时,大力发展海外投资,走引进外资与对外投资并举的道路。

(一)海外投资的意义

积极发展海外投资,对于促进一国国民经济的持续发展具有重要的意义。

1.有利于扩大出口

一国通过对外投资可以推进对外出口的发展。如在发展中国家开办合营企业,投资国一般以设备、物资、技术作为投资,扩大了国内成套设备和物资的出口;在国外合资开办制造和加工、装配生产企业,则可以扩大国产原材料、辅助材料和半成品的出口;在合作企业中以技术入股,则会带动专利、专有技术、商标权和软件技术的出口。此外,在海外投资办厂,能够做到迅速准确地了解国际市场行情,并将这些信息及时反馈到国内,从而减少了出口中的盲目性,及时输出国外市场适销的商品。

2. 利用国外资源

随着一国经济的不断发展壮大,对资源的需求也日益增加,资源短缺已成为各国经济发展的重要制约因素。而资源产品通过一般的贸易进口,不仅市场供应不稳定,而且价格易受国际市场的冲击而发生波动,为此,开展对外投资活动、开发利用国外资源,建立稳定的国外资源供应渠道是十分必要的,它将有助于减缓投资国能源、原材料供应紧张局面,保持国民经济的稳定增长。

3. 扩大利用外资规模

到海外投资办企业,实际上所需的资金不一定都要出自国内,有相当一部分可以在国外筹集,从某种意义上来说是在境外利用外资。投资方可以利用国外庞大的金融机构,完善的资本市场,更自由更大量地筹措所需资金。

4. 吸收国外发展的优秀成果

对外投资有利于打破国际技术经济封锁,可主动、直接地学习和利用对方控制转让的先进科技成果,了解和掌握国际经济和科学技术发展的动向。同时,将国内的企业置身于国际竞争环境中,有利于学习国外有效的管理经验和方法,培养和造就一批训练有素,能胜任国际竞争的技术和管理人才,便于企业实地了解和熟悉国际市场经济的运行机制。这些信息和经验的取得,反过来又有助于提高国内引进外资和外国技术的能力,从而取得对外投资的双重经济效益。

(二)海外投资政策

一般而言,发展海外投资可给投资国带来巨大的利益,投资国政府对本国的对外投资都予以支持。一方面制定一系列鼓励性政策,促进本国投资者加强对外投资;另一方面建立海外投资保证制度,确保本国投资者在国外的投资本金和利润的安全性。然而,以获利为目的的投资者在进行投资活动时,难免会与本国经济社会发展目标和国家利益发生矛盾,因此政府又要采取一系列的限制性政策。

1. 鼓励性政策

(1)优惠税收政策。为了避免双重征税,鼓励本国的海外投资者发展对外投资,投资国一般采取两种税收优惠措施。一是税收抵免,即本国海外投资者在东道国已缴纳的税款在本国应纳税款中予以扣除;二是税收豁免,即只承认东道国的征税权,投资国放弃征税权。

（2）优惠金融政策。为了鼓励本国对外投资的发展,投资国政府大都对本国跨国公司的对外投资活动实行优惠政策。投资国的优惠金融政策主要有:提供出口信贷、政府津贴、优惠贷款利率等。

（3）设立专门的政府服务机构。为了促进本国对外投资的发展,各投资国大都成立专门的政府服务机构,为本国海外投资者提供多种形式的服务。如美国的国际开发署,日本的海外经济援助基金等。

2. 保护性政策

对外投资风险大,投资国制定对外投资的保护性政策,一般体现在建立海外投资保证制度上,即由投资国政府设立海外投资保险机构,承保本国对外投资者的对外投资风险。如美国的《对外援助法》规定海外私人投资公司主管对外投资保证业务,以保护其对外投资者国外投资的安全性。

3. 限制性政策

投资国政府在制定鼓励性与保护性政策的同时,也要制定一些限制性的政策,主要有以下几个方面:调整对外投资的流向和流量;限制高技术外流;监督跨国公司的经营活动。

【相关链接】　　　　　　　韩国利用外资经验

2008 年,韩国以 0.953 万亿美元的国内生产总值排名世界第十五位,而相对于前一年,韩国更拥有高达 4.3% 的实际 GDP 增长率,这在发达国家中已经是非常之高的数字,更何况还是在 2008 年全球经济受次贷危机影响下取得的成绩,对于国土面积,人均资源都极其贫乏的韩国来说,这确实是足以自豪的成就。

朝鲜战争后的 20 世纪 50 年代,残垣断壁上建立的韩国在获得美国人雪中送炭的第一桶金后,调整战时经济政策,开始全面恢复阶段。在对外资利用上,直接体现李承晚执政后期的经济计划,即将主要的经济资源优先投入到发展非耐用消费品工业上,以缓解国内物资匮乏的局面,满足人民日常生活需要。值得说明的是,韩国人在引进外资发展中,一直注重培育和发展本土品牌,这点在最初的 50 年代既有先例。二战后开始刷牙的韩国人基本都买的是高露洁牌牙膏,但国民经济恢复开始不到一年,高露洁的市场即被 LG 牌牙膏抢走。没错,这个 LG 就是今天我们耳熟能详的手机、电视、电脑等电子产品供应商,但在 1954 年,LG 的超酷最新主打产品还是牙膏和肥皂。看 LG 的发展历史很有趣,这家企业总是随着韩国的发展国策调整跟着转变主营业务,当然包括现代集团、起亚、三星也基本如此,这可以看作韩国政府主导经济发展模式的一个特点吧。

经历 20 世纪 50 年代的全面恢复后,1960 年温饱基本满足的韩国人不要再忍受李承晚的独断专制,尤其是 1960 年发生"四一九"学生运动镇压后,引发众怒,国会全票通过要求李承晚下野,心灰意冷下李承晚宣布下野并流亡夏威夷,5 年后郁郁而终。李承晚去后不久,尹潽善通过大选登台,但不到一年即因朴正熙准将发起的军事政变而去职。由此开始了长达近 20 年的朴正熙时代。这 20 年,也就是韩国由一个贫穷落后的农业国转变到现代化工业国的关键时期,也是在这一阶段,韩国引进和利用外资的水平和规模发生了翻天覆地的变化。

1962 年朴正熙扎稳脚跟开始着手收拾经济,朴正熙本人农村出身,士官学校毕业,因朝鲜战争而发迹,看他履历似乎单纯一介军人,与经济工作八竿子打不着边,但朴正熙有一点最为可贵,就是他非常热忱于为韩国崛起富强而奋斗,这也是为什么他独裁近 20 年,但在韩国民众心中口碑一直很好的缘故。他另有一优点就是善于听从和采纳学者、官员提出的正确意见,审时度势的合理利用政府资源干预经济。比如 1973 年新年招待会上,先前仔细听取了经济第二首席秘书官吴源哲长达四小时的未来经济规划报告后,朴正熙正式提出了重点推进重化工业的国家经济发展计划,这是韩国历史上最重要的经济决策,5 年后,韩国人均国民生产总值翻了 5 倍。

重新聚焦于韩国的 60 年代,朴正熙在 1962 年制订了第一个五年发展计划,将国家经济结构向出口导向型工业转变。一五期间,韩国接受来自外国直接投资达到 3.09 亿美元,并且由于 60 年代作为第三次科技革命兴起的序幕阶段,美国为主的发达资本主义国家经过长期积累,开始由劳动密集型产业转向资本密集型产业,并将国内的劳动密集型产业和一些重污染企业向外转移,韩国抓住这个历史机遇,利用充沛而便宜的劳动力资源吸引产业转移。这一点可由三大产业解构比重升降清晰看出,相较于 1960 年三大产业分别为 37%,20%,43%,韩国经过第一轮工业化大规模建设后使第二、第三产业比重分别提升 2.8 和 5.3 个百分点。

之后二五开始后,朴正熙政府一看效果不错,也就更加有自信,开始更加深层次,更加广泛的改革来配合出口工业发展的需要,例如在税制上建立了统一的国家税务局简化税务行政,大幅削减对资本利息征税,给予外汇收入优惠税率等手段,多管齐下吸引外资,推动出口。这样在二五计划期间,韩国吸引的外资猛增 6 倍,达到 22.62 亿美元水平。

当然,我们知道亚洲四小龙除香港外,快速崛起的一个共通特点就是政府强力主导经济发展,那么我们就有必要从政府角度来考察朴正熙政府将吸引的外资用到哪里了。实际上关于这一点正可以由韩国现代集团的崛起来加以说明。

韩国现代集团创建者郑周永是家里第八个孩子,没有接受过任何教育,从码头工人做起,后来又做过米店伙计、掌柜,二战中由于日本粮食管制制度导致米店关闭,转而学习汽车修理并开了间厂子,战后善于发现机会的郑周永不顾家人朋友劝阻,执意开办了经营建筑行业的"现代土建设",时间是 1947 年 5 月 25 日,这一天就是现代集团的生日。所以又是大家耳熟能详的现代汽车、北京现代,最初其实是搞建筑的。郑周永判断当然非常准确,韩国政府在朴正熙的积极领导下开始大规模利用吸引的外资进行基础设施建设,修桥铺路,赶上好时光的郑周永迅速发家致富,并通过积极有效的经营和商业圈中优秀的名望,承接到了 1967 年韩国第一条高速公路京釜高速公路工程的建设任务,而且还是朴正熙总统亲自点名,而这条贯穿韩国西北到东南方向的京釜高速公路也成为后来韩国物流的中枢。这些都可以看作是韩国 60 年代政府高效利用外资发展的缩影。

当然,事隔多年,郑周永念念不忘他修车的经历,所以后来又在 1967 年投资建立了现代汽车公司。无独有偶,同时期的 LG 集团也开始向化工和电子电气产业领域进军,1966 年,第一台 LG 电视走下生产线。这些所体现的则是韩国再次调整产业结构的变化趋势。

20 世纪 70 年代,美日欧在进一步加大对外投资的基础上,开始第二轮产业转移,将一些资金密集型企业转移到国外,韩国再次抓住时机,以 1973 年朴正熙在新年招待会上的讲话为开端,韩国经济向重工业建设大规模转进,政府大力扶持和鼓励电子、机械、钢铁、金属、石化等重化工业开发,三五、四五期间,韩国引进外资合计高达近 200 亿美元,1973 年到 1979 年间,韩国制造业年均增长率达 16.6% ,为了进一步吸引外资和技术发展重工业,朴正熙亲自找来准备放弃造船业的郑周永勉励,并说了一句至关重要的话。郑周永听完立马飞去西欧,用面值 500 元韩元的纸币折了一个龟船(明朝嘉靖时期日本丰臣秀吉入侵朝鲜,朝鲜水师名将李舜举发明的一种战船),说我们几百年前就能造出这些船了,你赶快借钱给我吧,硬是弄来了贷款。

当然,事情并非总是一帆风顺,1973 年海湾危机引发石油价格暴涨,资本主义国家遭遇战后第一次经济衰退,对于正踌躇满志要发展重化工产业的韩国无疑是当头一棒,但韩国并没有气馁,相反借着海湾国家大发石油财的时机,积极参与海湾国家发财后家里起房子机遇,大量输出劳工,1975—1979 四年间先后 14 万韩国工人前往中东大沙漠的工地劳动,给国家赚回 200 多亿美元,占同期出口 40% 。

至此,韩国彻底跨入了发达国家的行列,完成了从贫穷落后农业国到中等发达资本主义国家的转变,人均国民生产总值从 1965 年的 100 多美元到 1979 年的 1700 多美元,另外现代集团、三星集团、LG 集团、浦项制铁等一大批韩国本土企业在国际市场上扎稳脚跟,成为国民经济顶梁柱,皆是这 20 年利用外资发展基础设施,引进技术设备壮大民族企业,吸收产业转移积累知识经验的结果。至此,韩国三大产业比重变化为 19.6%、31.3%、49.1%。

　　之后的 80、90 年代,韩国已经同先进的美日欧一样,开始将产业升级为技术密集型,发展高科技产业、绿色产业、环保产业,并从大量引进外资转而开始对外扩张,向国外进行战略投资,由于 1979 年中国开始改革开放,韩国利用地理位置较近的优势,开始向中国进行产业转移,尤其是山东、辽宁等地都是韩国重点投资对象。

　　资料来源:http://hi.baidu.com

第四节　国际承包租赁与劳务合作

一、国际工程承包

(一)国际工程承包概述

1. 国际工程承包的含义

国际工程承包(International Project Contracting 或 International Contractfor Construction),是指个人或者有法人地位的公司,在国际承包市场上通过招标、投标、接受委托或其他途径承揽国际组织、外国政府或私人业主的工程建设项目、物资采购及其他方面,从而获得报酬的一种国际经济合作活动。

2. 国际工程承包中各方的关系

国际工程承包中的主要当事人有三个:业主(Owner)、承包商(Contractor)和工程师(Engineer)。

业主是指建设单位,也称为发包方,是项目发起和组织者,负责项目的资金筹集和组织实施,也是项目的产权所有者。业主可以是政府部门和国有企业,也可以是各类私营公司等。

承包商是指国际投标中标后,直接与业主签订工程承包合同,负责实施和完成合同中规定的各项任务(如工程施工、设备采购与安装、调试、维修等)的公司。

工程师也叫作监理师,受雇于业主,执行与业主所签合同中规定的各项任务(如可行性研究、设计、监理工程等),协议书中一般要对工程师的权限范围进行具体的规定。

3. 国际工程承包的种类

国际工程承包按其承包方式来划分,可以分为总包方式、分包方式、转包方式和联合承包方式等类型。

（1）总包方式。总包，即业主将工程项目全部发包给一个承包商完成，承包商按照合同规定的设计文件保质保量按期完工交付使用。

（2）分包方式。这里分包是相对总包而言的。即在整个工程项目中只承包单项工程或其子项。分包方式有两种具体情况，一种是没有总承包商，另一种是承包商对一项工程承包后，经业主或其委托人——工程师的同意，将工程中的一部分项目分包给其他承包商，也称为二包。

（3）转包方式。即因承包商破产或其他特殊原因，经业主和工程师的同意，在不改变已签合同内容的条件下，将合同工程项目的全部或部分转让给另一承包商的行为。

（4）联合承包方式。这种方式是两个或两个以上不同国家的承包商以合同方式组成联营体或合资公司，共同参加某项工程的资格审查、投标、签约并共同完成承包任务。

另外还有"交钥匙"工程承包和转让承包等方式。

4. 国际工程承包的特点

国际工程承包是一种综合性交易，它不同于其他的国际经济合作方式的特点有：

（1）综合性强。国际工程承包是一项综合性输出，是商品、技术、劳务和资金的一起输出。每一个具体的工程需要工程技术、管理、法律、合同、金融、外贸、保险和外语等学科知识。

（2）合同金额大。由于国际工程承包的项目规模不断扩大，成交金额也越来越大。例如，尼日利亚铁路修复项目。

（3）工程营建时间长。由于国际承包工程项目都比较大，一般其施工期都比较长。短则 1 至 3 年，长则 10 年左右，且一般不会短于半年。

（4）工程差异大。国际承包工程由于项目所在国家的地理位置不同、社会制度不同、风俗习惯不同、自然条件不同、法律法规不同，加上工程项目本身的性质、规模、要求不同，施工条件、施工组织、施工方法也各有特色。所有这些不同，都反映出国际承包工程差异大的特点。

（5）风险与利润并存。国际工程承包是一个充满风险的事业。每年国际上都有一批承包公司倒闭，但国际工程承包市场每年最少也有七八百亿美元的合同额，特别是那些技术含量高，工程规模大的项目，其经济效益非常可观。

5. 国际工程承包的基本程序

国际工程承包一般有前期准备工作,招标、投标、开标、中标、签订承包合同、组织施工、施工付款等主要程序。

(二)国际工程承包合同

1. 国际工程承包合同的含义

国际工程承包合同是一种书面契约,是指承包商保证为业主完成委托业务,业主保证按商定的条件给承包商支付酬金的法律凭证。

招标细则是工程承包合同的主要组成部分。根据工程承包合同,作为承包人一方自己承担费用与风险,在规定期限内,完成发包人所委托的工程建设项目,收取酬金。而发包人应按期接受承包人所完成的工程项目,并支付酬金,取得工程项目的所有权。国际工程承包合同的标的是特定的某项工程建设项目,包括勘察、设计、建筑、安装以及提供技术、原材料、动力、机器、设备、人员培训和劳务等。

2. 国际承包工程合同的类型

按国际工程承包合同的计价方式划分,总价合同、单价合同、成本加酬金合同三种类型。

总价合同,也称总价固定合同,是指合同中规定一笔金额,承包商在完成合同规定的项目时,业主按此金额支付给承包商。总价合同又分为固定总价合同、调值总价合同、固定工程量总价合同、管理费总价合同。

单价合同,是指在合同中确定工程单价,支付时按承包商实际工程量来支付,即所谓量变价不变合同。单价合同又可分为估计工程量单价合同、纯单价合同。

成本补偿合同,又称成本加酬金合同,是指业主向承包商支付实际工程成本中的直接费,并按事先协议好的一种方式支付管理费及利润的合同方式。成本补偿合同又可分为成本加固定费用合同、成本加定比费用合同、成本加奖金合同。

3. 合同条款的内容

国际工程承包合同条款是由一般条款和专用条款两部分组成。合同条款(也称合同条件)是指那些确定工程施工条件及业主和承包商的权利义务,规定工程师权限以及支付条件的文件。在实践中,合同的主要内容都规定在合同的条款中,而合同条款一般是按其共同性和特殊性而区分为一般性条款和特殊性条款。目前,"国际咨询工程师联合会"(简称 PIDIC)编制的标准合同具有很好的指导性,被国际工程承包界广泛使用。这套标准合同均包括一般条款(即通用条件)和特殊条款(及专用条件)两部分。一般情况下,各国工程业主都基本上照搬第一部分,而对于第二部分,一般是根据各项工程及各国的实际情况予以具体化。

（三）国际承包工程项目的变化趋势

1.由"劳动密集型"逐渐向"技术密集型"变化

承包工程项目已由"劳动密集型"逐渐转变为"技术密集型"，向先进的现代化工程发展，简单的和大量的民用、公共建筑工程逐步被发展工农业的石油化工、电子计算机、钢铁基地、化肥和电子工业等基础工程所代替。

2.招标方式的变化

由于国际承包市场竞争激烈，邀请投标和"政府间议标"的方式几乎不再被采用，随之而来的是国际公开招标。业主对承包商的要求也愈益苛刻，并且业主为了争取时间、减少环节、提高经济效益，往往将设计和施工两个阶段合并，进行一次性招标，这对没有涉及咨询能力的承包商来说，无疑是致命的打击。

3.付款方式的变化

付款方式的变化主要表现在：减少或不付工程预付款，延期支付工程款；向外国承包商支付本国货币；用本国剩余产品支付工程款等。

4.市场竞争的变化

由于国际承包工程市场保护主义越来越严重，竞争十分激烈。但是，作为国际劳务合作的一种高级形式，国际承包工程市场将随着世界经济和各国经济情况的好转而发展，在发展中国家，持有大量的基本建设项目发包，新兴工业化国家的市政建设项目以及发达国家的娱乐设施项目可供各国承包商角逐，国际承包工程仍是一项有利可图、前景广阔的事业。

二、国际租赁

（一）租赁的概念和类型

1.租赁的概念

租赁，是指财产所有者与财产使用者之间通过订立契约出租或使用财产的经济行为。在租赁条件下，财产所有者就是出租者，财产使用者就是承租者。但是，国际经济合作中的租赁业务不同于一般的租赁业务，它以承租企业按定期支付预定租金的方式向租赁公司借贷资本设备进行生产为主要目的。

2.租赁的类型

（1）融资租赁。融资租赁是指在企业需要添置设备时，不是以现汇或向金融机构借款去购买，而是由租赁公司融资，把租赁来的设备或购入的设备租给承租人使用，承租人按合同的规定，定期向租赁公司支付租金、租赁期满后退租、续租或留购的一种融资方式。目前,发达国家企业的大型设备有近50%是通过融资租赁方式取得或购买的,它已成为国际上最为广泛的融资方式。

(2)经营租赁。经营租赁是指出租人根据租赁市场的需求购置设备,以短期融资的方式提供给承租人使用,出租人负责提供设备的维修与保养等服务,并承担设备过时风险的一种可撤销的、不完全支付的租赁方式。它也被称为服务性租赁或操作性租赁。

(3)杠杆租赁。杠杆租赁在英美法系的国家被称为横平租赁,它是指出租人提供购买拟租赁设备价款的20%~40%,其余80%~60%由出租人以设备做抵押向银行等金融机构贷款,从而在经济上拥有设备的所有权及享有政府给予的税收优惠,然后将该设备出租给承租人使用的一种租赁方式。购置设备成本中的借款部分即为杠杆,即财务杠杆。

(4)售后回租租赁。售后回租租赁简称回租,它是指承租人将其所拥有的设备售给出租人,然后承租人再从出租人手里将出售给出租人的设备重新租回来的一种租赁方式。采用回租实际上可以使承租人在继续对原来所拥有的设备保持使用权的前提下,收回设备的投资,以加速企业的资金周转。回租与融资租赁类似,其区别在于融资租赁是出租人出资直接从供货商或制造商那里购买承租人选定的设备,而在回租方式下,承租人先出资从供货商或制造商那里购买其所需的设备,然后再转卖给出租人,并继续租用该设备。回租的租赁物多为已使用过的旧设备。

(5)维修租赁。维修租赁是介于融资租赁和经营租赁之间的一种租赁形式。它主要是指运输工具的租赁,出租人在把运输工具出租给承租人使用后,还提供诸如运输工具的登记、上税、保险、维修、清洗和事故处理等一系列的服务。由于维修租赁的出租人除了出租设备以外,还要提供其他服务,所以租金要高于融资租赁,但一般低于经营租赁。维修租赁适用飞机、火车等技术较复杂的运输工具,维修租赁的出租人一般是制造厂商。维修租赁的出租人除了负责维修和保养外,有时还负责燃料的供应和管理以及操作人员的培训等。

(6)综合租赁。综合租赁是一种租赁与贸易相结合的租赁方式。它不仅可以减少承租人的外汇支付,还可以扩大承租人与出租人之间的贸易往来,带动双方国家的商品出口,促进商品贸易与租赁业的共同发展。目前,综合性租赁方式繁多,但大致有以下几种:一是租赁与补偿贸易相结合;二是租赁与加工装配业务相结合;三是租赁与包销相结合;四是租赁与出口信贷相结合。

(二)国际租赁程序

尽管各国,甚至各租赁公司的做法不尽相同,但国际租赁业务的基本程序还是比较接近的,一般说来,国际租赁程序有下列一些主要步骤(程序):

1. 选定租赁物品

租赁业务的第一步就是承租人必须根据自己的实际需要,选定自己所需物品的具体种类、规格、数量、性能、交货期等,与有关物品制造商接洽,委托其估价。

2. 申请租赁

承租人将与制造商接洽的有关物品的具体要求和其他情况向租赁公司提示,并向租赁公司明确表达承租有关物品的意愿及承租期限等条件。经口头同意后,承租人可填写租赁具体项目委托书,正式提出租赁委托。

3. 租赁公司审查

租赁公司在接受承租人的正式租赁委托后,一般需要对承租人的各方面情况进行审查,以便决定是否予以租赁。

4. 签订租赁合同

在租赁公司完成对承租人的资格审查并同意办理租赁业务后,租赁公司将与承租人商定或谈判达成有关租金、贷款支付、保险等各种具体问题方面的一致意见,签订租赁合同。

5. 交货与验收

制造商根据订货合同提交合格的物品,租赁公司将其收到的物品交付承租人。有时制造商根据租赁公司的订货要求,直接向承租人交货。承租人收到租赁物品后即行验收,在各种手续完备无缺的情况下,承租人即确认租赁合同生效。租赁期即从当日起计算。

6. 支付货款与租金

制造商或其他供货人按订货合同交货后,租赁公司应根据订货合同中的支付条款按时缴纳贷款。如果租赁公司资金短缺也可向银行或其他金融机构融通资金,其所借资金及其利息由租赁费的收入偿还。同时承租人在对所租赁物品验收合格并确认租赁合同生效后,即应按租赁合同中规定的支付租赁费的条款,按期向租赁公司支付租赁费。

7. 租赁物品投保

租赁物品保险责任一般由租赁公司负责,对此合同中应予以明确。

8. 维修保养

为了保证租赁物品的正常运行或工作必须在合同中确定专门的责任人对租赁物品进行必要的维修与保养,在租赁合同中应明确维修保养的费用由谁承担。

9. 缴纳税金

租赁合同中还应对税金问题做出明确规定。租赁公司和承租人都应根据合同规定的要求负责相应的税金并按期缴纳。

10. 对租赁物品的处置

租赁期满后,租赁物品仍有一定的使用价值。这就涉及对租赁物品的处置问题。目前,国际租赁业务中对租赁物品的处置大致有三种方法:①延长租赁期;②交还租赁公司;③承租人买下。

(三)租金的计算

租金的计算方法很多,在国际上常用的有附加(费)率法和年金法。年金法又分为等额年金法和变额年金法。变额年金法又有等差递增变额年金法、等比递增变额年金法和等比递减年金法之分。

除附加率法和年金法外,还有其他方法如租赁率法、平息法、银行复利法、平均分摊法和浮动利率法等。

出租和承租双方可通过协商确定租金的计算方法。

每一种租金计算方法都可能有不同的租赁条件,如先付或后付,有无保证金,一次支付或多次支付,有预付定金或无预付定金,有设备残值或无设备残值,开证时间长短等。各种计算方法中,等额年金法因计算简单而应用较为普遍。

(四)国际租赁对我国国民经济的作用

成立于 1979 年的中国国际信托投资公司,开创了中国以租赁的国际业务为标志的现代租赁业务的新篇章。至今的 30 多年中,融资租赁对中国国民经济的促进作用非常显著。

1. 融资租赁已成为中国引进外资的一条重要渠道

在 20 世纪的 1981 年到 1994 年,我国经济高速发展的 14 年间,中外合资租赁公司共为中国的近 3900 家国有、中外合资及乡镇企业融通外汇资金近 45 亿美元,占同期中国引进外资总额的 2% ~ 5% 。

2. 融资租赁是支持企业技术改造的有效方式

融资租赁,又称设备租赁,通过租赁引入的设备,从一开始就与企业的技术改造紧密地结合在一起。30 多年来,中国融资租赁业支持了几乎遍及全国各个省份、包括纺织、轻工、能源、通信、运输、机械、电子和化工等行业的数千家企业的 6000 多个技术改造项目。

3. 改善宏观投资效果,促进产业政策的调整与基础产业的发展

租赁项目的投资方向必须经承租企业与租赁公司共同确定,投资安排由租赁公司根据确定的项目进行。这种相互制约的机制确保合理的投资结构与正确的投资方向,从而有利于宏观投资效果的改善。

4. 融资租赁促进了外向型经济的发展

融资租赁对中国外向型经济发展的促进作用表现在两方面:一是提高了老企

业的出口创汇能力。通过国际租赁方式,这些老企业在获得设备的同时伴随着先进技术的引进,在短期内实现了产品的升级换代,为保持世界市场份额赢得时间。二是帮助小国企业克服了在组建合资企业时股本不足的困难。

三、国际劳务合作

(一)国际劳务合作概述

1. 国际劳务合作的含义

国际劳务合作,是指一国的企业派出技术人员、工人或其他人员,向另一国提供工程设计、施工、安装、测量、翻译、检验、运输、通信、培训、医疗、管理、会计服务以及参与工农业生产劳动等工作以获取外汇收入的行为。随着科学技术助发展,电子计算机程序编制、技术咨询服务、市场预测、银行信贷、信息传递、国际旅游及国际保险等也成为国际劳务合作中的重要方面。

国际劳务合作是国际经济合作的基本范畴之一,主要通过三种方式进行:提供劳务和智力引进(含各种咨询)、国际工程承包、国际旅游等。而在国际劳务合作中,提供劳务的一方称为劳务输出方。对外提供劳务的方式主要有两大类:一是国际劳务的输出与输入;二是国际工程承包。

2. 中国对外劳务合作的基本形式

(1)海外承包工程输出劳务。它是指国内的国际经济技术合作公司或承包公司,在获得国外工程项目的承包或分包任务后,为工程项目组织的各种外派劳务人员和服务。这是中国劳务输出的主要形式。海外承包工程输出的劳务人员数量和种类通常取决于工程发包商及其国家对国际劳务输入的限制和要求。

(2)海外投资劳务输出。中国近年来海外投资企业逐年增加,企业的生产需求带动了人员的输出。

(3)委派劳务输出。中国外经贸公司作为受聘方与需求劳务的国外公司或个人签订合同,并按合同规定的各种要求落实人选,办理国家规定的手续,提供合适的劳务人员,并享受公派待遇,派出单位要保证公派劳务人员在国内的待遇和公派期满后回国的安置。

(4)由成套设备和技术出口带动的劳务输出。

(5)民间劳务输出。它是指个人应国外企业或个人的邀请,以劳务人员身份出国提供劳务服务的一种劳务输出形式。

(二)签订国际劳务合作合同应注意的问题

1. 合同条款要有逻辑性,文字要严谨

合同的语言不同于文学语言,切忌使用模棱两可、可以做出不同解释的语言。对合同条款的阐述,要字斟句酌,要有很强的逻辑性和文字上的严密性,避免含混不清。

2. 合同条款中要有法的观念

劳务合同规定合作者的权利和义务,双方都应受其约束,而这种约束又需要有法律做后盾,并且还要明确所适用的法律以保障合同的有效性,防止因缺乏法律保护而受到损失。

3. 劳务费用的支付不能同雇主和业主的付款条件相联系

有的合同条款中规定,提供劳务一方应得到的款项,要在"业主支付给承包商的一个月内付给"。劳务合同不能接受这样的条款。

4. 延期付款是劳务合同中的主要风险

除经特殊安排的延期付款项目外,现汇项目应得到按期支付保证。在商签合同时,对支付条款,应尽可能取得银行方面的担保。

（三）国际劳务合作对世界经济的影响

国际劳务合作对世界经济的影响,主要表现在三个方面:

1. 促进了科学技术在世界范围内的推广普及

在劳动力转移过程中,有相当部分的劳动力是具有某种专业知识的,他们将其所拥有的技术带到世界各地,使输入技术劳务的国家也能分享世界上最先进的技术所带来的效益。

2. 加深了生产的国际化程度

源源不断的劳动力转移使世界形成了庞大的劳动力市场,使作为生产要素之一的劳动力要素在世界范围内进行配置。与此同时,技术劳务的转移有些是通过跨国公司的海外投资带动的,这不仅促进了劳务输入国的产业结构调整,也加深了生产的国际化。

3. 扩大了贸易的数量

技术劳务在国外提供各种技术服务时,往往要求技术的输入国使用其母国的设备、原材料,或推荐具有国际先进水平的其他国家的产品,从而扩大了国际贸易的数量和范围。

第五节　中国对外开放与对外经济贸易发展

一、中国的对外开放

当今的世界是一个开放的世界。实行对外开放,加强与世界各国各地区的联系和往来,是社会经济发展的必然趋势。1978 年我国顺应这一历史发展趋势,做出了对外开放的重大决策,并且设计了对外开放的蓝图。30 多年来,我国对外开放由沿海向中、西部向边境地区逐步推进,现已初步形成多层次、多渠道、全方位的对外开放格局,大大促进了我国经济持续、稳定、协调的发展。

（一）对外开放的基本含义

对外开放,是指一国放弃闭关自守,向世界开放,加强与世界各国各民族在政治、经济和文化等各方面的往来,取长补短,发展和壮大自己的行为。

但就其基础来说,仍在于经济方面。所以,经济上的对外开放成为对外开放的主要方面。如果没有经济上的开放,对外开放将失去其真正的意义。

在经济方面,对外开放的主要内容包括:大力发展对外贸易,特别是扩大出口贸易,从而增加进口;积极有效地利用外资,加速经济建设;积极引进先进技术和设备,加速企业的技术改造;开展对外承包工程和劳务合作,发展服务贸易,增加外汇收入;发展国际经济技术交流和合作,吸收国外的先进经验;设立经济特区、沿海开放城市、经济技术开发区、保税区、开放沿海、沿江、沿边开放地带,带动和促进内地的发展;在沿海地区和有条件的产品及企业发展外向型经济。

在其诸多内容中最重要的是前三项,即发展对外贸易、技术引进和利用外资。在三项内容中,发展出口贸易是利用外资和引进技术的物质基础,是对外开放政策的最根本内容,因此,实行对外开放政策必然使对外经济贸易在国民经济中处于重要的战略地位。

（二）对外开放格局

我国的对外开放,经过 30 多年的努力,由点到线、由线到面,由边缘向纵深,从南到北,从东到西,形成了全方位、多渠道、多层次的开放格局。

1. 1992 年以前重点开放沿海地区,逐步向内地开放

按照党中央和国务院所确定的“重点开放沿海地区,逐步向内地开放”的经济发展战略,我国地域的对外开放可分为经济特区、沿海开放城市、沿海经济开放区、内地四个层次。

（1）建立经济特区。1979—1988 年,国务院先后确定深圳、珠海、汕头、厦门、海南为经济特区,1990 年中央又决定开发和开放上海浦东,对其实行某些经济特区的政策。

经济特区是我国对外开放的第一个层次。经济特区的设立,不仅使这些地区迅速建立起外向型经济,在本地区初步形成社会主义市场经济体制,而且很好地发挥了技术、管理、知识和对外开放政策的窗口作用,带动了全国的对外开放,促进了全国市场的发育和成长,在改革开放和现代化建设中产生了重要的示范作用。

30 多年来,中国建设和发展经济特区的基本经验主要有:第一,完善投资环境,包括完善投资的物质环境和人际环境。前者为基础设施结构中以通电、通水、通路、通讯、通煤气、通排污、通排洪和平整土地为主体的"七通一平"等;后者包括政治条件(政治、社会、政策等的稳定和法制的健全)、管理水平(政府的效率等)、经营条件(货币和物价、外汇管制、金融、信息服务和自主权等状况)、人口素质和市场、政策优惠(税费等)等。第二,外引内联有机结合,发挥特区的"四个窗口"(技术、知识、管理和对外政策)和两个扇面辐射(对内和对外)的"枢纽"作用。第三,努力探求建立一种灵活而有效地适应国际市场规律的特区经济体制模式。为此,需在计划管理体制、企业管理体制、基本建设管理体制、流通体制、价格体制、劳动人事制度和工资制度以及财政金融体制等方面进行一系列改革。

(2)开放沿海港口城市。在总结对外开放的实践经验的基础上,特别是经济特区发展经验的基础上,1984 年 5 月,我国进一步开放了大连、秦皇岛、天津、烟台、青岛、连云港、南通、上海、宁波、温州、福州、广州、湛江、北海等 14 个沿海港口城市。

沿海开放城市是我国对外开放的第二个层次。实践证明,沿海开放城市在利用外资,引进先进技术方面;在与内地的横向经济联系,促进资金、设备、技术和人才的合理交流,带动内地经济开放方面都取得了巨大成就。

(3)开辟沿海经济开放区。沿海经济开放区是我国对外开放的第三个层次。1985 年,我国决定将长江三角洲、珠江三角洲、闽东南地区开辟为沿海经济开放区。1988 年初,又开辟了环渤海经济开放区,将山东半岛、辽东半岛列入沿海经济开放区。1988 年 3 月,国务院决定进一步扩大沿海经济开放区范围,将 40 个市、县,其中包括杭州、南京、沈阳 3 个省会城市,划入开放区。

(4)逐步向内地开放。内地是我国对外开放的第四个层次。按照党中央和国务院的指导思想,我国实行对外开放政策,就是从经济特区—沿海开放城市—沿海经济开放区—内地逐步推进,把沿海的发展和内地的开发结合起来,有效地解决我国经济建设中东部、中部、西部的有关问题,由沿海带动整个内地的发展,促进全国经济的振兴。

2.1992 年以后逐步形成全方位的对外开放格局

1992 年以后,我国进一步开放了陆地边境市、镇,开放了一些沿江(长江)城市和内陆省会城市,使我国形成了全方位对外开放的新格局。

(1)开放陆地边境市、镇。1992 年 3 月以后,国务院决定开放吉林的珲春,黑龙江的绥芬河、满洲里、黑河,内蒙古的二连浩特,新疆的伊宁、塔城、博乐,云南的瑞丽、畹町、河口,广西的凭祥、东兴共 13 个陆地边境市、镇。

我国对陆地边境市、镇实行类似沿海开放城市的政策,以加速边境地区外向型经济发展为目的,形成了一种以贸易为先导、以内地为依托、以高层次经济技术合作为重点、以开拓周边国家市场为目标的沿边开放新态势。

(2)开放沿江和内陆省会城市。继沿边开放后,中央又决定开放重庆、岳阳、武汉、九江、芜湖等五个沿江港口城市;开放太原、合肥、南昌、郑州、长沙、成都、贵州、西安、兰州、西宁、银川等11个内陆省会城市;开放昆明、乌鲁木齐、南宁、哈尔滨、长春、呼和浩特、石家庄7个边境、沿海省会城市。

沿江和内陆省会城市的开放,使我国对外开放向纵深地域发展。这不仅促进了长江流域和大半个中国经济的发展,而且对于扩大和完善我国对外开放格局,缩小东、中、西部地区差距都将会产生积极影响。

(3)进一步扩大西部地区的对外对内开放。1999年党的十五届四中全会明确提出了国家实施西部大开发的重大战略决策。为体现国家对西部地区的重点支持,国务院制定了实施西部大开发的若干规定。加快西部对外开放成为西部大开发的主要内容,以开放促开发、促发展,积极引导和推动西部地区参与国际经济合作与交流,来加快西部地区的发展。同时,为推动西部地区的对外开放,国家给予了许多关于吸引外资和发展对外经济贸易合作方面的政策支持。

3.进一步扩大对外开放,发展外向型经济

我国国家级经济技术开发区、高新技术产业开发区、出口加工区、保税区和边境经济合作区的设立,显然已经成为地区经济发展的新增长点和吸收外商投资集中的热点地区,并在扩大开放、发展外向型经济、调整产业结构等方面起到了窗口、辐射、示范和带动的作用。

2001年12月,我国正式加入世界贸易组织(WTO),对外开放进入了全新的发展阶段。我国的对外开放由有限范围、地域、领域内的开放,转变为全方位、多层次、宽领域的开放;由以试点为特征的政策性开放,转变为在法律框架下的制度性开放;由单方面为主的自我开放市场,转变为我国与世贸组织成员之间的双向开放市场;由被动地接受国际经贸规则的开放,转变为主动参与制定国际经贸规则的开放;由只能依靠双边磋商机制协调经贸关系的开放,转变为双边、多边机制相互结合和相互促进的开放;随着国家实施"西部大开发"战略,我国将转向更加平衡的全面开放;随着实施"走出去"的开放战略,我国以"引进来"为主的开放模式将向"引进来"、"走出去"并举的双向开放模式转换,我国将以更加积极的姿态参与国际竞争和合作。

对外开放从商品贸易向投资和服务贸易领域推进,宽领域的对外开放格局取得积极成果。随着我国对外开放进程的逐步深入,服务领域开放步伐不断加快,以旅游、运输服务为基础,以通讯、保险、金融等新兴服务贸易为增长点的服务贸易全面发展格局基本形成,服务贸易已经成为我国对外贸易的重要组成部分。

对外贸易区域建设取得积极进展,对外开放层次不断深化。改革开放以来,我国积极开辟贸易区域,办起了经济技术开发区、高新技术产业开发区、保税区、边境经济合作区等多种形式的贸易区域,实行特殊贸易政策,对扩大我国对外贸易规模、提升对外贸易管理水平、拓展开放领域起到了重要作用。2008 年,54 个国家级开发区创造地区生产总值占同期全国国内生产总值的 5.1%,工业增加值占全国的8.5%,出口总额占 14.4%,进口总额占 15.9%,实际利用外商投资占全国的 20%以上。

总之,在世界经济全球化和区域经济一体化加速推进的背景下,我国将进一步推动全方位、多层次、宽领域的对外开放,以促进我国社会主义市场经济建设和发展。

二、中国对外经济贸易发展

对外贸易的发展与国民经济的发展是密切联系在一起的,社会主义对外贸易必须服从、体现国民经济发展的要求。因此,不同时期国民经济发展的中心任务和发展特征对对外贸易的发展与增长态势具有决定性的影响。

（一）国民经济恢复时期(1950—1952 年)

新中国成立初期,经过了战争的创伤,在与苏联、东欧等社会主义国家建立和发展经济贸易关系后,我国进出口总额从 1950 年的 35 亿美元增长到 1952 年的19.41亿美元,增长了 71%,年平均增长速度达 30.8%,其中进口额从 5.83 亿美元增长到 18 亿美元,增长了 49.1%,这对恢复和发展我国国民经济,提高工农业生产能力,活跃城乡物资交流,改善人民生活等方面都起了积极作用。

（二）第一个五年计划时期(1953—1957 年)

第一个五年计划时期,中央对对外贸易提出以下任务:围绕国家工业化的中心任务,有计划地扩大内外物资交流,积极增加出口,换回我国生产、建设所需的机器、工业器材、原料以及其他重要物资,扩大对社会主义国家的贸易,在有利于我国社会主义建设的条件下,发展同东南亚各国以及其他资本主义国家的贸易,增加重要物资的进口。

至 1957 年,生产资料进口的比重已高达 92%,其中机械设备的比重就高达52.5%。我国的出口贸易也有了很大的增长。到 1957 年,我国出口商品除了出口传统的农副土特产品外,还增加了许多新商品,特别是发展了工业品出口,其中有许多过去是要进口的。1957 年,我国进出口总额达 31.03 亿美元,比 1950 年增长了1.73倍,"一五"时期的年平均增长率达 9.8%,其中进口额为 15 亿美元,增长了

1.58 倍,出口额 15.97 亿美元,增长了 1.89 倍。从 1956 年起,扭转了几十年来的贸易逆差局面,实现了贸易顺差。

(三)第二个五年计划和国民经济调整时期(1958—1965 年)

我国第二个五年计划时期,对外贸易的任务是有计划地组织有关物资的出口以保证国家建设所必需的设备和器材的进口,保证进出口物资的平衡。但 1958 年,在"大跃进"的"左"的指导思想影响下,对外贸易也提出了高指标,出现了大幅度波动。1959 年进出口贸易总额猛增到 43.81 亿美元,比 1957 年增长 41.2%。接着农业生产从 1959 年开始遭到连续三年的自然灾害,后来中苏关系的恶化,使我国对外贸易从 1960 年起大幅连年下降,至 1962 年降为 26 亿美元,基本上倒退到 1954 年的水平,比 1957 年下降了 14.18%,年平均下降 3%。

1961 年党的八届九中全会提出对外贸易任务是大量进口粮食和其他市场物资,进口化肥、农药等支援农业生产,切实改善人民生活;千方百计增加出口货源,扩大对资本主义市场的出口,提前偿还对苏联的债款。我国从对苏联的贸易开始转向对西方资本主义国家的贸易上来。消费资料进口比重从 1959 年的 4.3% 上升到 1965 年的 33.5%(1962 年、1963 年、1964 年分别为 44.8%、44%、44.5%)。中苏关系恶化后,我国的出口商品在日本、西欧等国家市场打开了销路。由于前一时期重点抓了轻工业产品的生产和出口,因此,除新增加出口品外,原有的棉纱、罐头、缝纫机等的出口数量也大幅度增长。重工业产品出口也有所发展,增加了部分化工产品和拖拉机、工具、小五金、煤炭等的出口。到 1965 年,出口总额已恢复到 22.28 亿美元,接近新中国成立以来的最高水平。随着国民经济情况的好转,1965 年进出口总额恢复到 42.45 亿美元,接近 1959 年最高水平,比 1962 年增长了 61.84%,年平均增长达 16.8%。

(四)"十年动乱"与拨乱反正时期(1966—1978 年)

十年"动乱"时期,我国对外贸易基本处于停滞状态。1969 年,对外贸易总额只有 40.29 亿美元,比 1966 年下降 12.7%。1970 年以后,国民经济有所恢复,加上当时比较有利的国际形势,使对外贸易有所上升。1975 年进出口总额达 147.5 亿美元,创新中国成立以来的最高水平,比 1970 年的 45.86 亿美元增长了 2.22 倍,年平均增长率高达 26.3%。但以后"四人帮"又从各方面加紧进行破坏,致使 1976 年进出口总额仅为 134.33 亿美元,比上年下降了 8.9%,其中进口额为 65.78 亿美元,比上年下降了 12.1%。出口额为 68.55 亿美元,比上年下降了 5.6%。但出口中工矿产品比重增加,主要是 1973 年开始出口石油,从 1975 年起石油成为出口创汇最多的商品。1976 年 10 月,我国结束了历时十年的"文化大革命",开始拨乱反正。

(五)改革开放新时期(1978 年至今)

1978 年党的十一届三中全会以后,我国实行对外开放政策,推行经济体制改革,国民经济迅速发展,对外经济贸易也进入了一个新的发展时期。特别是 2001 年 12 月加入世界贸易组织之后,进出口贸易额增长迅速,不仅高于同期国民经济的平均增长速度,而且也大大高于世界贸易的平均增长速度。

1. 我国已成为世界贸易大国

1978 年我国进出口贸易总额仅为 206 亿美元。1988 年突破了千亿美元,之后贸易总额增长不断加快。特别是加入世界贸易组织之后,对外贸易增长迅速,连续 7 年增速保持在 20% 以上。2004 年突破 1 万亿美元,2007 年又一举突破 2 万亿美元。2008 年达到 2.5616 万亿美元,居世界位次迅速提升至第 3 位。1979 年至 2008 年,我国进出口贸易年均增长 17.4%。受世界经济危机影响,2009 年我国进出口总额为 2.2073 万亿美元,比上年下降了 13.9%。2012 年我国进出口总额达 3.87 万亿美元,是印度的 5 倍,排名世界第一位。

我国进出口贸易对经济的贡献不断提高,占 GDP 比重达到 59.8%,成为第一大外汇储备国。1978 年,进出口贸易占国内生产总值的比重为 9.7%,2008 年达到 59.8%。对外贸易的快速增长极大地缓解了制约我国经济发展的外汇资金,使我国从一个外汇极度紧缺的国家跃升为世界第一大外汇储备国。1978 年,我国外汇储备仅有 1.7 亿美元,2008 年达到 1.9460 万亿美元,为我国经济建设积累了宝贵资金。进出口贸易成为我国税收的重要来源,增加了国家财力,2008 年我国关税和进口环节税 9161 亿元,占全部税收收入的 16.9%。

我国对外贸易在世界贸易总额中的比重不断提高,2008 年达到 7.9%,在世界贸易中位次稳居第 3 位。1978 年,我国货物贸易进出口额占世界贸易总额的比重仅为 0.8%,在世界贸易中居第 29 位。2012 年,我国在世界贸易中的位次跃升到第 1 位,超过了美国和德国,成为名副其实的贸易大国。

我国机电和高新技术产品占出口总额的 86.7%,贸易结构不断优化,工业制成品出口比重明显提高。20 世纪 90 年代以来,实现了从以轻纺等劳动密集型产品出口为主向以机电和高新技术产品等资本技术密集产品为主的转变。1995 年以来,机电产品出口连续保持我国第一大出口商品地位。2008 年,机电产品出口 8229 亿美元,占出口总额的比重达 57.6%。1999 年,我国开始实施“科技兴贸”战略,自此之后高科技产品出口贸易快速发展,在对外贸易中的比重大幅提高。2008 年,高新技术产品出口 4156 亿美元,占出口总额的比重由 1998 年的 11% 提高到 29.1%。机电产品和高技术产品在我国出口贸易中的主导地位日益明显,2007 年我国机电产品出口已居世界第 2 位。

充分发挥比较优势、积极承接国际产业转移,加工贸易占进出口总额的 41.1%,使中国成为世界重要制造业基地。改革开放初期,一般贸易是我国对外贸易的主要方式。随着我国对外开放步伐不断加快,在充分发挥我国劳动力等资源比较优势、积极承接国际产业转移的基础上,加工贸易逐渐成为对外贸易的主要方式。通过发展"两头在外"的轻纺和机电、电子等产业的加工贸易,我国出口市场不断扩大、国际竞争力大幅增强、产业升级和技术进步步伐不断加快,新中国逐渐发展为制造大国。2008 年,加工贸易增加到 10536 亿美元,占进出口总额的比重提高到 41.1%。1982 年至 2008 年,加工贸易进出口年均增长 24.8%,高于同期进出口总额年均增速 8.6 个百分点。

贸易伙伴发展到 220 多个,贸易市场多元化格局逐步形成,参与国际经济交往不断深入。新中国成立初期,我国对外贸易的主要伙伴是苏联和东欧社会主义国家。1951 年,我国同社会主义国家的贸易额占全部对外贸易总额的比重为 53%。20 世纪 80 年代末我国提出了"市场多元化"战略。随着对外开放的逐步深入和经济全球化的不断发展,市场多元化战略取得明显成效。我国的贸易伙伴已由 1978 年的 40 多个发展到目前的 220 多个,贸易市场多元化的格局逐步形成。

2. 服务贸易蓬勃发展

随着改革开放的不断深化和我国加入世贸组织,我国基本形成了以旅游、运输服务为基础,以通讯、保险、金融、计算机信息服务、咨询和广告等新兴服务贸易为增长点的服务贸易全面发展格局,服务贸易已经发展成为我国对外贸易的重要组成部分。

我国服务贸易占世界的 4.2%,居世界位次上升至第 5 位。2008 年,我国服务贸易进出口总额由 1982 年的仅 44 亿美元上升到 3045 亿美元;占我国全部对外贸易总额的比重由 9.4% 上升到 10.6%;服务贸易占世界服务贸易总额的比重由 0.6% 提高到 4.2%;居世界位次由第 34 位上升至第 5 位。我国服务贸易增长快于世界平均水平。1983 年至 2008 年,我国服务贸易进出口总额年均增长 17.7%,比同期世界服务贸易进出口总额年均增速高 8.7 个百分点。

贸易结构逐步优化,高附加值服务行业快速发展,咨询服务占服务贸易出口总额的 12.4%。改革开放初期,我国服务贸易出口以旅游、运输、建筑等传统服务贸易为主,传统服务贸易出口占比达 80% 以上。随着改革开放的不断深入,保险、计算机和信息服务、咨询等高附加值服务贸易出口显现出强劲的增长势头,在服务贸易出口中的比重不断提高。2008 年,计算机和信息服务出口额由 1997 年仅 0.84 亿美元增加到 62.5 亿美元,占服务贸易出口总额的比重由 0.3% 提高到 4.3%;咨询服务出口由 3.5 亿美元增加到 181.4 亿美元,占服务贸易出口总额的比重由 1.4% 提高到 12.4%。

国际旅游等传统服务贸易取得长足发展,国际旅游外汇收入居世界第 5 位。

改革开放以来,我国积极发展餐饮旅游业,接待能力和接待水平大幅度提高,在此基础上,大力挖掘旅游资源,积极吸引外国游客,来华旅游人数逐年增多,营业收入不断提高。2008年,我国入境旅游人数从1978年的181万人次增加到13003万人次,国际旅游外汇收入从2.6亿美元增加到408.4亿美元。国际旅游外汇收入居世界位次由1980年的第34位上升到2007年的第5位。居民出境旅游也保持快速发展。2008年,国内居民出境人数由1993年的374万人次增加到4584万人次,居世界位次由1995年的第17位提高到2007年的第6位。

3.“引进来”与“走出去”共同发展

从新中国成立到改革开放前的30年,我国基本没有利用外资,也没有企业到海外投资。改革开放以来,我国敞开大门吸引外资,利用外资规模不断扩大,涉及范围越来越广,提升了综合竞争实力。2000年,“引进来”战略实施20年之后,我国实施了“走出去”的发展战略,通过采取对外投资、对外承包工程和对外劳务合作等多种方式走出国门,充分利用“两个市场、两种资源”,实现我国经济的可持续发展。“引进来”和“走出去”相结合,使我国参与国际分工合作的能力进一步提升。

我国利用外资规模和领域不断扩大,利用外资方式日益丰富,已成为吸收外资最多的发展中国家。20世纪90年代,我国确定了积极合理有效利用外资的方针,吸收外资进入高速发展时期。1992年至2000年,实际使用外商直接投资3233亿美元,年均利用外资金额达到359亿美元,是1986年至1991年的10倍多。2008年我国实际使用外资952.5亿美元,比1983年增长41倍;外商直接投资924亿美元,增长99.4倍。1979年至2008年,我国累计实际使用外资金额10498亿美元,其中外商直接投资8526亿美元。

外资企业工业产值占全国29.7%,外商投资企业在促进国民经济增长、带动产业技术进步、扩大出口、提供就业和增加财政收入等方面,发挥着日益重要的作用。2008年,占我国企业总数3%左右的外商投资企业创造的工业产值占全国的29.7%,实现出口额占全国的55.3%,进口额占54.7%,缴纳税收占全国的21%,直接吸纳就业4500万人。通过吸收外资,我国引进了一大批国外先进技术、设备和管理经验,填补了国内部分高新技术领域的空白,促进了国内的产业升级和结构调整。

对外直接投资从无到有,境外直接投资企业超过1万家,对外投资层次和水平不断提升。随着对外开放步伐的加快,特别是加入世界贸易组织以来,我国企业对外投资进入快速发展时期。2003年,我国非金融类对外直接投资29亿美元,2008年上升到407亿美元,2004年至2008年年均增长69.6%。对外投资形式逐步多样化,由单一的直接投资向跨国并购、参股、境外上市等多种方式扩展,跨国并购已经成为对外投资的重要方式。

对外经济合作范围不断扩大,竞争力逐步增强,对外经济合作合同金额达到1130亿美元。自1976年我国对外承包劳务队伍第一次走向国际舞台,到改革开放以来,我国对外承包工程数量逐年增多,工程规模不断扩大,涉及的领域逐年拓展。自1995年起,我国开展了对外设计咨询服务,对外经济合作领域进一步拓宽。目前,我国对外经济合作业务已经遍及全球180多个国家和地区。

【案例与思考】　　　三星项目投资西安高新区

一、三星项目简介

三星电子存储芯片项目是由世界500强企业——韩国三星电子株式会社在西安投资建设的高科技闪存芯片项目。三星电子在全球存储类半导体市场占有主导地位,为大量便携式设备生产闪存芯片,闪存存储的数据即使在设备断电的情况下也能得以保存,被广泛应用于智能手机、平板电脑当中。项目一期第一阶段总投资70亿美元,是改革开放以来西部地区引进的最大的外商投资高新技术产业项目,将采用三星电子在世界上最领先的技术,生产市场急剧扩张的存储芯片。预计项目一期达产后,每月可生产芯片10万片,聚集配套企业160余家,吸引上万人就业。项目已于2012年9月开工建设,计划2013年底实现主体竣工。

二、三星项目的意义

三星电子存储芯片项目属于战略性新兴产业高科技项目,符合国家西部大开发战略和关中—天水经济区发展规划,也完全符合陕西省、西安市的产业发展战略。该项目落户陕西西安,必将对中国西部发展新一代信息技术产业,加速相关产业集群的形成壮大产生重要的示范和带动作用,也将对中韩两国经贸发展产生深远影响;该项目潜力巨大、前景广阔,对促进陕西调整产业结构、转变增长方式、提高经济外向度,加快西安国际化大都市建设步伐、促进西安新型工业化发展进程,全面推进西安高新区世界一流科技园区建设都具有十分重要的意义。

三、三星项目的发酵效应

三星高端存储芯片项目,是我国改革开放以来最大的外商投资高技术产业项目。该项目将聚集160多家配套企业入驻,将吸纳上万人就业。三星项目落户西安后,许多国内外知名公司纷纷慕名来西安高新区投资考察。目前,已经有近50家三星配套企业来西安考察,其中17家配套企业已经明确投资意向,9家企业已经完成注册。

四、激活人力资源

西安电子科技大学副校长郝跃认为,三星选择陕西、选择西安,肯定是经过了周密、细致的分析,其中人力资源是重要的一环,我觉得陕西人力资源方面的优势在全国是得天独厚的。包括西安电子科技大学、西安交通大学、西北工业大学、西北大学等在内的 40 多所高校都设有电子信息学科,这将为电子信息产业发展提供充足的高端人力资源。

谈到高技术人才,美国应用材料副总裁邹钢说:"西安拥有众多研究所、大学,科研人员、高端人才储备充足,人才的稳定性好、流动率低、综合素质较高,能够满足企业对科技创新的需求。而三星的到来将会带动高端企业聚集,为高新区形成良好的高端氛围,促进高端人才聚集。"

五、合作与配套企业与三星共赢

2006 年 4 月 10 日,西安高新区与美国应用材料公司签约,应用材料投资 2.55亿美元在西安建立全球开发中心暨全球技术服务中心。"我们与三星在半导体、平板显示器以及太阳能等业务领域都属于紧密的战略合作伙伴关系,三星是我们最有价值的客户之一。"应用材料公司副总裁、中国首席技术官、西安公司总经理邹钢说,三星与应用材料两家企业同为高新区电子信息产业的佼佼者,未来的合作前景十分广阔。他表示,应用材料在西安的全球开发中心,已经准备好为三星提供全方位的增值服务,包括工程师培训、设备安装及调试服务、持续的产品改进、工厂自动化解决方案。

"我认为韩国三星在高新区落户对信泰公司来说一定是利好消息。"信泰电子西安有限公司副总经理颜炳洳非常看好三星落户西安高新区。韩国信泰公司于2010 年 10 月正式在西安高新区落户。三星是信泰公司最大的客户,作为半导体产业链的上下游,信泰公司也看到了未来发展的良好前景。颜炳洳认为:"三星落户必然会带来一批配套企业,包括化工、精密仪器制造等等周边相关产业。半导体产业原料相通,在这些配套企业中会有信泰公司所需要的,这对信泰公司来说绝对是个好消息。"

六、本土企业评价

"三星来了,西安的电子信息产业链条将会更加完善,这个产业的聚集效应也会愈发明显,会为西安的发展带来新的希望。"中兴通讯股份有限公司行政总监寿斌接受采访时这样告诉记者,他认为近年来西安电子信息产业的发展日趋成熟,知名企业、高端人才汇集,已经对西安产生了深远的影响。同属电子信息产业范畴,位于产业链上游的三星电子落户西安后,将对这座城市产生深远的影响。寿斌表示,伴随着三星电子的到来,西安电子信息产业的环境将日臻完善,也将为中兴、华为等企业创造更好的发展空间,从而为西安发展带来新的希望,产生一个多赢的结果。

"我们处于半导体产业的上游,生产硅材料、锗材料,目前公司的单晶炉已逐步与国际接轨,接近世界领先水平,三星入驻高新区之后,企业制造的单晶炉完全可以满足三星的需求。"西安理工晶体科技有限公司董事长王俊辉说道。对于此次三星落户,他认为带来的积极意义是不容小觑的。"三星落户西安,对于陕西省经济社会发展意义重大,不断促进陕西经济发展方式转变,也使陕西电子信息产业地位更加牢固。同时,三星的到来将积极推动就业,将会为更多人提供就业机会。"他说道。

围绕三星项目的落户、围绕着电子信息产业高地的建设,围绕着西安高新区建设世界一流科技园区、西安建设国际化大都市、陕西建设西部强省,让我们拭目以待,期待这片古老而神奇的土地迸发出新的活力。

资料来源:http://www.people.com.cn/西安高新区资料.

案例思考:三星电子投资对我国有何启示?

【复习思考题】

1. 如何认识经济全球化的"双刃剑"功能?

2. 对外贸易发展战略的内涵是什么? 它有哪几种基本的形式?

3. 如何看待一国实施引进外资与海外投资并重的战略?

4. 我国全方位对外开放格局是怎样形成的?

5. 结合我国国情和案例,简要说明我国利用外资的目的和作用。

第十三章 可持续发展与经济增长

经济增长问题是全球普遍关注的重大问题。然而,经济增长所需要的资源特别是自然资源并不是取之不尽,用之不竭的。在工业化发展的一定时期,经济增长必然受到资源有限性的约束,而且随着经济增长导致的环境污染和生态危机,迫使人们必须对传统的经济增长方式进行反思。

本章将按照科学发展观的要求,通过对可持续发展的基本含义、原则的介绍,分析可持续发展原则下的经济增长与经济发展问题,特别是发展中国家在严峻的人口、资源与环境形势下可持续发展所面临的挑战,寻求资源约束下可持续发展的实现形式。

第一节 可持续发展的含义与原则

一、可持续发展概念的产生与发展

(一)可持续发展问题的提出

从工业革命至今,时光已经流逝了两个世纪。在这个历史进程中,随着科学技术和市场经济的发展,人类不断总结经验,不断超越自我,用自己的聪明才智和辛勤劳动,创造了巨大的财富,积累了丰富的科学技术知识,使生活水平得到了极大的提高,使人类的衣食住行、工作旅游及交流方式发生了很大的改变,形成了灿烂的文化。

二战后,出现了重建家园的强烈愿望,一些工业化国家一味追求经济的快速发展,出现了一股从未有过的"增长热"。在这个时期,烟囱产业被作为"朝阳"工业而备受推崇。这个时期的发展通常主要是按照经济的增长来定义的,也就是以国民生产总值(GNP)或国民收入的增长为重要目标,以工业化为主要内容,这种经济增长取得了明显的效果。世界工业生产能力的 4/5 以上是 1950 年以后出现的。经济发展把一个饱受战争创伤的世界,在短短几十年时间里推向一个崭新的、前所未有的工业化时代。

但是,由于工业化、城市化的过程,大大加剧了耕地、淡水、森林和矿产的消耗,在最近一个世纪,矿物燃料的使用量增加约 30 倍,人类赖以发展的环境被破坏得十分严重。这种危机使地球和人类面临着难以长期忍受的趋势,主要表现为人口的膨胀,南北差距的加大,能源的危机,环境污染及生态破坏等新的更为广泛而严重的矛盾。在这种背景下,一些有识之士开始对人口增长、经济发展与资源环境关系进行反思。反思的结果是人们对传统的发展模式产生了怀疑,而努力探询一种新的发展模式。

可持续发展是 20 世纪 80 年代以来出现的重要概念,它是一个应用性很强的经济学科,主要是研究在资源约束条件下,人口、资源、环境和经济发展的协调问题。

在人类社会的发展中,有关生产与生态环境相协调的朴素的可持续发展思想由来已久。在中国传统的农林业实践中,就有秸秆粪便还田、封山育林、封山禁猎、封湖禁渔、休耕轮作等成功范例。然而,可持续发展作为一种思想,却是在 20 世纪 60 年代以后才形成的。19 世纪到 20 世纪中叶,传统的经济增长方式引起了环境污染和资源的大量消耗,人类面临资源短缺和环境污染的双重压力,未来发展遇到了人口增长、环境污染与资源短缺的严峻挑战。

在可持续发展概念的产生和发展过程中,有三件具有历史意义的事件,那就是 1972 年的联合国人类环境会议、1987 年布伦特兰夫人主持的《我们共同的未来》的报告以及 1992 年的联合国环境与发展大会。至此,可持续发展引起了全世界的极大关注。

(二)可持续发展的含义和基本内容

《我们共同的未来》一书初次对可持续发展的概念做了重要说明,把它概括为"既满足当代人的需要,又不对后代人构成危害的发展"。这个解释在最概括的意义上,得到了国际上广泛的接受与认同。一个国家的可持续发展战略,就是按照可持续发展的基本原则确立的关于人口、资源与环境和谐共存,经济社会和生态环境相互促进、协调发展的总体的、长远的、并持续实施的规划和措施。在经济全球化的新形势下,各国的可持续发展战略实践有必要相互配合,才可以达到促进全球性可持续发展的要求。

可持续发展具有深刻而又广泛的内涵,完整意义的可持续发展应当是可持续经济、可持续生态和可持续社会三个方面的统一。

第一,经济可持续发展。可持续发展鼓励经济持续增长,因为经济增长是国家实力和社会财富的体现,它既为提高人民生活水平及其质量提供保障,也为可持续发展提供必要的物力和财力。我们强调可持续发展,但不能以保护环境为由遏制经济增长。当然,经济持续增长不仅要重视数量的增长,更要追求质量的提高,这就客观地要求改变传统的以"高投入、高消耗、高污染"为特征的粗放型经济增长模式,实现以"提高效益、节约资源、减少废物"为特征的集约型经济增长。同时,要相应改变传统的消费模式,进行文明消费。

第二,生态可持续发展。可持续发展不是无限的,而是有限的,因为它要与有限的自然资源承载能力相协调。正是这种发展的有限性,保证了生态的可持续性,也使得持续的发展具有可能性。因此,生态的可持续发展与可持续发展是相辅相成的。这就要求我们在追求发展时,必须同时注意保护环境,包括控制环境污染,改善环境质量,保护生命支持系统,保持地球生态的完整性,保证以持续的方式使用可再生资源,使人类的发展保持在地球的承载能力之内。

第三,社会可持续发展。可持续发展强调社会公平,没有社会公平,就没有社会稳定。不同的国家或地区,因其发展水平不同,在不同时期可持续发展的具体目标可能不尽相同,但其本质应当是一致的,既改善人类生活质量,提高人类健康水平,创造一个保障人人平等、自由和免受暴力,保障人人有受教育权和发展权,保障人权的社会环境。

综上所述,可持续发展既包括经济发展,也包括社会发展,还包括保持和建设良好的生态环境,三者相互联系,密不可分。其中生态持续发展是基础,经济持续发展是条件,社会持续发展是目的。

二、可持续发展的基本原则

可持续发展作为一种全新的人类生存方式,全方位地覆盖着人类生存与生活的各个领域,不但涉及作为发展源头的经济生活和社会生活领域,而且涉及以资源利用和环境保护为主的环境生活领域。因此,实施可持续发展必须遵循以下原则:

(一)持续性原则——寻求人与自然之间的和谐

持续性原则的核心是人类的经济与社会发展只能是在保护自然资源与生态系统的前提下的发展,这一原则告诉我们,一方面,人类必须慎重对待资源问题,冷静而科学地制定合理开发资源的战略,对自然资源的消耗不能超过临界值。如果人类继续像以往那样无视资源对经济增长的限制,急功近利,盲目地认为自己是地球的主宰,在大自然面前为所欲为,那就必然是竭泽而渔,不仅无法实现持续发展的目标,而且终将把人类经济社会推向绝路。另一方面,要坚持生态原则,讲求生态效益,不能损害地球生命的大气、水、土壤、生物等自然资源,要把发展和生态环境密切联系起来,在保护生态环境的前提下寻求发展,在发展的基础上改善生态环境。

(二)公平性原则——实现人与人之间的公平

可持续发展中蕴涵着一个全新的价值追求,即实现社会公平的发展。这种公平包含着代内公平、代际公平和公平分配有限的资源。

代内公平即同代人之间的横向公平。可持续发展的出发点和宗旨是满足全体人民的基本需要和给全体人民公平的机会以满足生活的需要,要给世界以公平的分配和公平的发展权,要把消除贫困作为可持续发展进程特别优先的问题来考虑。在贫富悬殊、两极分化的情况下,不可能实现可持续发展。为此,国际社会以及各个国家都必须在增加物质财富的同时,通过深刻的社会改革和制度创新,促进公平分配和广泛的社会平等。

代际公平即世代人之间的纵向公平性。当代人所使用的自然资源是地球历时几百上千万年的沧桑巨变而积攒的共同财富,而且人类赖以生存的自然资源是有限的,本代人不能因为自己的发展与需要而损害人类世世代代满足需求的条件——自然资源与环境。要给世世代代以公平利用自然资源的权利。

公平分配有限的资源。目前的现实是,占全球人口26%的发达国家消耗的能源、钢铁和纸张等资源占全球的80%。资源的有限性与资源利用不公同时存在,以美国为首的发达国家在利用全球资源谋取自身的快速发展,但对由此引起的资源环境问题并不负相应的责任。为了实现公平分配有限的资源,在全球范围应遵守互利互补的原则,实现区域之间的合作、互补、平等,缩小空间范围内同代人之间的差距,消除物质上、能量上、信息上甚至心理上的鸿沟。

(三)共同性原则——建立一切人类共有家园的理念

可持续发展的共同性原则,涵盖着可持续发展的普遍性与总体性特征。虽然世界各国历史、文化和发展水平不同,但是,可持续发展作为全球发展的总目标,所体现的公平性和可持续性原则是共同的。并且,实现这一目标必须采取全球共同的联合行动。可持续发展的共同性原则,在《我们共同的未来》中得到了具体体现,该报告强调指出,无论是发达国家还是发展中国家,无论是市场经济国家还是计划经济国家,其经济和社会发展的目标必须根据可持续性原则加以确定。

总之,可持续发展就其社会观而言,主张公平分配,既满足当代人又满足后代人的基本要求;就其经济观而言,主张建立在保护地球自然系统基础上的持续经济发展;就其自然观而言,主张人类与自然和谐相处。

三、可持续发展对发展中国家的特殊意义

可持续发展理论首先在西方国家出现,经过几十年的发展,其理论体系已初步形成。虽然可持续发展理论发源于西方发达国家,但其对发展中国家却有着特殊的意义。

对于发展中国家而言,可持续发展的中心是发展,贫穷不可能达到可持续发展的目标,因此,消除社会贫困,提高人民的生活、教育、健康水平是发展中国家普遍面临的任务,要实现这个任务,依靠他国是不可能也不现实的,而不实现这个任务,要实现发展的持续性只能是一句空话。可持续发展就是要保证经济的持续发展,在发展中消灭贫困,提高人民的生活质量;在发展中实现发展与环境资源的协调。所以,发展中国家在实施可持续发展战略中,主要任务仍然是经济的发展,但这种发展是可持续的和科学的。

(一)可持续发展问题的提出,敲响了资源匮乏的警钟

发展中国家由于受其自身状况的制约,资源匮乏对其而言更具有现实性。近年来,西方一些发达国家为了维持自身的可持续发展,一方面节约本国的能源,花钱从国外购买资源,变相加紧对发展中国家的搜刮,另一方面,又转嫁治污成本,把大量难以处理的工业垃圾、生活垃圾运往发展中国家,导致一些发展中国家资源的迅速减少和生态环境的恶化。可持续发展的提出,使发展中国家终于认识到,资源并不是取之不尽、用之不竭的,生态也有一定的包容度,而一旦资源枯竭,生态破坏,发展不仅不可能,甚至还会倒退。从可持续发展的角度讲,应该把眼前利益和长远利益、局部利益和全局利益有机地结合起来,开发资源、节约资源、保护资源,走一条健康的发展道路。

(二)有利于发展中国家节约发展成本,加速经济的科学发展

现在,传统的发展模式越来越受到人们的批评和漠视。传统的发展模式基本上走的是一条"先污染、后治理"的路子,西方发达国家几乎无一例外。那么,发展中国家是否也必然要走这一条路呢? 从历史上看,发展中国家较早实现工业化的国家和地区,如韩国、台湾等也没有越出传统发展模式的樊篱,事实上,这种"先污染、后治理"的传统发展模式对今天的发展中国家而言不仅不实际,而且成本极其昂贵,因此,发展中国家都在积极的寻求、探索一条新的发展道路。而可持续发展的提出,无疑减少了发展中国家地探索成本,并显著节省其发展成本。

(三)启示发展中国家对经济发展过程中环境、资源之外的其他问题的重视

例如,政治社会问题、教育问题、消费问题、文化问题等的重视,促进发展中国家达到一种真正的综合的、全面的发展。人们对经济发展的认识,经历了从生存到发展,再从发展到可持续发展的过程,而可持续发展的提出,使人们认识到影响经济发展的,除了资源、环境因素外,一个国家或地区的政治社会发展问题、消费问

题、文化问题等的影响也十分重要。片面强调经济发展,而忽略社会、文化等问题在发展中国家几乎是通病。可持续发展理论告诉我们,政治社会问题、教育问题、消费问题、文化问题等如果不加以重视并解决,不仅不能实现可持续发展,甚至连发展都是不可能的。

客观地看,造成目前一系列全球环境问题的主要责任在发达国家,他们至今仍然是一些污染物的最大排放者,但他们却试图要发展中国家与其共同承担历史责任和现实义务,这显然是不公正的,也是影响建立真正的全球伙伴关系的。发达国家对发展中国家在环境与发展领域的援助、优惠、技术转让等,这并不是什么恩赐,而是对可持续发展的必要投资,也是他们应尽的义务和责任。发展中国家要始终警惕某些发达国家打着维护可持续发展的旗号,在为了后代人利益的谎言掩盖下,损害发展中国家的主权和利益。在维护可持续发展共同目标上,国家无强弱之分,但在责任上,则必须分清楚谁轻谁重,只有实现真正的国际合作,建立起真正的全球合作伙伴关系,可持续发展才有可能实施并成为现实。

【相关链接】　　　美国实施可持续发展战略的概况

1996 年美国出台了"美国国家可持续发展战略——可持续的美国和新的共识"。这份报告分别介绍了美国的可持续发展国家目标、信息和教育、加强社区建设、自然资源管理、人口与可持续发展,以及美国的国际领导地位等。在克林顿总统接受这份战略报告的同时,宣布由两个机构负责实施可持续发展的战略计划,一是总统可持续发展理事会(PCSD);二是可持续社区联合中心(JCSC)。JCSC 是由美国市长大会和美国县联盟共同创建的,其任务是帮助各社区达到自给自足和实现可持续发展。该中心主要通过实施可持续社区发展计划(包括领导培训、信息交换和制定实施行动计划的方法和技术等)、开展有关社区政策分析和教育论坛活动(包括政策分析和全国性的教育等),向地方官员提供咨询、信息和财政支持,促进各社区的可持续发展。

PCSD 就美国的可持续发展,提出了几个相互依存的国家目标。

(1)健康与环境:确保每个公民在家里、在工作和娱乐场所享有清洁的空气、清洁的水和健康的环境。

(2)经济繁荣:保持美国经济的健康和充分发展,创造富有意义的工作机会,在日趋激烈的世界竞争氛围中,向所有的美国公民提供通往高质量生活的机会。

(3)平等:确保所有的美国公民得到公平对待,拥有为实现幸福目标奋斗的机会。

（4）自然保护：运用有益于社会、经济和环境长远利益的方法。恢复、保护和利用自然资源（土地、空气、水和生物等）。

（5）服务管理：广泛树立这样一种服务管理道德规范，即能够激励个人、社会公共机构和私人公司就其行为对经济、环境和社会造成的后果全面负责的服务管理道德。

（6）可持续发展社区：鼓励人们携手合作，共同创建健康的社区，包括保护社区的自然和历史资源、创造就业机会、控制社区无计划的扩展、保护社区内四邻的安全等，以及向所有的公民提供为改善其生活质量的各种机会。

（7）市民支持参与：创造机会，鼓励市民、工商企业和社区参与有关自然资源、环境和经济的决策活动。

（8）人口：促使美国的人口趋于稳定。

（9）国际义务：美国在制定和执行有关全球可持续发展政策、行为标准，以及贸易和对外政策方面应起表率作用。

（10）教育：确保所有的美国公民在教育方面机会均等，并且终生能够获得学习的机会，从而为参加有意义的工作、提高生活质量和参与可持续发展做好准备。

美国总统持续发展理事会（PCSD）认为，为了促进未来的进步与发展，美国必须就环境保护（包括可持续发展的基本组成部分：环境健康、经济繁荣、社会平等与幸福）承担更多的义务，这就意味着必须根据目前的实际情况改革税收和补贴政策，采用市场激励手段等因素改革目前的环境管理体制，并确立新的、有效的政策框架。同时，PCSD 在资源保护、社区建设、人口与可持续发展方向采取了一系列整体措施。此外，美国政府还以制定"国家环境技术战"为主线，通过实施项目计划，开发新的环保技术，推动环境技术的出口和转让。

资料来源：http://jw.nju.edu.cn/hjgl/content/enf/waijin/m5414.htm

第二节　可持续发展与经济增长

一、可持续发展原则下的经济增长方式

（一）经济增长与资源约束

经济增长，通常是指一个国家在一定时期内，由于就业人数的增加、资金的积

累和科学技术进步等原因,社会物质产品价值和劳务价值的持续增加。

经济增长不仅指一个国家的财富总量的增长,而且还指按人口平均计算的财富占有量的增长。国家财富总量的增长是指一个国家综合国力的增长,而人均财富占有量的增长是指人民生活水平的实际提高。两者之间既有区别又有联系。一般说来,人均实际财富占有量的增长,必然反映着国家财富总量的增长,但是,反过来,国家整体经济的增长并不总能反映人均实际财富的增长。当一国人口增长率过快时,在国家整体经济增长的同时,伴随着人均产品实际增长率可能下降;反之,当一国人口增长受到很好控制,人口增长率下降,即使整体经济增长率下降,人均产品实际增长率有可能上升。例如,国家整体经济的年增长率为7%,如果人口增长率为4%,那么按近似的简单的计算方法,人均产品的年增长率不过是3%。而对于人口增长率仅为1%的国家来说,即使国家整体经济的年增长率只有5%,按近似计算的人均产品的年增长率仍能达到4%。所以,分析经济增长时,不仅要看一个国家的整体经济是否增长,还必须看人均产品占有量是否增长。

一般来讲,衡量经济增长的指标是国内生产总值(GDP)和国民生产总值(GNP)。国内生产总值是一个国家或地区范围内的所有常住单位,在一定时期内(通常为一年)所生产的最终产品和劳务价值的总和。所谓"常住单位"其内涵与"常住居民"相同。一国的"常住居民"包括:居住在本国的本国居民;暂居(一年以内)外国的本国居民;长期(一年及一年以上)居住在本国的外国居民。也就是说,在一国领土范围内,其居民无论国籍如何,只要符合本国常住居民定义,在一定时期内所生产的最终产品和提供的劳务价值都可算作本国的国内生产总值。它不仅包括物质生产部门的产品价值,而且还包括所有部门(物质生产部门和非物质生产部门)的劳务价值。不过,国内生产总值指标是按最终产品的价值来计算,不包含中间产品的价值,不存在价值重复计算问题,从而比较真实地反映一国的经济增长状况。

国内生产总值(GDP)与国民生产总值(GNP)都是反映宏观经济的总量指标,但它们既有联系又有区别。国民生产总值(GNP)等于国内生产总值加上本国居民来自国外的收入并减去外国居民在本国领土上的收入。国内生产总值是"领土"概念,国民生产总值是"收入"概念。只有在经济封锁的地区,国内生产总值才等于国民生产总值,在经济开放的地区,国内生产总值和国民生产总值之间就会存在差额。因此,国内生产总值和国民生产总值是两个不同的但又有联系的指标。显然,在经济开放条件下真正反映一国经济实力的指标,应是国民生产总值,因为这是属于本国居民的财富。应当注意的是,在发达资本主义国家,由于对外投资与外国对内投资大体平衡,或者前者大于后者,所以,一般来说,GDP 等于或小于 GNP;但是在发展中国家,由于引入的外资大于本国居民的对外投资,所以,一般来说,GDP 等于或大于 GNP。因此,中国作为发展中国家,在经济增长上不应满足于 GDP 的增长,更应争取 GNP 更快的增长。

由于各个国家人口多少不同,国内生产总值的大小还不能真正反映出一个国家的富裕程度,所以,还必须计算人均国民生产总值。一个国家的国民福利的大小是由该国的国民生产总值多少这一经济指标来衡量的。国民生产总值越多,则国民的福利就越大,但它本身也存在一定的缺陷,如不能正确反映人们精神生活的满足程度和福利的提高等。

任何国家的经济增长都和资源多寡有直接的联系。广义的资源是由人发现的有用途和有价值的各种物质。它是经济发展的基本要素,为人类提供物质基础。资源可分为自然资源、人力资源、技术资源和资本资源。在可持续发展研究中,大多采用的是自然资源概念。

自然资源直接影响劳动生产率,自然资源的供给条件越好,劳动生产率越高,生产者提供的剩余劳动越多。与其他经济增长的因素相比,自然资源的典型特点有:一是稀缺性,不仅资源储量有限,而且可替代资源的品种有限。二是整体性,各种自然资源在生物圈中相互依存、相互制约,构成完善的资源生态系统。其中,任何一种资源的变化都会引起其他资源的相应变化。三是地域性,自然资源在地域分布上极不平衡,由此形成地区的相对资源优势。四是多样性,同一种资源可以作为不同生产过程的投入因素。资源有限性与多用性的矛盾,便产生资源有效配置的经济学问题。

(二)经济发展

经济发展的含义要比经济增长的含义广泛得多,它不仅包含经济数量的增加,而且还包含着经济数量增加而引起的经济结构、投入结构、分配结构、消费结构的变化以及社会福利、文化卫生和政治素质提高的深刻变化。

经济发展和经济增长既有区别又有联系。对经济增长的研究主要是分析一个国家或地区在一定时期内物质财富和劳务的增加,以及由此而引起的国民生产总值和人均国民生产总值的增长。重点是研究影响经济增长的因素,生产要素充分合理和有效的利用,科学技术发展对经济增长的作用等。而经济发展着重分析一个国家或地区在一定时期内,在经济增长基础上经济结构的变化以及经济质量的提高,重点是研究如何根据具体国情,选择正确的经济发展目标和道路,确定最佳的产业结构以及实现产业结构优化。所以经济增长和经济发展是既有联系又有区别的两个概念,两者的联系表现在经济增长是经济发展的前提条件,是社会、文化和政治进步的物质基础,一定阶段的经济发展总是在一定的经济增长基础上实现的。没有一定的经济增长,就不可能有经济发展。当然,如果单纯地强调经济增长而忽视经济发展,就可能出现经济结构失衡,经济效益低下,甚至造成两极分化,出现"有增长无发展"的态势。

二、经济增长、发展与可持续发展的相互关系

在通常的分析中,经济增长与经济发展似乎是相同的概念,人们也往往从经济增长的意义上理解和解释经济发展。在现实经济活动中,不计成本片面追求产值、速度就是增长与发展不分的表现。

其实,经济增长不等于经济发展,两者的区别,如同人一样,增长着眼于身高和体重,发展侧重于机能、素质的提高。明确增长不等于发展决不意味着不要增长,经济增长是经济和社会发展的基础和动力,是一切经济进步的首要的物质条件,是可持续发展的保证。但是,在现实经济活动中,人们容易单纯用经济增长的指标来评价经济发展和社会发展。实际上,单纯用经济增长的指标来评价经济发展,往往会有意或无意忽略经济增长质量,特别是在加快增长速度时,忽视环境保护和生态平衡,使自然资源的供给条件遭到严重的破坏,为谋求一定的速度付出了过高的环境和资源代价。固然,经济发展、可持续发展是建立在经济增长的基础上,但是,经济发展、可持续发展体现一个较长过程经济的连续运行,应考虑其他因素与经济增长的关系,例如,教育水平、社会保障、人均收入,还有自然资源耗减状态、环境承受能力等。如果在短期内注重经济增长速度,而忽视了教育卫生投入、社会保障投入或忽视了资源消耗与环境污染状况,如果经济增长是建立在自然资源的大量消耗和环境污染的基础上,就意味着整个社会难以实现可持续发展。

经济发展是有代价的。一般来说,发达国家可依赖其充裕的资本和先进的技术克服大自然的吝啬。对这些国家来说自然资源相对地说不甚重要。但发展中国家自然资源稀缺性问题的缓解受资金和技术的限制。一个国家越是不发达,资金供应量越是小,自然资源供给的数量和性质便愈是重要。就目前来说,发展中国家的经济增长不能不考虑由自然资源供给条件设置的自然界限,不能不考虑资源的有效而充分的利用,不能不考虑改善自然资源的供给条件。自然资源如生物资源、矿产资源等是生产和再生产不可缺少的生产要素,是经济增长必备的物质条件之一,很多自然资源都具有稀缺、不易再生和难以移动三大特点,往往构成经济增长的瓶颈。如,中国自然资源丰富、品种较为齐全,但人均资源少,资源空间分布不均衡。我国在人均国民生产总值跨过 1000 美元以后,经济增长对自然资源的需要明显增加,然而中国的自然资源都面临重大的挑战。改革开放 20 多年来对资源的掠

夺式开发在很大程度上破坏了可持续发展的自然资源基础。另外,生态环境是衡量经济发展质量的主要标准,优化的经济增长方式应该把保护生态平衡置于重要地位。生态环境还是衡量居民消费质量的一个重要指标,以破坏环境为代价的经济增长和物质消费增长是难以继续下去的。中国的经济增长基本上是以大量消耗能源、粗放经营为主要特征的传统模式,因而对生态环境的破坏也是巨大的。据统计,占中国面积 1/6 的国土水土流失严重,由工业三废(废水、废气、废料)引起的环境污染严重,生态危机已经成为制约经济增长的重要因素。如果不及时转换经济增长方式,实现可持续发展,经济增长将难以弥补治理环境污染的巨大社会与经济成本,环境问题也将进一步成为经济增长的制约因素。因此,从长期看,经济增长必须以可持续发展为重心。

发展中国家的经济发展进程主要是结构转换的过程:即工业化→城市化→重工业化。这些过程是一个国家和地区由传统社会进入现代社会,由贫困转向富裕所必须经过的过程。但是无论是哪一个方面的结构转换都会形成对资源的强烈需求,都可能造成资源的耗竭及不可持续供给,由此形成发展的代价。发展中国家在经济发展初期,为了实现赶超,往往是忽视可持续发展,不计代价追求增长。但这些国家感觉最为缺乏的要素是资金和技术,而没有感觉到自然资源的稀缺性,因而在追求经济增长时往往不计自然资源消耗的代价,由此出现滥用自然资源的状况。发达国家在推进工业化和重工业化时期,虽然也要大量资源消耗,但那时欠发达国家处于农业社会,发达国家可以通过掠夺欠发达国家的资源来实现工业化。现在发达国家在进行经济结构调整时又将高污染高消耗的产业转移到欠发达国家,使发展中国家在工业化阶段,其资源、环境、生态问题更加突出。

必须明确,可持续发展不是不要发展,而是在发展中采取积极的措施,调整发展战略,减少向自然界的索取,增加对自然界的投入,改善自然资源的供给条件。但是必须清楚,经济增长与发展不能以牺牲环境为代价,从许多发展中国家谋求经济增长的现实看,为了短期的高速度,资源开采过度,生态环境遭到破坏,环境受到严重污染,其结果是人们的收入增长了,但健康水平下降了,生活质量下降了,这是和可持续发展原则相背反的。同时,可持续发展还必须考虑公平要求。首先是发达国家或地区与欠发达国家或地区间的公平,如果发达国家或地区以掠夺欠发达国家或地区的资源为代价,世界范围的可持续发展就是不可能的;还有代际公平问题,持续增长是满足本代人的要求,谋求本代人的福利,而事实上相当数量的自然资源具有可耗竭及不可再生的特点,为了实现本代人的福利,这些资源被滥用、被耗竭,就会牺牲后代人的发展条件,因而牺牲后代人的福利。这种以牺牲后代人的发展条件为代价的增长,显然是不符合可持续发展要求的。

三、人口、资源、环境的协调与可持续发展

(一)可持续发展是一个以人为协调主体的系统

可持续发展的目标是为了人,人又是可持续发展的主体,可持续发展战略的实施在很大程度上依赖于人。为此,可持续发展的战略目标之一,就是控制人口数量,不断提高人口素质。在控制人口数量方面,首先要保证人口数量的年均增长率稳定地低于 GDP 的年均增长率,其后逐渐实现人口的"零增长"。在现实世界中,存在着人与自然之间的互相作用、互相制约关系,而人是具有主观能动性的社会动物,它对自然起能动的作用。因此,在由人和自然构成的大系统中,人处于主体地位。但这不等于人可以为所欲为地开发自然资源、破坏环境资源。从过去和今后看,人的生存依赖于自然,自然资源和生态环境是人类社会生产力的源泉。可持续发展要求,人类在生产活动中,必须尊重人口、资源和生态环境协调发展的客观规律。

人与自然之间的物质循环规律,就是人口、资源和生态环境协调发展的规律。他要求人类在生产中实行低耗、高效和清洁的集约型生产,在消费方式上,采取适度、节约和有利于身心健康的消费方式,同时必须高度重视人口对经济、资源和环境的负面压力,控制人口数量,提高人口质量。

(二)人口增长对可持续发展的影响

按照人口与经济发展的规律,当经济发展到一定程度,人民富裕到一定程度,经济系统内就会产生一种内在的人口增长的抑制机制。也就是说,经济发展会延缓人口的增长。世界人口发展一般要经历从高出生率到高死亡率的人口波动发展到低出生率的人口稳定发展的过程。这个过程可分为四个阶段:

第一阶段,传统社会。生产力水平低下和人口高出生并存,死亡率也因为饥饿、灾害、战争和传染病等原因而程度不同地发生波动,人口时增时减,两相抵消,人口数量长期维持在一个水平。

第二阶段,初步发展的阶段。当一个国家或地区经济发展了,人民的生活得到改善,医药卫生进步,死亡率开始大幅下降,出生率仍然维持在原先的水平上或缓慢下降,这时人口数量迅速增加。

第三阶段,发达阶段。国家经济发达,人们的观念发生变化,妇女受教育的水平提高,就业机会增多,使出生率下降,加之医疗保健机制的不断健全,人口缓慢增加,增长率不断下降。

第四阶段,出生率和死亡率都降到一定标准,死亡率停止下降,出生率以控制在稍高或等于死亡率的水平,两者基本上达到平衡。

现在,发展中国家绝大多数已处于第二阶段,有的国家已经进入第三阶段。随着经济的发展和人类对人口问题认识的深化,人类进入第四阶段,世界人口就会趋于稳定。

在经济发展过程中解决人口问题的有效途径有:一是通过人口迁徙改变人口与可利用土地资源及其他资源的配置关系,人口的再分布,将有助于在一个有限的生存环境中容纳日益增长的总人口。二是提高教育程度。实践分析表明,人口增长速度与居民的受教育程度密切相关,受教育程度越低,人口出生率越高,因此,提高全民族的教育水准是控制人口过快增长的有效途径。三是克服收入不平等分配,完善社会保障制度特别是养老保险制度。在现实经济生活中,越是收入低的农民,出生率越高,完善社会保障制度特别是养老保险制度可以降低农村和落后地区过高的出生率。

正因为人口与发展、可持续发展有着密切的联系,因此,从人口、资源与环境协调发展上研究人口问题是一个重大的理论与现实问题。

人口增长对经济增长的影响是双重的,它既可以促进经济增长,也可以阻碍经济增长。人口增长对经济增长的促进作用在于:人口增长加快生产的压力,会迫使人们采用新技术,开拓新的生产途径,同时也会产生较大的投资需求和消费需求,并产生规模经济。而且由人口增长带来的年轻型人口结构能使国家对变化有较高的承受力,对新思想有较强的接受力,从而促进效率的提高、社会的进步。

人口增长对经济增长的阻碍作用主要表现在:①过大的人口规模,对生产、生活的要求削弱了资金积累的能力;②过大的人口规模,造成公共设施供给不足,如交通问题、教育问题、医疗卫生问题等;③人口规模过大,造成沉重的就业压力;④人口的迅速增长,加速了那些不可再生资源的耗费,同时也给环境带来严重的有害后果。如我国的许多资源(煤炭、石油等自然资源)的总量处于世界前列,但按人均量则处于世界后列。同样,我国的许多产品(发电量、粮食等)的产量也已经进入世界前列,但人均量也处在后面。在发展中国家,人口的大规模增长还表现在对人均收入的影响上。从这一点看,解决人的再生产与物质资料再生产均衡的关键是控制人口增长。

四、可持续发展的评价与指标体系

(一)现行经济增长指标的缺陷

国民生产总值(GNP)被认为是 20 世纪最重大的社会发明之一,它通过国内生产总值(GDP)这一中心指标,可以把国民经济全部活动的产出成果概括在一个极为简明的统计数字之中,为衡量一国经济的运行状况提供了一个最为综合的尺度。

　　但如果单纯的以国内生产总值来度量长期的可持续发展水平则存在着严重的缺陷。第一,GDP 是用市场价值或市场价格计算的,因此,GDP 的增加可能是产品和服务的生产增加的结果,也可能是平均价格提高的结果。第二,GDP 衡量的是发生在一国之内的生产总值,而不管是谁拥有这些用于生产的资源。在许多情况下,GDP 的增长并不一定能增加本国国民的福利和提高人们的生活质量,当 GDP 很大而 GNP 没有增长的情况下更是如此。第三,GDP 没有把建设性和破坏性活动区别开来。例如,疾病、犯罪以及自然灾害都可以使国内生产总值增加,因为这些都需要投入资金,这样,尽管生活质量下降了,GDP 依然增加。另外,大部分环境资源成本没有计入 GDP,因为,国内生产总值在计算时只将经济资产作为中间投入加以核算,而未将生态系统中的自然资产和环境资产纳入核算体系,没有把生产过程中所消耗的各种自然生态资源和环境资源作为已经存在的价值看待。事实并不如此,在各种自然资源的利用中,耗用就意味着资产的绝对减少。在计算国内生产总值时只扣除自然资源的开采成本,而不计算资源和环境成本,忽视了资源和环境价值的存在,由于资源和环境价值的作用会程度不同地体现在相关产品的价格中,因此,忽视资源和环境成本的结果是过高地估计了当期生产的成果,也就是过高地估计了当期收入。

　　由于国内生产总值这一计算方法的缺陷,各国的 GDP 实际并没有考虑资源环境因素,如通过滥用资源、污染环境、砍伐森林、侵蚀土壤和灭绝生物手段所带来的GDP 增长包含着对资源与环境的极大损耗,对资源与环境来说显然是一种损失,因此,应从 GDP 中扣除这部分资源与环境损失。这就提出了对经济增长指标进行改进的问题,提高经济增长的质量,在经济增长的同时减少破坏性活动,减少对环境资源的过度消耗。

　　(二)关于绿色 GDP 核算

　　为了使经济增长指标在指导功能上能促进减少对资源的消耗、保持良好的生态环境,国际上提出的绿色 GDP 和绿色 GNP,已经受到我国理论界和实际部门的高度重视。面对全球范围出现的人口剧增、资源过度消耗、环境污染、生态破坏等全球性的问题,近年来,一些发达国家对国民经济核算体系进行了调整,从现行 GDP 中扣除环境资源成本和对环境资源的保护服务费用,其计算结果被理论界称之为"绿色 GDP"。

　　绿色 GDP 是指在全面协调和可持续发展观的指导下,通过建立经济和环境的投入产出关系,把经济活动过程中的环境因素反映在国民经济核算体系中,将重要耗减成本、环境退化成本、生态破坏成本以及污染治理成本从 GDP 中加以扣除,从而形成一种新的国民经济核算体系。绿色 GDP 力求将经济发展和环境保护统一起来,综合性地反映国民经济活动的成果。绿色 GDP 是核心指标 GDP 发展的新阶段,它强调人与自然的和谐发展,突破了传统生产成本的界限,将对自然界的耗减计入生产成本,试图用增大成本的方式来引起生产者对自然资源的重视,从而降低生产活动对自然资源的破坏,它代表了新的生产方式的转变。简单地讲,绿色 GDP 就是在 GDP 指标基础上扣除非生产经济资产的耗减和非生产自然资产的降级。非生产经济资产的耗减包括矿物的耗减、森林中开采木材、水土流失对农业用地生产能力的影响,酸雨对农业、林业的影响等。非生产自然资产的降级即环境降级,包括对鱼的过度捕杀,原始森林中开采燃材与木材等对水、空气、鱼类和野生森林的质量的影响等。

从理论上说,绿色 GDP 有明显的优点,它弥补了 GDP 难以反映经济发展所造成的重要耗减和环境损失方面的缺陷。但必须看到,绿色 GDP 是一个浩大的系统工程,需要有各方面的配合。绿色 GDP 是在传统的 GDP 基础上计算出来的,也就是限于本国领土范围,但是,造成自然资源耗损、环境污染损失,以及由此引起的社会公害损失,还包括国外要素的影响,与之相对应,要恢复生态、治理污染和保护环境的投资及环保科技教育的投资,也应包括国外的投入。因此,科学的核算和统计仍有一定困难,且由于 GDP 本身的局限性,受国外影响部分的数据的取得尤为困难。

实施绿色 GDP 的主要是欧美发达国家,如美国、法国等。但值得一提的是墨西哥,它是一个发展中国家,率先实施绿色 GDP。1990 年,在联合国的支持下,墨西哥将石油、各种用地、水、空气、土壤列入环境经济核算范围,并取得了成功经验,对我国建立绿色 GDP 核算体系有极大的参考价值。

(三)社会经济统计学方法

可持续发展指标体系研究的关键是寻求适当的方法将涉及经济、社会、资源和环境等多方面的众多因素所包含的信息进行适当的组合或关联。现在已经被广泛采用的指标体系是联合国开发计划署 1990 年 5 月发表的第一份《人类发展报告》中公布的人文发展指数,它包括出生时的预期寿命、成人识字率和综合入学率、实际人均收入等,这些指标可以综合衡量人类在发展方面的福利水平。严格讲来,这些指标含义并不等同于可持续发展,但它对于构建可持续发展指标有重要的启迪作用。

1994 年联合国国际人口与发展开罗会议通过的《行动纲领》中强调"可持续发展问题的中心是人"。联合国开发署制定的人文发展指标强调了人在发展中的中心地位。对实际人均收入指标的调整强调合理生活水平而非追求对物质的无限占有,这是对以占有或消耗物质资源的多少作为衡量发展标志的传统价值观的否定,与可持续发展的原则是相一致的。

除了联合国开发署的人文指标外,国内学者还提出许多不同类型的指标体系用以衡量可持续发展。这些指标体系各有侧重,围绕人类需求、资源利用、环境保护、经济与社会发展等方面而设立。但目前都处于研究和探索阶段,还没有形成一个统一的可持续发展指标体系。

第三节　中国可持续发展的政策选择

一、中国经济发展面临的资源与环境问题

当代中国的社会主义现代化进程,必须加快发展,发展是硬道理。但是,如果在发展中不能自觉地控制人口增长,又盲目地、甚至浪费式地消耗资源,牺牲生态环境,片面地追求发展速度,那么,在经济上的发展是不可能持久的、健康的,也是与社会主义制度追求的共同富裕和共同利益的目的相违背的。社会主义现代化要求我们在促进社会经济发展过程中,必须实施可持续发展战略。这是广大社会居民的整体利益和长远利益的要求,也是社会主义国家对人类社会做出巨大贡献的要求。新中国成立以来,我国的社会经济发展取得了举世瞩目的巨大成就,然而在可持续发展问题上也存在严峻的挑战。作为世界上最大的发展中国家,中国可持续发展战略与对策对于发展中国家可持续发展道路的选择具有重要的意义。

(一)中国的环境问题和可持续发展面临的挑战

新中国成立以来,党和政府十分重视环境问题,许多对环境保护和资源持续利用意义重大的工程或区域建设项目得以实施,如五大防护林工程、治理山水、江湖与水土流失等重大项目以及对"三废"的控制与处理等方面取得了显著的成就,对于促进可持续发展起到了举足轻重的作用。

然而,伴随着我国经济的高速发展,特别是到了20世纪90年代以后,持续的高增长引起了资源的过度消耗、环境破坏严重、生态赤字增大等一系列和可持续发展目标极不一致的现象,主要表现在:

首先,土地资源面积锐减、水土流失严重。中国是一个农业国,但人均耕地面积仅为世界平均水平的1/4,加之近年城市化进程对耕地需求的大量增加,人均耕地已经接近联合国规定的0.053公顷的耕地占有警戒线。与此同时,严重的水土流失正在广泛地侵蚀着土地资源。还有土地的荒漠化问题,我们国家每年荒漠化的

土地相当于一个中等县的面积。耕地及土地资源的日益短缺,其直接后果是农业生产受到极大的影响,粮食生产基础脆弱,粮食安全成为一个十分重大的问题。

其次,水资源开采过度,短缺日趋严重。中国是一个缺水国,人均水拥有量不足世界水平的1/3,人均水资源量列世界第109位,同时,水资源时空分布不均,缺水城市已经占到城市总数的2/3,全国农村有7000万人、6000万头牲畜饮水困难,2000万公顷耕地受到旱灾威胁。不仅如此,严重的"三废"污染也正在破坏着本来短缺的淡水资源。

再次,森林植被破坏严重。森林具有许多重要的生态功能,这些功能对于维护良好的环境是必不可少的。我国人均占有森林面积2亩,是全世界水平的1/8。据有关研究,一个国家森林覆盖率达到30%以上才能起到维护环境的良好作用。在160多个国家中,我国森林覆盖率仅排在116位。不仅如此,森林资源还在被掠夺性地开采着。据有关研究,全国可开采的成熟林、过熟林不到本世纪末就将采尽;十几年营造的人工林蓄积量不足全国两年的消耗量。森林大面积地被开采、被破坏不仅使森林蓄积量下降,更重要的是森林诸如涵养水分、防风固沙、保持水土、调节气候等功能严重破坏,是中国水土流失、气候恶化、洪涝干旱灾害等环境问题的主要原因。

第四,工业污染面广量大,局部地区酸雨成灾。伴随着工业化过程,中国工业"三废"污染日显突出。每年大约排放300亿吨的工业废水,仅有30%经过处理或初步处理;二氧化碳排放量达2100万吨—2300万吨。废水处理率很低,大量废水直接排放到江河湖海中,结果是水质污染严重。1990年评价的94条河流域市段中,有65条受到不同程度的污染。淮河流域的污染,特别是小造纸厂造成的污染,已经给中下游的工农业生产和人民生活带来了巨大损失。值得一提的是,中国乡镇企业的崛起和快速发展,由于技术水平低,规模小,污水处理能力低,造成的污染更大。尤其是工业污染在农村的扩散造成了难以估计的经济损失。大量废气排入空中也是空气质量明显下降。在北方,每立方米空气悬浮量达到525微克,而WHO规定的标准则为60微克,空气污染超标达8倍。日趋增多的废渣的堆放连同废水灌溉,正在侵占和破坏着土地尤其是耕地资源。空气污染的另一后果是酸雨灾害,受害面积占国土面积的6.8%。在酸雨较为严重的贵阳、重庆、长沙等地,降水酸度平均pH值在4.5左右,与北美、北欧和日本的重酸雨区相近。酸雨在中国也危害着人们的健康和动植物的生长,污染着土壤,破坏着建筑物和重要的文化遗产。

除此之外,中国环境问题还表现在遗传资源丰度的下降,城市噪音严重,固体废物污染等多方面。所有这些方面的环境问题,已经或正在削弱着中国可持续发展的环境资源基础。

（二）中国环境问题的成因

中国环境问题的主要成因如下：

1. 人口增长数量过快、人口素质不高，使中国的可持续发展面临极大的压力

根据人口学预测，中国到 2010 年，人口数量将达到 14 亿，到 21 世纪中叶，人口数量将达到或接近 16 亿时才有可能实现零增长。庞大的人口与资源、环境的矛盾日益突出。人均资源占有率下降；人口规模超过资源、环境的承载能力，带来一系列十分严重的后果。一方面，人口过快增长抵消了经济发展和增长的成就。我国每年新增的国民收入，约 1/4 被增加人口消耗掉，减少了资金积累，制约了经济发展速度，阻碍教育和科技水平及人民生活水平的更快提高。另一方面，人口过快增长导致劳动力增长过快，给劳动者就业造成很大压力。我国就业形势严峻，固然与体制改革使企业潜在的富余劳动力显性化有关，劳动力增长过快也是重要的原因。同时，人口老龄化发展迅速。在我国总人口中，目前 65 岁及以上人口已占 7%，发达国家经过 100 多年的发展才进入人口老龄化，而我国在短短的 30 多年时间就进入了人口老龄化，这给社会保障带来很大压力。这些情况表明，控制人口增长已成为我国支撑可持续发展的首要因素。

2. 人均资源偏低

我国虽素称地大物博，但是人口庞大，人均占有的资源量并不多，许多资源的人均占有量都低于世界平均水平。水资源只及世界平均的 1/4，人均林木储蓄量只相当于世界平均水平的 13%，人均耕地不到世界平均水平的 1/3。但是，我国在同种生产资源消耗率却较大，资源利用率偏低。我国每单位国民生产总值消耗的钢材相当于法国的 7 倍，美国的 6 倍，英国的 5 倍，德国的 4 倍，日本的 3 倍；能源利用率，发达国家一般都在 50% 以上，我国仅 30%。这固然有我国科技和生产力总体水平较低的原因，但是也与人们在生产中不注意节约资源、提高资源利用效率有关。增强全体国民节约和有效利用资源意识，已是当务之急。

3. 人均收入水平低，环境意识淡薄

2004 年，我国人均 GDP 才跨过 1000 美元大关，长期的贫困使经济增长的直接目的是改变人们的物质生活水平，在人口增加的压力下，我国曾经为增产粮食而变草原为耕地，乱砍滥伐森林，导致水土流失、土地沙漠化、沙尘暴、水灾频频出现；而为增加所需农业产品大量施用农药、化肥，又造成食物污染日趋严重，直接危害人体健康；过量人口挤占动植物生存空间，使物种减少，生态食物链失调；过量人口的生活、生产排泄物破坏土质、水质和大气质量，导致生态环境恶化。据资料统计，全国 600 多座城市中，大气质量符合国家一级标准的不到 1%；全国七大水系，有近一半河段遭到不同程度的污染；城市的垃圾处理率不足 3%。尽管我国这些年来已经

采取了许多措施保护生态环境,但是,总体上看,生态环境依然具有脆弱性,必须大力维护。

这些存在的问题,向人们敲响了警钟。中国要真正加快实现现代化、工业化的步伐,就一定要实施可持续发展战略,要充分认识其重要性和迫切性。

二、实现社会主义市场经济与可持续发展的统一

市场经济对于可持续发展来说,是一把"双刃剑"。它有助于促进社会生产力的发展,也可以为可持续发展创造有利的条件。但市场经济不可避免的自发性、趋利性、盲目性,又会对可持续发展形成障碍。我们应当深刻认识市场经济与可持续发展之间的对立统一关系,利用社会主义制度的优越性,促进矛盾向有利于可持续发展的方向转化。

(一)必须正视市场经济与可持续发展存在的矛盾

这种矛盾主要体现在生产和消费的"外部性"负效应上。外部性是伴随着自发的生产或消费活动而产生的,它可以是积极的影响,即产生外部经济性,当生产者或消费者主动在生产或消费中给他人带来有利影响,这种外部经济性就随之产生;反之,就可能产生外部不经济。生产和消费对自然资源和生态环境的破坏以及由此引起的资源耗竭、环境质量下降、人体健康受损就是属于外部不经济或说外部负效应。在市场经济条件下,生产经营不可避免存在自发性,资本运营的利益驱动机制促使市场主体追求自身利益的最大化,他们相互之间的激烈竞争容易导致生产者只从自己的利益出发,过多消耗经济和自然资源,污染环境,而市场供给与需求的不平衡性,也往往造成社会生产过剩、企业破产而浪费资源。市场经济中的消费信贷、为竞争而追求华丽的包装等,也会导致过多地消耗自然资源,污染环境,如月饼的过度包装,每盒月饼仅外包装就需100多元,花费了大量的人力、物力、财力。所以,市场经济与可持续发展是存在矛盾的。

(二)必须看到市场经济与可持续发展的统一性

市场经济固然有自发性、趋利性、盲目性,但是它是目前和今后一个相当长的历史阶段内,有利于社会生产力发展的经济形态。市场经济在促进社会生产力发展的同时,可以为实现可持续发展战略积累资金;市场经济要求市场主体和各层经济主体和成员明晰产权,也有利于把环境保护、节约能源的职责和权益落实到经济主体和成员;市场经济有利于在竞争中促进生产力发展和推动科技进步,有利于将技术创新应用于资源节约、环境保护;市场经济要求把环境保护标准作为生产准入条件,有利于有效控制资源滥用和环境污染。因此,市场经济尽管不可避免地存在外部性产生的不利于可持续发展的负效应,但是,它也存在有利于促进可持续发展

的许多优点。我们应当充分利用这些优点，来实施可持续发展战略。

三、中国可持续发展战略的确立与可持续发展的实践

随着人们对经济与环境关系和对环境保护重要性的认识不断提高，中国政府已经提出必须扭转传统的非持续性的发展模式，力图寻求一条人口、经济、社会、环境和资源相互协调的、既能满足当代人需要而又不对满足后代人需求的能力构成危害的可持续发展道路，并积极推行可持续发展战略。党的十六届三中全会提出的"五个统筹发展"，已经将可持续发展作为我们国家的基本发展战略，也确立了中国可持续发展的方向、目标和途径。

在可持续发展的理论和指标体系取得长足进步的同时，近年来在人类的生产和消费活动中，可持续发展正在从一种诱人的口号转变为可操作可实践的经济发展模式。

目前，我国在可持续发展的实践中主要有：

1. 清洁生产

清洁生产概念是从 20 世纪 70 年代以来逐渐发展起来的。在不同的国家，对此有过不同的提法，如少废无废工艺、无公害工艺、废料最少化、清洁生产和绿色工艺等。清洁生产意味着减少和减低产品从原材料使用到最终处置的全生命周期的不利影响。对于生产过程，清洁生产意味着节约原材料和能源，取消使用有毒原材料，在生产过程排放废物之前减降废物中的数量和毒性。对于服务，则要求将环境因素纳入设计和所提供的服务中。

清洁生产是对传统污染治理模式进行反思的产物。为了减轻工业污染对环境的危害，传统的环境治理模式将主要力量放在对污染物的治理上，科学研究和技术开发的主要努力方向也是"三废"的处置。这是所谓的末端治理。这种方式在污染控制方面的作用是显著的，但其弊端也显而易见。主要的问题之一，是治理的成本过于高昂。许多企业不得不投入巨资建造治理设施，支付沉重的运行费用，甚至使企业不堪重负而难以维持。另一方面，末端治理实际上并不能从根本上遏制环境的恶化，更不能缓解自然资源的耗竭性使用趋势，在这种情况下，探讨源头治理的途径是必由之路。清洁生产正是这种探索的成果。

清洁生产概念的含义十分丰富，主要包括三个方面：一是清洁生产的目标是节约能源、降低原材料消耗、减少污染物的产生量和排放量；二是清洁生产的过程和基本手段是通过引进和开发各种节能技术及新能源的利用，改进工艺技术、强化企业管理，最大限度地提高资源、能源的利用水平和改变产品体系，更新设计观念，争取废物最少排放及将环境因素纳入服务中去；三是清洁生产的终极目标是保护人

类与环境,提高企业自身的经济效益,将经济效益、社会效益和环境效益有机地结合起来。

需要特别指出的是,清洁生产中的物尽其用、完善管理和注重技术进步等,是市场经济中的任何企业都应该遵循的。清洁生产不是一项基本制度,而是既定制度下的一种范式。如果制度体系不健全,市场运作不规范,企业普遍缺乏通过完善管理和技术进步获取竞争优势的动力,那么,清洁生产只能获得局部的和有限的成功。所以,清洁生产和市场经济体制的完善是相辅相成、互相促进的。

2. ISO14000

ISO14000 是环境管理的系列标准,包括环境管理体系、环境审核、环境标志、生命周期分析等国际环境管理领域内的许多焦点问题,旨在指导各类组织(企业、公司)取得和表现正确的环境行为。

从 20 世纪 80 年代起,美国和欧洲的一些公司为了响应持续发展的号召,减少污染,提高在公众中的形象以获得经营支持,开始建立各自的环境管理方式,这是环境管理体系的雏形。1985 年荷兰率先提出建立企业环境管理体系的概念,1988年实施,1990 年进入标准化和许可制度。随后,英国和欧盟的许多国家也制定了环境管理体系,为 ISO14000 系列标准的产生奠定了基础。

为了从根本上解决环境污染和资源浪费问题,ISO14000 要求实施从产品开发设计、加工制造、流通、使用和报废处理到再生利用的全过程产品生命周期评价制度。对这一过程的每一个环节,都要求进行环境影响评价。这就使得企业的环境行为评价超越了企业的边界,扩展了企业担负的环境责任的范围。ISO14000 与传统的标准不同的地方在于它是管理标准,它要求不仅对产品进行评价,还要对生产产品的企业进行评价。它强调生命周期思想的应用,要求对产品进行从摇篮到坟墓的全程分析,试图从改善生产方式和消费方式着手,彻底解决环境问题。该标准系列还强调持续的改善,要求企业在环境管理方面不断有所改进。这一点的重要之处在于,即使是起点较低的企业,只要遵循整体性环境管理的原则,坚持逐年改善,也能够获得认证。正因为如此,ISO14000 具有广泛的适应性,可以在发展中国家和一切组织中推广。

各发达国家对 ISO14000 系列标准持积极态度,在标准尚为草案时就开始了试点认证工作;发达国家也以环境为借口向发展中国家提出了要求。因此,发展中国家要摆脱其控制的地位就必须迅速着手未来国际贸易市场的通行证。事实上,环境问题在国际贸易中的地位日益明显,环境已与安全、卫生等方面的因素连接起来,形成了严重的技术贸易壁垒。这种壁垒是各国为保护其国内人民和国内市场而刻意制造的,是近期内难以消除的。

我国的主要问题在于推动 ISO14000 认证工作的主要力量是政府,至少政府的积极性大于企业。而发达国家的情形相反,虽然他们的政府也很重视,但更为基本的动力是企业希望通过 ISO14000 认证,获得绿色企业的声誉、社会的尊重和市场份额。甚至可以说,先是有了企业对绿色形象的追求,而后有了 ISO14000。在这方面,我国的企业显然动力不足。究其原因,首先是国有企业或原国有企业管理体制的改革不彻底,企业在生存上依然依赖政府的"父爱",而缺乏市场开拓的能力和动力。其次,企业效率低下,难以投入所需的资源于认证过程。企业规模过小也可能造成同样问题。第三,相当部分企业对 ISO14000 认证是通向未来世界市场"通行证"这一意义认识严重不足,部分企业领导不仅观念落后,而且信息闭塞,导致企业对外部世界反应迟钝。最后,政府对 ISO14000 重视程度也存在问题,但这种重视主要来自相关职能部门如环保局和技术监督局。这就表明,政府对 ISO14000 的重视程度尚未上升到战略高度水平。

3. 循环经济

"循环经济"概念是美国经济学家 K·波尔丁在 20 世纪 60 年代论及生态经济时提出来的。循环经济的含义是:相对于传统的粗放型经济而言,是物质循环流动型经济的简称,主要是指在人、自然资源和科学技术的大系统内,在资源投入、企业生产、产品消费及其废弃的全过程中,把传统的依赖资源消耗的线性增长经济,转变为依靠生态型资源循环来发展的经济。循环经济本质上是一种生态经济,它要求用生态学规律来指导人类的经济活动。实现循环经济的目的是为了保护环境,实现社会、经济和环境的可持续发展。

循环经济的运行原则:3R 原则。循环经济的建立依赖于一组以"减量化(Reduce)、再利用(Reuse)、再循环(Recycle)"为内容的运行原则(简称 3R 原则),每一个循环对循环经济的成功实施都是必不可少的。减量化原则指通过重新设计生产工艺和转变消费观念等手段减少进入生产和消费流程的物质量。在生产中,制造厂可以通过减少每个产品的物质使用量、通过重新设计制造工艺来节约和减少污染排放。例如,轻型轿车既节约金属资源又节省能源,仍可满足消费者关于轿车的安全标准。在消费中,消费者应该通过转变消费观念来节约资源和减少污染排放。人们可以选择包装物较少的物品和购买耐用的可循环使用的物品以减少垃圾的产生。再利用原则指通过尽可能多次以及尽可能多方式使用物品以减少资源使用量和污染排放量。再利用原则可以通过持久使用和集约使用两种方式实现。持久使用即通过延长产品的使用寿命来降低资源流动的速度。如果人们将产品的使用寿命延长一倍,那么就相应地减少了一半的资源消耗和减少了一半的废料。集约使用指产品的利用达到某种规模效应,从而减少分散使用导致的资源浪费。例如,办公室等基础设施可以安排让偶然需要的员工共享。再循环原则要求废弃物再次变成资源以减少最终处理量。例如将废纸生产出再生纸等,再循环原则是通过把废弃物再次变成资源以减轻经济对资源和环境的压力。

发展循环经济有十分重要的现实意义:第一,发展循环经济可以减少污染排放。它从经济活动的源头节约资源和降低污染,并在产品制造、消费和回收等各个环节系统最大限度地减少污染物的排放,有助于恢复生态平衡、提高环境的自净能力。德国推行清洁生产的结果,使 GDP 增长两倍多的情况下,主要污染物减少了近75%。我国正处于工业化的中期阶段,这也是废物排放最多的阶段,循环经济的发展能改变目前末端治理的模式,减少人类活动对自然界的影响。第二,发展循环经济可以促进资源的高效利用。循环经济强调资源的再使用和再循环,延长产品的使用期、提高重复使用率,同时强化废弃物的回收利用,充分发挥自然资源的内在价值。第三,发展循环经济可以促进经济健康发展。循环经济是"点绿成金"的经济,它的魅力在于带来全新的环境效益的同时,具有强大的经济效益。根据国家经贸委的调查,如果把全国各部门各单位可以再利用的废弃物相加,可超过 500 亿人民币。第四,发展循环经济有利于缩小三大差别。一般来讲,越是发达的地区,产生的污染物和废弃物越多,我国东部地区工业排污量占全国的52%,而贫困地区,如西部地区,由于资源的粗放开发,不仅没有摆脱贫困,而且带来严重的环境污染,通过发展循环经济,可以提高资源的利用率,提高资源的综合利用价值,既可以提高经济增长质量,也可以减少对其他地区的环境压力。第五,发展循环经济可以尽快适应加入 WTO 的需要。随着环境意识的不断提高,各国对于产品的生态标准要求越来越高。由于环境污染和生态意识的淡薄,我国出口产品常常遭禁,这已经成为我国外向型经济发展的重要制约。只有发展循环经济,才能从根本上改变这一状况,及时抓住加入世界贸易组织带来的好处。

循环经济的模式有许多,代表性的主要有:

(1)杜邦化学公司模式。这种模式可称之为企业内部的循环经济,其方法是组织厂内各工艺之间的物料循环。80 年代末,杜邦公司的研究人员创造性地把循环经济三原则发展成为化学工业相结合的"3R 制造法",以达到少排放甚至零排放的环境保护目标。他们通过放弃使用某些环境有害型的化学物质、减少一些化学物质的使用量以及发明回收本公司产品的新工艺,到 1994 年已经使该公司生产造成的废弃塑料物减少了 25%,空气污染物排放量减少了 70%。同时,他们在废弃塑料物中回收化学物质,开发出了耐用的乙烯材料等新产品。当然,杜邦公司作为化学行业实行循环经济的典型虽然降低了污染,但是并没有杜绝污染,所以导致了 2001年有关污染的起诉。

(2)卡伦堡生态工业园区模式。这种模式可以称之为企业之间的循环经济,其方式是把不同的工厂联结起来,形成共享资源和互换副产品的产业共生组合,使得一家工厂的废气、废热、废水、废渣等成为另一家工厂的原材料和能源。丹麦卡伦堡生态工业园区是目前世界上工业生态系统运行最为典型的代表。其中燃煤电厂位于这个工业生态系统的中心,对热能进行了多级使用,对副产品和废物进行了综合利用。电厂向炼油厂、制药厂和石膏板生产厂供应发电过程产生的蒸汽,使炼油厂和制药厂获得了生产所需的热能,还通过地下管道向卡伦堡全镇居民供热,由此关闭了镇上3500座燃烧油渣的炉子,减少了大量的烟尘排放。炼油厂和制药厂也进行了综合利用,炼油厂产生的火焰气通过管道供应石膏厂用于石膏板生产的干燥,减少了火焰气的排空。卡伦堡生态工业园还进行了水资源的循环利用,炼油厂的废水经过生物净化处理,通过管道向电厂输送,每年输送电厂70万立方米的冷却水。整个工业园由于进行水循环使用,每年减少25%的供水量。这种循环使用的模式,不仅减少了废物产生量和处理的费用,还产生了很好的经济效益和环境效益,形成了经济发展和环境保护的良性循环。

(3)德国双元系统模式。即针对消费后排放的循环经济。从社会循环的角度,要大力发展旧物调剂和资源回收产业(日本称之为社会静脉产业),只有这样才能在整个社会的范围内形成"自然资源—产品—再生资源"的循环经济环路。在这方面,德国的双轨制回收系统(DSD)起了很好的示范作用。它接受企业的委托,组织收运者对其包装废弃物进行回收和分类,然后送至相应的资源再利用厂家进行循环利用,能直接回收的包装废弃物则送返制造商。DSD系统的建立大大地促进了德国包装废物的回收利用。废弃物作为再生材料利用1994年为52万吨,1997年已经达到359吨;包装垃圾已从过去每年1300万吨下降到现在的500万吨。

【案例与思考】　多部委联合出台方案治理华北平原地下水污染

环境保护部、国土资源部、住房和城乡建设部及水利部近日联合印发《华北平原地下水污染防治工作方案》。方案提出,2015年初步遏制华北地下水水质恶化趋势,城镇集中式地下水饮用水源水质状况有所改善。方案的出台,意味着众所关注的地下水污染防治工作将在华北平原率先突破。

一、污染防治形势严峻

局部地下水重金属超标,污染来自海河流域污染地表水入渗补给。

初步调查表明,华北平原局部地区地下水存在重金属超标现象,主要污染指标为汞、铬、镉、铅等,主要分布在天津市和河北省石家庄、唐山以及山东省德州等城市周边及工矿企业周围;局部地区地下水有机物污染较严重,主要污染指标为苯、四氯化碳、三氯乙烯等，主要分布在北京市南部郊区，河北省石家庄、邢台、邯郸城市周边，山东省济南地区——德州东部，河南省豫北平原等地区。

海河流域受污染地表水入渗补给是地下水污染的重要原因。2010年，该流域废水排放量高达49.73亿吨，未达标的断面比例为60.6%，污染严重河流渠道、过量施用化肥和农药以及不达标的再生水灌溉区等对地下水环境影响显著。重点污染源排放也是造成地下水污染的重要原因。此外，华北平原地下水环境监管能力低下、监测网络不健全、管理制度不完善等也直接影响地下水污染防治工作。

随着经济社会的快速发展，部分城市和工业企业周边地下水污染呈恶化趋势，严重威胁地下水饮用水源安全。地下水污染治理和修复难度大、成本高、周期长，形势严峻。着力开展华北平原地下水污染防治工作十分必要和紧迫。

二、突出重点分区防治

优先保护饮用水源，解决重金属和有机污染等突出问题。

目前，地下水还是华北平原重要的饮用水来源，工作方案提出，要优先保护饮用水源，保障城乡居民饮水安全。这方面的路径包括了规范、合理开发利用地下水资源；严格地下水饮用水源环境执法；加强地下水源环境管理；加强超标地下水饮用水源分类防治等。

为重点突破，有序治污，工作方案提出了分区防治的工作思路，要求优先解决华北平原地下水重金属和有机污染等突出问题。

根据地下水系统特征，工作方案将华北平原及其地下水重要补给区划分为30个地下水补水、径流和排水相对独立的污染防治单元，每种不同的防治单元承担不同任务。

方案要求，在污染控制单元中，积极推进重金属超标单元地下水污染综合防治工作，加快实施有机超标单元地下水污染综合防治，并逐步开展"三氮"超标单元地下水污染综合防治。

以重金属超标治理为例，方案详细列出了华北平原地下水重金属污染目前亟待解决的问题，包括温榆河冲洪积扇单元要着力解决北京昌平区地下水铅重金属污染问题，对北京市首都钢铁公司搬迁场地提出场地修复技术方案；滹沱河冲洪积扇单元要着力解决石家庄市峡石沟生活垃圾填埋场等地下水铅、汞重金属污染问题等等。

三、提高地下水水质监测能力

到2015年年底，完成监测区域点位建设，实施日常监测。

要治污，就要摸清污染状况。针对目前地下水缺乏有效监测的状况，方案提出，到2015年年底，初步建立华北平原地下水质量和污染源监测网，基本掌握地下水污染状况。

首先要建立华北平原地下水质量监测网。方案要求,到2015年年底,完成华北平原地下水监测区域点位建设,实施日常监测。环保部门针对华北平原城镇集中式地下水饮用水源补给径流区布设地下水环境监测网,组织开展水质例行监测,每年至少开展一次全指标分析,重点加强重金属、有机污染物和"三氮"污染指标监测。华北平原地下水质量监测网建成后将与国土资源和水利部门实施的"国家地下水监测工程"相衔接,实现各部门信息共享。

其次要加强地下水污染源监测。到2014年年底,针对位于华北平原地下水集中式饮用水源补给径流区地下水环境风险较大的重点污染源,即石油化工行业企业、大中型矿山开采及加工区、地市级以上工业固体废物堆存场和填埋场、规模较大的生活垃圾堆放场、高尔夫球场、大中型再生水灌区、县级及以上工业园区等,方案要求每个污染源地下水背景区至少布置一个监测井和下游区至少布置三个监测井。

方案同时明确,环保部门会同相关部门应定期开展地下水基础环境状况调查评估,加强监督性监测,并规范、引导、利用社会力量参与地下水环境相关监测。

资料来源:2013年5月2日《人民日报》。

案例思考:污染与治理对我们有什么启示?

【复习思考题】

1.如何理解可持续发展的含义和原则?

2.经济增长、经济发展与可持续发展的关系是什么?

3.如何从中国的人口、资源与环境现状出发理解中国实施可持续发展战略的意义。

4.如何理解循环经济的理论意义和现实意义。

5.联系实际说明可持续发展对发展中国家的重要性和迫切性。

主要参考资料

1. 李明泉. 经济学基础[M]. 东北财经大学出版社,2009.

2. 伍柏麟,尹伯成主编. 经济学基础教程[M]. 复旦大学出版社,2009.

3. 宋涛. 政治经济学教程(第9版)[M]. 中国人民大学出版社,2009.

4. 刘诗白主编. 社会主义市场经济理论[M]. 西南财经大学出版社,2008.

5. 戴家龙,赵建. 中西经济思想纲要. 安徽大学出版社,2002.

6. 宋健民. 社会主义市场经济概论[M]. 经济管理出版社,2008.

7. 韩刚. 市场经济案例评析[M]. 中国人民大学出版社,2004.

8. 李炳炎. 现代市场经济通论[M]. 山西经济出版社,1997.

9. 黄江新. 新编社会主义市场经济理论教程[M]. 立信会计出版社,2004.

10. [美]保罗·R·格雷戈里. 比较经济体制[M]. 三联书店出版,1993.

11. 张仁德. 新比较经济学研究[M]. 人民出版社,2002.

12. [日]青木昌彦. 经济体制的比较制度分析[M]. 中国发展出版社,1999.

13. 陈秀山. 比较经济学概论[M]. 中国人民大学出版社,2001.

14. 邹东涛. 中国经济体制创新(上、下)[M]. 人民出版社,2003.

15. 康静萍. 中国社会主义经济体制改革理论与实践[M]. 经济管理出版社,2001.

16. 肖忠东,段兴民. 社会主义市场经济导论[M]. 西安交通大学出版社,2003.

17. 桑百川. 中国市场经济理论研究[M]. 对外贸易大学出版社,2005.

18. 孙久文等编著. 区域经济学教程[M]. 中国人民大学出版社,2008.

19. 杨公朴,夏大慰主编. 产业经济学教程[M]. 上海财经大学出版社,2002.

20. 苏东水主编. 产业经济学[M]. 高等教育出版社,2005.

21. 王绍熙. 中国对外贸易概论[M]. 对外经济贸易大学出版社,2009.

22. 史妍嵋. 经济全球化与当代资本主义的新变化[M]. 广东人民出版社,2004.

23. 张汉林,刘光溪. 经济全球化/世贸组织与中国[M]. 北京大学出版社,1999.

24. 刘瑞. 国民经济管理概论[M]. 中国人民大学出版社,2009.

25. 金乐琴. 国民经济管理案例[M]. 中国人民大学出版社,2004.

26. 伍海华,朴明根. 外资与经济发展[M]. 经济科学出版社,2004.

27. 宋光华主编. 当代中国经济学[M]. 昆仑出版社,2001.